ACCESO GRATIS *a la Lectura en la Nube*

Para visualizar el libro electrónico en la nube de lectura envíe junto a su nombre y apellidos una fotografía del código de barras situado en la contraportada del libro y otra del ticket de compra a la dirección:

ebooktirant@tirant.com

En un máximo de 72 horas laborales le enviaremos el código de acceso con sus instrucciones.

IUSALGORITMIA: LAS REGLAS DE DERECHO Y LA INTELIGENCIA ARTIFICIAL

Procedimiento de selección de originales, ver página web:
www.tirant.net/index.php/editorial/procedimiento-de-seleccion-de-originales

IUSALGORITMIA: LAS REGLAS DE DERECHO Y LA INTELIGENCIA ARTIFICIAL

Autor

José Luis Domínguez Álvarez

Profesor de Derecho Administrativo de la Universidad de Salamanca

Prologuista

Filipa Urbano Calvão

Professora da Faculdade de Direito da Universidade Católica Portuguesa

VNiVERSiDAD
D SALAMANCA

tirant lo blanch

Valencia, 2024

En caso de erratas y actualizaciones, la Editorial Tirant lo Blanch publicará la pertinente corrección en la página web www.tirant.com.

La presente obra ha sido sometida a la revisión de pares ciegos según el protocolo de publicación de la editorial a efectos de ofrecer el rigor y calidad correspondiente tanto en su contenido como en su forma, aplicándose los criterios específicos aprobados por la Comisión Nacional E 016 (BOE num. 286, de 26 de noviembre de 2016).

La presente obra, forma parte de los resultados del Proyecto de I+D+i titulado «Desafíos de una administración tributaria más eficaz: Digitalización inclusiva, compliance, y mejoras en seguridad jurídica» (PID2021-126795NB-I00), liderado por la Profa. Dra. María Ángeles Guervós Maíllo

Director de la Colección:

FERNANDO CARBAJO CASCÓN

Catedrático de Derecho Mercantil de la Universidad de Salamanca

EDITA: TIRANT LO BLANCH
C/ Artes Gráficas, 14 - 46010 - Valencia
TELFS.: 96/361 00 48 - 50
FAX: 96/369 41 51
Email:tlb@tirant.com
www.tirant.com
Librería virtual: www.tirant.es
DEPÓSITO LEGAL: V-1203-2024
ISBN (Universidad de Salamanca): 978-84-1311-897-0
ISBN: 978-84-1056-310-0
MAQUETA: Tink Factoría de Color

La presente monografía refleja parte de los resultados de investigación de la tesis doctoral "Cambio de paradigma de la protección de datos de carácter personal y su interrelación con la sociedad digital", defendida por el autor en la Facultad de Derecho de la Universidad de Salamanca el 22 de noviembre de 2022.

Con fecha 27 de noviembre de 2023, dicho trabajo fue galardonado por la Real Academia de Doctores de España en el marco de la XLII edición de sus Premios a la Investigación, en el Área de Ciencias Jurídicas.

A la Facultad de Derecho de la Universidad de Salamanca y, muy especialmente a su Decano, el Prof. Dr. Fernando Carbajo Cascón, por apostar y apoyar de forma incansable a quienes comienzan su andadura en la vida académica

Índice

Prólogo

O livro que o leitor tem nas mãos corresponde à terceira parte da tese de doutoramento apresentada por José Luis Domínguez Álvarez na Facultad de Derecho de la Universidad de Salamanca, tese que tive a honra de arguir.

Centrada na relação entre o Direito e a Inteligência Artificial (IA), esta é uma obra de inegável relevância e atualidade, não apenas para quem se interessa pelo Direito, mas para todos aqueles que se preocupam com o futuro da Humanidade.

Sendo certo que os tempos que vivemos são tempos de mudança, esta última década veio acelerar radicalmente o ritmo da evolução, com o desenvolvimento de novas tecnologias de IA que nos desafiam a aprender a viver numa sociedade imersa em tecnologia e viciada na recolha permanente de informação pessoal para prevenir riscos para o interesse público ou para interesses privados. A rapidez exponencial da evolução tecnológica e a ânsia da sua utilização para antecipar o futuro e, assim, ajustar as políticas públicas ou a estratégia empresarial à previsão desenhada pelos sistemas algorítmicos, trazem consigo novos desafios associados a estes mecanismos de prevenção de riscos.

Se prever o futuro é um velho sonho humano, as ciências da tecnologia têm contribuído para cimentar a confiança nos resultados produzidos por sistemas algorítmicos em constante evolução (por processos de autoaprendizagem), em termos tais que as organizações se permitem dispensar o juízo humano. E a questão que cada um de nós, enquanto ser humano e cidadão, deve colocar-se é se estamos —e queremos estar— em condições de renunciar ao juízo humano e entregar o nosso destino, a nossa concreta vida e a dos nossos filhos, a sistemas algorítmicos —ou se, ao contrário, persistimos na afirmação de uma "reserva de humanidad", como sustenta José Luis Domínguez Álvarez.

As dúvidas adensam-se quando, ao mesmo tempo que as organizações se socorrem de modelos de IA para reduzir o risco na sua atividade, se constata que aquelas nem sempre têm o efetivo controlo sobre a sua utilização e, por regra, não são capazes de explicar o resultado produzido e que assumiram nos seus processos decisórios. E, no entanto, num Estado de Direito democrático é essencial explicar e garantir que o resultado alcançado, a decisão tomada não é discriminatória; assim como é essencial prevenir o risco de esvaziamento da garantia constitucional de tutela jurisdicional efetiva e garantir que a liberdade individual (o livre-arbítrio), não é, com tudo isto, reduzida a nada.

São estas as preocupações para que José Luis Domínguez Álvarez desperta o leitor. Numa monografia de forte cariz interdisciplinar, o autor, numa linguagem simples e clara mas rigorosa, explica em que consistem os vários modelos de autoaprendizagem a que as organizações, privadas e públicas, vêm progressivamente recorrendo. E explica também o impacto que a sua utilização tem ou pode ter na vida das pessoas.

Papel central na compreensão desse impacto desempenha o estudo do tratamento dos dados pessoais, que o autor empreendeu, em especial no que diz respeito à criação de perfis, os quais servem de base à tomada de decisões com direto impacto na nossa esfera jurídica. A importância deste tema é potenciada pela acentuada imersão das pessoas no mundo digital, em especial através do recurso à Internet das Coisas (Internet of Things), fornecedora em modo contínuo de dados pessoais, que favorece a monitorização em tempo real do estado e dos comportamentos dos respetivos titulares.

Na verdade, o regime jurídico de proteção de dados pessoais foi desde cedo na Europa construído como instrumento de garantia das dimensões básicas de privacidade e de liberdade individual, e ainda como ferramenta imprescindível para prevenir a discriminação e os preconceitos. E, apesar do atual regime jurídico vigente na União Europeia, máxime o Regulamento Geral sobre a Proteção de Dados (RGPD), ter sido criticado por não se ocupar mais intensamente do tratamento de dados pessoais no contexto da utilização das novas técnicas de IA, a verdade é que ele apresenta um conjunto de disposições capazes de se adaptar à regulação de tal utilização.

O conhecimento desta realidade está na base das propostas avançadas por José Luis Domínguez Álvarez nesta sua monografia, ao delinear um quadro de "gobernanza algorítmica". Analisando o regime jurídico de proteção de dados pessoais, com a perspetiva de o aplicar aos tratamentos de dados pessoais no contexto da utilização de IA, o autor demonstra a adequação dos princípios nele consagrados para a sua regulação, destacando especialmente o processo de avaliação do risco, a adoção de medidas de privacidade desde a conceção (Privacy by Design) e por omissão (Privacy by default) e a normação relativa às decisões automatizadas individuais. Apresentando, deste modo, o regime de proteção de dados pessoais como o "dique de contención para preservar la dignidad de la persona", nas suas ilustrativas palavras.

Apelando a códigos de ética, às medidas de normalização ou a sistemas de auditoria para assegurar a governação algorítmica, o autor propõe ainda caminhos de regulação normativa da IA ao legislador da União Europeia e ao legislador de Espanha. No primeiro caso, com o sentido de estender à utilização da IA os princípios e alguns traços do regime de proteção de dados, numa articulação harmonizada dos dois sistemas de governação; no segundo caso, com específicas propostas de reforço dos poderes da autoridade nacional de controlo quanto aos tratamentos dos dados pessoais realizados pela Administração Pública espanhola. E termina com um muito útil estudo comparado dos projetos de regulação normativa sobre a utilização de IA.

Por tudo isto e, especialmente, pelo cunho humanista que imprime na análise desta tão importante temática, este livro de José Luis Domínguez Álvarez convida o leitor a refletir sobre a função do Direito nos dias de hoje e sobre o futuro do Estado de Direito e do valor estruturante da nossa sociedade: a dignidade humana.

FILIPA URBANO CALVÃO
Professora Associada da Faculdade de Direito da Universidade Católica Portuguesa

Abreviaturas

AEAD	Agencia Estatal de Administración Digital
AEPD	Agencia Española de Protección de Datos
AESIA	Agencia Española de Supervisión de Inteligencia Artificial
AI-HLEG	Grupo de Alto Nivel en Inteligencia Artificial
APD	Autoridad de Protección de Datos
APDCAT	Autoridad Catalana de Protección de Datos
APDCM	Agencia de Protección de Datos de la Comunidad de Madrid
ATC	Auto del Tribunal Constitucional
AVPD	Agencia Vasca de Protección de Datos
CDFUE	Carta de los Derechos Fundamentales de la Unión Europea
CE	Constitución española
CEDH	Convenio Europeo para la Protección de los Derechos Humanos y de las Libertades Fundamentales
CEIA	Comité Europeo de Inteligencia Artificial
CEN	Comité Europeo de Normalización
CENELEC	Comité Europeo de Normalización Electrotécnica
CEPD	Comité Europeo de Protección de Datos
CEPEJ	Comisión Europea para la Eficacia de la Justicia
Cfr.	Confróntese
COMPAS	*Correctional Offender Management Profiling for Alternative Sanctions*
Coord.	Coordinación
Coords.	Coordinadores
CTBG	Consejo de Transparencia y Buen Gobierno de España
DAIA	Derecho Administrativo e Inteligencia Artificial
Dir.	Dirección
DL	*Deep Learning*
DOUE	Diario Oficial de la Unión Europea
DPIA	*Data Protection Impact Assessment*
EAEPC	Real Decreto 389/2021, de 1 de junio, por el que se aprueba el Estatuto de la Agencia Española de Protección de Datos
Ed.	Editor
EEUU	Estados Unidos
EIPD	Evaluación de Impacto sobre la Protección de Datos
ENIA	Estrategia Nacional de Inteligencia Artificial
ENI	Esquema Nacional de Interoperabilidad
ENS	Esquema Nacional de Seguridad

ETSI	Instituto Europeo de Normas de Telecomunicaciones
FJ	Fundamento jurídico
FTC	*Federal Trade Commission*
GT29	Grupo de Trabajo del artículo 29
HAS	*Harmonised Standards consultants*
IA	Inteligencia Artificial
IAG	Inteligencia Artificial General
IEC	Comisión Electrotécnica Internacional
ISO	Organización Internacional de Normalización
LOPD	Ley Orgánica 15/1999, de 13 de diciembre, de Protección de Datos de Carácter Personal
LOPDGDD	Ley Orgánica 3/2018, de 5 de diciembre, de Protección de Datos Personales y garantía de los derechos digitales
LORTAD	Ley Orgánica 5/1992, de 29 de octubre, de regulación del tratamiento automatizado de los datos de carácter personal
LPACAP	Ley 39/2015, de 1 de octubre, del Procedimiento Administrativo Común de las Administraciones Públicas
LPGE	Ley 22/2021, de 28 de diciembre, de Presupuestos Generales del Estado
LRA	Ley de Responsabilidad Algorítmica
ML	*Machine learning*
Núm.	Número
OASI	Observatorio de Algoritmos de Impacto Social
OCDE	Organización para la Cooperación y el Desarrollo Económicos
OCDE.AI	Observatorio de Políticas de Inteligencia Artificial
OCR	Reconocimiento Óptico de Caracteres
ODS	Objetivos de Desarrollo Sostenible
OEN	Organismos Europeos de Normalización
OMC	Organización Mundial del Comercio
ONU	Organización de las Naciones Unidas
p.	página
PCCh	Comité Central del Partido Comunista Chino
PDPP	Pacto Digital para la Protección de las Personas
PLN	Procesamiento del Lenguaje Natural
PNRTR	Plan de Recuperación, Transformación y Resiliencia «España puede»
pp.	páginas
PRIA	Propuesta de Reglamento del Parlamento Europeo y del Consejo por el que se establecen normas armonizadas sobre la Inteligencia Artificial
PS	Procedimiento sancionador

RBT	*Risk Based Thinking*
RIA	Reglamento de Inteligencia Artificial
Rev.	Revisado
RGPD	Reglamento (UE) 2016/679 relativo a la protección de las personas físicas en lo que respecta al tratamiento de datos personales y a la libre circulación de estos datos
SARIA	Sistemas de Alto Riesgo de Inteligencia Artificial
SEDIA	Secretaria de Estado de Digitalización e Inteligencia Artificial
SEPD	Supervisor Europeo de Protección de Datos
STC	Sentencia del Tribunal Constitucional
STJUE	Sentencia del Tribunal de Justicia de la Unión Europea
SyRI	Sistema de Indicación de Riesgos
TFUE	Tratado de Funcionamiento de la Unión Europea
TUE	Tratado de la Unión Europea
UE	Unión Europea
UNE	Asociación Española de Normalización
UNESCO	Organización de las Naciones Unidas para la Educación, la Ciencia y la Cultura
Vid.	*Véase*
Vol.	Volumen
WP	*Working Paper*
XAI	Explicabilidad de la Inteligencia Artificial

Introducción

En los últimos años, los avances en la potencia informática, la disponibilidad de enormes cantidades de datos y el diseño de nuevos sistemas algorítmicos han permitido un extraordinario despegue de la Inteligencia Artificial, convirtiéndose en una de las principales prioridades de la Unión Europea, en la medida en que permite impulsar productos y servicios personalizados, baratos y duraderos en sectores esenciales, tales como la economía verde y circular, la maquinaria, la agricultura, la salud, la moda, el turismo, etc. También facilita el acceso a la información, educación y formación, y está llamada a disponer de un papel protagonista en la consecución de los objetivos del Pacto Verde Europeo y la transformación digital de las Administraciones públicas. Sin embargo, la Inteligencia Artificial genera numerosas dudas entre los usuarios, investigadores, especialistas, autoridades y la propia industria encargada de su desarrollo. En singular, estas preocupaciones se centran en lo que concierne a los aspectos relativos al cumplimiento normativo, el respeto de los derechos y libertades fundamentales de los interesados (privacidad, igualdad y no discriminación, dignidad, etc.) o la seguridad jurídica de todos los intervinientes en aquellos procesos en los que la innovación digital se erige como componente primordial; cuestiones esenciales que, ante la inacción de los poderes públicos, terminan por constituir un importante freno para el correcto desarrollo tecnológico.

Con la finalidad de disipar los interrogantes que envuelven el prodigioso avance de las nuevas tecnologías, en especial la IA, es urgente que el poder público ofrezca una respuesta decidida, tendente al establecimiento de un sólido marco ético y normativo que refuerce la protección de los derechos individuales y colectivos, con el propósito de garantizar la inclusión y el bienestar social del conjunto de la ciudadanía. Esta apremiante cuestión exige una minuciosa labor jurídica orientada no solamente a la articulación de garantías que permitan salvaguardar la plena vigencia y efectividad del elenco de derechos fundamentales ya reconocidos, sino también la identificación de reformas legales necesarias, así como de las lagunas normativas que requieran una regulación adicional para otorgar seguridad jurídica, elemento indispensable para el fomento de la innovación digital.

Maximizar el aprovechamiento de las externalidades positivas que dibujan el avance digital y la Inteligencia Artificial en el horizonte más próximo exige, necesariamente, garantizar el pleno respeto de los derechos fundamentales y libertades públicas reconocidos, como son la libertad de expresión, la libertad de establecimiento y ejercicio de una actividad empresarial en línea, la protección de datos personales, la intimidad y el derecho al olvido, y la protección de la creación intelectual individual, entre otras. Asimismo, conviene proceder al establecimiento de un conjunto completo de principios digitales que permita informar a los usuarios y orientar a los responsables políticos y a los operadores digitales. Entre estos principios, como mínimo, deberían figurar el acceso universal a los servicios de internet, el entorno en línea seguro y fiable, la educación y las competencias digitales universales, la reserva de humanidad, así como la protección y capacitación de los menores en el espacio en línea.

Urge, por tanto, avanzar en el establecimiento de soluciones normativas que permitan delimitar el potencial alcance negativo del desarrollo tecnológico, desde una órbita humanista, supeditando el avance digital al servicio de la sociedad en su conjunto. Todo ello hace que los poderes públicos no puedan asistir impasibles, como meros observadores, a este cambio de paradigma en el que están en juego los derechos y libertades fundamentales de la ciudadanía, especialmente en lo que se refiere a la dignidad y a la privacidad del individuo, institutos jurídicos que el paso del tiempo y la transformación digital amenazan con desdibujar casi por completo. En este sentido, reviste especial importancia ahondar en el papel protagonista que el Derecho administrativo posee a la hora de contener los perniciosos efectos que los crecientes procesos de digitalización y datificación de la sociedad entrañan para el conjunto de la población.

Paralelamente, resulta necesaria también la toma de decisiones de ética digital anticipando aquellos escenarios que puedan generar riesgos para la privacidad y los derechos y libertades fundamentales restantes, prestando especial atención al potencial que poseen estas tecnologías emergentes, al combinarlas con actuaciones de tratamiento masivo de datos personales y técnicas de *big data*, para permitir la reidentificación de los individuos e invadir la esfera personal de la ciudadanía. Ciertamente, la ética digital persigue proteger valores tales como la dignidad, la libertad, la democracia, la igualdad, la autonomía del individuo y la justicia frente al gobierno de un razonamiento mecánico, lo que la convierte en otro de los elementos capitales a la hora de avanzar en el establecimiento de un desarrollo tecnológico antropocéntrico, ético, sostenible, igualitario y respetuoso con los derechos y valores fundamentales que integran la concepción de ciudadanía europea. En otras palabras, sin las debidas cauciones en materia de ética y privacidad difícilmente se podrá lograr el ansiado humanismo tecnológico y el despegue de la economía digital se verá seriamente mermado. Ante esta tesitura, no parece extraño que la normativa de protección de datos de carácter personal esté llamada a jugar un papel esencial ante los desconocidos horizontes que plantea la innovación tecnológica, convirtiéndose en última instancia en el *dique de contención* encargado de preservar la dignidad de la persona ante un caudal incesante de nuevas amenazas y riesgos envueltos en forma de novedosas aplicaciones o sistemas algorítmicos.

Esta premisa, la cual constituye una de las principales y más importantes aportaciones de la presente obra, nace de la constatación de un hecho innegable: la mayor parte de los sistemas de IA emplean datos personales, lo que significa que la protección de datos se ve afectada de muy diversas maneras y exige la plena aplicación de la regulación vigente en la materia, la cual constituye en la actualidad, el único instrumento jurídico capaz de embridar eficazmente los desafíos y zonas de riesgo que envuelven el exponencial avance digital, dotar de certidumbre el despliegue de la economía digital y preservar la dignidad de la persona ante los innumerables avatares que dibuja el horizonte tecnológico en el corto y medio plazo. Pese a todo ello, aún existe mucha incertidumbre respecto al verdadero significado de la toma de decisiones automatizadas y el derecho a una revisión humana ligada al uso de la IA.

Junto a la preponderancia y el renovado protagonismo de la normativa de protección de datos de carácter personal, resulta fundamental determinar qué modelo de gobernanza de la IA queremos instaurar en el viejo continente europeo, ya que de esta decisión dependerá no solamente sentar las bases para el desarrollo de esta poderosa tecnología y sus aplicaciones, velando por su integridad, su equidad y su alineación con los valores compartidos, y minimizando sus riesgos y efectos indeseados a nivel económico y social, sino también buena parte del futuro marco normativo encargado de regular la IA, aspecto en el que pretende profundizar la presente obra. Dentro de este sistema de gobernanza algorítmica cobra singular protagonismo el necesario establecimiento de límites y controles a las soluciones de inteligencia artificial, como pueden ser aquellas previsiones destinadas a facilitar la liberalización del código algorítmico, el establecimiento de sistemas de auditorías, el impulso de procesos de evaluación pública, la apuesta por la composición de equipos de desarrollo tecnológico interdisciplinares o la adopción de normas técnicas y estándares en materia de inteligencia artificial.

A este respecto, conviene destacar que el Reino de España ha dado importantes pasos con el propósito de abanderar una transformación digital en clave humanista en el territorio europeo. Sin ir más lejos, el Plan de Recuperación, Transformación y Resiliencia «España puede» contempla entre sus objetivos prioritarios garantizar un proceso de transformación digital plenamente coherente con los valores constitucionales y la protección de los derechos individuales y colectivos. Para ello, la Agenda España Digital 2026 y la Estrategia Nacional de Inteligencia Artificial prevén el establecimiento de una serie de nuevas garantías de carácter instrumental con las que se pretende avanzar en el desarrollo efectivo de esa digitalización humanista que vertebra infinidad de documentos programáticos del conjunto de las Administraciones públicas españolas. Entre estas garantías instrumentales se encuentra el diseño de la Agencia Estatal de Administración Digital y de la Agencia Española de Supervisión de Inteligencia Artificial, medidas que constituyen un paso más hacia adelante en la travesía hacia el establecimiento de un verdadero modelo de gobernanza de la IA. Sin embargo, en nuestra opinión, esta decisión es errónea y no comprendemos las razones que abocan al legislador español a optar por el establecimiento de entidades y organismos de nuevo cuño para el desempeño de funciones encaminadas a la supervisión de los efectos que el desarrollo de los sistemas algorítmicos ejercen sobre los derechos fundamentales de la ciudadanía, en lugar de apostar por el fortalecimiento de la Agencia Española de Protección de Datos, entidad que dispone de una contrastada y extraordinaria experiencia en la materia y que, pese a sus limitados medios, personales especialmente, hasta la fecha había asumido con tesón y diligencia esta dificultosa tarea.

Finalmente, el presente estudio también centra sus esfuerzos en clarificar, desde una perspectiva comparada, algunos de los principales instrumentos internacionales que están comenzando a tomar forma con la finalidad de embridar los claroscuros que plantea el despliegue exponencial de la Inteligencia Artificial. Como es sobradamente conocido, la Unión Europea lleva trabajando casi un lustro en el diseño de una suerte de RGPD en materia de Inteligencia Artificial, con el propósito de adoptar la primera norma jurídica *stricto sensu* propuesta en este concreto campo y superar las limitaciones propias del enfoque ético que se había impuesto hasta la fecha. No obstante, en el contexto internacional comienzan a vislumbrarse otra serie de intentos normativos, de distinta magnitud y alcance, que conviene igualmente examinar, con el objetivo de dominar la amalgama de iniciativas reguladoras que aspirar a ordenar el vertiginoso despliegue de los sistemas algorítmicos en las diferentes economías y sociedades. Del análisis comparado de todos ellos se constata que la propuesta de regulación europea por la que se establecen normas armonizadas en materia de inteligencia artificial no solamente resulta la iniciativa regulatoria internacional más ambiciosa puesta en marcha hasta la fecha, sino también la más precisa y completa, en vista tanto de la férrea ordenación de requerimientos que deben cumplir los Sistemas de Alto Riesgo de Inteligencia Artificial, como del modelo de gobernanza que aspira a instaurar con el propósito de salvaguardar los derechos y libertades fundamentales de la ciudadanía europea.

Con todo ello, estamos en disposición de señalar que la presente obra ofrece una visión jurídica completa de un fenómeno, la Inteligencia Artificial, que está llamada a transformar todas las esferas sociales y económicas en el corto plazo, dando cuenta no solamente de las principales iniciativas y del estadio regulatorio actual de la cuestión, sino también realizando importantes consideraciones y aportaciones tangibles con el firme propósito de caminar hacia una transición digital humanista, en línea con los postulados que caracterizan y exige la tradicional Escuela de Salamanca.

I. El fenómeno de la Inteligencia Artificial: la toma de decisiones automatizadas y su implicación para la esfera vital de la ciudadanía

Hablar de transformación digital en nuestros días requiere, necesariamente, hacer referencia obligada al universo de los sistemas algorítmicos y al fenómeno de la inteligencia artificial[1]. Esta poderosa herramienta está llamada a ser una de las cinco tecnologías emergentes encargadas de modernizar las diferentes esferas de la sociedad en un horizonte temporal no muy lejano. Su importancia no pasa inadvertida para nadie, habida cuenta de que nos encontramos ante

---

1 La inteligencia artificial es la expresión de moda de nuestro tiempo. La IA se emplea cada vez en más procesos y actividades, que así pueden llevarse a cabo con mayor celeridad y efectividad. De este modo, por un lado, la IA contribuye a aportar mayor eficiencia, a la reducción de costes, impulsando la productividad, en el caso de la industria, e incrementando el bienestar, en el caso de la ciudadanía. Incluso desde un punto de vista más general, según los expertos en la materia, la IA puede dar respuesta a algunos de los problemas más complejos a los que se enfrenta la social en la actualidad, como puede ser el cambio climático, las crisis demográficas o las crisis sanitarias, por ejemplo. De otro, los sistemas de IA conllevan importantes riesgos a los que es preciso atender. Ello convierte el desarrollo de la IA en una cuestión de «política jurídica». En efecto, la regulación resulta clave para generar un ecosistema de soluciones tecnológicas de IA confiable y seguro, respetuoso con la protección de los derechos fundamentales y los dictados éticos. Esta premisa no es en absoluto novedosa. La relación entre la ordenación normativa y la IA se remonta a los inicios de esta última. Sin ir más lejos, en 1942, Isaac Asimov, en su obra «El círculo vicioso» ya vislumbraba la necesidad de adoptar un marco regulatorio para la IA, con la finalidad de garantizar el sometimiento de la tecnología a las personas y evitar que el desarrollo tecnológico pudiese perjudicar a las personas. Casi un siglo después, la Unión Europea se enfrenta al complejo desafío de articular un modelo de desarrollo de la IA centrado en el ser humano, que busca asegurar la confianza y el uso responsable de estas soluciones tecnológicas. *Cfr.* CERRILLO I MARTÍNEZ, A. y PEGUERA POCH, M. (Coord.), *Retos jurídicos de la inteligencia artificial,* Thomson Reuters-Aranzadi, Cizur Menor, 2020, pp. 17-20.

el fundamento de una cuarta revolución industrial ya imparable, hito que representa la apertura de un periodo de profundas transformaciones tanto para las personas, como para la sociedad y el propio Derecho.

Sin embargo, esta escurridiza realidad, capaz de atraer la atenta mirada de gran parte de la academia y la doctrina *iuspublicista*[2] no es un fenómeno de reciente aparición. En efecto, el término Inteligencia Artificial (en adelante IA), fue empleado por vez primera[3]

---

2 Los algoritmos, entendidos como instrumento principal de la inteligencia artificial y para el manejo de big data, son desde el prisma jurídico una oportunidad y un riesgo, enfoque que subyace en HUERGO LORA, A. (Dir.), *La regulación de los algoritmos,* Thomson Reuters-Aranzadi, Cizur Menor, 2020, 364 pp., una de las obras más completas sobre esta materia hasta la fecha. Igualmente conviene destacar el trabajo de BARONA VILAR, S., *Algoritmización del Derecho y de la Justicia. De la inteligencia artificial a la Smart Justice,* Tirant lo Blanch, Valencia, 2021, 726 pp., etc.

3 Es comúnmente aceptado que la génesis de la IA está asociada a los nombres de Warren McCulloch y Walter Pitts, quienes en un trabajo titulado *"A logical calculus of the ideas immanent in nervous activity"* propusieron un modelo computacional constituido por neuronas artificiales: *«causality, which requires description of states and a law of necessary connection relating them, has appeared in several forms in several sciences, but never, except in statistics, has it been as irreciprocal as in this theory. Specification for any one time of afferent stimulation and of the activity of all constituent neurons, each an «all-or-none» affair, determines the state. Specification of the nervous net provides the law of necessary connection whereby one can compute from the description of any state that of the succeeding state, but the inclusion of disjunctive relations prevents complete determination of the one before. Moreover, the regenerative activity of Constituent circles renders reference indefinite as to time past. Thus our knowledge of the world, including ourselves, is incomplete as to space and indefinite as to time. This ignorance, implicit in all our brains, is the counterpart of the abstraction which renders our knowledge useful. The role of brains in determining the epistemic relations of our theories to our observations and of these to the facts is all too clear, for it is apparent that every idea and every sensation is realized by activity within that net, and by no such activity are the actual afferents fully determined. There is no theory we may hold and no observation we can make that will retain so much as its old defective reference to the facts if the net be altered. Tinitus, paraestheaias, hallucinations, delusions, confusions and disorientations intervene. Thus empiry confirms that if our nets are undefined, our facts are undefined, and to the «real» we can attribute not so much as one quality or «form.» With determination of the net, the unknowable object of knowledge, the «thing in itself,» ceases to be unknowable. To psychology, however defined, specification of the net would contribute all that could be achieved in that field-even if the analysis were pushed to ultimate psychic units or «psychons,» for a psychon can be no less than the activity of a single neuron. Since that activity is inherently propositional, all psychic events have an intentional, or «semiotic,» character. The «all-*

en el año 1956 por John McCarthy para referirse a «la ciencia y la ingeniería de crear máquinas inteligentes, especialmente programas de computación inteligente»[4]. A grandes rasgos podemos definir este

---

or-none» law of these activities, and the conformity of their relations to those of the logic of propositions, insure that the relations of psychons are those of the two-valued logic of propositions. Thus in psychology, introspective, behavioristic or physiological, the fundamental relations are those of two-valued logic». Vid. MCCULLOCH, W. S. y PITTS, W.H., «A logical calculus of the inmanent in nervous activity», en *Bulletin of Mathematical Biophysics*, vol. 5, núm. 4, 1943, pp. 129-131.

4 El proyecto de investigación de verano de Dartmouth de 1956 sobre inteligencia artificial se inició con esta propuesta del 31 de agosto de 1955, escrita por John McCarthy, Marvin Minsky, Nathaniel Rochester y Claude Shannon. El texto mecanografiado original constaba de 17 páginas más una portada, las cuales se custodian actualmente en los archivos del Dartmouth College y la Universidad de Stanford. En dicho documento se recopilan los principales aspectos problemáticos que plantea la inteligencia artificial: *«(1) Automatic Computers. If a machine can do a job, then an automatic calculator can be programmed to simulate the machine. The speeds and memory capacities of present computers may be insufficient to simulate many of the higher functions of the human brain, but the major obstacle is not lack of machine capacity, but our inability to write programs taking full advantage of what we have; (2) How Can a Computer be Programmed to Use a Language. It may be speculated that a large part of human thought consists of manipulating word according to rules of reasoning and rules of conjecture. From this point of view, forming a generalization consists of admitting a new word and some rules whereby sentences containing it imply and are implied by others. This idea has never been very precisely formulated nor have examples been worked out; (3) Neuron Nets. How can a set of (hypothetical) neurons be arranged so as to form concepts. Considerable theoretical and experimental work has been done on this problem by Uttley, Rashevsky and his group, Farley and Clark, Pitts and McCulloch, Minsky, Rochester and Holland, and others. Partial results have been obtained but the problem needs more theoretical work; (4) Theory of the Size of a Calculation. If we are given a well-defined problem (one for which it is possible to test mechanically whether or not a proposed answer is a valid answer) one way of solving it is to try all possible answers in order. This method is inefficient, and to exclude it one must have some criterion for efficiency of calculation. Some consideration will show that to get a measure of the efficiency of a calculation it is necessary to have on hand a method of measuring the complexity of calculating devices which in turn can be done if one has a theory of the complexity of functions. Some partial results on this problem have been obtained by Shannon, and also by McCarthy; (5) Self-Improvement. Probably a truly intelligent machine will carry out activities which may best be described as self-improvement. Some schemes for doing this have been proposed and are worth further study. It seems likely that this question can be studied abstractly as well; (6) Abstractions. A number of types of "abstraction" can be distinctly defined and several others less distinctly. A direct attempt to classify these and to describe machine methods of forming abstractions from sensory and other data would seem worthwhile; (7) Randomness and Creativity. A fairly attractive and yet clearly incomplete conjecture is*

fenómeno como aquella ciencia compleja construida con fundamentos extraídos principalmente de la filosofía, las matemáticas, la economía, la teoría de la información, las neurociencias, la psicología, la ingeniería computacional (hardware y software), la teoría del control, la cibernética y la lingüística[5].

En los últimos años, los avances en la potencia informática, la disponibilidad de enormes cantidades de datos y el diseño de nuevos algoritmos han permitido un extraordinario despegue de la IA, concediéndole un papel central en la transformación digital de la sociedad, lo que la ha convertido en una de las principales prioridades de la Unión Europea. Desde hace tiempo, la idea de la inteligencia artificial ha alimentado utopías y distopías. En efecto, la IA está cada vez más presente en nuestras vidas: sirve para ayudar a que la ciudadanía mejore la atención y asistencia sanitaria[6], para incrementar la seguridad de los medios de transporte y para impulsar productos y servicios personalizados, baratos y duraderos en sectores esenciales, tales como la economía verde y circular, maquinaria, agricultura, salud, moda, turismo, etc. También facilita el acceso a la información,

---

that the difference between creative thinking and unimaginative competent thinking lies in the injection of a some randomness. The randomness must be guided by intuition to be efficient. In other words, the educated guess or the hunch include controlled randomness in otherwise orderly thinking». *Vid.* MCCARTHY, J., MINSKY, M. L., ROCHESTER, N. Y SHANNON, C.E., *A proposal for the Dartmouth Summer Research Project on Artificial Intelligence*, Standford, 31 de agosto de 1955, pp. 1-13.

5 *Vid.* TERRÓN SANTOS, D. y DOMÍNGUEZ ÁLVAREZ, J.L., *i-Administración pública, sistemas algorítmicos y protección de datos*, Iustel, Madrid, 2022, p. 28.

6 La inteligencia artificial y el Big Data se articulan como herramientas potenciales para lidiar con diferentes problemas sanitarios relacionados con el análisis de datos masivos, como ya se demostró durante la pandemia de la COVID-19. Así, entre otras cosas, estas poderosas tecnologías se han empleado con la finalidad de detectar tempranamente la infección viral por COVID-19 mediante el examen de radiografías o tomografías de tórax o para descubrir compuestos que deriven en fármacos, no solo para lidiar con el coronavirus, sino para optimizar los procesos y procedimiento llevados en las industrias farmacéuticas y laboratorios, donde el uso de los Dataset es fundamental, ya que contienen ingentes colecciones de información actualizadas por lo general, expresadas mediante Data Tables y Data Relations, que permiten filtrar información masiva de manera más rápida, entre otros muchos usos. *Vid.* MÁRQUEZ DÍAZ, J., «Inteligencia artificial y Big Data como soluciones frente a la COVID-19», en *Revista de Bioética y Derecho*, núm. 50, 2020, pp. 319-320.

educación y formación, lo que se puso especialmente de manifiesto con la necesidad de generalizar el aprendizaje a distancia tras el estallido de la crisis sociosanitaria propiciada por la COVID-19[7]. Además, la IA puede contribuir a hacer de los lugares de trabajo espacios más seguros, y a generar nuevos nichos de empleo a medida que la industria y las empresas avancen en el camino hacia la adaptación tecnológica. La IA también está llamada a disponer de un papel protagonista en la consecución de los objetivos del Pacto Verde Europeo[8] y la modernización de la actividad prestacional de las Administraciones públicas, mediante el refuerzo de servicios públicos esenciales tales como el transporte público, la educación, la energía o la gestión de los residuos, entre otras muchas cuestiones[9].

---

7 La inteligencia artificial tiene la capacidad de hacer frente a algunos de los mayores desafíos que afronta, hoy en día, el ámbito de la educación, de desarrollar prácticas de enseñanza y aprendizaje innovadoras y, finalmente, de acelerar el progreso en la consecución del «ODS 4: Garantizar una educación inclusiva, equitativa y de calidad y promover oportunidades de aprendizaje durante toda la vida para todos». Sin embargo, como recuerda la UNESCO, debemos ser conscientes de que la conexión entre la IA y la educación se desarrollará, inevitablemente, de formas muy diferentes en función de las circunstancias nacionales y socioeconómicas. Por esta razón, es necesario proporcionar modelos de bajo costo para el desarrollo de tecnologías de IA, garantizar que los intereses de los países de ingresos bajos y medios estén representados en los debates y decisiones clave, y crear puentes entre estas naciones y los países en los que la implementación de la IA está más avanzada. *Vid.* ORGANIZACIÓN DE LAS NACIONES UNIDAS PARA LA EDUCACIÓN, LA CIENCIA Y LA CULTURA, *Inteligencia artificial y educación: guía para las personas a cargo de formular políticas*, Paris, 2021, p. 7.

8 En palabras de FERNÁNDEZ DE GATTA SÁNCHEZ, D., «El ambicioso Pacto Verde Europeo», en *Actualidad Jurídica Ambiental*, núm. 101, 2020, p. 78; «el Pacto Verde Europeo *(European Green Deal)* constituye el plan más ambicioso de la historia en materia medioambiental y de sostenibilidad, tanto por los objetivos planteados como por la financiación prevista, y pretende situar a la Unión Europea en una posición de liderazgo mundial en materia ambiental, aunque la crisis del coronavirus generada en China y extendida rápidamente por todo el mundo produce ciertas incertidumbres para el futuro».

9 La Administración pública, con el objetivo de contribuir a la adecuada consolidación de una administración inteligente, que sea eficiente, personalizada, electrónica y garante de los derechos de la ciudadanía, está incorporando, progresivamente, las soluciones sustentadas en inteligencia artificial en el servicio público. Estas herramientas inteligentes «cuentan con gran capacidad para mejorar la prestación de los servicios públicos, en la medida en que pueden proce-

Ahora bien, los resultados de la IA dependen de su uso y de los datos utilizados. Existe la posibilidad de sesgar[10], intencional o involuntariamente, tanto el diseño como los datos objeto de tratamiento. Otro de los peligros es utilizar la inteligencia artificial para tomar decisiones influenciadas por la etnia, el sexo o la edad incluidos en los datos al contratar o despedir, ofrecer préstamos o incluso en procesos penales[11]. La IA también supone riesgos para la privacidad y la protección de datos al utilizarse, por ejemplo, en equipos de reco-

---

sar el lenguaje natural o analizar grandes cantidades de datos para ayudar a la toma de decisiones públicas, entre otras funciones. Sin embargo, este necesario avance tecnológico para la mejora del servicio público puede entrar, pues, en tensión con la seguridad jurídica, derechos fundamentales como la igualdad, la intimidad o la protección de datos personales; o con principios u obligaciones de actuación administrativa como la obligación de motivación, la transparencia o la eficacia del derecho de defensa o recurso, pues no siempre será posible conocer por qué de los resultados proporcionados por algunas inteligencias artificiales». *Vid.* CAPDEFERRO VILLAGRASA, O., «La inteligencia artificial del sector público: desarrollo y regulación de la actuación administrativa inteligente en la cuarta revolución industrial», en *IDP: Revista e Internet, Derecho y Política,* núm. 30, 2020, p. 1.

10 Como recuerda MENÉNDEZ SEBASTIÁN, E.M., «Buena administración, algoritmos y perspectiva de género», en BONORINO RAMÍREZ, P.R., FERNÁNDEZ ACEVEDO, R. y VALCÁRCEL FERNÁNDEZ, P. (Coords.), *Nuevas normatividades. Inteligencia artificial, derecho y género,* Thomson Reuters-Aranzadi, Cizur Menor, 2021, pp. 35 y ss.; las discriminaciones y sesgos que muchas veces presiden las decisiones y acciones humanas se proyectan también en la red a través del software y de sistemas de Inteligencia Artificial.
Aunque, de entrada, podría pensarse que el espacio digital conlleva la ventaja de ser un espacio neutro y aportar objetividad, de manera que promueva relaciones igualitarias y equitativas, alejado de la discriminación que, en ocasiones, preside juicios y elecciones humanas, sin embargo, no es así, habiendo dado lugar a amenazas que adoptan nuevas formas, como son los sesgos algorítmicos. *Vid.* BELLOSO MARTÍN, N., «La problemática de los sesgos algorítmicos (con especial referencia a los de género). ¿Hacia un derecho a la protección contra los sesgos?», en LLANO ALONSO, F.H. (Dir.), *Inteligencia artificial y filosofía del derecho,* ediciones Laborum, Murcia, 2020, p. 45.

11 Basta recordar que los ejes sobre los que se erige la Carta ética europea, sobre el uso de la inteligencia artificial en los sistemas judiciales y su entorno, adoptada por la Comisión Europea para la Eficacia de la Justicia (CEPEJ), el 3 de diciembre de 2018, incluye junto a la calidad, la seguridad, la transparencia y el control del usuario, la no discriminación, la imparcialidad, la equidad y el respeto a los derechos fundamentales.

nocimiento facial[12] o para el seguimiento en línea y la creación de perfiles de personas[13]. Así mismo, esta tecnología presenta riesgos para la democracia, al crear, por ejemplo, cámaras de eco[14] por internet basadas en el comportamiento previo de alguien en la red, al mostrar solo un contenido específico. Los sistemas de IA también

---

12 Sin ir más lejos, hace escasas fechas nos hacíamos eco de la noticia de que la Unión Europea ultima la implantación de sistemas de reconocimiento facial en todas sus fronteras, con el propósito de recopilar datos biométricos de los ciudadanos de terceros países, es decir, de aquellos ciudadanos procedentes de fuera del espacio Schengen. Hasta el momento, únicamente se les tomaban las huellas dactilares y se contrastaban dichos datos en tiempo real con las listas de personas señaladas por las autoridades y fuerzas de seguridad. En cambio, ahora la información quedará almacenada en una gran base de datos que aspira a recopilar y gestionar las huellas dactilares y las imágenes faciales de más de 400 millones de personas, información que gestionará la Comisión Europea y a la que podrán acceder los Estados miembros. El desarrollo del sistema, el cual recibe el nombre de Shared Biometric Matching System (sBMS), corre a cargo del consorcio IDEMIA y Sopra Steria, dos multinacionales ubicadas en Paris, y su presupuesto oscila los 302.500.000 de euros. La aplicación de esta tecnología en las fronteras, ha desatado un huracán de opiniones contrarias de activistas, políticos y tecnólogos, conscientes de que este tipo de herramientas pueden potenciar la discriminación, incurrir en sesgos y criminalizar a la ciudadanía.

13 Un análisis de las distintas posibilidades que ofrecen los sistemas de inteligencia artificial respecto de los datos de los ciudadanos en el sector judicial y los riesgos que plantea la creación de perfiles criminales puede verse en BUENO DE MATA, F., «Macrodatos, inteligencia artificial y proceso: luces y sombras», en *Revista General de Derecho Procesal*, núm. 51, 2020, pp. 3 y ss.

14 Cuando hacemos alusión al término «cámara de eco» nos estamos refiriendo a aquel estado de aislamiento intelectual que resulta de unas determinadas prácticas de acceso a la información. En tiempos pasados, cuando el acceso a la información se producía fundamentalmente a través de unos pocos canales y medios de comunicación, las cámaras de eco se producían cuando una persona, voluntariamente, decidía informarse de manera limitada en tan solo algunos de ellos, un efecto que, además, se veía reforzado cuando muchos de sus contactos tomaban la misma opción. Con la adopción masiva de internet y la llegada de las redes sociales hemos experimentado un incremento brutal del número de fuentes de información disponibles, el cual unido a la perversa influencia que genera el *gobierno* de los algoritmos que pueblan estos nuevos medios, está ocasionando dos importantes efectos estrechamente vinculados. En primer término, esta *novedosa* combinación está produciendo un importante sesgo de confirmación de los individuos, tal y como evidenció el asalto al Capitolio de Estados Unidos. Y, en segundo lugar, el análisis detallado de nuestro tráfico como usuarios de los recursos digitales está generando un tesoro de información de dimensiones desconocidas sobre el comportamiento humano.

pueden usarse para crear vídeos, audios o imágenes falsos pero realistas, conocidos como «*deepfakes*»[15]. Este contenido puede implicar riegos financieros, daños reputacionales y problemas en la toma de decisiones. De igual forma, la libertad de reunión y protesta está también amenazada por la IA, ya que ésta podría rastrear y controlar a las personas vinculadas a determinadas creencias o ideologías políticas.

En efecto, como ha reconocido la propia Unión Europea en diversos pronunciamientos, la IA genera numerosas dudas entre los usuarios, investigadores, especialistas, autoridades y la propia industria encargada de su desarrollo. En singular, estas preocupaciones se centran en lo que concierne a los aspectos relativos al cumplimiento normativo, el respeto de los derechos y libertades fundamentales de los interesados (privacidad, igualdad y no discriminación, dignidad, etc.) o la seguridad jurídica de todos los intervinientes en aquellos procesos en los que

---

15 El término *deepfakes* apareció en 2017 para hacer alusión a vídeos manipulados con el propósito de hacer creer a los usuarios que ven a una determinada persona, tanto si es anónima como si es personaje público, realizando declaraciones o acciones que nunca ocurrieron. Para la creación de dichos vídeos, se utilizan herramientas o programas dotados de tecnología de inteligencia artificial que permiten el intercambio de rostros en imágenes y la modificación de la voz.
El objetivo de tales videos no es otro que el de poder realizar copias digitalizadas de cualquier personaje público o privado para poder hacer que esta copia haga o diga lo que el autor o autores de esta creación pretende. Esta técnica es relativamente fácil de implementar mediante el uso de un software de aprendizaje profundo que permita el tratamiento de videos que estén presentes en la web en código abierto. Dicho software funciona gracias a un mecanismo que permite esquivar los sistemas de detección, a través del uso de dos algoritmos que actúan de la siguiente forma: el primero, copia una vídeo multitud de veces de forma idéntica importando una cara externa y, el segundo, detecta la calidad de los vídeos creados por el primer algoritmo con el fin de excluir aquellos marcos o *frames* menos creíbles. *Vid.* LAVANDA OLIVA, M., «Deepfake: Cuando la inteligencia artificial amenaza el Derecho y la Democracia», en *Revista de Derecho y Tecnología,* núm. 2, 2022, p. 86.
Su fácil implementación, unido al interés creciente de los ciberdelincuentes por el empleo de técnicas de suplantación de identidad y estafa, convierte a los *deepfakes* en un riesgo para la seguridad y ciberseguridad de prácticamente cualquier tipo de organización. El propio FBI, en diversos informes ha identificado los *deepfakes* como un importante riesgo para la ciberseguridad empresarial de todo el mundo. *Vid.* FEDERAL BUREAU INVESTIGATION, *Deepfakes and Stolen PII Utilized to Apply for Remote Work Positions,* 28 de junio de 2022 [alert number I-062822-PSA]. Disponible en: https://bit.ly/3KxReVQ

la innovación digital se erige como componente primordial; cuestiones esenciales que, ante la inacción de los poderes públicos, terminan por constituir un importante freno para el correcto desarrollo tecnológico.

Con la finalidad de disipar los interrogantes que envuelven el prodigioso avance de las nuevas tecnologías, en especial la IA, es urgente que el poder público ofrezca una respuesta decidida, tendente al establecimiento de un sólido marco ético y normativo que refuerce la protección de los derechos individuales y colectivos, con el propósito de garantizar la inclusión y el bienestar social del conjunto de la ciudadanía. Esta apremiante cuestión exige una minuciosa labor jurídica orientada no solamente a la articulación de garantías que permitan salvaguardar la plena vigencia y efectividad del elenco de derechos fundamentales ya reconocidos, sino también la identificación de reformas legales necesarias, así como de las lagunas jurídicas que requieran una regulación adicional para otorgar seguridad jurídica, elemento indispensable para el fomento de la innovación digital. Laboriosa tarea en la que la academia está llamada a desarrollar un papel trascendental, especialmente aquellos Estudios, como el salmantino[16], que desde épocas pretéritas se han caracterizado por ser un auténtico bastión para la defensa de la dignidad de la persona. En las próximas páginas, por tanto, se acomete una sucinta revisión del fenómeno de la inteligencia artificial, se profundiza en el conocimiento de las diversas iniciativas reguladoras que en la actualidad se están debatiendo con la finalidad de normativizar el avance de los sistemas algorítmicos, se examina el papel que la ética y los mecanismos flexibles de autorregulación y estandarización poseen en este pantanoso terreno y, finalmente, se profundiza en la importancia capital del derecho a la privacidad, el cual se presenta en nuestros días como el único reducto del ordenamiento jurídico capaz de hacer frente a los avatares del fenómeno tecnológico.

---

16 Sirva como ejemplo la constitución por parte de la Presidencia del Senado de España y la Universidad de Salamanca del Grupo de Reflexión destinado a profundizar en la dimensión ética de la inteligencia Artificial y de un adecuado marco conceptual en torno a la protección de los derechos humanos, con especial incidencia en la igualdad de género y la no discriminación, capitaneado por la Profa. Dña. Ángela Figueruelo Burrieza, Catedrática de Derecho Constitucional de la Universidad de Salamanca, y en el cual tiene el enorme privilegio de participar el autor de esta obra.

1. ANÁLISIS DE LAS DIFERENTES OLEADAS DIGITALIZADORAS DE LA SOCIEDAD: LA PREPONDERANCIA DEL «MACHINE LEARNING»

La incursión exponencial de las tecnologías disruptivas[17] ha propiciado un auténtico cambio de paradigma, al que no escapan las diferentes Administraciones públicas[18], y cuya manifestación más acuciante es una datificación masiva de la sociedad en su conjunto, lo que plantea importantes interrogantes desde el prisma de la seguridad nacional[19], la garantía y pleno disfrute de los derechos y libertades fundamentales de la ciudadanía o el normal funcionamiento del Estado social y democrático de Derecho[20].

---

17 Recuérdese en este punto que fue Clayton M. Christensen quien en 1997 utilizó por vez primera la expresión «disruptive technologies», para hacer referencia a aquellas tecnologías que exigen un cambio radical respecto al pasado para comenzar una nueva etapa prácticamente desde cero. Se trata de tecnologías de evolución no gradual, caracterizadas por su fuerte componente «rupturista», entre las que se incluyen la robótica y la inteligencia artificial, el Internet de las Cosas, el *Blockchain*, el *cloud computing*, el *big data*, las *smart cities*, los drones, los coches autónomos o las redes sociales. *Cfr.* CHRISTENSEN, C.M., *The innovator's dilemma when new technologies cause great firms to fail*, Harvard Business School Press, Cambridge, 1997, 252 pp.

18 Como recuerda CERRILLO I MARTÍNEZ, A., «El impacto de la inteligencia artificial en el derecho administrativo. ¿Nuevos conceptos para nuevas realidades técnicas?», en *Revista General de Derecho Administrativo*, núm. 50, 2019, p. 15; «las Administraciones públicas utilizan cada día más la inteligencia artificial en el desarrollo de sus actividades y en la prestación de los servicios públicos. Aunque no lo están haciendo (...) con la misma intensidad que el sector privado, cada vez son más las (...) que utilizan la inteligencia artificial para analizar datos o para personalizar los servicios públicos (por ejemplo, para prestar servicios de información, asesoramiento y atención ciudadana)».

19 Los profundos procesos de digitalización y datificación de la sociedad han transformado la seguridad y han contribuido a la aparición de novedosas amenazas y serios desafíos. El ciberespacio se configura «*como un campo de batalla donde la información y la privacidad de los datos son activos de alto valor en un entorno de mayor competición geopolítica, reordenación del poder y empoderamiento del individuo. Así, la creciente conectividad y la mayor dependencia de las redes y sistemas, así como de componentes, objetos y dispositivos digitales, generan vulnerabilidades y dificultan la adecuada protección de la información*». *Vid.* MINISTERIO DE LA PRESIDENCIA, RELACIONES CON LAS CORTES E IGUALDAD, *La Estrategia Nacional de Ciberseguridad*, Madrid, 2019, p. 18. Disponible en: https://bit.ly/32KUPhK

20 Son muchos los estudios que inciden en destacar que la sacralización de la tecnología puede convertir en fines lo que no son más que medios y, sobre todo, puede

Sin embargo, conviene reseñar que la formulación primigenia de algunos de estos importantes avances surgidos al calor de la (r)evolución digital, lejos de ser fenómenos recientes, hunden sus raíces en el pasado siglo. Un buen ejemplo de ello lo encontramos en la Inteligencia Artificial[21], término que fue empleado por vez primera en los meses del verano de 1956, con ocasión de la Conferencia de Dartmouth, para hacer referencia a la ciencia e ingeniería de «hacer máquinas inteligentes»[22]. En dicho encuentro, un conjunto de científicos llevó a cabo una serie de encuentros en los que, apoyados en diversas teorías argumentaron la posibilidad de que una maquina pudiera llegar a realizar tareas que hasta la fecha estaban reservadas a las personas[23] debido al grado de inteligencia que ellas compor-

---

revertir las prioridades y, entre ellas, la construcción histórica de un orden social basado en criterios de legitimidad democrática. Por todos, *cfr.* HABERMAS, J., *Ciencia y técnica como «ideología»*, Tecnos, Barcelona, 1986, p. 58, donde el autor afirma que «[h]oy la dominación se perpetúa y amplía no solo por medio de la tecnología, sino como tecnología; y esta proporciona la gran legitimación a un poder político expansivo que engulle todos los ámbitos de la cultura. En este universo, la tecnología proporciona también la gran racionalización de la falta de libertad del hombre y demuestra la imposibilidad técnica de la realización de la autonomía, de la capacidad de decisión sobre la propia vida. Pues esta ausencia de libertad no aparece ni como irracional ni como política, sino más bien, como sometimiento a un aparato técnico que hace más cómoda la vida y eleva la productividad del trabajo. La racionalidad tecnológica, en lugar de eliminarlo, respalda de ese modo la legalidad del dominio; y el horizonte instrumentalista de la razón se abre a una sociedad totalitaria de base racional».

21 La IA es una ciencia compleja construida con fundamentos extraídos principalmente de la filosofía, las matemáticas, la economía, la teoría de la información, las neurociencias, la psicología, la ingeniería computacional (hardware y software), la teoría del control, la cibernética y la lingüística. *Vid.* RUSSEL, S. J. y NORVIG, P., *Artificial Intelligence: A modern Approach*, Prentice Hall, Englewood Cliffs, New Jersey, 1995, pp. 7-19.

22 Concretamente, recordemos que la expresión acuñada por MCCARTHY, J., MINSKY, M. L., ROCHESTER, N. y SHANNON, C.E., «A proposal for the Dartmouth Summer Research Project on Artificial Intelligence», en *AI Magazine*, vol. 7, núm. 4, 2006, p. 12; fue «la ciencia y la ingeniería de crear máquinas inteligentes, especialmente programas de computación inteligentes».

23 Como es sabido por todos, fue Alan Turing quien primero desarrollo una visión general de la IA en su famoso artículo *"Computing Machineryand Intelligence"* (1950), obra en la que introdujo el que devino en llamarse Test de Turing, el aprendizaje automático, los algoritmos genéticos y el aprendizaje por refuerzo. Ciertamente, en este y otros trabajos se vislumbra el pensamiento premonitorio

taban[24]. En su progreso, la IA se ha apoyado en toda una serie de técnicas y subcampos como el aprendizaje automático, el *data mining* o el reconocimiento de patrones, y se ha inspirado a su vez en otras tantas ciencias, como la estadística, la neurociencia o la psicología[25].

Transcurrido más de medio siglo desde esa primera referencia a la IA[26], el Grupo de Alto Nivel en Inteligencia Artificial (AI-HLEG) creado por la Comisión Europea con la misión de desarrollar la Estrategia Europea de Inteligencia Artificial[27] ha utilizado dicho tér-

---

de un investigador, Turing, que argumentaba ya en el pasado siglo que en un plazo de unos 50 años habría ordenadores inteligentes capaces de llevar a cabo deducciones lógicas, de aprender adquiriendo nuevos conocimientos —tanto inductivamente como por experiencia y evolución— y capaces de comunicarse mediante interfaces humanizadas. *Cfr.* TURING, A., «On computable Numbers, with an application to the Entscheidungsproblem», en *Proceedings of the London Mathematical Society*, núm. 42, 1937, pp. 230-265; TURING, A., «Computing machinery and Intelligence», en *Mind*, vol. 59, núm. 236, 1950, pp. 433-460; TURING, A., «Intelligent machinery», en EVANS, C.R. y ROBERTSON, A.D. (Ed.): *Cybernetics*, University Park Press, Baltimore, 1968, pp. 107-127, etc.

24 *Vid.* PALMA ORTIGOSA, A., «El ciclo de vida de los sistemas de Inteligencia Artificial. Aproximación técnica de las fases presentes durante el diseño y despliegue de los sistemas algorítmicos», en COTINO HUESO, L. (Dir.), *Derechos y garantías ante la inteligencia artificial y las decisiones automatizadas*, en Thomson Reuters-Aranzadi, Cizur Menor, 2022, p. 30.

25 Un análisis sistemático de la historia de la inteligencia artificial y de los fundamentos de esta puede encontrarse en RUSSEL, S. J. y NORVIG, P., *Inteligencia artificial. Un enfoque moderno*, Editorial Pearson Educación, 2ª edición, Madrid, 2004, pp. 19-32.

26 Por su parte, la OCDE ha planteado unos principios para una gobernanza fiable de la IA, entre los que se encuentran: (i) crecimiento inclusivo, desarrollo sostenible y bienestar; (ii) valores centrados en los seres humanos y justicia; (iii) transparencia y explicabilidad; (iv) robustez y seguridad; y (v) rendición de cuentas. Junto a lo anterior, también ha planteado una serie de recomendaciones para incorporar en las políticas nacionales y en la colaboración internacional para una IA de confianza: (a) invertir en investigación y desarrollo de IA; (b) promover un ecosistema digital para la IA; (c) facilitar y configurar un ambiente de política pública para la IA; (d) construir capacidades humanas y prepararse para la transformación del mercado de trabajo; y (e) cooperación internacional para una IA fiable. Adicionalmente, la OCDE ha establecido el Observatorio de Políticas de Inteligencia Artificial (OCDE.AI). *Vid.* OCDE, *Recommendation of the Council on Artificial Intelligence*, Paris, 2020, p. 1. Disponible en: https://bit.ly/3qP8f4p

27 La IA forma parte de la Estrategia de la Comisión para la digitalización de la industria [COM(2016) 180 final] y de la Estrategia renovada de política industrial de la

mino[28] para hacer referencia a aquellos *«sistemas que manifiestan un comportamiento inteligente, al ser capaces de analizar el entorno y realizar acciones, con cierto grado de autonomía, con el fin de alcanzar objetivos específicos»*[29].

UE [COM(2017) 479 final]. Así mismo, la IA ocupa un lugar preeminente en las agendas de los líderes europeos. El 10 de abril de 2018, veintitrés Estados miembros (Bélgica, Bulgaria, Chequia, Dinamarca, Alemania, Estonia, Irlanda, España, Francia, Italia, Letonia, Lituania, Luxemburgo, Hungría, Malta, Países Bajos, Austria, Polonia, Portugal, Eslovenia, Eslovaquia, Finlandia y Suecia) y Noruega se comprometieron a cooperar en este ámbito con la finalidad de garantizar que: (i) Europa sea competitiva en el panorama de la IA; (ii) nadie se quede rezagado respecto de la transformación digital; y (iii) las nuevas tecnologías estén basadas en valores, en línea con los postulados del RGPD, el cual constituye un paso de envergadura para reforzar la confianza tanto de empresas como de la propia ciudadanía.

28 La pluralidad de técnicas que subyacen bajo el fenómeno de la IA dificulta establecer una definición precisa y unitaria. Pese a estas complicaciones inherentes a las soluciones de inteligencia artificial, más de 70 organizaciones e instituciones, procedentes de distintas áreas de conocimiento, han desarrollado directrices y guías en los que intentan acotarse los efectos e implicaciones legales de la IA. *Vid.* JOBIN, A., IENCA, M. y VAYENA, E., «The global landscape of AI ethics guidelines», en *Nature Machine Intelligence,* vol. 1, núm 9, 2019, pp. 389-399. Con carácter general, está extendida la idea de que bajo la etiqueta de IA se agrupa un conjunto heterogéneo de tecnologías y campos de investigación, que varía en función de la amplitud de la definición que se adopte. Definición que en la práctica posee cierto carácter dinámico, pues cuando determinadas tecnologías que en su momento se consideraron IA pierden su novedad y rupturismo, con facilidad dejan de calificarse como tal. *Vid.* PEGUERA POCH, M., «En búsqueda de un marco normativo para la Inteligencia Artificial», en CERRILLO I MARTÍNEZ, A. y PEGUERA POCH, M. (Coord.), *Retos jurídicos de la inteligencia artificial,* Thomson Reuters-Aranzadi, Cizur Menor, 2020, p. 41.

29 Los sistemas basados en la IA pueden consistir simplemente en un programa informático (asistentes de voz, programas de análisis de imágenes, motores de búsqueda, sistemas de reconocimiento facial y de voz, etc.), pero la IA también puede estar incorporada en dispositivos de hardware (robots avanzados, automóviles autónomos, drones o aplicaciones del internet de las cosas). Estamos utilizando la IA diariamente, por ejemplo, para traducir de un idioma a otro, generar subtítulos en los vídeos o bloquear el correo electrónico no solicitado (spam). Muchas tecnologías de IA requieren datos para poder mejorar su rendimiento. Una vez que funcionan bien, pueden ayudar a mejorar y automatizar la adopción de decisiones en el mismo ámbito. Por ejemplo, un sistema de IA se puede entrenar con vistas a utilizarlo para detectar los ataques informáticos a partir de los datos obtenidos de la red o del sistema en cuestión. *Vid.* COMISIÓN EUROPEA, *Una inteligencia artificial para Europa,* Bruselas, 2018, pp. 1-2 [COM(2018) 237 final].

La amplia concepción europeísta de este fenómeno[30] permite entrever que bajo la etiqueta IA subyacen múltiples y variadas tipologías

---

De conformidad con el glosario de términos establecido por el AI-HLEG, «los sistemas de inteligencia artificial son sistemas de software (y en algunos casos también de hardware) diseñados por seres humanos que, dado un objetivo complejo, actúan en la dimensión física o digital mediante la percepción de su entorno a través de la obtención de datos, la interpretación de los datos estructurados o no estructurados que recopilan, el razonamiento sobre el conocimiento o el procesamiento de la información derivados de esos datos, y decidiendo la acción o acciones óptimas que deben llevar a cabo para lograr el objetivo establecido. Los sistemas de IA pueden utilizar normas simbólicas o aprender un modelo numérico; también pueden adaptar su conducta mediante el análisis del modo en que el entorno se ve afectado por sus acciones anteriores». *Vid.* GRUPO DE EXPERTOS DE ALTO NIVEL SOBRE INTELIGENCIA ARTIFICIAL, *Directrices éticas para una IA fiable,* Bruselas, 2019, p. 48.

En contraposición, el Gobierno de Estados Unidos ha apostado por el desarrollo de un concepto más funcional de IA, al considerar sistemas inteligentes a aquellos que entre otras cuestiones, sean capaces de: (i) pensar o actuar como un ser humano, incluidas las arquitecturas cognitivas y las redes neuronales; (ii) realizar tareas en circunstancias variables e impredecibles sin supervisión humana significativa, que pueden aprender de la experiencia y mejorar su rendimiento cuando se ven expuestos a conjunto de datos; (iii) resolver tareas que requieren percepción, cognición, planificación, aprendizaje, comunicación o acción física similar a la humana; y (iv) actuar racionalmente mediante el impulso de técnicas de *machine learning. Vid.* WHITEHOUSE, *Memorandum for the heads of executive departments and agencies. Guidance for Regulation of Artificial Intelligence Applications,* Washington, D.C., 2020, pp. 1-2. Disponible en: https://bit.ly/3wIlCXK

30 La preocupación de la Unión Europea por el fenómeno de la IA se remonta al mes de mayo de 2017, fecha en la que la Comisión Europea publica la revisión intermedia de la aplicación de la Estrategia para el Mercado Único Digital, donde se destaca la importancia que reviste para Europa aprovechar sus puntos fuertes a nivel científico e industrial, así como sus empresas emergentes innovadoras, para situarse en una posición de liderazgo en el desarrollo de tecnologías, plataformas y aplicaciones de IA. *Vid.* COMISIÓN EUROPEA, *Revisión intermedia de la aplicación de la Estrategia para el Mercado Único Digital: Un mercado único digital conectado para todos,* Bruselas, 2017, p. 26 [COM(2017) 228 final].

Por su parte, el Consejo Europeo celebrado en octubre de ese mismo año señaló que la UE necesita concienciarse de la urgencia de hacer frente a las nuevas tendencias, tales como la IA, «garantizando al mismo tiempo un elevado nivel de protección de los datos, así como los derechos digitales y las normas éticas», invitando a la Comisión a que «[…] proponga un planteamiento europeo respecto de la inteligencia artificial y le pide que presente las iniciativas necesarias para reforzar las condiciones marco con el fin de que la UE pueda buscar nuevos mercados gracias a innovaciones radicales basadas en el riesgo y reafirmar el

de soluciones tecnológicas que emplean distintas técnicas[31], destacando entre ellas las basadas en el aprendizaje automatizado[32]. Empleadas de manera adecuada, estas novedosas herramientas pueden ofrecer una oportunidad única para incrementar las cotas de bienestar del conjunto de la sociedad, transformar nuestro tejido productivo e incluso fortalecer la preponderancia de la Administración pública, ya sea mediante el impulso de nuevas formas de ejercicio de las potestades administrativas tradicionales o por medio de la configuración de nuevas fórmulas que permitan maximizar la eficacia y la eficiencia de la actuación administrativa sin perder de vista la consecución de los intereses generales (art. 103.1 CE), cuestiones que cobran una especial relevancia en la actividad prestacional o en el concreto ámbito de la seguridad y la protección de la ciudadanía frente a las nuevas amenazas y formas de delincuencia que se vislumbran en el horizonte de la digitalización[33].

---

liderazgo de su industria». *Vid.* CONSEJO EUROPEO, *Conclusiones adoptadas en su reunión de 19 de octubre de 2017,* Bruselas, 2017, p. 7 [EUCO 14/17].
Asimismo, el Parlamento Europeo formuló diversas recomendaciones de amplio alcance sobre normas de Derecho civil referidas a la robótica [2015/2103 (INL)] y el Comité Económico y Social Europeo también ha emitido un dictamen sobre el tema [INT/806-EESC-2016-0569-00-00-AC-TRA].

31 *Vid.* COTINO HUESO, L., «Riesgos e impactos del big data, la inteligencia artificial y la robótica. Enfoques, modelos y principios de la respuesta del Derecho», en *Revista General de Derecho Administrativo,* núm. 50, 2019, p. 4.

32 Como subraya la AGENCIA ESPAÑOLA DE PROTECCIÓN DE DATOS: *Guía para la adecuación al RGPD de tratamientos que incorporan Inteligencia Artificial. Una introducción,* Madrid, 2020, p. 6; «una de las ramas de la IA con más éxito en aplicaciones comerciales es el Aprendizaje Automático o Machine Learning (ML). El ML diseña modelos predictivos que construyen por sí mismos la relación entre las variables a estudiar mediante el análisis de un conjunto inicial de datos, la identificación de patrones y el establecimiento de criterios de clasificación. Una vez fijados los criterios, al introducir un nuevo conjunto de datos el componente IA es capaz de realizar una inferencia. El aprendizaje automático está, relacionado con las técnicas de minería de datos, optimización y big data. A su vez, existen distintos tipos de aprendizaje automático como el supervisado, no supervisado, de refuerzo y sus variantes, que emplean distintas técnicas. Así mismo se encuentran especializaciones del ML como el Deep Learning (DL) o el Aprendizaje Profundo, y diferentes modelos de aprendizaje, como el centralizado, el descentralizado o el federado».

33 La inteligencia artificial es una tecnología estratégica que ofrece numerosas ventajas a los ciudadanos, las empresas y la sociedad en su conjunto, siempre y cuando sea antropocéntrica, ética y sostenible y respete los derechos y valores

Estos planteamientos posibilistas, no deben obviar que la IA es ya en nuestros días una realidad tangible, en la medida en que constituye un componente más de los tratamientos de datos realizados por los responsables y que, en muchos casos, aparece en forma de soluciones desarrolladas por terceros, todo ello sin que exista una ordenación normativa exhaustiva del alcance y de los límites a los que debe estar sujeta esta poderosa herramienta[34]. En efecto, como ha reconocido la propia Unión Europea en diversos pronunciamientos, la IA genera numerosas dudas entre los usuarios, investigadores, especialistas, autoridades y la propia industria[35]. En singular, estas preocupaciones se

---

fundamentales. La IA aporta importantes mejoras de la eficiencia y la productividad que pueden reforzar la competitividad de la industria europea y mejorar el bienestar de los ciudadanos. También puede contribuir a encontrar soluciones a algunos de los problemas sociales más acuciantes, como la lucha contra el cambio climático y la degradación medioambiental, los retos relacionados con la sostenibilidad y los cambios demográficos, la protección de nuestras democracias y, cuando sea necesario y proporcionado, la lucha contra la delincuencia. De esta forma, las herramientas de inteligencia artificial pueden ofrecer una oportunidad para proteger mejor a los ciudadanos de la UE de la delincuencia y los actos de terrorismo. Este tipo de herramientas podrían, por ejemplo, ayudar a detectar propaganda terrorista en línea, descubrir transacciones sospechosas en la venta de productos peligrosos, detectar objetos peligrosos ocultos o productos y sustancias ilícitos, ofrecer asistencia a los ciudadanos en situaciones de emergencia y servir de orientación al personal de primera intervención. *Vid.* COMISIÓN EUROPEA, *Libro blanco sobre la inteligencia artificial, un enfoque europeo orientado a la excelencia y la confianza,* Bruselas, 2020, p. 30 [COM(2020) 65 final].

34 Consciente del retraso de la Unión Europea frente a Estados Unidos y China, la Comisión Europea está sentando las bases para la fundación de un modo europeo de entender la *data-economy,* basado en la aportación de valor a la sociedad sobre la base del respeto a los derechos humanos, en una suerte de humanismo tecnológico. Para ello se contempla la necesidad de abordar cambios legislativos que conduzcan a la Unión hacia un nuevo marco regulatorio de la economía del dato, especialmente en lo que se denomina la Inteligencia Artificial de Alto Riesgo. *Vid.* GUDIN RODRÍGUEZ-MAGARIÑOS, F., «El Libro blanco de la Comisión Europea o el intento de lograr el humanismo tecnológico», en *Análisis Jurídico-Político,* vol. 2, núm. 3, 2020, pp. 138-139.

35 El panorama de la inteligencia artificial ha evolucionado significativamente desde 1950, cuando Alan Turing planteó por primera vez la pregunta de si las máquinas pueden pensar. Hoy, la IA está transformando sociedades y economías. Promete generar ganancias de productividad, mejorar el bienestar y ayudar a abordar los desafíos globales, como el cambio climático, la escasez de recursos y las crisis de salud. Sin embargo, a medida que las aplicaciones de IA se adoptan en todo el mundo, su uso puede generar preguntas y desafíos relacionados con los valores

centran en lo que concierne a los aspectos relativos al cumplimiento normativo, el respeto de los derechos y libertades fundamentales de los interesados o la seguridad jurídica de todos los intervinientes; cuestiones esenciales que, ante la inacción de los poderes públicos, en muchos casos terminan por constituir un importante freno para el correcto desarrollo tecnológico[36].

Con la finalidad de disipar los interrogantes que envuelven el prodigioso avance de las nuevas tecnologías[37], en especial la IA, es urgente que el poder público ofrezca una respuesta decidida, tendente al establecimiento de «los cimientos de un Derecho de la Inteligencia Artificial, cuyo principio básico sea proteger la naturaleza humana biocultural de los peligros derivados del desarrollo transhumanista[38] de la

humanos, la equidad, la determinación humana, la privacidad, la seguridad y la responsabilidad, entre otros. *Cfr.* ORGANIZACIÓN PARA LA COOPERACIÓN Y EL DESARROLLO ECONÓMICOS, *Artificial Intelligence in Society*, Paris, 2019, 152 pp.

36 Como ha señalado recientemente la Comisión Europea, «la inteligencia artificial se está desarrollando rápido. Cambiará nuestras vidas, pues mejorará la atención sanitaria, aumentará la eficiencia de la agricultura, contribuirá a la mitigación del cambio climático y a la correspondiente adaptación, mejorará la eficiencia de los sistemas de producción a través de un mantenimiento predictivo, aumentará la seguridad de los europeos y nos aportará otros muchos cambios que de momento solo podemos intuir. Al mismo tiempo, la IA conlleva una serie de riesgos potenciales, como la opacidad en la toma de decisiones, la discriminación de género o de otro tipo, la intromisión en nuestras vidas privadas o su uso con fines delictivos». *Vid. Op. cit.* COMISIÓN EUROPEA, *Libro blanco sobre…*, p. 2.

37 Es necesario destacar la valía de iniciativas académicas e investigadoras como la que representa la RED DAIA (Derecho Administrativo e Inteligencia Artificial), la cual fue constituida en Toledo el 1 de abril de 2019 con el objetivo de contribuir al debate social sobre el papel del Derecho ante la transformación digital del Sector público y, de este modo, reivindicar el papel de los especialistas y académicos en las investigaciones y proyectos públicos y privados de Inteligencia Artificial. Más información, disponible en: https://bit.ly/3e5ZVdT

38 El transhumanismo es un movimiento cultural e intelectual internacional que tiene como objetivo final transformar la condición humana mediante el desarrollo y fabricación de tecnologías ampliamente disponibles, que mejoren las capacidades humanas, tanto a nivel físico como psicológico o intelectual. Los pensadores transhumanistas estudian los posibles beneficios y peligros de las nuevas tecnologías que podrían superar las limitaciones humanas fundamentales, como también la tecnoética adecuada a la hora de desarrollar y usar esas tecnologías. *Vid.* FERRY, L., *La révolution transhumaniste,* Plon, París, 2017, p. 20.

IA»[39]. Esta tarea, lejos de presentarse como un quehacer sencillo[40], se convierte en nuestros días en una complicada y necesaria travesía que encuentra en el trasiego de la burocrática prosa de las normas que componen el Derecho Administrativo[41], el paulatino reconocimiento

---

39 *Vid.* LÓPEZ ONETO, M., *Fundamentos para un Derecho de la Inteligencia Artificial. ¿Queremos seguir siendo humanos?,* Tirant lo Blanch, Valencia, 2020, p. 163.

40 Hay varias formas de afrontar el mundo digital donde todos estamos inmersos: «ignorándolo, o haciendo cuerpo común con él, o sirviéndose de sus adelantos para conseguir ciertos fines, o de estas dos últimas maneras conjuntamente, postura que sería la más completa y efectiva». *Vid.* ROMOJARO MONTERO, R., *Las humanidades en el mundo digital/El mundo digital en las humanidades,* Tirant lo Blanch, Valencia, 2019, p. 11.

41 Son muchos los autores que han centrado buena parte de sus esfuerzos en intentar conceptualizar la noción de Derecho Administrativo. Siguiendo las palabras siempre esclarecedoras de MUÑOZ MACHADO, constatamos una primera realidad: «es difícil encontrar una disciplina científica en la que, como en el Derecho administrativo, el tema del concepto se haya resistido más a una comprensión pacífica por parte de los autores (…), la ya larga historia de la búsqueda de un criterio único con arreglo al cual definir el Derecho administrativo, es a la vez la pequeña historia de sucesivas frustración». *Vid.* MUÑOZ MACHADO, S., «Las concepciones del Derecho administrativo y la idea de participación en la Administración», en *Revista de Administración Pública,* núm. 84, 1977, pp. 519-520. Esta idea ha sido igualmente expuesta por MIR PUIGPELAT, O., «El concepto de Derecho administrativo desde una perspectiva lingüística y constitucional», en *Revista de Administración Pública,* núm. 162, 2003, pp. 47-48.

No obstante, conviene subrayar que la expresión «Derecho administrativo» es, como tantas otras, polisémica. De lo visto hasta ahora se deduce que dicha expresión tiene al menos tres significados distintos: con ella se alude, en primer lugar, a un conjunto de normas, de normas jurídicas, distinto (y hasta contrapuesto, según algunos) del resto de normas integrantes del ordenamiento jurídico. Pero la expresión es utilizada también, en segundo lugar, para designar una ciencia o área de conocimiento. E incluso, en tercer lugar, para aludir a una asignatura universitaria. *Vid.* SANTAMARÍA PASTOR, J.A., *Principios de Derecho Administrativo,* Centro de Estudios Ramón Areces, vol. I, 4ª edición, Madrid, 2002, p. 81.

En cambio, para BALLBÉ, el Derecho administrativo es la «parte del Derecho público interno que determina el ejercicio de la función administrativa (…) el Derecho administrativo no solo es la *conditio sine qua non,* sino *conditio per quam* de la Administración». *Vid.* BALLBÉ, M., *Nueva Enciclopedia Jurídica,* Tomo I, Seix, Barcelona, 1985, pp. 59-63.

Para GARCÍA DE ENTERRÍA, E. y FERNÁNDEZ RODRÍGUEZ, T.R., *Curso de Derecho Administrativo,* Thomson Reuters-Civitas, Tomo I, 19ª edición, Cizur Menor, 2020, p. 65; el Derecho Administrativo «no es ni el Derecho propio de unos órganos o de un poder, ni tampoco el Derecho propio de una función, sino un

de los derechos digitales y la plena garantía del derecho a la protección de datos de carácter personal, algunas de las estaciones obligatorias en las que debe detenerse el itinerario que la sociedad debe emprender hacia el ansiado «humanismo tecnológico»[42].

2. APROXIMACIÓN A LAS DISTINTAS TÉCNICAS DE INTELIGENCIA ARTIFICIAL

Recientemente, el Parlamento Europeo, con ocasión de su Resolución sobre la inteligencia artificial en la era digital señalaba que «*el término IA es un término genérico que abarca una amplia gama de tecnologías, técnicas y enfoques antiguos y nuevos que se entiende mejor bajo la deno-*

Derecho de naturaleza estatutaria, en cuanto se dirige a la regulación de las singulares especies de sujetos que se agrupan bajo el nombre de Administraciones públicas, sustrayendo a estos sujetos singulares del Derecho común [...] Hay que decir que el Derecho Administrativo es un Derecho Público [...] íntimamente relacionado con el Derecho Constitucional [...]».

42 La revolución digital supone la posibilidad de alcanzar nuevos beneficios para el conjunto de la sociedad, pero solo podremos alcanzarlos si interpretamos su irrupción poniendo al ser humano en el centro del foco. Surge así el «humanismo tecnológico», perspectiva que sitúa al ser humano en el foco del desarrollo tecnológico. Esta corriente propone afrontar la actual emergencia digital con una visión social, humanista, inclusiva y sostenible para garantizar una transición digital que en ningún caso viole, sino que refuerce los derechos humanos. Una perspectiva que, a su vez, ponga a prueba la confianza existente entre los ciudadanos hacia las instituciones públicas o el sector privado, solo transitando este camino podremos garantizar un futuro justo y equitativo para la nueva sociedad digital. Los rápidos avances en el campo de la inteligencia artificial en las últimas décadas no han hecho más que poner de relieve la necesidad de incorporar criterios éticos de responsabilidad. Esa incorporación permitirá el planteamiento de una inteligencia artificial responsable (IAR) que tendrá que fundamentarse en la formulación de un nuevo humanismo. Se entiende que «a partir de un humanismo tecnológico se podría impulsar la IAR en el contexto tecnológico actual. Los desafíos de la IA imponen el imperativo de plantear un humanismo de este tipo que asuma un compromiso con miras al futuro. En ese sentido, el humanismo tecnológico representa la exigencia de un tiempo de desafíos tecnológicos y a la vez una premisa ineludible en el planteamiento de la IAR. Es una premisa para la responsabilidad ante un tiempo de exigencias que no se pueden esquivar». *Vid.* TERRONES RODRÍGUEZ, A.L., «Humanismo tecnológico: fundamento para una inteligencia artificial responsable», en *Pensamiento Actual,* vol. 19, núm. 33, 2019, p. 15.

minación de "sistemas de inteligencia artificial", que se refiere a cualesquiera sistemas automatizados que a menudo apenas tienen nada más en común que estar guiados por un conjunto dado de objetivos definidos por el ser humano, con distintos grados de autonomía en sus acciones, e intervenir en predicciones, recomendaciones o tomas de decisiones basadas en los datos disponibles; si bien algunas de esas tecnologías ya se utilizan de forma generalizada, otras aún están en fase de desarrollo o incluso son solo conceptos especulativos que pueden existir o no en el futuro»[43].

Con el propósito de ofrecer una explicación realista de las capacidades actuales que presentan los sistemas de inteligencia artificial, el presente epígrafe está destinado a esbozar una serie de pinceladas que ayuden a conocer, a quienes comienzan su andadura en este pantanoso terreno, las distintas modalidades de IA y el funcionamiento de las tecnologías subyacentes que permiten su implementación. Esta cuestión, la cual reviste extraordinaria dificultad fruto del fuerte componente técnico que esconde tras de sí, es esencial para comprender tanto las diferentes iniciativas emprendidas para acometer su regulación jurídica como los riesgos que la puesta en marcha de estas soluciones tecnológicas entraña desde el prisma de la protección de los derechos fundamentales y libertades públicas y, particularmente, para determinar el grado de afectación que el impulso de estas herramientas puede ejercer en el concreto campo de la privacidad.

---

[43] En esta misma Resolución se hace alusión, de igual forma, a las diferentes oleadas de la IA. En este sentido, se señala la existencia de significativas diferencias entre la IA simbólica, que constituye el principal enfoque entre los años cincuenta y los noventa del siglo pasado, y la IA basada en datos y aprendizaje automático, que domina el avance digital desde el año 2000. Durante la primera oleada, la IA se desarrolló codificando los conocimientos y la experiencia de los expertos en un conjunto de reglas que luego ejecutaba una máquina; en la segunda oleada, los procesos de aprendizaje automatizados de algoritmos basados en el procesamiento de grandes cantidades de datos, la capacidad de reunir datos procedentes de múltiples fuentes diferentes y de elaborar representaciones complejas de un entorno dado, y la determinación de patrones convirtieron a los sistemas de IA en sistemas más complejos, autónomos y opacos, lo que puede hacer que los resultados sean menos explicables; en consecuencia, la IA actual puede clasificarse en muchos subcampos y técnicas diferentes. *Vid.* PARLAMENTO EUROPEO, *Resolución del Parlamento Europeo, de 3 de mayo de 2022, sobre la inteligencia artificial en la era digital,* Estrasburgo, 2022, p. 11 [2020/2266(INI)].

2.1. Primera constatación: existen distintas categorías de inteligencia artificial

En nuestros días, aún parece lejana la llegada de una «superinteligencia artificial»[44]. Sin embargo, existen ya diferentes modalidades de IA fuertemente arraigadas en nuestra sociedad que avanzan con paso inusitado. En función del alcance y el ámbito de aplicación de la inteligencia artificial, existe una clasificación generalmente aceptada que distingue tres categorías diferentes de IA: las inteligencias artificiales fuertes, generales y débiles.

Se denomina IA «fuerte» o superinteligencia a aquellos sistemas que disponen de una capacidad de razonamiento y resolución de problemas notablemente superior a la de cualquier ser humano. Por su parte, la inteligencia artificial general (IAG), también denominada IA «profunda», podría resolver cualquier tarea intelectual resoluble por un ser humano. Hasta la fecha no existe y su surgimiento continúa siendo una incógnita para la comunidad científica, pero si sabemos que su concepción se asemeja extraordinariamente a aquellas soluciones tecnológicas que aparecen retratadas en infinidad de obras literarias y cinematográficas de ciencia ficción[45].

Sin ningún género de dudas, el tipo de IA que ha disparado la aplicación práctica de esta disciplina es la que se conoce como IA-débil (*AI-weak*) o estrecha (*IA-narrow*) que, en contraste con la IA fuerte y general, se caracteriza por desarrollar soluciones capaces de resolver un problema concreto y acotado[46]. La aplicación de este tipo

---

44 *Vid.* BOSTROM, N., *Superinteligencia: Caminos, peligros, estrategias,* Teell editorial, S.L., Zaragoza, 2016, 352 pp.; quien sugiere, aunque a priori pueda parecer un despropósito, que debemos comenzar a prepararnos concienzudamente para la llegada de la superinteligencia artificial, de tal forma que nos aseguremos desde la fase seminal el control de su desarrollo, lo que implica considerar todos los escenarios posibles y determinar cuáles nos convienen más como sociedad, dado que un despiste o una mala decisión nos pueden condenar irremediablemente.

45 *Cfr.* SALAZAR GARCÍA, I., *La Revolución de los Robots. Cómo la Inteligencia Artificial y la robótica afectan a nuestro futuro,* editorial Trea, Gijón, 2019, 168 pp.

46 *Vid.* COMITÉ ECONÓMICO Y SOCIAL EUROPEO, *Dictamen sobre la Inteligencia artificial: las consecuencias de la inteligencia artificial para el mercado único (digital), la producción, el consumo, el empleo y la sociedad,* Bruselas, 2017, p. 3 [2017/C288/01]; institución que afirma que, «en términos generales, se puede distinguir entre

de sistemas es extensa[47]: desde los videojuegos a sistemas de defensa, pasando por el entorno sanitario, el control industrial, la robótica, los buscadores de Internet, el tratamiento del lenguaje natural, el marketing, los asistentes personales, los recursos humanos, la optimización de servicios públicos, la gestión energética, el medioambiente y cualquier otra actividad imaginable, habida cuenta de que el ámbito de aplicación de las soluciones IA se extiende a todos los sectores, cada uno de ellos con casuísticas específicas y con la necesidad de cumplir tanto con una normativa general como con una prolífica regulación sectorial[48].

IA débil e IA fuerte (general AI). La IA débil es capaz de realizar tareas específicas. La IA fuerte es capaz de realizar las mismas tareas intelectuales que un ser humano. En el ámbito de la IA débil se ha progresado considerablemente en los últimos tiempos, gracias sobre todo al crecimiento de la capacidad de procesamiento (*computer processing power*), la disponibilidad de grandes cantidades de datos y el desarrollo del aprendizaje automático. El aprendizaje automático incluye algoritmos capaces de enseñarse a sí mismos tareas específicas sin estar programados para ello. El método se basa en el procesamiento de «datos de entrenamiento» que sirven de base al algoritmo para aprender a reconocer patrones y formular normas. El aprendizaje profundo, una forma de ML, utiliza estructuras de redes neuronales (*neural networks*) basadas a grandes rasgos en el cerebro humano que aprenden mediante el ensayo y la respuesta. El resultado de estos avances es que los sistemas de IA (por medio de algoritmos) ya pueden aprender por sí mismos, y ser autónomos y adaptativos».

47 En palabras de BARRIO ANDRÉS, M., *Manual de Derecho Digital,* Tirant lo Blanch, 2ª edición, Valencia, 2022, p. 69, todas las aplicaciones de IA que han sido creadas hasta la fecha se califican como débiles porque tiene aplicaciones limitadas. Pueden adoptar decisiones y resolver problemas en áreas muy concretas. La IA débil «es una realidad muy extendida hoy en día; Alexa, Cortana, Siri, Google Translate o los programas que juegan al ajedrez, por ejemplo, todos ellos son una IA débil, y llevan un tiempo presente entre nosotros. Estas herramientas pueden jugar al ajedrez o conducir un coche, pero nada más. El software puede funcionar como si fuera humanamente inteligente para una tarea específica. Deep Blue, el superordenador de ajedrez de fama mundial por derrotar a Kaspárov en 1997, por ejemplo, ganó contra los mejores ajedrecistas del mundo sin realmente "entender" el juego o tener ninguna intuición real. Solo a través de la potencia de cálculo (fuerza bruta) se había simulado una "inteligencia" superior a la de los seres humanos en un determinado ámbito. En cambio, no habría sido posible mantener una conversación con Deep Blue sobre política o cocina».

48 *Vid. Op. cit.* AGENCIA ESPAÑOLA DE PROTECCIÓN DE DATOS, *Adecuación al RGPD…*, p. 5.

2.2. *Segunda constatación: la inteligencia artificial es una suma de diferentes métodos y técnicas*

Aproximarse al fenómeno de la inteligencia artificial exige, necesariamente, describir los elementos que conforman los sistemas de inteligencia artificial, es decir, el conjunto de componentes que integran estas poderosas herramientas[49]. En suma, la IA comprende una amplia gama de métodos, algoritmos y tecnologías extraordinariamente diversas[50].

Así, en primer término, conviene acotar la naturaleza del *algoritmo*[51]. Cuando nos referimos a esta realidad, estamos haciendo alusión a «la secuencia finita de reglas formales (operaciones lógicas e

---

49 Un sistema de IA necesita de una secuencia de instrucciones que especifique las diferentes acciones que debe ejecutar el computador para resolver un determinado problema. Esta secuencia de instrucciones es la estructura algorítmica que emplea el sistema de IA. Por tanto, «algoritmo» es el procedimiento para encontrar la solución a un problema mediante la reducción del mismo a un conjunto de reglas. *Vid.* BENÍTEZ, R., ESCUDERO, G., KANAAN, S. y MASIP RODÓ, D., *Inteligencia artificial avanzada,* editorial UOC, Barcelona, 2013, p. 13.

50 Siguiendo el criterio mayoritario de la doctrina, la IA es un término genérico o supraconcepto que engloba diversas tecnologías inteligentes con aspectos comunes o interrelacionados entre sí, aunque algunas de estas tecnologías han comenzado a adquirir sustantividad propia como disciplinas científicas. Entre ellas encontramos: (i) el aprendizaje automático; (ii) el procesamiento del lenguaje natural; (iii) el diseño de sistemas expertos; (iv) la visión artificial; (v) el reconocimiento del habla; y (vi) la planificación automática.

51 Entendidos como «un conjunto metódico de pasos que pueden emplearse para hacer cálculos, resolver problemas y alcanzar decisiones. Un algoritmo no es un cálculo concreto, sino el método que se sigue cuando se hace el cálculo». *Vid.* HARARI, Y.N., *Homo deus: breve historia del mañana,* editorial Debate, Barcelona, 2016, p. 100.

Otra definición de esta realidad la encontramos en GÓMEZ ABEJA, L., «Inteligencia artificial y derechos fundamentales», en en LLANO ALONSO, F.H. (Dir.), *Inteligencia artificial y filosofía del derecho,* ediciones Laborum, Murcia, 2020, p. 92; quien afirma que, con algoritmo nos estaremos refiriendo a la fórmula informatizada que se utiliza para calcular una predicción, mediante el uso de los datos disponibles. Ahora bien, es importante añadir que el algoritmo es una «creación humana», en el sentido de que son personas las que elaboran la fórmula que después será ejecutada por una computadora. *Vid.* EQUILUZ CASTAÑEIRA, J.A., «Desafíos y retos que plantean las decisiones automatizadas y los perfilados para los derechos fundamentales», en *Estudios de Deusto,* vol. 68, núm. 2, 2020, p. 330.

instrucciones) que permiten obtener un determinado resultado de la entrada inicial de información introducida en dicho algoritmo»[52].

---

[52] *Vid.* COMISIÓN EUROPEA PARA LA EFICACIA DE LA JUSTICIA, *European ethical Charter on the use of Artificial Intelligence in judicial systems and their environment*, Estrasburgo, 2018, p. 70.
Sin embargo, la palabra algoritmo hunde sus raíces bastante más atrás en el tiempo. Proviene del nombre de un matemático árabe del siglo XI «Muhammad ibn Mūsā al-Khwārizmī», cuyos escritos, traducidos al latín en el siglo XII, tuvieron una gran influencia en Europa Occidental. Por un lado, fue el artífice de la rama de las matemáticas que hoy llamamos Álgebra, Por otro, fue el principal difusor del sistema de numeración decimal posicional que llamamos sistema árabe de numeración. No obstante, los algoritmos son mucho más antiguos que el nombre que han recibido en tiempos relativamente modernos. Sin ir más lejos, los sumerios en el año 2.500 a.C., nos legaron una tablilla de arcilla que contenía un procedimiento para multiplicar. Más tarde, descubrimos que los babilonios disponían de un sistema de numeración en base 60, cuya impronta aún perdura en las sociedades modernas, como atestigua el minutero de nuestros relojes analógicos. Al contrario de lo que se piensa, la algoritmia no nace con los computadores, si bien supusieron un gran impulso a la misma con el propósito de automatizar tediosos cálculos matemáticos, ya que desde que existen testimonios escritos nos consta la existencia de métodos algorítmicos para resolver los más diversos problemas. Por ejemplo, las sociedades incas precolombinas usaban un artilugio formado por cuerdas y nudos, denominado *quipu,* para registrar y dejar constancia de ciertas numeraciones que consideraban relevantes. Por su parte, la civilización babilónica, allá por el año 2.400 a.C. inventó el *ábaco,* la primera máquina de calcular conocida. No será hasta 1623 cuando Wilhelm Schickard proceda a la creación de la primera máquina de cálculo verdaderamente automática, la cual sería replicada años más tarde por el matemático, físico y filósofo francés Blaise Pascal y por el matemático alemán Gottfried W. Leibniz. Habrá que esperar hasta 1800 para conocer la primera máquina programable, la cual ejercerá una influencia directa en las computadoras y ordenadores de nuestro tiempo. Se trata del telar del ingeniero francés Joseph Marie Jacquard, el cual sin estar relacionado con la computación constituye el primer concepto de programa de la historia.
Reminiscencias aparte, y pese a los numerosos quebraderos de cabeza que la delimitación del concepto de algoritmo ha generado en no pocos matemáticos, en palabras de PEÑA MARTÍ, R., *De Euclides a Java: historia de los algoritmos y de los lenguajes de programación,* en Nivola libros y ediciones S.L., Madrid, 2006, pp. 15-16; podemos concebirlo como aquel «conjunto de reglas que, aplicadas sistemáticamente a unos datos de entrada adecuados, resuelve un cierto problema en un número finito de pasos elementales».
Aproximándonos más a nuestros días, «el concepto de "algoritmo" abarca frecuentemente una serie de procesos computacionales, como la estrecha vigilancia del comportamiento de los usuarios, la recolección de los datos masivos de la información resultante, los múltiples cálculos estadísticos combinados que

De esta forma, este conjunto de reglas consigue transformar un *input* en un *output*. Ahora bien, un sistema de inteligencia artificial puede estar compuesto al mismo tiempo por algoritmos deterministas[53], cuyas reglas se presentan totalmente definidas, y que por consiguiente resultan más fáciles de interpretar, y por algoritmos no deterministas, cuyas reglas no están completamente pautadas y disponen de autonomía para procesar la información y producir resultados nuevos en función de los datos con los que estos sean alimentados. Actualmente, en la medida en que gran parte de las tareas que se atribuyen a los sistemas algorítmicos tienen su encaje en entornos sumamente complejos, la primera tipología de algoritmos deja de ser operativa, convirtiendo a los algoritmos no deterministas en el ideal a implementar, solución tecnológica que se esconde detrás de aquellos sistemas que se sustentan en algoritmos de aprendizaje automático, es decir, aquellos que son capaces de aprender de los datos, adecuarse

---

emplean las máquinas analíticas para analizar esos datos y, finalmente, un conjunto de acciones de confrontación humana, recomendaciones e interfaces que tan solo acostumbran a reflejar una pequeña parte de todo el procesamiento cultural que se lleva a cabo entre bastidores». *Vid.* FINN, E., *La búsqueda del algoritmo: imaginación en la era de la informática*, ediciones Alpha Decay, Barcelona, 2018, p. 37.

Por su parte, BERLANGA DE JESÚS, A., «El camino desde la Inteligencia Artificial al Big Data», en *Revista de Estadística y Sociedad*, núm. 68, 2016, p. 9; concibe el algoritmo como «un conjunto de reglas que, aplicadas sistemáticamente a unos datos de entrada apropiados, resuelven un problema en un número finito de pasos elementales. De una forma más sencilla, se definiría como una serie de instrucciones sencillas que llevan a cabo para resolver un problema».

53 En el algoritmo determinista, para una determinada entrada en particular, la computadora siempre producirá la misma salida pasando por los mismos estados. En otras palabras, un algoritmo determinista es completamente predictivo si se conocen sus entradas. Es completamente lineal (cada paso tiene un paso sucesor y un paso predecesor).

En el caso de un algoritmo no determinista, para la misma entrada, el computador puede producir una salida diferente en diferentes ejecuciones. De hecho, los algoritmos no deterministas no pueden resolver el problema en tiempo polinomial y no pueden determinar cuál es el siguiente paso. Los algoritmos no deterministas pueden mostrar diferentes comportamientos para la misma entrada en diferentes ejecuciones y existe cierto grado de aleatoriedad, en la medida en que tienen un comportamiento en forma de árbol. Una amplia introducción a los algoritmos para la toma de decisiones bajo incertidumbre puede verse en KOCHENDERFER, M.J., WHEELE, T.A. Y WRAY, K.H., *Algorithms for Decision Making*, The MIT Press, Cambridge, 2022, 700 pp.

a realidades impredecibles y tener en cuenta un amplio abanico de variables sin necesidad de reprogramar el sistema en función de las situaciones a las que puede enfrentarse la solución tecnológica en cada momento[54].

A) Aprendizaje automático (*machine learning*)

El aprendizaje automático o «*machine learning*» (ML), es el término empleado para hacer referencia a aquellas técnicas que tienen la capacidad de aprender de un conjunto de datos preexistentes a través de la extracción de patrones y diversas correlaciones[55]. En otras palabras, las técnicas de *machine learning*, engloban el conjunto de procesos a través de los cuales la máquina *aprende* de los datos[56]. Dentro del aprendizaje automático podemos encontrar diversas técnicas, de diferente complejidad, como son: el aprendizaje supervisado, el aprendizaje semi-supervisado, el aprendizaje no supervisado, el aprendizaje por refuerzo o el aprendizaje federado[57].

i. En los sistemas basados en *aprendizaje supervisado*, el algoritmo se entrena con un conjunto de datos de entradas y salidas previamente etiquetados, de tal forma que los resultados de salida son conocidos previamente[58]. Ello permite que los algoritmos

---

54 *Cfr. Op. cit.* PALMA ORTIGOSA, A., «El ciclo de…», p. 32.

55 En lo que respecta a las metodologías subyacentes, existen diferentes enfoques de aprendizaje automático, como son el aprendizaje profundo (*deep learning*), el aprendizaje en árbol de decisión (*decision tree learning),* la programación de lógica inductiva (*inductive logic programming*), la agrupación (*clustering*), el aprendizaje por refuerzo (*reinforcement learning*) y las redes bayesianas, entre otras muchas.

56 *Vid.* DE ASÍS PULIDO, M., «La justicia predictiva: tres posibles usos en la práctica jurídica», en LLANO ALONSO, F.H. (Dir.), *Inteligencia artificial y filosofía del derecho,* ediciones Laborum, Murcia, 2020, p. 291.

57 Estos sistemas tienen, como señaló tiempo atrás Arthur Samuel, la habilidad de aprender sin estar explícitamente programados (es decir, sin necesidad de reglas codificadas previamente). Es ahí donde reside su potencia y su carácter disruptivo. Se pueden aplicar a problemas de clasificación (agrupar observaciones en categorías) o de regresión (predecir propiedades en función de sus observaciones). Los algoritmos de machine learning están basados en fórmulas matemáticas y estadísticas, capaces de descubrir patrones, correlaciones y anomalías.

58 Por tanto, en los problemas de aprendizaje supervisado el algoritmo se entrena a partir de datos que ya vienen previamente etiquetados con la respuesta co-

trabajen con datos «etiquetados» *(labeled data),* intentado encontrar una función que, dadas las variables de entrada, les asigne la etiqueta de salida adecuada[59].

ii. En el lado opuesto encontramos el llamado *aprendizaje no supervisado,* supuesto en el que los datos empleados para alimentar el algoritmo no serán sometidos a un previo proceso de etiquetado. Por tanto, será el propio algoritmo el que tratará de descubrir patrones y correlaciones presentes en el conjunto de datos facilitado, mediante la agrupación de tales datos en categorías en función de las similitudes que detecte. Con ello se pretende la extracción de información significativa, sin la referencia de variables de salida conocidas, y mediante la exploración de la estructura del conjunto de datos sin etiquetar[60]. La labor del algoritmo se limita, por consiguiente, a encontrar la estructura interna de los datos[61].

iii. Por otro lado, encontramos aquellos sistemas sustentados en el conocido como *aprendizaje semi-supervisado,* técnica que se encuentra a caballo entre el aprendizaje supervisado y no supervisado[62]. Habida cuenta del alto coste que representa etiquetar conjuntos de datos, este enfoque permite entrenar un

---

rrecta. Cuanto mayor es el conjunto de datos mayores son las posibilidades de aprendizaje del algoritmo. Una vez concluido el entrenamiento, se le brindan nuevos datos, ya sin las etiquetas con las respuestas correctas, y el algoritmo de aprendizaje utiliza la experiencia adquirida durante la etapa de entrenamiento para predecir un resultado. Esto es similar al método de aprendizaje que se utiliza en las escuelas, donde se nos enseñan problemas y las formas de resolverlos, para que luego podamos aplicar los mismos métodos en situaciones similares.

59 Así sucede, por ejemplo, con los filtros de spam. De igual forma, otros usos generalmente extendidos los encontramos en las imágenes médicas, el reconocimiento de voz y la calificación crediticia.

60 Parten de datos no etiquetados en los que no existe información de clasificación ni de evento dependiente continuo. Esta razón es la que hace a este tipo de sistemas algorítmicos apropiados para el análisis de secuencias genéticas, la investigación de mercados o el reconocimiento de objetos.

61 *Vid.* AGENCIA ESPAÑOLA DE PROTECCIÓN DE DATOS, *Adecuación al RGPD de tratamientos que incorporan Inteligencia Artificial. Una introducción,* Madrid, 2020, p. 6.

62 *Vid.* CHAPELLE, O., SCHÖLKOPF, B. y ZIEN, A., *Semi-supervised Learning,* The MIT Press, Cambridge, 2006, p. 2

algoritmo con una cantidad limitada de datos etiquetados y un considerable conjunto de datos no etiquetados sin que el algoritmo pierda su capacidad de aprendizaje.

iv. Otra técnica conocida por su especial trascendencia es el llamado *aprendizaje por refuerzo*, tipología de aprendizaje que se caracteriza porque al algoritmo no se le proporciona previamente un conjunto de datos de entrenamiento, sino que el proceso de aprendizaje deviene de la interacción de la solución tecnológica con el entorno en la que este se inserta[63]. De esta manera, el encargado de diseñar el sistema debe establecer un objetivo y el algoritmo debe construir un modelo basado en la interacción prueba y error con el entorno, modelo que será empleado posteriormente por el algoritmo para resolver el problema planteado[64]. Una de las características esenciales

---

63 En efecto, la virtuosidad de esta técnica de aprendizaje automático es que el algoritmo aprende observando el mundo que le rodea. Su información de entrada es el *feedback* o retroalimentación que obtiene del mundo exterior como respuesta a sus acciones. Por lo tanto, el sistema aprende a base de ensayo-error, imitando los estudios de aprendizaje en humanos y ratas basándose en recompensas y castigos. *Vid. Op. cit.* BARRIO ANDRÉS, M., *Manual de Derecho...*, p. 72.

64 El aprendizaje por refuerzo difiere del aprendizaje supervisado y no supervisado en que el algoritmo no recibe un conjunto de datos de entrenamiento específico para construir su modelo. En el entrenamiento, el algoritmo utiliza la experiencia adquirida a través de las interacciones con el entorno para aprender a realizar una tarea específica. El desarrollador le da al algoritmo un objetivo o "función de recompensa" (por ejemplo, para ganar un juego) y el algoritmo luego construye un modelo (una estrategia para ganar el juego en este ejemplo) basado en la interacción de prueba y error con el entorno. Luego, en el despliegue, el algoritmo usa este modelo para resolver el problema (es decir, jugar y ganar el juego). El algoritmo está diseñado, o más bien se diseña a sí mismo, en función de este objetivo, en lugar de datos de entrenamiento específicos. No obstante, conviene tener presente que, aunque el aprendizaje por refuerzo ofrece nuevas capacidades, también conlleva riesgos, especialmente si se usa para tareas críticas para la seguridad. Si bien el desarrollador humano define el objetivo (función de recompensa) y puede ejercer cierto control sobre el entorno de capacitación (que generalmente es una simulación), la forma en la que el algoritmo aprenderá para, con posterioridad, desempeñar la tarea asignada es completamente impredecible. Y a menudo conduce a soluciones imprevistas para la tarea. Una forma de entender esto es pensar en una gota de agua que cae en la cima de una montaña, cuya estructura es completamente desconocida. A priori, podríamos predecir, según la comprensión general de

de esta forma de aprendizaje es la existencia de intervención humana durante el proceso de aprendizaje premiando o penalizando las decisiones parciales adoptadas por el algoritmo.

v. Asimismo, destaca el *aprendizaje federado*, técnica recientemente desarrollada en la que el entrenamiento de los datos se realiza de forma descentralizada, es decir, en la que el análisis de los datos se realiza en los diferentes *data center* donde se encuentran ubicados los datos. Una vez procesadas esas bases de datos de forma separada se procede a generar diversos modelos, los cuales serán enviados a un servidor central, también conocido como *maestro*, conformado por todos los modelos que se han creado previamente. Finalmente, ese modelo maestro será empleado por las distintas organizaciones que llevaron a cabo el análisis separado de sus datos, dando lugar a una técnica que permite compartir el modelo algorítmico y no los datos en cuestión[65], incrementando sustancialmente las garantías de privacidad y seguridad de la información.

---

la gravedad y el hecho de que las montañas están elevadas, que la gota de agua terminará en el lago situado a los pies de la misma. Pero no podemos saber con exactitud qué ruta tomará, qué sucederá en el camino, o cuándo llegará, ni podríamos desandar sus pasos para entender cómo llegó hasta su destino final. *Vid.* THE INTERNATIONAL COMMITTEE OF THE RED CROSS, *Autonomy, artificial intelligence and robotics: technical aspects of human control*, Genova, 2019, p. 16. Disponible en: https://bit.ly/3RurU5r

65 Por consiguiente, construir un modelo de *machine learning*, no se reduce solamente a utilizar un algoritmo de aprendizaje o utilizar una librería de ML. Al contrario, es todo un proceso que suele comprender las siguientes fases: (i) recolectar los datos: actualmente es posible recolectar los datos de una pluralidad enorme de fuentes, tales como sitios web, bases de datos, datos de dominio público, etc. (ii) preprocesar los datos: una vez que tenemos los datos, en necesario cerciorarse que los mismos tienen el formato correcto para nutrir nuestro algoritmo de aprendizaje; (iii) explorar los datos: una vez que los datos disponen del formato idóneo, debe realizarse un preanálisis para corregir los valores erróneos o intentar encontrar a simple vista algún patrón en los mismos que facilite la construcción del modelo; (iv) entrenar el algoritmo: en este punto es donde comienzan a utilizarse propiamente las técnicas de *machine learning*. En esta etapa se nutren los algoritmos de aprendizaje con los datos que venimos procesando en las etapas anteriores. La idea es que los algoritmos puedan extraer información útil de los datos que se le facilitan para luego poder hacer predicciones; (v) evaluar el algoritmo: en esta etapa ponemos a prueba

A) Aprendizaje profundo *(deep learning)*

Mención especial merece un enfoque de aprendizaje automático que en los últimos años ha crecido en importancia, fruto de la precisión de sus resultados[66]. Nos estamos refiriendo al conocido como «*deep learning*» (DL) o aprendizaje profundo, técnica especializada de *machine learning* que se caracteriza por emplear múltiples capas de tratamiento no lineal de la información, mediante el uso de algoritmos de redes neuronales que aspiran a imitar el comportamiento de las neuronas del cerebro humano. Cada red neuronal está formada por diversas capas. A su vez, en cada capa pueden estar presentes varias neuronas o nodos. La primera capa constituye la puerta de entrada de los datos que alimentan el sistema y cada una de las capas restantes va obteniendo información determinada del conjunto de datos aportado inicialmente, organizadas en una jerarquía desde un nivel de abstracción más bajo a uno más alto, lo que permite formular uno o varios resultados. En los últimos años, su potencial disruptivo ha contribuido a mejorar el estado del arte de la IA y a extender esta tecnología a multitud de aplicaciones y usos[67].

---

la información o conocimiento que el algoritmo obtuvo del entrenamiento del paso anterior. Para ello, debe evaluarse el grado de precisión del algoritmo y si el resultado no fuera satisfactorio debe volverse a la etapa anterior y continuar entrenando el algoritmo cambiando algunos parámetros hasta lograr un rendimiento aceptable; y (vi) utilizar el modelo: en esta última etapa, el modelo se enfrenta al problema real.

66 Esta modalidad de machine learning requiere de una gran cantidad de datos y capacidad de computación, pero como contrapartida permite obtener resultados extraordinarios, como atestigua el despegue del *big data* y el *cloud computing*. Sin embargo, estas soluciones tecnológicas aún plantean importantes incógnitas como puede ser su baja explicabilidad, cuestión que será objeto de análisis pormenorizado en otro apartado de esta obra.

67 El aprendizaje profundo permite que los modelos computacionales que se componen de múltiples capas de procesamiento aprendan representaciones de datos con múltiples niveles de abstracción. Estos métodos han mejorado drásticamente el estado del arte en el reconocimiento de voz, el reconocimiento de objetos visuales, la detección de objetos y muchos otros dominios, como el descubrimiento de fármacos y la genómica. El aprendizaje profundo descubre estructuras intrincadas en grandes conjuntos de datos mediante el uso del algoritmo de retropropagación para indicar cómo una máquina debe cambiar sus parámetros internos que se utilizan para calcular la representación en cada capa a partir de la representación en la capa anterior. Las redes convolucionales

B) Procesamiento del lenguaje natural

El Procesamiento del Lenguaje Natural (PLN) es considerado un campo adicional de las tecnologías de IA, el cual permite a las máquinas analizar, interpretar y comprender el lenguaje humano natural. En lugar de programar manualmente grades conjuntos de reglas, el procesamiento del lenguaje natural utiliza herramientas de *machine learning* para extrapolar estas reglas analizando un conjunto de datos de entrenamiento, es decir, grandes volúmenes de datos, y haciendo inferencia estadística.

Sus tareas principales son la detección de sintaxis y etiquetado parcial del habla, la semántica, el reconocimiento óptico de caracteres (OCR), la extracción de relaciones (Turnitin), el discurso (resumen automático de conferencias) y el reconocimiento del habla[68].

3. CICLO DE VIDA DE LAS HERRAMIENTAS DE INTELIGENCIA ARTIFICIAL

Como se ha puesto de relieve con anterioridad, con casi toda seguridad, una solución de IA será un elemento de proceso de datos que se incluirá en una o más fases de un tratamiento llevado a cabo en el seno de una organización. En unos casos, el componente IA se desarrollará específicamente para dicho tratamiento y, en otros muchos casos, dicho componente será desarrollado por terceros, ajenos a la figura del responsable del tratamiento de datos.

Adicionalmente, conviene tener presente que el componente de IA no estará aislado y se integrará en un tratamiento específico junto a otros componentes como pueden ser: (i) la recogida de datos; (ii)

---

profundas han generado avances en el procesamiento de imágenes, video, voz y audio, mientras que las redes recurrentes han arrojado luz sobre datos secuenciales como texto y voz. *Vid.* LECUN, Y., BENGIO, Y., y HINTON, G, «Deep learning», en *Nature*, vol. 521, núm. 7553, 2015, p. 436.

68 Algunos ejemplos reales del empleo del PLN en la actualidad pueden ser la historia clínica digital, las apps de clasificación de currículos, la detección de nombres de personas, entidades, ubicaciones, etc.; la búsqueda en internet por voz, la traducción automática de comentarios en redes sociales, etc.

los sistemas de archivo; (iii) los módulos de seguridad; (iv) las interfaces de usuario, etc. Es más, una vez desarrollado, un componente de IA podría ser integrado en tratamientos de distintos responsables y diversas organizaciones. Estas son algunas de las razones que motivan la necesidad de conocer el ciclo de vida de las herramientas y componentes de la inteligencia artificial.

Para ello, en primer término, debemos tener presente que el ciclo de vida de un sistema de IA, desde su génesis hasta su descarte, experimenta distintas etapas, fases que a grandes rasgos resultan comunes a todos los procesos de desarrollo tecnológico. No obstante, conviene precisar que, en función de la tecnología de IA que se pretenda implementar podrían existir algunos matices o particularidades, habida cuenta de la pluralidad y variedad de tecnologías subyacentes que envuelven este poderoso fenómeno. Sin embargo, para el objeto de este trabajo, solamente nos detendremos en el análisis de las siguientes etapas:

i. Concepción y análisis: en esta primera fase se fijarán los requisitos funcionales y no funcionales de la solución IA[69]. Estos

[69] La primera etapa en el ciclo de vida de la IA es la conceptualización y diseño del proyecto, la cual estará a cargo de su director, es decir, la persona responsable de tomar las decisiones y dirigir el esfuerzo que será ejecutado de manera colaborativa con un equipo multidisciplinar de la institución. Una buena conceptualización y diseño del proyecto asegurará su viabilidad, sostenibilidad y valor público, además de que contribuirá a mitigar los riesgos que conlleva la aplicación de la herramienta de IA. En el proceso de conceptualización y diseño se pueden identificar una serie de pasos claves y preguntas esenciales a las que debe responder el responsable de la toma de decisiones antes de ejecutar un proyecto de IA, como son: (i) definición del problema: el primer paso en todo proyecto es definir claramente el problema del cual se pretende dar respuesta con la implementación de una herramienta de toma y/o soporte de decisiones basada en IA; (ii) análisis de prefactibilidad: después de definir el problema y determinar si la IA es la herramienta correcta para apoyar la solución, y antes de continuar con el proyecto, hay otras preguntas claves a las que se deberá responder con el objetivo de asegurar la viabilidad del proyecto para no desperdiciar los recursos de la institución; (iii) definición de objetivos: una vez que el proyecto se declara factible, es el momento de fijar los objetivos y sus métricas o indicadores, los cuales servirán para medir sus logros. Tales métricas deben reflejar el impacto esperado de la aplicación de la herramienta en la población destinataria. El logro de los objetivos deberá ayudar a solucionar el problema identificado; (iv) descripción de acciones: las acciones son las actividades que

vendrán determinados por los objetivos de negocio derivados del tratamiento de datos en donde se incorporará o del mercado donde se pretende comercializar el componente. Incluirá los planes de proyecto, las restricciones normativas, cumplimiento de principios éticos[70], etc.

---

realiza la entidad y que permitirán articular la respuesta para resolver el problema; (v) mapeo de datos: se debe investigar si existen los datos necesarios y suficientes para llevar a cabo el proyecto, si la institución tiene acceso a las bases de datos o si se necesitarán convenios para obtenerlos. Un proyecto de IA se puede basar en datos tanto internos como externos, ya sean públicos o privados; (vi) definición del análisis y sus herramientas pertinentes: en esta etapa, el director del proyecto debe identificar preliminarmente qué tipo de análisis se requerirá para solucionar el problema. El tipo de análisis o la herramienta a implementar dependerá de la naturaleza del desafío y ayudará a mejorar los procesos de atención o respuesta necesarios. En esta etapa se trata de lograr una aproximación inicial que posteriormente debe consensuarse con el equipo técnico de proyecto; (vii) consideraciones éticas, legales y de gobernanza: incluso antes de comenzar con la ejecución del proyecto, el director deberá tener claros los desafíos éticos y legales que pueden surgir durante la implementación. Esto le permitirá adelantarse a posibles situaciones que puedan poner en riesgo la iniciativa y tomar las medidas de mitigación oportunas; y (viii) conformación del equipo responsable: en su calidad de director del proyecto, la persona responsable de la toma de decisiones debe conformar el equipo que se encargará de llevarlo a cabo. Los proyectos de IA no solo comprometen a quien decide y al equipo técnico; se requiere la participación de una variedad de áreas de la institución (por ejemplo, el equipo legal) e incluso de instituciones externas (por ejemplo, quienes poseen bases de datos útiles para el proyecto). Por consiguiente, el proceso de concepción y análisis de un proyecto debe ser iterativo. Aunque la idea es comenzar con una definición sólida del alcance del problema, esto puede cambiar si, por ejemplo, la institución no tiene la capacidad necesaria para actuar sobre él, o debe replantearse si los datos requeridos por no estar disponibles o ser insuficientes. *Vid.* BANCO INTERAMERICANO DE DESARROLLO, *Uso responsable de IA para política pública: manual de formulación de proyectos*, Washington DC, 2021, pp. 13-14.

70 Aunque la IA tiene un importante potencial para agilizar procesos y ampliar la capacidad del Estado, también hay que señalar que no es una bala de plata. Una vez definidos el problema y el tipo de intervención, es necesario contextualizar y replantear el uso de la IA y el aprendizaje automático en consonancia con los principios de la IA aprobados por la OCDE, a saber: (a) la IA debe estar al servicio de las personas y del planeta, impulsando un crecimiento inclusivo, el desarrollo sostenible y el bienestar; (b) los sistemas de IA deben diseñarse de manera que respeten el Estado de derecho, los derechos humanos, los valores democráticos y la diversidad, e incorporar salvaguardias adecuadas, por ejemplo, permitiendo la intervención humana cuando sea necesario, con miras a garantizar una sociedad

ii. Desarrollo: incluye diversas actuaciones, tales como la investigación, el prototipado, el diseño, la realización de pruebas[71], entrenamiento y validación. No todas las etapas estarán siem-

---

justa y equitativa; (c) los sistemas de IA deben estar presididos por la transparencia y una divulgación responsable a fin de garantizar que las personas sepan cuándo están interactuando con ellos y puedan oponerse a los resultados de esa interacción; (d) los sistemas de IA han de funcionar con robustez, de manera fiable y segura durante toda su vida útil, y los potenciales riesgos deberán evaluarse y gestionarse en todo momento; y (e) las organizaciones y las personas que desarrollen, desplieguen o gestionen sistemas de IA deberán responder de su correcto funcionamiento en consonancia con los principios precedentes.

Con la finalidad de dotar de efectividad estos principios, la OCDE recomienda a los gobiernos: facilitar una inversión pública y privada en investigación y desarrollo que estimule la innovación en una IA fiable; fomentar ecosistemas de IA accesibles con tecnologías e infraestructura digitales, y mecanismos para el intercambio de datos y conocimientos; desarrollar un entorno de políticas que allane el camino para el despliegue de unos sistemas de IA fiables; capacitar a las personas con competencias de IA y apoyar a los trabajadores con miras a asegurar una transición equitativa; y cooperar en la puesta en común de información entre países y sectores, desarrollar estándares y asegurar una administración responsable de la IA. *Vid.* ORGANIZACIÓN PARA LA COOPERACIÓN Y EL DESARROLLO ECONÓMICO, *Principios sobre la Inteligencia Artificial,* París, 2019, p. 3 [OCDE/LEGAL/0449].

71 A la hora de evaluar si una solución de IA cumple los requisitos necesarios para efectuar un tratamiento de datos personales con todas las garantías, hay ciertos parámetros comunes a cualquier solución técnica que deberán quedar especificadas, como son: (a) precisión, exactitud o medidas de error requeridos por el tratamiento; (b) requisitos de calidad en los datos de entrada al componente IA; (c) precisión, exactitud o medidas de error efectivas de la solución IA en función de la métrica adecuada para medir la bondad de esta; (d) convergencia del modelo, cuando nos encontremos con entrenamiento y soluciones adaptativas; (e) consistencia entre los resultados del proceso de inferencia; y (f) predictibilidad del algoritmo, entre otros parámetros. Una solución técnica que no tenga respuesta a estas preguntas de una forma acreditable, no se podría considerar basada en una tecnología madura, sino en una tecnología sin capacidad de cumplir con los requisitos básicos de *accountability*, transparencia y legalidad exigidos en la actual regulación europea de protección de datos de carácter personal. Asimismo, el análisis de los parámetros antes enunciados permitirá identificar otros requisitos esenciales desde el punto de vista de protección de datos como puede ser, por ejemplo, la aplicación del principio de minimización o el principio de calidad de los datos empleados. *Cfr.* LATORRE, J.I., «Philosophical and ethical challenges of AI. The importance of awereness», en GARCÍA MEXÍA, P. y PÉREZ BES, F. (Eds.), *Artificial Intelligence and the Law,* Wolters Kluwer, Madrid, 2021, pp. 75-76.

pre presentes y su existencia quedará supeditada a la solución de IA concreta adoptada.

iii. Explotación: comprende la ejecución de distintas acciones, algunas de las cuales podrán ejecutarse en paralelo: integración, producción, despliegue, inferencia, decisión, mantenimiento y evolución[72].

iv. Retirada final del tratamiento o componente[73].

En función del tipo de aplicación, algunas de las etapas anteriores podrían estar solapadas. Por ejemplo, la validación se podría solapar durante las etapas de desarrollo y explotación, o la etapa de evolución podría desarrollarse de manera simultánea a la etapa de inferencia.

4. TRATAMIENTO DE DATOS PERSONALES MEDIANTE EL EMPLEO DE SOLUCIONES DE INTELIGENCIA ARTIFICIAL

Maximizar el aprovechamiento de las externalidades positivas que dibuja el avance digital en el horizonte más próximo exige, necesariamente, garantizar el pleno respeto de los derechos fundamentales y libertades públicas reconocidos (libertad de expresión; libertad de establecimiento y ejercicio de una actividad empresarial en línea; protec-

---

72 En todo caso, durante esta fase el responsable deberá: (i) garantizar la capacitación de los servidores que interactúan con el modelo de IA para que la herramienta sea sostenible en el tiempo; (ii) elaborar un manual de usuario dirigido a las personas que van a interactuar con el modelo; (iii) establecer mecanismos de retroalimentación para las personas que interactúan con el modelo; (iv) diseñar e implementar procesos simples para corregir aquellos errores presentes en el modelo que afecten a los usuarios; (v) establecer sistemas automatizados, o al menos periódicos, de monitoreo del modelo; (vi) mantener un registro de los resultados del modelo teniendo en cuenta las restricciones de acceso y seguridad; (vii) implementar mejoras necesarias al modelo y al proceso a partir de los hallazgos del monitoreo y la evaluación, y (viii) destinar los recursos necesarios para mantener la herramienta en el tiempo.

73 No hay que olvidar que, para el propósito de este trabajo, hemos centrado nuestra atención en el componente de IA, pero a la hora de realizar un análisis del tratamiento, el componente IA y el resto de los elementos que conforman el tratamiento se han de estudiar como un todo indisoluble.

ción de datos personales, intimidad y derecho al olvido; y protección de la creación intelectual individual, entre otros), y proceder al establecimiento de un conjunto completo de principios digitales[74] que permita informar a los usuarios y orientar a los responsables políticos y a los operadores digitales (acceso universal a los servicios de internet; entorno en línea seguro y fiable; educación y competencias digitales universales; principios éticos para algoritmos centrados en el ser humano; protección y capacitación de los niños en el espacio en línea, etc.)[75].

Consciente de esta realidad, la Unión Europea en el marco de la intensificación de las actuaciones comenzadas en el pasado decenio para acelerar la transformación digital de Europa, aboga abiertamente por el establecimiento de una Brújula Digital que permita alcanzar los ambiciosos objetivos digitales del continente europeo para 2030, al tiempo que permita construir un entorno digital centrado en el ser humano[76],

---

[74] A tal fin, el 26 de enero de 2022, la Comisión Europea propuso incluir este conjunto de principios y derechos digitales en una declaración interinstitucional solemne entre la Comisión Europea, el Parlamento Europeo y el Consejo. La Declaración responde al llamamiento del Parlamento Europeo para que la Unión aborde la transformación digital en plena consonancia con los derechos fundamentales, entre los que destacan las normas sobre protección de datos y la igualdad de trato, así como con principios como la neutralidad tecnológica, la neutralidad de la red y la inclusividad, y para que se refuercen las capacidades y competencias digitales y se fomente un ecosistema educativo digital de alto rendimiento. También tiene en cuenta la petición del Parlamento Europeo de que se protejan los derechos de los usuarios en el entorno digital, se asegure la libertad de prensa y se combata la desinformación. *Vid.* COMISIÓN EUROPEA, *Formulación de una Declaración Europea sobre los Derechos y Principios Digitales para la Década Digital,* Bruselas, 2022, p. 1 [COM (2022) 27 final].

[75] *Vid.* COMISIÓN EUROPEA, *Brújula Digital 2030: el enfoque de Europa para el Decenio Digital,* Bruselas, 2021, p. 15 [COM(2021) 118 final].

[76] Esta idea aparece reflejada ya en la Declaración de Berlín sobre la sociedad digital y el gobierno digital basado en valores de 2020, en la cual el Consejo señaló que las oportunidades que brinda la transformación digital deberían estar al alcance de todos. Además, en la Declaración de Lisboa sobre una democracia digital con propósito, presentada en la Asamblea Digital de junio de 2021, reclamó un modelo de transformación digital que permitiera reforzar la dimensión humana del ecosistema digital y tenga como núcleo el mercado único digital. El Consejo hizo también un llamamiento en favor de una transición digital que, junto con la transición ecológica, tienda puentes hacia un futuro climáticamente neutro y sostenible.

seguro y abierto, acorde al marco jurídico aplicable[77] y respetuoso para con los derechos y valores intrínsecos de la forma de vida europea.

Esta *década digital* aspira a construir una Europa digitalmente soberana en un mundo interconectado mediante la creación y el despliegue de capacidades tecnológicas que capaciten a las personas y las empresas para aprovechar el potencial de la transformación digital y ayuden a lograr una sociedad más sana y ecológica, garantizando al mismo tiempo la seguridad y la resiliencia de su ecosistema digital y sus cadenas de suministro[78]. A nadie se le escapa que los nuevos avances tecnológicos en ámbitos como la inteligencia artificial, la analítica de datos, la robótica y el internet de las cosas, y su integración en modelos empresariales y en servicios y productos de nuestra vida cotidiana, han contribuido a transformar el modo en que se organizan la economía y la sociedad. Al mismo tiempo, el creciente ritmo de la transformación digital ha generado importantes innovaciones que ofrecen nuevas herramientas para abordar los retos sociales globales y para mejorar la eficiencia de los servicios públicos y privados. Asimismo, ha facilitado el acceso a educación y formación y a recursos de información, y ha abierto nuevos espacios al discurso público. La generalización de las tecnologías digitales ha acrecentado nuestra libertad por cuanto permite conectar incluso las zonas más remotas y, así, ofrece nuevas oportunidades para los ciudadanos, los trabajadores y los consumidores, para la creación y

---

77 Los principios digitales se basan en el Derecho primario de la UE, en particular el Tratado de la Unión Europea, el Tratado de Funcionamiento de la Unión Europea, la Carta de los Derechos Fundamentales y la jurisprudencia del Tribunal de Justicia de la Unión Europea, así como en el Derecho derivado. En el caso de la legislación vigente nos referimos, por ejemplo, a la Directiva sobre garantías y ventas de los bienes de consumo, a la Ley Europea de Accesibilidad, el Código Europeo de Comunicaciones Electrónicas, la Directiva de servicios de comunicación audiovisual, el Reglamento sobre el portal digital único o el Reglamento de ciberseguridad.

78 Según las estimaciones de la Unión Europea, en 2025 se producirá un incremento del 530% del volumen global de datos (con respecto a los 33 zetabytes en 2018), el valor de la economía de los datos en la EU27 representará 829.000 millones de euros, frente a 301.000 millones de euros (2,4 % del PIB de la UE) en 2018, y la economía de los datos empleará a más de 10,9 millones de profesionales de los datos, frente a los 5,7 millones que este sector representaba en 2018.

el crecimiento de las empresas, para la prosperidad de las comunidades, para la inclusión de grupos desfavorecidos y para el progreso de nuestra sociedad en su conjunto.

Sin embargo, la creciente disponibilidad de nuevos datos y tecnologías digitales conlleva también riesgos indeseables que pueden tener importantes repercusiones para los ciudadanos, nuestros valores democráticos, nuestra seguridad o incluso los fundamentos de nuestras sociedades. Esos riesgos han crecido en una medida significativa, particularmente en lo que atañe a la violación de la intimidad y de la seguridad de los datos personales, la proliferación de contenidos nocivos y productos inseguros, así como la desinformación, la ciberdelincuencia y los ciberataques, la explotación y los abusos contra seres humanos, incluidos los niños, la vigilancia masiva, los sesgos algorítmicos que obstaculizan el acceso equitativo y no discriminatorio a la información y el debate democrático, e incluso la censura. Esos problemas afectan al núcleo de los derechos fundamentales y socavan los avances conseguidos en este ámbito, no sin esfuerzo, tanto en la Unión Europea como a escala internacional.

En efecto, como se ha puesto de relieve, el despliegue de la IA y sus procesos algorítmicos subyacentes presenta nuevos e importantes desafíos para los profesionales de la privacidad y los responsables encargados de implantar el modelo de gobernanza de datos en el seno de las diferentes organizaciones, tanto públicas como privadas[79]. En

---

79 Para los expertos en privacidad, la IA es más que big data a gran escala. La inteligencia artificial se diferencia por sus cualidades interactivas: sistemas que recopilan nuevos datos en tiempo real a través de entradas sensoriales (pantallas táctiles, entradas de voz, video o cámara) y adaptan sus respuestas y funciones posteriores en función de estas entradas. Las características únicas de la IA y el *machine learning* incluyen no solamente la característica definitoria del big data, es decir, el procesamiento de enormes cantidades de datos, sino también los usos adicionales y, lo que es más importante, los modelos de procesamiento de múltiples capas desarrolladas para aprovechar y poner en funcionamiento esos datos. Las aplicaciones impulsadas por la IA ofrecen servicios beneficiosos y oportunidades de investigación, pero presentan daños potenciales para individuos y grupos cuando no se implementan con un enfoque claro en la protección de los derechos individuales y la información personal. El impacto que estos sistemas ejerce en la esfera privada de la ciudadanía exige incluir la protección de datos de carácter personal por defecto desde el principio del ciclo de diseño. También se deben realizar revisiones intensas de privacidad

ausencia de obligaciones legales o reglamentarias específicas, la IA plantea nuevos desafíos éticos y prácticos para las organizaciones que se esfuerzan por maximizar los beneficios para la ciudadanía mientras previenen daños potenciales[80], especialmente en lo que atañe a sus derechos de la privacidad[81].

---

para los sistemas existentes, ya que las decisiones de diseño arraigadas en los sistemas actuales afectan a las actualizaciones futuras basadas en estos modelos. A medida que los programas de IA y *machine learning* se aplican en industrias, plataformas y aplicaciones nuevas y existentes, los legisladores y los expertos en privacidad de las distintas organizaciones deben asegurarse de que las personas sean tratadas con respeto y dignidad, lo que exige articular las garantías y mecanismos necesarios para controlar su propia información. *Vid.* FUTURE OF PRIVACY FORUM, *The Privacy Expert's Guide To Artificial Intelligence and Machine Learning*, Washington DC, 2018, p. 3.

80 En palabras de SORIANO ARNANZ, A., *Data Protection for the prevention of algorithmic discrimination: protecting from discrimination and other harms caused by algorithms through privacy in the EU: possibilities, shortcomings and proposals*, Thomson Reuters-Aranzadi, Cizur Menor, 2021, pp. 65-98; el uso creciente de los sistemas algorítmicos en el seno tanto del sector público como del sector privado permite identificar tres categorías diferenciadas de riesgos: «i) those that, in particular, affect the rights of individuals subjected to automated decision-making processes; ii) the disruptions that the growing use of algorithmics by public administrations causes to the specific rules and requirements applicable to them and, iii) the market failures that contribute to justify the intervention in the private use of algorithmic systems».

81 En nuestros días, la protección de datos de carácter personal se ve fuertemente desafiada por el rápido desarrollo de la inteligencia artificial, en la medida en que su utilización implica necesariamente el tratamiento de datos masivos, incluidas las categorías de datos personales. *Vid.* MARTINEZ DEVIA, A., «La Inteligencia Artificial, el Big Data y la Era Digital: ¿Una amenaza para los datos personales?», en *Revista de la Propiedad Inmaterial*, núm. 27, 2019, p. 7.

Como bien señala la Agencia de Protección de Datos Personales de Noruega, la mayoría de las aplicaciones de IA requieren grandes volúmenes de datos para aprender y tomar decisiones inteligentes. La inteligencia artificial ocupa un lugar destacado en la agenda de la mayoría de los sectores debido a su potencial para servicios radicalmente mejorados, avances comerciales y ganancias financieras. En el futuro nos enfrentaremos a una serie de dilemas legales y éticos en la búsqueda de un equilibrio entre los considerables avances sociales en nombre de la IA y los derechos fundamentales de privacidad. Estas razones hacen imperativo aumentar nuestro conocimiento sobre las implicaciones de privacidad de la inteligencia artificial, no solo para salvaguardar el derecho a la privacidad del individuo, sino también para cumplir con los requisitos de la sociedad en general. Si las personas no pueden confiar en que la información sobre ellos se está manejando correctamente,

Una vez constatada la eficacia y preponderacia del actual marco normativo de protección de datos personales, así como los diferentes pronunciamientos realizados por la costelación de autoridades de control de protección de datos europeas, cabe identificar los siguientes tratamientos de datos personales a la hora de implementar una solución de IA:

i. Entrenamiento. Si es un modelo IA basado, por ejemplo, en técnicas de ML, se podrían utilizar datos personales en el desarrollo de este[82]. En otras ocasiones, como es el caso en el que se entrene un modelo IA mediante la captura de conocimiento de un experto, podría considerarse a priori que no existe un tratamiento de datos de carácter personal.

ii. Validación. En esta operación se podría realizar un tratamiento de datos personales cuando se utilicen datos que corresponden a la situación real del tratamiento, para determinar la bondad del modelo de forma experimental. El conjunto de datos puede ser distinto de aquellos utilizados en la etapa de entrenamiento (si es que esta existe y trata datos personales) y

---

puede limitar su disposición a compartir información. Si nos encontramos en una situación en la que sectores de la población se niegan a compartir información porque sienten que se está violando su integridad personal, nos enfrentaremos a grandes desafíos a nuestra libertad de expresión y a la confianza de las personas en las autoridades. La negativa a compartir información personal también representará un desafío considerable con respecto al uso comercial de dicha información en sectores como los medios de comunicación, el comercio minorista y los servicios financieros. En opinión de la APD noruega existen cuatro desafíos relevantes de la IA asociados con los principios de protección de datos incorporados en el RGPD, a saber: (i) equidad y discriminación; (ii) limitación de la finalidad; (iii) minimización de datos; y (iv) transparencia y derecho a la información. *Vid.* NORWEGIAN DATA PROTECTION AUTHORITY, *Artificial intelligence and privacy*, Oslo, 2018, p. 4. En idéntico sentido se ha manifestado la AUTORITAT CATALANA DE PROTECCIÓ DE DADES, *Intelligència artificial. Decisions Automatizades a Catalunya*, Barcelona, 2020, p. 11.

82 En el caso de que el entrenamiento trate datos de carácter personal, este es un tratamiento en sí mismo. En su máxima expresión podría incluir las siguientes actividades: definición, búsqueda y obtención del conjunto de datos de interés, preprocesamiento de la información (tratamiento de datos no-estructurados, limpieza, balanceo, selección, transformación), *splitting* o partición del conjunto de datos para verificación, e información de trazabilidad y de auditoría.

podría incluso ser realizada por un tercero para la auditoría o certificación del modelo.

iii. Despliegue. En el caso de que la solución IA sea un componente, un módulo que se distribuye a terceros para incluir en sus tratamientos, se puede considerar que hay una comunicación de datos personales cuando la solución IA incluya datos personales o exista una forma de obtenerlos[83].

iv. Explotación. En las distintas actividades de explotación de la solución IA es posible encontrar tratamientos de datos personales[84]. Ya sea cuando: (a) se usen datos del interesado para obtener un resultado, cuando se usen datos de terceros con el mismo propósito o cuando datos e inferencias del interesado se almacenan[85]; (b) cuando se adopten decisiones sobre un interesado concreto; o (c) cuando se empleen los datos y resultados de los interesados para refinar y/o *evolucionar* el modelo de IA implementado[86].

---

83 Por ejemplo, algunas soluciones IA, como las Máquinas de Soporte Vectorial podrían contener dentro de la lógica del modelo ejemplos de los datos de entrenamiento. En otros casos, se podrían encontrar patrones en el modelo que identifican a un individuo singular.

84 En la etapa de explotación del sistema que incorpora la solución IA nos podemos encontrar varias situaciones: (a) el que ostenta la propiedad del sistema IA da acceso al mismo a los interesados sometidos al tratamiento de IA. Es, por ejemplo, el caso de la evaluación psicológica de los usuarios de Facebook que realiza la propia red social en determinados países; (b) el que ostenta la propiedad del sistema IA decide traspasar los derechos de uso de dicha IA como un componente a un tercero, tratándose como un módulo *off-the-shelve,* desvinculándose de la explotación del sistema. Un ejemplo podría ser un sistema IA de asistente a la conducción que un fabricante de coches adquiere como componente e incorpora en sus modelos; y (c) una entidad decide los fines de un tratamiento, y contrata a quien ostenta la propiedad del sistema IA para que ejecute una de las fases de dicho tratamiento. De esta forma, el que ostenta la propiedad de la IA es quien trata de forma efectiva los datos personales bajo el encargo y las instrucciones de un responsable.

85 Ahora bien, como recuerda la AEPD, si el propio interesado dispone de la IA como un componente de su propiedad, aplicaría la excepción doméstica. *Vid. Op. cit.* AGENCIA ESPAÑOLA DE PROTECCIÓN DE DATOS, *Adecuación al RGPD...*, p. 13.

86 Cuando nos encontramos que esa evolución se realiza en el componente adquirido por el propio interesado, de forma aislada y autónoma, aplicaría la excep-

v. Retirada. La retirada del servicio puede tener dos extensiones distintas: el componente IA se retira por obsoleto en todos los tratamientos en los que se implemente, o un usuario concreto decide no utilizar el componente IA. Ese usuario puede ser una entidad o una persona física y puede tener efectos en la supresión local, centralizada o distribuida de datos, así como sobre la portabilidad del servicio.

No obstante, hay que recordar que no todas las soluciones de IA tratan datos personales en alguna de las etapas de su ciclo de vida, ni toman decisiones basadas únicamente en tratamientos automatizados que afectan a personas físicas[87]. Si un componente de IA realiza el tratamiento de datos personales[88], elabora perfiles sobre una persona física o si toma decisiones sobre la misma, tendrá que someterse al RGPD[89]. En caso contrario, no será necesario. En muchos casos no es sencillo determinar si durante una etapa del ciclo de vida de un sistema basado en IA se tratan o no datos personales.

Durante el ciclo de vida de una solución IA pueden haberse usado datos personales de alguna forma, por ejemplo, en la etapa de desarrollo. En ese caso, dicha etapa constituye un tratamiento y está sujeta al cumplimiento del RGPD. En etapas posteriores del ciclo de vida de la solución IA, por ejemplo, cuando se integra en un tratamiento, hay que evaluar si se tratan datos personales para determinar

---

ción doméstica. Pero si se envían a terceros, tendríamos una comunicación de datos, un posible tratamiento de almacenamiento, tratamiento para modificar el modelo, o incluso nuevas comunicaciones si esos datos se incorporan al modelo y este es accesible a otros terceros.

87 Algunos ejemplos de soluciones IA sin datos personales podrían ser los sistemas de control de calidad de productos industriales, o aquellos sistemas de toma de decisiones sobre la compra y venta de productos financieros.

88 *Vid.* COMISIÓN EUROPEA, *Hacia una economía de los datos próspera,* Bruselas, 2014, p. 2 [COM(2014) 442 final].

89 El art. 22 RGPD no es la primera regulación sobre la materia. La Ley francesa núm. 78-17 du janvier 1978 relative à línformatique, aux fichiers et aux libertés ya incluía garantías frente a los perfiles y las decisiones automatizadas, incluso antes de adoptarse la Directiva 95/46/CE. Ambos textos temían que la dignidad de la persona se viera menoscabada por los dictados de los sistemas automatizados. *Vid.* BYGRAVE, L., «Article 22. Automated individual decision-making, including profiling», en KUNER, C., BYGRAVE, L. y DOCKSEY, C. (Eds.), *The EU General Data Protection Regulation. A commentary,* Oxford University Press, Oxford, 2020, pp. 522 y ss.

si el tratamiento está sujeto al cumplimiento del RGPD, al menos con relación a la solución de IA. Si se considera que no se tratan datos personales, por que estos se han eliminado o anonimizado[90], hay que demostrar que estos procesos han sido realmente efectivos y evaluar cuál es el riesgo de reidentificación[91].

---

90 Un dato «anonimizado» es aquel que no permita su identificación por el responsable del tratamiento de los datos o por cualquier otra persona. Con la «anonimización» sí se da la disociación absoluta e irreversible; de este modo, esos datos no pueden asociarse con el interesado, es decir, con la persona física (ni identificarla). *Vid.* POLO ROCA, A., «Datos, datos, datos: el dato personal, el dato no personal, el dato personal compuesto, la anonimización, la pertenencia del dato y otras cuestiones sobre datos», en *Estudios de Deusto*, vol. 69, núm. 1, 2021, pp. 229-230.
Por su parte, la Agencia Española de Protección de Datos ha definido el «proceso de anonimización» como «la ruptura de la cadena de identificación de las personas»; así, el objetivo es evitar la reidentificación de las personas, disociándose el dato de la persona física en cuestión. *Vid.* AGENCIA ESPAÑOLA DE PROTECCIÓN DE DATOS, *Orientaciones y garantías en los procedimientos de anonimización de datos personales*, Madrid, 2016, p. 2.

91 En este punto, conviene precisar que, si queremos descartar que se tratan datos personales en etapas posteriores de su ciclo de vida, por ejemplo, cuando se integra la solución IA en un tratamiento, y que, por tanto, este tratamiento no está sujeto al cumplimiento del RGPD, hay que demostrar que la eliminación o anonimización de los datos personales es realmente efectiva y evaluar cuál es el posible riesgo de reidentificación que existe. Será suficiente que exista la mera posibilidad, incluso remota, de que, mediante la utilización, con carácter previo, coetáneo o posterior de cualquier medio (proceso informático, programa, herramienta del sistema, etc.), la información concerniente a los titulares de los datos pueda revelar la identidad de estos, para que quede plenamente sometida a la normativa en materia de protección de datos. *Vid.* Informe 283/2008 del Gabinete Jurídico de la Agencia Española de Protección de Datos.
Por otro lado, la anonimización «absoluta» o la desidentificación irreversible «absoluta» tiene una restricción. La STJUE de 7 de mayo de 2009, College van burgemeester en wethouders van Rotterdam/M.E.E. Rijkeboer (asunto C-553/07), apartado 42 estableció que se deben conservar los datos en un formato identificable a fin de que puedan ejercerse, por ejemplo, los derechos de acceso por parte de los interesados. Y así lo ha remarcado el GT29 expresando que la anonimización ha de ajustarse a las restricciones legales marcadas por el TJUE. Por tanto, mantener la posibilidad de identificar a la persona conlleva que ese dato sea un dato personal, y, por ello, resulta aplicable el régimen del RGPD, y ello no casa del todo con la disociación «absoluta» y extrema que exige la anonimización.

Si queremos descartar que se tratan datos personales en etapas posteriores de su ciclo de vida, por ejemplo, cuando se integra la solución IA en un tratamiento, y que, por tanto, este tratamiento no está sujeto al cumplimiento del RGPD, hay que demostrar que la eliminación o anonimización de los datos personales es realmente efectiva y evaluar cuál es el posible riesgo de reidentificación que existe.

5. DISTRIBUCIÓN DE ROLES Y RESPONSABILIDADES EN EL TRATAMIENTO DE DATOS PERSONALES EN AQUELLAS HERRAMIENTAS QUE EMPLEAN INTELIGENCIA ARTIFICIAL

En función de la complejidad que comporte el proyecto de IA, existen varios sujetos involucrados en el tratamiento de la información y la protección de los derechos de las personas, a saber: (i) el responsable del tratamiento; (ii) el encargado del tratamiento; (iii) las personas titulares de los datos en cuestión; (iv) los desarrolladores de la tecnología; (v) los usuarios; (vi) los proveedores de sistemas de IA; (vii) las autoridades de protección de datos, etc[92].

Uno de los aspectos claves del actual marco normativo en materia de protección de datos de carácter personal, y capital para determinar la correcta aplicación de las políticas de *accountability* y transparencia contempladas en el RGPD, es que antes de impulsar cualesquiera operaciones de tratamiento de datos estén claramente identificadas y definidas las distintas responsabilidades[93].

---

92 *Vid.* RED IBEROAMERICANA DE PROTECCIÓN DE DATOS, *Recomendaciones Generales para el Tratamiento de Datos en la Inteligencia Artificial,* Madrid, 2019, p. 11. Disponible en: https://bit.ly/3TRNdzS

93 Los conceptos de «responsable del tratamiento», «corresponsable del tratamiento» y «encargado del tratamiento» desempeñan un papel crucial en la aplicación del Reglamento General de Protección de Datos, puesto que determinan quién responde del cumplimiento de las distintas normas relativas a la protección de datos y cómo pueden los interesados ejercer sus derechos en la práctica. *Vid.* COMITÉ EUROPEO DE PROTECCIÓN DE DATOS, *Directrices 7/2020 sobre los conceptos de «responsable del tratamiento» y «encargado del tratamiento» en el RGPD,* Bruselas, 2021, p. 3.

Parece claro que en las distintas etapas del ciclo de vida de un componente de IA será responsable del tratamiento de datos personales aquella persona física, jurídica, autoridad pública u otro que tome la decisión de realizar el tratamiento de datos personales. Por lo tanto, distintas responsabilidades implicarán distintas obligaciones en el marco del tratamiento. Es posible que dicho responsable contrate a terceras partes para realizar, en su nombre y bajo sus instrucciones, diferentes tareas. Dichos terceros tendrán el carácter de encargados de tratamiento siempre y cuando todo tratamiento de datos personales lo realicen bajo las instrucciones de ese responsable, de conformidad con las previsiones contempladas en el art. 28 RGPD. Cualquier otro tratamiento adicional sobre dichos datos que puedan llegar a realizar para sus propios fines los convertirá en responsables para esos tratamientos[94].

Por consiguiente, en las distintas etapas pueden intervenir distintos responsables y encargados, además de plantearse situaciones de comunicaciones de datos entre responsables o supuestos de corresponsabilidad[95] (art. 26 RGPD). Así, por ejemplo, durante la etapa de

---

94 El modelo de responsabilidad-encargado puede complicarse en el caso de redes cooperativas, tipo «blockchain», que pudieran incorporar modelos de IA. *Vid. Op. Cit.* AGENCIA ESPAÑOLA DE PROTECCIÓN DE DATOS, *Adecuación al RGPD...*, p. 17.

95 La figura de los corresponsables del tratamiento puede surgir cuando existen varios participantes en el tratamiento. El RGPD introduce disposiciones específicas sobre los corresponsables del tratamiento y establece un marco regulatorio para la relación entre estos. El criterio general para la existencia de la corresponsabilidad del tratamiento es la participación conjunta de dos o más entes en la determinación de los fines y los medios de una operación de tratamiento. La participación conjunta puede tomar la forma de una decisión común adoptada por dos o más entes o ser el resultado de la convergencia de decisiones de dos o más entes, siempre que dichas decisiones se complementen entre sí y sean necesarias para que se lleve a cabo el tratamiento debido a que tienen un efecto tangible sobre la determinación de los fines y los medios del tratamiento. Un criterio importante para determinar la existencia de corresponsabilidad es la imposibilidad del tratamiento sin la participación de ambas partes, en el sentido de que los tratamientos por las distintas partes son inseparables los unos de los otros por estar indisolublemente unidos. La participación conjunta debe conllevar la determinación de los fines, por un lado, y de los medios, por otro. Pese a que el concepto no es nuevo y ya aparecía en la Directiva 95/46/CE, el art. 26 RGPD, introduce disposiciones específicas sobre los corresponsables del tratamiento y establece un marco regulatorio para la relación entre estos. Además, el Tribunal de Justicia de la Unión

desarrollo y posterior entrenamiento de una solución tecnológica de IA ostentará la condición de responsable la entidad que defina los fines del componente de IA y decida el conjunto de datos que debe emplearse para entrenar el sistema. No obstante, en aquellos supuestos en los que se proceda a la contratación de un tercero para acometer el desarrollo y/o entrenamiento del componente de IA, este dispondrá de la consideración de encargado de tratamiento siempre y cuando el contratante detalle los términos que definen los fines del tratamiento y las características sustanciales de los datos[96].

Algo similar ocurre en la etapa de despliegue de la solución tecnológica de IA. Tendrá la consideración de responsable del tratamiento aquella entidad que decida tratar los datos de los interesados con el sistema de IA para sus propios fines o adoptar decisiones automatizadas sobre los interesados haciendo uso de dicho componente. En cambio, si una entidad pone un modelo de IA al servicio de un responsable para que lo explote sin intervenir en forma alguna ni

---

Europea ha aclarado este concepto y sus implicaciones en recientes sentencias. Así, la STJUE de 5 de junio de 2018, Unabhängiges Landeszentrum für Datenschutz Schleswig-Holstein/Wirtschaftsakademie (asunto C-210/16), apartado 35; y STJUE de 29 de julio de 2019, Fashion ID GmbH & Co.KG/Verbraucherzentrale NRW eV (asunto C-40/17), apartado 102.

96 En este punto conviene recordar que, conforme a la vigente regulación, el responsable del tratamiento únicamente debe elegir encargados que ofrezcan garantías suficientes para aplicar medidas técnicas y organizativas apropiadas, de manera que el tratamiento sea conforme con los requisitos del RGPD. Algunos elementos que deben tenerse en cuenta pueden ser el conocimiento especializado del encargado del tratamiento (p. ej., su conocimiento técnico sobre medidas de seguridad y violaciones de la seguridad de los datos), la fiabilidad del encargado, sus recursos o su adhesión a un código de conducta aprobado o a un mecanismo de certificación. Todo tratamiento de datos personales por un encargado del tratamiento debe regirse por un contrato u otro acto jurídico, que deberá formalizarse por escrito, permitiéndose el formato electrónico, y ser vinculante. El responsable y el encargado del tratamiento pueden negociar su propio contrato, incluidos todos los elementos obligatorios, o utilizar, total o parcialmente, cláusulas contractuales tipo. El RGPD establece los elementos que deben incluirse en el contrato de tratamiento. Sin embargo, este contrato no debe limitarse a reproducir las disposiciones del RGPD, sino que debe incluir una información más específica y concreta sobre el modo en que se satisfarán los requisitos y el grado de seguridad que se precisará para el tratamiento de los datos personales objeto del contrato de tratamiento, cuestiones todas ellas que cobran especial relevancia en el supuesto concreto del desarrollo de soluciones de IA.

emplear los datos personales para fines propios dispondrá de la consideración de encargado del tratamiento[97].

De lo anterior se desprende que, la decisión de adoptar, en el marco de un tratamiento, una solución técnica basada en IA o en cualquier otra tecnología, es una cuestión que reside por entero dentro del margen de actuación del responsable, que es quien *«determina los medios y fines del tratamiento»* y es, por tanto, quien tiene la capacidad de seleccionar una solución tecnológica u otra. En dicho responsable descansa la obligación de ser diligente a la hora de seleccionar la opción más adecuada y respetuosa para los derechos de los interesados, como una manifestación más del principio de responsabilidad proactiva (art. 5.2 RGPD). En particular esta actitud diligente deberá demostrarse: (i) al contratar su desarrollo o adquirir la solución tecnológica; (ii) al exigir y analizar las especificaciones de calidad de la solución; y al determinar la extensión del tratamiento y la carga de hacer frente a las consecuencias de sus decisiones. En otras palabras, quien adopta la decisión de realizar el tratamiento dispone necesariamente de la condición de responsable del mismo, y no puede escudarse en la carencia de información o el desconocimiento técnico para evadir su responsabilidad a la hora de auditar y decidir la adecuación del sistema. Lo que en ningún caso resulta aceptable es trasladar la responsabilidad al propio sistema IA, o escudarse en el desconocimiento de su funcionamiento, pernicioso *modus operandi* que comienzan a emplear grandes corporaciones tecnológicas situadas en el punto de mira de las autoridades de protección de datos ante el tsunami de regulaciones que apuestan por blindar la privacidad de la ciudadanía[98].

---

97 Hay que ser conscientes de que, para el objeto de este trabajo, únicamente se está analizando la cuestión de la responsabilidad desde el punto de vista de la protección de datos, sin ir más allá de otras consideraciones legales o éticas que se deriven de la utilización de la solución de IA.

98 Sirvan como ejemplo las informaciones recientemente reveladas en un informe suscrito por los ingenieros de Facebook, la compañía fundada por Mark Zuckerberg, en el que afirman lo siguiente: «[n]o tenemos un nivel adecuado de control y explicabilidad sobre cómo nuestros sistemas usan los datos. [...] No podemos asumir compromisos como "no usaremos X datos para fines Y". Y, sin embargo, esto es exactamente lo que los reguladores esperan que hagamos». *Vid.* FACEBOOK, *ABP Privacy Infra, Long Range Investments [A/C Priv]*, Menlo Park, 2021, p. 1. Disponible en: https://bit.ly/3x2Lmyr

II. Ética digital y derecho como herramientas indispensables para garantizar los derechos y libertades fundamentales de la ciudadanía ante el avance tecnológico

Desde tiempos inmemoriales, el Derecho ha tenido que demostrar una extraordinaria capacidad de adaptación a los cambios y fenómenos que van produciéndose a medida que la sociedad avanza, transformaciones todas ellas que, como bien es sabido, discurren a una mayor velocidad que los ajustes normativos[99]. El avance de la tecnología en general, y de la inteligencia artificial en particular, no ha hecho más que acrecentar y acelerar la evolución de nuestras sociedades[100], dificultando la ya de por si laboriosa tarea del legislador, que con su tradicional parsimonia está postergando la respuesta legal[101] a

---

99 En palabras de SERRANO VILLAFAÑE, E., «Funciones del Derecho en la sociedad cambiante de nuestros días», en *Anuario de Filosofía del Derecho,* núm. 17, 1974, p. 472; la función del Derecho es recoger la realidad social cambiante y regular sus múltiples relaciones jurídicas con fines de seguridad, certeza y bien común, que son fines del Derecho.

100 Como afirma BARRIO ANDRÉS, M., «Robótica, inteligencia artificial y Derecho», en *ARI: Análisis del Real Instituto Elcano,* núm. 113, 2018, p. 3; los robots y los sistemas de inteligencia artificial son uno de los grandes inventos verdaderamente disruptivos del entorno digital, y constituyen, sin duda, un importante vector de cambio vertiginoso de nuestras sociedades que apenas si hemos comenzado a vislumbrar.

101 Desde hace años son múltiples las manifestaciones de comercialización de productos y servicios que sustentan su potencial innovador en soluciones de inteligencia artificial, desde vehículos a motor que realizan diferentes funciones de manera autónoma a robots capaces de realizar multitud de acciones. Sin embargo, como recuerda HERRERA DE LAS HERAS, R., *Aspectos legales de la inteligencia artificial: personalidad jurídica de los robots, protección de datos y responsabilidad civil,* Dykinson, Madrid, 2022, p. 22; mientras ese cambio social llegaba y se consolidaba sin solución de continuidad, no sería hasta 2017, con motivo del

los complejos desafíos que representan los profundos procesos de digitalización y datificación de las estructuras sociales y económicas[102].

Sin embargo, el Derecho debe adaptarse sin dilación a estas nuevas realidades[103] y dar una respuesta adecuada con base en tres criterios[104]: (i) respetar los derechos fundamentales de la persona, ya que toda tecnología debe de desarrollarse teniendo en cuenta su impacto y el respeto de los derechos fundamentales de la persona; (ii) la adecuada protección jurídica de todas estas nuevas realidades (big data, algoritmos, aplicaciones, productos o servicios basados en la In-

---

«Informe con recomendaciones destinadas a la Comisión sobre normas de Derecho civil sobre robótica [2015/2103(INL)]», cuando el Parlamento Europeo se planteará la necesidad de acometer una reforma legal en este ámbito «que no llegará, siendo muy optimistas, hasta dentro de uno o dos años».

102 Para hacernos una idea de la magnitud del impacto que la inteligencia artificial ejercerá en el futuro de la economía mundial, basta con hacer alusión a las cifras que maneja la Unión Europea, la cual estima que la inversión público-privada en IA hasta el año 2027 alcanzará los 160.000 millones de euros, situándose como piedra angular de la política europea de investigación de la presente década. *Vid.* PEDREÑO MUÑOZ, A. y MORENO IZQUIERDO, L., «El impacto económico de la Inteligencia Artificial», en AA.VV., *Big Data e Inteligencia Artificial. Una visión económica y legal de estas herramientas disruptivas,* editorial Universidad de Valencia, Valencia, 2018, p. 9.

103 Esa voluntad de cambio legislativo ha sido asumida de igual forma por el Gobierno de España, al incluir en su Estrategia sobre Inteligencia Artificial la necesidad de contemplar los aspectos legales y regulatorios de la inteligencia artificial, al afirmar que «se requiere de un marco legal adaptado para que la IA se utilice de manera justa, transparente y responsable». *Vid.* MINISTERIO DE CIENCIA, INNOVACIÓN Y UNIVERSIDADES, *Informe sobre la estrategia española en I+D+i en inteligencia artificial,* Madrid, 2019, p. 40.

104 Ahora bien, otros teóricos recuerdan que no se puede ni se debe legislar al albur de un acontecimiento concreto o por la aparición de una nueva tecnología, sino que ha de hacerse con profundidad jurídica para evitar fenómenos como la inflación normativa, la pérdida de calidad normativa o la rápida obsolescencia de los instrumentos jurídicos. Por tanto, «sigue siendo válida la enseñanza según la cual todo fenómeno nuevo, especialmente cuando está ligado al desarrollo científico y tecnológico, no requiere necesariamente la introducción de normas nuevas, ante la posibilidad de ser regulado por el sistema existente, capaz de adquirir una gran elasticidad». Esta cuestión, es especialmente visible en el supuesto del RGPD, el cual constituye hoy en día la principal garantía jurídica para preservar la dignidad de la persona ante el avance digital. *Cfr.* PALMERINI, E., «Robótica y derecho: sugerencias, confluencias, evoluciones en el marco de una investigación europea», en *Revista de Derecho Privado,* núm. 32, 2017, p. 60.

teligencia Artificial, boots, drones, etc.); y (iii) favorecer y promover el desarrollo económico y tecnológico garantizando una adecuada protección de las personas que invierten dinero y tiempo en estas nuevas realidades[105].

Junto a la necesidad de acometer importantes y ambiciosas transformaciones jurídicas[106], parece lógico también que los sistemas algorítmicos deban incluir en su programación determinados límites éticos, lo que se ha traducido a su vez en que un número creciente de instituciones aboguen, de forma caza vez más acuciante, por la creación de un organismo internacional que se encargue de la regulación ética del fenómeno de la inteligencia artificial[107]. Así mismo,

---

105 Para ello siempre hay tres posibilidades básicas: (i) aplicar las instituciones jurídicas a las nuevas realidades o, en todo caso, realizar leves adaptaciones; (ii) partir de una institución jurídica conocida, pero con una adaptación tan singular a esa nueva realidad que realmente supone la creación de una nueva institución; y (iii) crear un nuevo derecho específico. *Vid.* PLAZA PENADÉS, J., «Aspectos legales de la Inteligencia Artificial y el Big Data», en AA.VV., *Big Data e Inteligencia Artificial. Una visión económica y legal de estas herramientas disruptivas,* editorial Universidad de Valencia, Valencia, 2018, p. 28.

106 No en vano, algunas autoras plantean abiertamente ya la reconfiguración de las categorías jurídicas tradicionales por parte de aquellas tecnologías basadas en algoritmos, «a partir de como esta es utilizada por el individuo modificando su comportamiento, su forma de vida, lo que, a la postre, incide en la reconfiguración de la sociedad en general. A medida que se van automatizando comportamientos humanos, que tienen consecuencias jurídicas, y además, se emplean, cada vez más, sistemas expertos que aprenden del entorno y toman sus propias decisiones sin que el individuo que los emplea conozca de antemano que decisión se va a tomar, el planteamiento de las cuestiones jurídicas basado en la teoría de la voluntad o del consentimiento pierde relevancia para adquirirla otro como el basado en la protección de la confianza y el de distribución o reparto del riesgo en función de criterios objetivos». *Vid.* NAVAS NAVARRO, S., «Derecho e inteligencia artificial desde el diseño. Aproximaciones», en AA.VV., *Inteligencia artificial, Tecnología y Derecho,* Tirant lo Blanch, Valencia, 2017, p. 35.

107 Son muchos los retos actuales que comporta la inteligencia artificial, en vista de que nos encontramos ante una tecnología en constante evolución. En cualquier caso, hay algunos que actualmente están claramente visibles: mantener al ser humano como centro, el problema de los sesgos, la explicabilidad de la toma de decisiones automatizadas y la privacidad. Sin embargo, ser drástico e intentar imponer principios éticos universales no parece que sea la solución más apropiada. Así, SALAZAR GARCÍA, I., «Retos actuales de la ética en la inteligencia artificial», en COTINO HUESO, L. (Dir.), *Derechos y garantías ante la inteligencia artificial y las decisiones automatizadas,* Thomson Reuters-Aranzadi, Cizur menor,

urge revigorizar el protagonismo de la privacidad como *dique de contención* de los riesgos y amenazas que dibuja en el horizonte el avance digital, habida cuenta de que «la disponibilidad de datos es esencial para el desarrollo de unos sistemas de inteligencia artificial que están revolucionando rápidamente la capacidad de reconocimiento de patrones, la generación de conocimientos y el desarrollo de técnicas sofisticadas de predicción»[108]. Cuestiones capitales todas ellas que, fruto del cariz marcadamente humanista que posee la investigación, merecen ser objeto de un análisis pormenorizado en las próximas páginas.

1. EL CRECIENTE PROTAGONISMO DE LA ÉTICA DIGITAL Y SUS MÚLTIPLES MANIFESTACIONES

Como ha puesto de relieve la Unión Europea en diversos pronunciamientos, «*la inteligencia artificial es una tecnología estratégica que ofrece numerosas ventajas a los ciudadanos, las empresas y la sociedad en su conjunto, siempre y cuando sea antropocéntrica, ética y sostenible y respete los derechos y valores fundamentales (…) teniendo en cuenta el enorme impacto que puede tener la IA en nuestra sociedad y la necesidad de que esta suscite confianza, resulta clave que la inteligencia artificial europea se asiente e n nuestros valores y derechos fundamentales, como la dignidad humana y la protección de la privacidad*»[109]. A este respecto, son múltiples los dere-

2022, p. 58; aboga abiertamente por «personalizar [el algoritmo en cuestión] con unos u otros límites éticos en función de la labor que va a desempeñar, la situación específica o el tipo de cultura en la que se encuentre "trabajando". Probablemente, esta sea una de las pocas fórmulas que funcionarán para establecer relaciones de cordialidad humanos-robots».

108 *Vid.* FERNÁNDEZ HERNÁNDEZ, C., «La nueva estrategia europea sobre el dato y la inteligencia artificial. Foto fija de un diseño en evolución», en *Derecho digital e innovación. Digital Law and Innovation Review,* núm. 5, 2020, p. 1.

109 *Vid. Op. cit.* COMISIÓN EUROPEA: *Libro blanco sobre…*, p. 2. En efecto, una de las principales preocupaciones de la Unión Europea en materia de inteligencia artificial es asegurar que esta actúa con respeto absoluto a los derechos fundamentales. No se trata de que la protección de datos se convierta en un freno al desarrollo de la IA, sino que esta se implemente con el pleno respeto y observancia de los derechos fundamentales y libertades públicas. En palabras de uno de los mayores especialistas en la materia «debemos asegurar un desarrollo de la

chos fundamentales que pueden verse amenazados o vulnerados por un uso indebido de estas poderosas herramientas tecnológicas[110], algo que deriva de la confrontación[111] que puede producirse entre el avance del desarrollo digital y la salvaguarda del derecho a la protección de datos de carácter personal, el cual «recordemos es el instituto básico para la plena eficacia y garantía del conjunto de derechos fundamentales reconocidos constitucionalmente, erigiéndose como piedra angular del Estado social y democrático de Derecho ante la (r)evolución digital»[112].

---

tecnología que tenga en cuenta los derechos fundamentales no solo como límite, sino también como objetivo». *Vid.* MARTÍNEZ MARTÍNEZ, R., «Inteligencia artificial desde el diseño. Retos y estrategias para el cumplimiento normativo», en *Revista Catalana de Dret Públic,* núm. 58, 2019, p. 73.

Dicho de otro modo, el desarrollo de la inteligencia artificial tiene que ser, en cualquier caso, con pleno respeto a la protección de datos de carácter personal, lo que exige establecer, desde el diseño y por defecto, la dimensión de la privacidad desde la fase embrionaria de elaboración de soluciones tecnológicas basadas en IA. *Vid. Op. cit.* HERRERA DE LAS HERAS, R., *Aspectos legales de…*, p. 52.

110 *Vid.* TRONCOSO REIGADA, A., *Manual de Protección de Datos para las Administraciones Públicas,* Civitas-APDCM, Madrid, 2003, pp. 5-9.

111 En torno a este debate sigue siendo de consulta obligada la obra de ESTEVE PARDO, J., *Técnica, riesgo y Derecho: tratamiento del riesgo tecnológico en el Derecho Ambiental,* Ariel, Barcelona, 1999, en particular, pp. 71 y ss., quien de forma extraordinaria destaca el papel proteccionista del Derecho administrativo y la virtuosidad de la intervención administrativa (especialmente las diversas técnicas de Policía administrativa) frente a los riesgos que entraña el progreso técnico, al señalar lo siguiente: «el escenario tecnológico conforma de modo creciente los distintos ámbitos de la vida social y económica, emplazando al Derecho, y en particular al Derecho administrativo, a ofrecer una respuesta adecuada a los distintos riesgos e inseguridades que se generan en el seno de la sociedad contemporánea y, en especial, los que comportan una repercusión en el medio ambiente. El autor nos advierte, desde un primer momento, de la significación y trascendencia de este reto al decir que «de la misma manera que, como se ha dicho, el Estado social venía a corregir los riesgos sociales del sistema capitalista y pretende crear el marco de un capitalismo controlado, el Estado contemporáneo ha de hacer frente a los riegos tecnológicos de la sociedad industrial y prever el instrumentario para dominar los excesos de ésta»

112 *Vid.* TERRÓN SANTOS, D., DOMÍNGUEZ ÁLVAREZ, J.L. y FERNANDO PABLO, M.M., «Los derechos fundamentales de la privacidad: derecho y necesidad en tiempo de crisis», en *Revista General de Derecho Administrativo,* núm. 55, 2020, p. 9.

Urge, por tanto, avanzar en el establecimiento de soluciones normativas que permitan delimitar el potencial alcance del desarrollo tecnológico, desde una órbita humanista, supeditando el avance digital al servicio de la sociedad en su conjunto. Todo ello hace que los poderes públicos no puedan asistir impasibles, como meros observadores, a este cambio de paradigma en el que están en juego los derechos y libertades fundamentales de la ciudadanía, especialmente en lo que se refiere a la dignidad y a la privacidad del individuo, institutos jurídicos que el paso del tiempo y la (r)evolución digital amenazan con desdibujar casi por completo. En este sentido, reviste especial importancia ahondar en el papel protagonista que el Derecho administrativo[113], entendido como «aquella rama del Derecho público que partiendo de la Norma Fundamental aspira a la realización efectiva del modelo del Estado social y democrático de Derecho que hoy caracteriza la forma de Estado dominante en el planeta»[114],

---

113 Como recuerda GONZÁLEZ PÉREZ, J., «La dignidad de la persona y el Derecho Administrativo», en *A&C, Revista de Direito Administrativo & Constitucional,* vol. 7, núm. 29, 2007, pp. 20-21, ya «en la Ley de procedimiento administrativo española de 1958 aparece el deber de respetar la dignidad de las personas en uno de los artículos incluidos en el capítulo que regulaba la actividad administrativa de ejecución, precisamente en el que regulaba una de las modalidades de la ejecución forzosa administrativa, la compulsión directa sobre las personas: "Los actos administrativos que impongan a los administrados una obligación personalísima de no hacer o soportar —dice el art. 108.1—, podrán ser ejecutados por compulsión directa sobre las personas en los casos en que la Ley expresamente lo autorice, y dentro siempre del respeto debido a la dignidad de la persona y a los derechos reconocidos en el Fuero de los Españoles" [...]. Es incuestionable que cualquiera que sea la finalidad perseguida por la Administración, cualquiera que sea la forma de actuación y cualquiera que sea la realidad social sobre que recaiga, ha de respetar como algo sagrado e inviolable la dignidad de la persona. Y algo más, todos y cada uno de sus actos han de estar informados por este valor esencial de nuestro Ordenamiento».

114 En palabras de RODRÍGUEZ-ARANA MUÑOZ, J., *Derecho administrativo y derechos sociales fundamentales,* Global Law Press e Instituto Nacional de Administración Pública, Sevilla, 2015, p. 12, «desde sus orígenes el Derecho administrativo se nos presenta dependiente del interés general, de aquellos asuntos supraindividuales que a todos afectan por ser comunes a la condición humana y que reclaman una gestión y administración equitativa y que satisfaga las necesidades colectivas en un marco de racionalidad y de justicia».

Por su parte, ESTEVE PARDO afirma que, «con toda lógica, el Derecho administrativo se construyó y desarrolló en torno a las Administraciones públicas. Es el Derecho que se fue desarrollando al filo de su sometimiento a la ley y los

posee a la hora de contener los perniciosos efectos que los crecientes procesos de digitalización y datificación de la sociedad entrañan para el conjunto de la población.

Junto a este carácter proteccionista del Derecho administrativo, la ética de la IA[115], entendida como aquella perspectiva de la ética digital[116] encargada de perseguir la protección de valores tales como la dignidad, la libertad, la democracia, la igualdad, la autonomía del individuo y la justicia frente al gobierno de un razonamiento mecánico[117], está llamada a ser otro de los elementos capitales a la hora de avanzar en el establecimiento de un desarrollo tecnológico antropocéntrico, ético, sostenible y respetuoso con los derechos y valores fundamentales que integran la concepción de ciudadanía europea.

Como se ha señalado con anterioridad, la Comisión Europea trabaja en la definición de una IA confiable, y establece que, para ello,

---

tribunales y cuyo objetivo era y es alcanzar un punto de equilibrio entre los poderes atribuidos a la Administración, para la tutela del interés público que se le encomienda, y los derechos de los particulares, estableciendo fórmulas justas y efectivas de recomposición de esos derechos en los supuestos en que resultaran mermados por la actividad de la Administración». *Vid.* ESTEVE PARDO, J., *Lecciones de Derecho Administrativo*, Marcial Pons, 9ª edición, Barcelona, 2019, p. 49.

115 En palabras del AI-HLEG, *«trustworthy AI has three components, which should be met throughout the system›s entire life cycle: (1) it should be lawful, complying with all applicable laws and regulations (2) it should be ethical, ensuring adherence to ethical principles and values and (3) it should be robust, both from a technical and social perspective since, even with good intentions, AI systems can cause unintentional harm. Each component in itself is necessary but not sufficient for the achievement of Trustworthy AI. Ideally, all three components work in harmony and overlap in their operation. If, in practice, tensions arise between these components, society should endeavour to align them». Vid.* GRUPO DE EXPERTOS DE ALTO NIVEL EN INTELIGENCIA ARTIFICIAL, *Draft ethics guidelines for trustworthy AI: Working document for stakeholders' consultation*, Bruselas, 2019, p. 2.

116 Cuando hablamos de ética digital nos referimos al código social necesario para solucionar los problemas que el uso de Internet está ocasionando en múltiples esferas, tales como el derecho de propiedad intelectual, los ciberataques a la seguridad, los límites a la libertad de expresión, la regulación de las grandes corporaciones, la desconexión digital, la conducta en redes sociales y la privacidad de nuestros datos personales. *Vid. Op. cit.* TERRÓN SANTOS, D. y DOMÍNGUEZ ÁLVAREZ, J.L., *i-Administración pública, protección de datos…*, pp. 51-52.

117 *Vid. Op. cit.* AGENCIA ESPAÑOLA DE PROTECCIÓN DE DATOS: *Guía para la…*, p. 7.

ha de cumplir con siete requisitos clave: acción y supervisión humanas, solidez técnica y seguridad, gestión de la privacidad y los datos, transparencia, diversidad, no discriminación y equidad, bienestar social y ambiental y rendición de cuentas.

Estos requisitos deben ser evaluados a lo largo de todo el ciclo de vida de un sistema de IA de forma continua. Por ello, es preciso estar vigilantes y realizar un seguimiento tanto de la legitimidad ética de los tratamientos como de los efectos inesperados de estos[118]. Asimismo, debe considerarse el posible impacto colateral de dichos tratamientos en un entorno social, más allá de las limitaciones concebidas inicialmente de propósito, de duración en el tiempo y de extensión.

Esta es la idea-fuerza que subyace en la Recomendación sobre la ética y la inteligencia artificia, adoptada por la UNESCO el 23 de noviembre de 2021. Se trata del primer instrumento normativo mundial sobre la ética de la inteligencia artificial, el cual partiendo de las repercusiones positivas y negativas profundas y dinámicas de la inteligencia artificial en las sociedades, el medio ambiente, los ecosistemas y las vidas humanas, en particular en la mente humana, debido en parte a las nuevas formas en que su utilización influye en el pensamiento, las interacciones y la adopción de decisiones de los seres humanos y afecta a la educación, las ciencias sociales y humanas, las ciencias exactas y naturales, la cultura y la comunicación y la información; y reconociendo también que las tecnologías de la IA pueden agravar las divisiones y desigualdades existentes en el mundo, dentro de los países y entre ellos, y que es preciso defender la justicia, la confianza y la equidad para que ningún país y ninguna persona se queden atrás, ya sea mediante el acceso equitativo a las tecnologías

---

118 Un aspecto crítico de los sistemas de IA es el de la posible existencia de sesgos. Un sesgo ("bias" en inglés) es una desviación inadecuada en el proceso de inferencia. Los sesgos son particularmente graves cuando, por ejemplo, derivan en discriminaciones de un grupo en favor de otro. Esta problemática ya fue señalada por FRIEDMAN y NISSENBAUM: «systematically and unfairly discriminate against certain individuals or groups of individuals in favor of others. A system discriminates unfairly if it denies an opportunity or a good or if it assigns an undesirable outcome to an individual or group of individuals on grounds that are unreasonable or inappropriate». *Vid.* FRIEDMAN, B. y NISSENBAUM, H., «Bias in computer systems», en *ACM Transactions on Information Systems*, vol. 14, núm. 3, 1996, pp. 330-347.

de la IA y el disfrute de los beneficios que aportan o mediante la protección contra sus consecuencias negativas, reconociendo al mismo tiempo las diferentes circunstancias de los distintos países y respetando el deseo de algunas personas de no participar en todos los avances tecnológicos, viene a reconocer una serie valores y principios que deberán ser respetados por todos los actores durante el ciclo de vida de los sistemas de IA, y promovidos mediante modificaciones de las leyes, los reglamentos y las directrices empresariales existentes y la elaboración de otros nuevos. Todo ello debe ajustarse al derecho internacional, en particular la Carta de las Naciones Unidas y las obligaciones de los Estados Miembros en materia de derechos humanos, y estar en consonancia con los objetivos de sostenibilidad social, política ambiental, educativa, científica y económica acordados internacionalmente, como los Objetivos de Desarrollo Sostenible (ODS) de las Naciones Unidas. Entre estos principios destacan[119]:

i. Proporcionalidad e inocuidad. En virtud del mismo, debería reconocerse que las tecnologías de la IA no garantizan necesariamente, por sí mismas, la prosperidad de los seres humanos ni del medio ambiente y los ecosistemas. Además, ninguno de los procesos relacionados con el ciclo de vida de los sistemas de IA podrá ir más allá de lo necesario para lograr propósitos u objetivos legítimos, y esos procesos deberían ser adecuados al contexto. En caso de que pueda producirse cualquier daño para los seres humanos, los derechos humanos y las libertades fundamentales, las comunidades y la sociedad en general, o para el medio ambiente y los ecosistemas, debería garantizarse la aplicación de procedimientos de evaluación de riesgos y la adopción de medidas para impedir que ese daño se produzca[120].

---

119 *Vid.* ORGANIZACIÓN DE LAS NACIONES UNIDAS PARA LA EDUCACIÓN, LA CIENCIA Y LA CULTURA, *Recomendación sobre la ética de la inteligencia artificial*, Paris, 2021, pp. 18-23.

120 De esta forma, la decisión de utilizar sistemas de IA y la elección del método de IA deberían justificarse de las siguientes maneras: (a) el método de IA elegido debería ser adecuado y proporcional para lograr un objetivo legítimo determinado; (b) el método de IA elegido no debería vulnerar los valores fundamentales enunciados en el presente documento, en particular, su utilización no debe constituir una violación o un abuso de los derechos humanos; y (c) el método

ii. Seguridad y protección. Por consiguiente, los daños no deseados (riesgos de seguridad) y las vulnerabilidades a los ataques (riesgos de protección) deberían ser evitados y deberían tenerse en cuenta, prevenirse y eliminarse a lo largo del ciclo de vida de los sistemas de IA para garantizar la seguridad y la protección de los seres humanos, del medio ambiente y de los ecosistemas. La seguridad y la protección de la IA se propiciarán mediante el desarrollo de marcos de acceso a los datos que sean sostenibles, respeten la privacidad y fomenten un mejor entrenamiento y validación de los modelos de IA que utilicen datos de calidad[121].

---

de IA elegido debería ser adecuado al contexto y basarse en fundamentos científicos rigurosos. En los casos en que se entienda que las decisiones tienen un impacto irreversible o difícil de revertir o que pueden implicar decisiones de vida o muerte, la decisión final debería ser adoptada por un ser humano. En particular, los sistemas de IA no deberían utilizarse con fines de calificación social o vigilancia masiva.

121 A diario en el mundo se generan cerca de 2,5 trillones de bytes de datos. Estas cifras vienen aumentando desde hace años debido a la hiperconectividad en la que estamos inmersos, inducida sin duda por la digitalización acelerada que propician fenómenos tales como el Internet of Things, las redes sociales y la IA. Como se ha puesto de relieve los ecosistemas de Big Data son capaces de capturar, almacenar y manejar grandes volúmenes de datos, sentando las bases para explotar analíticamente su información, y extraer el valor de ellos. El empleo de estas novedosas herramientas ha convertido a los conjuntos de datos en una auténtica *mina de oro* para las empresas, que pueden sacar valor de los datos para mejorar procesos, minimizar costes y maximizar sus beneficios. Ello ha propiciado que la cantidad de datos que gestionan las organizaciones se haya incrementado en un 569% en el periodo comprendido entre 2016 y 2018. Si bien es cierto que esta gran cantidad de información disponible ayuda al proceso de análisis de datos para la mejora de la toma de decisiones empresariales, como contrapartida también supone un desafío, ya que casi el 80% de los datos generados son erróneos o incompletos y, por tanto, carentes de valor para la toma de decisiones empresariales. Por tanto, la calidad los datos se convierte en un factor decisivo a la hora de aplicar técnicas analíticas o de Inteligencia Artificial, en la medida en que los resultados de estas soluciones tecnológicas serán tan buenos o malos como la calidad de los datos utilizados. En este sentido, no debe obviarse el hecho de que introducir datos erróneos o sesgados conlleva necesariamente unos riesgos. Los algoritmos que alimentan los sistemas basados en Inteligencia Artificial sólo pueden asumir que los datos a analizar son fiables, así que en caso de que estos sean erróneos, los resultados serán engañosos y el proceso de toma de decisiones se verá gravemente comprometido. Además, el

iii. Equidad y no discriminación. Conforme a este principio, los actores de la IA deberían promover la justicia social, salvaguardar la equidad y luchar contra todo tipo de discriminación, de conformidad con el Derecho internacional. Ello supone adoptar un enfoque inclusivo para garantizar que los beneficios de las tecnologías de la IA estén disponibles y sean accesibles para todos, teniendo en cuenta las necesidades específicas de los diferentes grupos de edad, los sistemas culturales, los diferentes grupos lingüísticos, las personas con discapacidad, las niñas y las mujeres y las personas desfavorecidas, marginadas y vulnerables o en situación de vulnerabilidad. Por esta razón, los Estados miembros deberían esforzarse por promover un acceso inclusivo para todos, incluidas las comunidades locales, a sistemas de IA con contenidos y servicios adaptados al contexto local, y respetando el multilingüismo y la diversidad cultural. Los Estados miembros deberían esforzarse por reducir las brechas digitales y garantizar el acceso inclusivo al desarrollo de la IA y la participación en él. En el plano nacional, los Estados miembros deberían promover la equidad entre las zonas rurales y urbanas y entre todas las personas, con independencia de su raza, color, ascendencia, género, edad, idioma, religión, opiniones políticas, origen nacional, étnico o social, condición económica o social de nacimiento, discapacidad o cualquier otro motivo, en lo que respecta al acceso al ciclo de vida de los sistemas de IA y la participación en él. En el plano internacional, los países más avanzados tecnológicamente tienen la responsabilidad de ser solidarios con los menos avanzados para garantizar que los beneficios de las tecnologías de la IA se compartan de manera que, para estos últimos, el acceso al ciclo de vida de los sistemas de IA y la participación en él contribuyan a un orden mundial más equitativo en lo que respecta

---

tiempo y los recursos utilizados para realizar el análisis de datos habrá resultado inútil, lo que conlleva importantes gastos y un incremento de las cotas de ineficacia e ineficiencia. Lo más importante, por supuesto, es la programación cuidadosa y precisa de los algoritmos. *Vid.* DELL TECHNOLOGIES, *Índice de protección de datos global del 2021*, Texas, 2021, pp. 3 y ss. Disponible en: https://dell.to/3L7vEb3

a la información, la comunicación, la cultura, la educación, la investigación y la estabilidad socioeconómica y política[122].

iv. Sostenibilidad. Como se ha puesto de relieve en diversos pasajes de esta obra, la llegada de las tecnologías de la IA puede contribuir a la consecución de los objetivos de sostenibilidad o dificultar su consecución, dependiendo de la forma en que se apliquen en países con diferentes niveles de desarrollo. Por consiguiente, la evaluación continua de los efectos humanos, sociales, culturales, económicos y ambientales de las tecnologías de la IA debería llevarse a cabo con pleno conocimiento de las repercusiones de dichas tecnologías en la sostenibilidad como un conjunto de metas en constante evolución en toda una serie de dimensiones, como las que se definen actualmente en los ODS de las Naciones Unidas.

v. Derecho a la intimidad y protección de datos. Habida cuenta de que la privacidad constituye un derecho esencial para la protección de la dignidad, la autonomía y la capacidad de actuar de los seres humanos, debe ser respetada, protegida y promovida a lo largo de todo el ciclo de vida de los sistemas de IA. Es importante que los datos para los sistemas de IA se recopilen, utilicen, compartan, archiven y supriman de forma coherente con el derecho internacional, respetando al mismo tiempo los marcos jurídicos nacionales, regionales e internacionales pertinentes. A tal fin, deberían establecerse en los planos nacional o internacional, de acuerdo con un enfoque de múltiples partes interesadas, marcos de protección de datos

---

122 Los actores de la IA deberían hacer todo lo razonablemente posible por reducir al mínimo y evitar reforzar o perpetuar aplicaciones y resultados discriminatorios o sesgados a lo largo del ciclo de vida de los sistemas de IA, a fin de garantizar la equidad de dichos sistemas. Debería disponerse de un recurso efectivo contra la discriminación y la determinación algorítmica sesgada. Además, es necesario abordar las brechas digital y de conocimientos dentro de los países y entre ellos a lo largo del ciclo de vida de los sistemas de IA, en particular en lo que respecta al acceso y la calidad del acceso a la tecnología y los datos, de conformidad con los marcos jurídicos nacionales, regionales e internacionales pertinentes, así como en lo referente a la conectividad, los conocimientos y las competencias y a la participación significativa de las comunidades afectadas, de manera que todas las personas sean tratadas equitativamente.

y mecanismos de gobernanza adecuados, protegidos por los sistemas judiciales y aplicados a lo largo del ciclo de vida de los sistemas de IA. Los marcos de protección de datos y todo mecanismo conexo deberían tomar como referencia los principios y normas internacionales de protección de datos relativos a la recopilación, la utilización y la divulgación de datos personales y al ejercicio de sus derechos por parte de los interesados, garantizando al mismo tiempo un objetivo legítimo y una base jurídica válida para el tratamiento de los datos personales, incluido el consentimiento informado[123].

vi. Supervisión y decisión humanas. Los sistemas algorítmicos requieren evaluaciones adecuadas del impacto en la privacidad, que incluyan también consideraciones sociales y éticas de su utilización y un empleo innovador del enfoque de privacidad desde la etapa de concepción. Los actores de la IA deben asumir la responsabilidad de la concepción y la aplicación de los sistemas de IA de manera que se garantice la protección de la información personal durante todo el ciclo de vida del sistema de IA[124].

vii. Transparencia y explicabilidad. La transparencia y la explicabilidad de los sistemas de IA suelen ser condiciones previas fundamentales para garantizar el respeto, la protección y la promoción de los derechos humanos, las libertades fundamentales y los principios éticos. La transparencia es necesaria para que los regímenes nacionales e internacionales pertinentes en materia de responsabilidad funcionen eficazmente. La

---

123 Los sistemas algorítmicos requieren evaluaciones adecuadas del impacto en la privacidad, que incluyan también consideraciones sociales y éticas de su utilización y un empleo innovador del enfoque de privacidad desde la etapa de concepción. Los actores de la IA deben asumir la responsabilidad de la concepción y la aplicación de los sistemas de IA de manera que se garantice la protección de la información personal durante todo el ciclo de vida del sistema de IA.

124 Puede ocurrir que, en algunas ocasiones, los seres humanos decidan depender de los sistemas de IA por razones de eficacia, pero la decisión de ceder el control en contextos limitados seguirá recayendo en los seres humanos, ya que estos pueden recurrir a los sistemas de IA en la adopción de decisiones y en la ejecución de tareas, pero un sistema de IA nunca podrá reemplazar la responsabilidad final de los seres humanos y su obligación de rendir cuentas. Por regla general, las decisiones de vida o muerte no deberían cederse a los sistemas de IA.

falta de transparencia también podría mermar la posibilidad de impugnar eficazmente las decisiones basadas en resultados producidos por los sistemas de IA y, por lo tanto, podría vulnerar el derecho a un juicio imparcial y a un recurso efectivo, y limita los ámbitos en los que estos sistemas pueden utilizarse legalmente[125]. La explicabilidad supone, por tanto, hacer inteligibles los resultados de los sistemas de IA y facilitar información sobre ellos. La explicabilidad de los sistemas de IA también se refiere a la inteligibilidad de la entrada, salida y funcionamiento de cada componente algorítmico y la forma

[125] Si bien hay que hacer todo lo posible por aumentar la transparencia y la explicabilidad de los sistemas de IA, incluidos los que tienen un efecto extraterritorial, a lo largo de su ciclo de vida para respaldar la gobernanza democrática, el grado de transparencia y explicabilidad debería ser siempre adecuado al contexto y al efecto, ya que puede ser necesario encontrar un equilibrio entre la transparencia y la explicabilidad y otros principios como la privacidad, la seguridad y la protección. Las personas deberían estar plenamente informadas cuando una decisión se basa en algoritmos de IA o se toma a partir de ellos, en particular cuando afecta a su seguridad o a sus derechos humanos; en esas circunstancias, deberían tener la oportunidad de solicitar explicaciones e información al actor de la IA o a las instituciones del sector público correspondientes. Además, las personas deberían poder conocer los motivos por los que se ha tomado una decisión que afecta a sus derechos y libertades y tener la posibilidad de presentar alegaciones a un miembro del personal de la empresa del sector privado o de la institución del sector público habilitado para revisar y enmendar la decisión. Los actores de la IA deberían informar a los usuarios cuando un producto o servicio se proporcione directamente o con la ayuda de sistemas de IA de manera adecuada y oportuna. Desde un punto de vista sociotécnico, una mayor transparencia contribuye a crear sociedades más pacíficas, justas, democráticas e inclusivas. Posibilita además un escrutinio público que puede reducir la corrupción y la discriminación, y también puede ayudar a detectar y prevenir los efectos negativos sobre los derechos humanos. La transparencia tiene como objetivo proporcionar información adecuada a los respectivos destinatarios para permitir su comprensión y fomentar la confianza. En el caso específico de los sistemas de IA, la transparencia puede permitir a las personas comprender cómo se implementa cada etapa de un sistema de IA, en función del contexto y la sensibilidad del sistema en cuestión. También puede proporcionar información sobre los factores que influyen en una predicción o decisión específicas, y sobre la existencia o no de garantías adecuadas (como medidas de seguridad o de equidad). En los casos de amenazas graves con repercusiones adversas para los derechos humanos, la transparencia puede requerir también que se compartan códigos o conjuntos de datos.

en que contribuye a los resultados de los sistemas. Así pues, la explicabilidad está estrechamente relacionada con la transparencia, ya que los resultados y los subprocesos que conducen a ellos deberían aspirar a ser comprensibles y trazables, apropiados en todo caso al contexto. Los actores de la IA deberían comprometerse a velar por que los algoritmos desarrollados sean explicables. En el caso de las aplicaciones de IA cuyo impacto en el usuario final no es temporal, fácilmente reversible o de bajo riesgo, debería garantizarse que se proporcione una explicación satisfactoria con toda decisión que haya dado lugar a la acción tomada, a fin de que el resultado se considere transparente. De esta forma, la transparencia y la explicabilidad están estrechamente e íntimamente relacionadas con las medidas adecuadas de responsabilidad y rendición de cuentas, así como con la fiabilidad de los sistemas de IA.

viii. Responsabilidad y rendición de cuentas. Los actores de la IA y los Estados miembros deberían respetar, proteger y promover los derechos humanos y las libertades fundamentales, y deberían también fomentar la protección del medio ambiente y los ecosistemas, asumiendo su responsabilidad ética y jurídica respectiva, de conformidad con el derecho nacional e internacional, en particular las obligaciones de los Estados miembros en materia de derechos humanos, y con las directrices éticas establecidas durante todo el ciclo de vida de los sistemas de IA, incluso con respecto a los actores de la IA dentro de su territorio y bajo su control efectivos. La responsabilidad ética y la obligación de rendir cuentas de las decisiones y las acciones basadas de alguna manera en un sistema de IA siempre deberían ser atribuibles, en última instancia, a los actores de la IA conforme a la función que tengan en el ciclo de vida del sistema de IA[126].

---

126 Para ello, deberían elaborarse mecanismos adecuados de supervisión, evaluación del impacto, auditoría y diligencia debida, incluso en lo que se refiere a la protección de los denunciantes de irregularidades, para garantizar la rendición de cuentas respecto de los sistemas de IA y de su impacto a lo largo de su ciclo de vida. Dispositivos tanto técnicos como institucionales deberían garantizar la auditabilidad y la trazabilidad (del funcionamiento) de los sistemas de IA, en particular para

ix. Sensibilización y educación. La sensibilización y la comprensión del público respecto de las tecnologías de la IA y el valor que poseen los datos en la sociedad digital deberían promoverse mediante una educación abierta y accesible, la participación cívica, el fomento de las competencias digitales y la capacitación en materia de ética de la IA, la alfabetización mediática e informacional y la capacitación impulsada conjuntamente por gobiernos, organizaciones intergubernamentales, sociedad civil, universidades, medios de comunicación, dirigentes comunitarios y sector privado. Para ello, habrá de tenerse necesariamente en cuenta la diversidad lingüística, social y cultural existente, a fin de garantizar una participación pública efectiva, de modo que todos los miembros de la sociedad puedan adoptar decisiones informadas sobre su utilización de los sistemas de IA y estén protegidos de influencias indebidas[127].

x. Gobernanza y colaboración adaptativas. La participación de las diferentes partes interesadas a lo largo del ciclo de vida de los sistemas de IA es necesaria para garantizar enfoques inclusivos de la gobernanza de la IA, de modo que los beneficios puedan ser compartidos por todos, y para contribuir al desarrollo sostenible. Entre las partes interesadas figuran, entre otros, los gobiernos, las organizaciones internacionales, la comunidad técnica, la sociedad civil, los investigadores y los círculos universitarios, los medios de comunicación, los responsables de la educación, los encargados de formular políticas públicas, las empresas del sector privado, las instituciones de derechos humanos y los organismos de fomento de la igualdad, los órganos de vigilancia de la lucha contra la discriminación y los grupos de jóvenes y niños. Convendría adoptar normas abiertas y garantizar la interoperabilidad para facilitar la colaboración.

intentar solucionar cualquier conflicto con las normas relativas a los derechos humanos y las amenazas al bienestar del medio ambiente y los ecosistemas.

127 El aprendizaje sobre el impacto de los sistemas de IA debería incluir el aprendizaje sobre los derechos humanos y las libertades fundamentales, a través de ellos y para ellos, lo que significa que el enfoque y la comprensión de los sistemas de IA deberían basarse en el impacto de estos sistemas en los derechos humanos y el acceso a esos derechos, así como en el medio ambiente y los ecosistemas.

Deberían adoptarse medidas para tener en cuenta los cambios en las tecnologías y la aparición de nuevos grupos de partes interesadas y para permitir una participación significativa de las personas, las comunidades y los grupos marginados y, si procede, en el caso de los pueblos indígenas, el respeto de su autonomía en la gestión de sus datos[128].

1.1. La necesaria «reserva de humanidad»

En la actualidad, los sistemas de IA están íntima y estrechamente ligados a su programador inicial[129]. Por consiguiente, parece lógico

---

128 En la utilización de datos deben respetarse el derecho internacional y la soberanía nacional. Esto significa que los Estados, en cumplimiento del derecho internacional, pueden regular los datos generados dentro de sus territorios o que transiten por ellos y adoptar medidas para la regulación efectiva de los datos, en particular su protección, sobre la base del respeto del derecho a la privacidad, de conformidad con el derecho internacional y otras normas relativas a los derechos humanos.

129 Esto es lo que algunos avezados estudiosos han denominado hábilmente «reserva de humanidad». Entre nosotros, *vid.* PONCE SOLÉ, J., «Inteligencia artificial, Derecho administrativo y reserva de humanidad: algoritmos y procedimiento administrativo debido tecnológico», en *Revista General de Derecho Administrativo*, núm. 50, 2019, pp. 7 y 29; quien a propósito de a cuestión objeto de estudio afirma que «la IA se desarrolla mediante el uso de algoritmos y datos. En la cocina de la IA, los primeros serían las recetas y los segundos los ingredientes. Los algoritmos son un conjunto de instrucciones para solucionar un problema. Los mismos han ido haciéndose más complejos con el tiempo, pasando de ser estáticos, en el sentido de que los programadores diseñaban ya en los mismos los criterios para tomar las decisiones, a ser dinámicos, en el sentido de que los algoritmos denominados de aprendizaje automático (machine learning) tienen la capacidad de aprender con el tiempo de los datos y experiencias para tomar decisiones por sí mismos, generando sus propias instrucciones que ya no son las iniciales del programador. Por otro lado, el llamado aprendizaje profundo *(deep learning)* supone un funcionamiento de la IA emulando redes neuronales complejas. En estos casos, los algoritmos extraen patrones de las masas de datos y los resultados que se obtienen no están relacionados de modo lineal sino complejo, por lo que no es sencillo determinar la causalidad entre datos y decisión adoptada. Por ello, ha sido dicho que en un medio ambiente de aprendizaje automático el problema con estos algoritmos es que los humanos no pueden ya estar en control de qué decisión es tomada y ni siquiera pueden saber o comprender por qué una decisión errónea ha sido tomada dado que están perdiendo de vista la transparencia del proceso desde el principio hasta el final, deviniendo opacos

que con carácter general deba ser esta figura la encargada de soportar la responsabilidad derivada de un inadecuado funcionamiento de estas herramientas, en la medida en que estos profesionales deberían ser los encargados de acotar con precisión los límites éticos a los que deben sujetarse estas soluciones tecnológicas durante todo el proceso de desarrollo algorítmico[130]. Desde la cuidada elección y revisión

---

para sus creadores que no entienden la lógica que siguen. De ahí que se hable del proceso de adopción de la decisión por parte de los algoritmos como una caja negra *(black box)* [...] Cuando se ejerce discrecionalidad administrativa y se toman en consideración hechos, intereses y derechos de personas, esa empatía debería estar presente, y parece que sólo podría ejercerla un ser humano. Estaríamos ante un elemento de la *phronesis*, la sabiduría práctica o prudencia, aristotélica referida en Ética a Nicómaco, esto es al sabio ejercicio del poder, basado en una ponderación cuidadosa de las circunstancias pertinentes en cada toma de la decisión. Una IA podría imitar cognitivamente la empatía (entrenamiento en gestos faciales, tono de voz, etc....) pero carece de la consciencia, emoción y humanidad precisa para no degenerar en un psicópata de sílice, puesto que los psicópatas humanos carecen de empatía, pero la pueden simular, muy bien, para sus propios intereses [...] Si, por tanto, la IA no puede acabar consiguiendo disponer de máquinas con empatía emocional con los humanos, porque hace falta ser humano para ello, entonces IA y empatía emocional sería una *contradictio in terminis*, y el sueño, en el sentido de aspiración, de la razón total (artificial en este caso) podría llegar a producir monstruos burocráticos que no resuenen emocionalmente ni se conecten con los humanos».

130 *Vid.* O'NEIL, C., *Weapons of Math Destruction: How Big Data Increases Inequality and Threatens Democracy*, Broadway Books, Portland, 2016, p. 173; donde la autora esboza la siguiente lección: «Big Data processes codify the past. They do not invent the future. Doing that requires moral imagination, and that's something only humans can provide. We have to explicitly embed better values into our algorithms, creating Big Data models that follow our ethical lead. Sometimes that will mean putting fairness ahead of profit [...] In a sense, our society is struggling with a new industrial revolution. And we can draw some lessons from the last one. The turn of the twentieth century was a time of great progress. People could light their houses with electricity and heat them with coal. Modern railroads brought in meat, vegetables, and canned goods from a continent away. For many, the good life was getting better. Yet this progress had a gruesome underside. It was powered by horribly exploited workers, many of them children. In the absence of health or safety regulations, coal mines were death traps. In 1907 alone, 3.242 miners died. Meatpackers worked twelve to fifteen hours a day in filthy conditions and often shipped toxic products. Armour and Co. dispatched cans of rotten beef by the ton to US Army troops, using a layer of boric acid to mask the stench. Meanwhile, rapacious monopolists dominated the railroads, energy companies, and utilities and jacked up customers' rates, which amounted to a tax on the national economy. Clearly, the free market could not control its excesses».

de los datos que se emplearán para alimentar el algoritmo de IA, a la selección o diseño del modelo implementado, la supervisión de los resultados alcanzados por la herramienta, etc[131].

De lo anterior se desprende, por tanto, la necesidad de que las personas supervisen el funcionamiento de estas soluciones tecnológicas, con la finalidad de evitar errores y combatir las nuevas fronteras de desigualdad que trae aparejado, en forma de sesgos, el avance digital y el gobierno de los algoritmos[132]. Esta supervisión humana puede manifestarse de muy diversas maneras: (i) institucionalizar el empleo de los algoritmos como herramientas de apoyo en los procesos de toma de decisión[133]; (ii) participación de los interesados en

---

131 *Vid. Op. cit.* SALAZAR GARCÍA, I., «Retos actuales de...», p. 59.

132 A ello, en parte, se dirige la miríada de declaraciones, manifiestos y principios que se han venido publicando en los últimos tiempos por una pluralidad de actores (instituciones, organizaciones internacionales, empresas, sociedad civil, etc.). En la mayoría de estos documentos destaca una nota característica, la preocupación por garantizar unos estándares éticos que guíen el diseño, despliegue y funcionamiento de los sistemas basados en IA. Acerca de esta cuestión, resultan determinantes los trabajos de FJELD, J., ACHTEN, N., HILLIGOSS, H., NAGY, A.C. y SRIKUMAR, M., *Principled Artificial Intelligence: Mapping Consensus in Ethical and Rights-bases Approaches to Principles for IA*, The Berkman Klein Center for Internet & Society al Harvard University, Cambridge, 2020, p. 20, quienes identifican los siguientes principios: «(i) privacy; (ii) accountability; (iii) safety and security; (iv) transparency and explainability; (v) fairness and non-discrimination; (vi) human control of technology; (vii) professional responsibility; y (viii) promotion of human values».
No obstante, conviene precisar que, si bien es cierto que existe coincidencia en abogar por una IA ética, en la medida en que se invocan de forma repetida categorías normativas tales como la transparencia, la equidad, la justicia, la responsabilidad, la privacidad, la libertad y la autonomía, la dignidad, la sostenibilidad o la solidaridad, existen multitud de enfoques diferentes sobre el contenido de dichos principios y las exigencias en las que estos deben traducirse. *Vid. Op. cit.* JOBIN, A., IENCA, M. y VAYENA, E., «The global landscape...», p. 391.

133 En torno a esta cuestión, y en el concreto campo de las Administraciones públicas, CERRILLO I MARTÍNEZ, A., «La inteligencia artificial y el control de sus posibles sesgos», en VILLORIA MENDIETA, M. (Coord.), *Ética pública en el siglo XXI,* Instituto Nacional de Administración Pública, Madrid, 2021, p. 105; afirma que la principal garantía será que las decisiones que adoptan las Administraciones públicas sean siempre tomadas por una persona que pueda basar su resolución en los resultados aportados por un algoritmo. De este modo, el servidor público podrá controlar la adecuación de dichos resultados con el principio de igualdad y las normas que previenen la discriminación.

las distintas fases del ciclo de vida de los sistemas algorítmicos[134]; (iii) previsión de la posibilidad de interponer un recurso o una reclamación contra una decisión enteramente automatizada[135], etc.

Ello exige hacer una llamada de atención a los grandes desarrolladores tecnológicos, con el propósito de contrarrestar el peculiar modelo de decisiones automatizadas impuesto hasta la fecha, mediante la introducción de un nuevo modo de actuación, más racional y respetuoso para con los derechos y libertades fundamentales de la ciudadanía.

Por consiguiente, estamos en posición de afirmar que el desarrollo de los sistemas algorítmicos debe partir de la siguiente premisa: la humanidad como centro gravitacional[136]. No obstante,

---

134 Esto abarca la totalidad de las fases del ciclo de vida de una solución tecnológica de IA. Desde el diseño del algoritmo al control judicial de la decisión automatizada adoptada por un algoritmo, pasando por la evaluación de su funcionamiento o de los resultados obtenidos.

135 Estos requerimientos son ya una realidad efectiva, gracias a la ambiciosa redacción del art. 22 RGPD, según el cual: «1. Todo interesado tendrá derecho a no ser objeto de una decisión basada únicamente en el tratamiento automatizado, incluida la elaboración de perfiles, que produzca efectos jurídicos en él o le afecte significativamente de modo similar. 2. El apartado 1 no se aplicará si la decisión: a) es necesaria para la celebración o la ejecución de un contrato entre el interesado y un responsable del tratamiento; b) está autorizada por el Derecho de la Unión o de los Estados miembros que se aplique al responsable del tratamiento y que establezca asimismo medidas adecuadas para salvaguardar los derechos y libertades y los intereses legítimos del interesado, o c) se basa en el consentimiento explícito del interesado. 3. En los casos a que se refiere el apartado 2, letras a) y c), el responsable del tratamiento adoptará las medidas adecuadas para salvaguardar los derechos y libertades y los intereses legítimos del interesado, como mínimo el derecho a obtener intervención humana por parte del responsable, a expresar su punto de vista y a impugnar la decisión. 4. Las decisiones a que se refiere el apartado 2 no se basarán en las categorías especiales de datos personales contempladas en el artículo 9, apartado 1, salvo que se aplique el artículo 9, apartado 2, letra a) o g), y se hayan tomado medidas adecuadas para salvaguardar los derechos y libertades y los intereses legítimos del interesado». Este precepto, en palabras de PALMA ORTIGOSA, A., «Decisiones automatizadas en el RGPD. El uso de algoritmos en el contexto de la protección de datos», en *Revista General de Derecho Administrativo*, núm. 50, 2019, p. 2; esconde mucho más que un derecho de oposición a las decisiones automatizadas, reconociendo una regulación concreta de un tratamiento de datos específico.

136 El hecho de llegar a desarrollar todas las capacidades de la IA puede no ser conveniente para el futuro del ser humano. Esta tecnología puede ser tremendamente útil en campos como la medicina, los servicios públicos o la economía,

existen otros retos, como los sesgos algorítmicos o la explicabilidad de la inteligencia artificial[137].

1.2. La conveniencia de combatir los sesgos presentes en los sistemas algorítmicos

Cuando nos aproximamos al conocimiento de esta cuestión, debemos partir necesariamente de la siguiente premisa: el uso de los algoritmos no es todo lo neutral que debiera ser. Como se ha puesto de relieve con anterioridad, el empleo exponencial de los sistemas de IA puede dar lugar a la elaboración de perfiles de usuarios, el reconocimiento de patrones de comportamiento de la población, el impulso de la segmentación publicitaria o *microtargeting*, lo que en última instancia puede suponer la apertura de una puerta a nuevas formas de discriminación y desigualdad que no deben ser admisibles en un Estado social y democrático de Derecho[138].

Por ello, es necesario tener en cuenta los posibles sesgos que puedan presentar los conjuntos de datos empleados para alimentar los sistemas algorítmicos con el propósito de no generar consecuencias indeseables, al menos intencionadamente. La doctrina es clara al distinguir distintos tipos de sesgos:

---

siempre y cuando seamos capaces de identificar y concebir los sistemas de IA como una herramienta más para asistir a las personas en la toma de decisiones, y no como un mecanismo para acometer la sustitución de los mismos, debate que se plantea en términos reduccionistas en algunos sectores sociales concretos. Nos encontramos, por tanto, en un momento crucial en la historia de la humanidad en el que debemos sopesar los siguientes pasos en la senda digitalizadora, «en el que la palabra "puedo" debe ser sustituida por "debo"». *Vid.* SALAZAR GARCÍA, I. y BENJAMINS, R., *El algoritmo y yo: Guía de convivencia entre seres humanos y artificiales*, Anaya, Madrid, 2021, p. 342.

137 A los que hay que unir cuestiones tan relevantes como la salvaguarda de la privacidad (la preocupación por los riesgos de la vigilancia, la monitorización, la personalización y creación de perfiles que puedan articularse mediante el empleo de la IA, etc.), la calidad de los datos, la transparencia de los algoritmos y la gobernanza de la IA. *Vid.* PRIVACY INTERNATIONAL & ARTICLE 19, *Privacy and Freedom of Expression in the Age of Artificial Intelligence*, Londres, 2018, pp. 17-26.

138 *Vid.* ZARSKY, T.Z., «Mine Your Own Business!: Making the Case for the Implications of the Data Mining of Personal Information in the Forum of Public Opinion», en *Yale J.L. & Tech*, núm. 5, 2002, p. 22.

i. Conscientes. Aquellos que se producen intencionadamente por parte de la persona que selecciona los datos y/o desarrolla el algoritmo[139].

ii. Inconscientes. Aquellos que se producen sin que la persona responsable del algoritmo tenga la intención de introducirlos.

---

139 Estos sesgos producen la invisibilización de todo aquello que no es hegemónico y mayoritario. En palabras de CATERINA FALIERO, J., «Limitar la dependencia algorítmica: Impactos de la inteligencia artificial y sesgos algorítmicos», en *Nueva Sociedad*, núm. 294, 2021, pp. 126-127; «[e]l efecto multiplicador del daño que produce el sesgo algorítmico, una discriminación perfectamente serializada, que operativiza sus impactos y refuerza a la perfección las estructuras opresivas preexistentes de forma automatizada, se alcanza de múltiples formas. Este sesgo produce la invisibilización de todo aquello que no es hegemónico y mayoritario, la elaboración y reafirmación de la estigmatización que producen los estereotipos, el desbalance y la selectividad de aquello que es simbólicamente merecedor de representación y la neutralización de todo aquello que se presenta como asistémico. El sesgo algorítmico fragmenta y genera la irrealidad de la inexistencia de todo aquello que no siga el patrón idealizado por el imperativo de lo dominante, y refuerza el binarismo y la discriminación que ya vivimos cada día, insertos en nuestros sesgos lingüísticos, cognitivos y cosméticos. Tal sesgo puede darse ya sea a través del modo en que se entrenan los algoritmos con *sets* de datos en sí mismos discriminatorios, por utilizar *sets* que contienen prejuicios discriminatorios latentes, por la sobreabundancia de datos históricos que sobredimensionan elementos que conducen a la multiplicación de los efectos discriminatorios, o por la elección consciente de subrepresentar aquello que no resulta hegemónico [...] este también puede ser consecuencia de las propias limitantes técnicas del diseño; consecuencia del uso imprevisto de los algoritmos en nuevos contextos de uso y por un público diferente de aquel al que estaban destinados, o también consecuencia de la interpretación de datos que se vuelven a reinsertar e incrementan la discriminación exponencialmente en el mismo sistema algorítmico».
Así, una aproximación a algunas experiencias de uso de la inteligencia artificial en la difusión y procesamiento de ofertas de trabajo y selección de personal muestran ejemplos claros de sesgos de género en los algoritmos, por ejemplo. Un caso muy sonado fue el de Google, cuyo algoritmo mostraba las ofertas de trabajo mejor remuneradas con mayor frecuencia a hombres que a mujeres. Otro caso de discriminación algorítmica por razón de género, lo encontramos en el algoritmo empleado por Amazon para analizar los *curriculum vitae* de las personas candidatas a incorporarse a la compañía. Para entrenar el algoritmo se empleo una muestra de las reseñas curriculares recibidas en los años anteriores, compuesta mayoritariamente por hombres, lo que llevó al algoritmo a penalizar los curriculum que incluían referencias femeninas. *Vid. Op. cit.* CERRILLO I MARTINEZ, A., «La inteligencia artificial...», pp. 100-101.

> Este hecho está estrechamente relacionado con la ausencia de rigor en los protocolos y procesos de captación de los datos empleados para alimentar el sistema de IA, o con el desconocimiento de los efectos que determinados conjuntos de datos pueden provocar en el resultado final[140].

La discriminación, por tanto, ocupa un tema crucial cuando se trata de garantizar el correcto uso de la inteligencia artificial[141]. En este punto, conviene recordar que el marco global europeo de los derechos fundamentales[142], compuesto por la Carta de los Derechos Fundamentales de la Unión Europea y la Convención Europea de Derechos Humanos, es plenamente aplicable en el uso de la IA. También son igualmente aplicables otros múltiples instrumentos interna-

---

140 Siguiendo a GÓMEZ DE ÁGREDA, A. y SALAZAR GARCÍA, I., «Sesgos y perspectiva cultural en los algoritmos de inteligencia artificial», en *Revista de privacidad y derecho digital*, vol. 4, núm. 15, 2019, pp. 29 y ss.; dentro de estos sesgos inconscientes, pueden diferenciarse: (i) aquellos relativos al contexto cultural geográfico y temporal. Se manifiestan como un sesgo en la muestra, es decir, cuando los datos recopilados no representan con precisión el entorno en el que se espera que se ejecute el sistema algorítmico. Teniendo en cuenta el hecho de que no se puede entrenar a un algoritmo con todo el universo de datos disponible, el subconjunto empleado debe seleccionarse meticulosamente en función del contexto; (ii) aquellos relativos al perfil de la persona que desarrolla el algoritmo (psicológicos). Dentro de esta tipología de sesgos, destaca en primer término, el sesgo del auditor de los datos. A la hora de analizar los datos, el investigador y/o auditor puede aproximarse a los mismos con prejuicios, conscientes o inconscientes, fruto de la personalidad y las experiencias vividas, las cuales permean con suma facilidad en el resultado. Asimismo, puede identificarse dentro de esta categoría, aquellos sesgos de prejuicios, los cuales se producen cuando el desarrollador del algoritmo se deja influir, de manera inconsciente, por sus prejuicios personales (apariencia, clase social, estado, raza, género, etc.). En estos casos, incluso el objetivo perseguido puede condicionar la elección de la muestra para que de esta derive un resultado concreto, como ocurre en la actualidad con las encuestas; (iii) otros tipos de sesgos, vinculados a la medición y la recogida de los datos. A veces el sesgo se produce en la recogida de los propios datos, en función del instrumento con el que se recaben los mismos, lo que afectará de igual forma a la muestra.

141 *Vid.* AGENCIA PARA LOS DERECHOS FUNDAMENTALES DE LA UNIÓN EUROPEA, *Construir correctamente el futuro: la inteligencia artificial y los derechos fundamentales*, Luxemburgo, 2021, pp. 10 y ss.

142 *Vid.* AGENCIA PARA LOS DERECHOS FUNDAMENTALES DE LA UNIÓN EUROPEA, *Bringing rights to life: The fundamental rights landscape of the European Union*, Luxemburgo, 2012, pp. 7-27.

cionales y del Consejo de Europa en materia de derechos humanos. Entre ellos se incluye la Declaración Universal de los Derechos Humanos de 1948, así como las principales convenciones de derechos humanos de la Unión[143]. Además, el Derecho derivado de la Unión y específico del sector, especialmente el acervo de la Unión en materia de protección de datos y la legislación europea en materia de lucha contra la discriminación, ayuda a salvaguardar los derechos fundamentales en el contexto de la IA. Por último, el derecho interno de los Estados miembros también es aplicable.

No obstante, en torno a esta última cuestión, es pertinente reseñar que, con fecha 8 de abril de 2020, el Consejo de Europa adoptó una serie de recomendaciones dirigidas a los Estados miembros con el propósito de modular los impactos de los sistemas algorítmicos en los derechos humanos[144]. Entre dichas recomendaciones, destacan cuestiones tales como:

---

143 Estas convenciones principales incluyen: el Pacto Internacional de Derechos Civiles y Políticos (1966); el Pacto Internacional de Derechos Económicos, Sociales y Culturales (1966); la Convención Internacional sobre la Eliminación de todas las Formas de Discriminación Racial (1965); la Convención sobre la eliminación de todas las formas de discriminación contra la mujer (1979); la Convención contra la Tortura (1984); la Convención sobre los Derechos del Niño (1989); la Convención sobre los Derechos de las Personas con Discapacidad (2006); la Convención Internacional para la Protección de Todas las Personas contra las Desapariciones Forzadas (2006), etc.

144 A ella hay que sumar la Recomendación CM/Rec (2021)8 del Comité de Ministros a los Estados miembros en materia de protección de las personas con respecto al tratamiento automatizado de datos de carácter personal en el contexto de la elaboración de perfiles, de 3 de noviembre de 2021, contempla los siguientes principios generales: (i) el respeto de los derechos y libertades fundamentales, en particular los derechos a la dignidad humana y a la intimidad, pero también a la libertad de expresión, así como el principio de no discriminación y los imperativos de justicia social, diversidad cultural y democracia, deberían estar garantizados, tanto en el sector público como en el privado, durante las operaciones de elaboración de perfiles; (ii) la elaboración de perfiles debe contribuir, o al menos no afectar negativamente, tanto al bienestar de las personas como al desarrollo de una sociedad inclusiva, democrática y sostenible; (iii) en el contexto de un uso creciente de los macrodatos, se recogen tanto datos personales como no personales. Además, con el tratamiento automatizado, basado especialmente en el uso de sistemas de aprendizaje automático, es difícil saber a priori qué datos permitirán hacer correlaciones o predicciones sobre un interesado. En estos casos, para que el tratamiento de los datos personales sea leal, las

---

organizaciones deberían garantizar la pertinencia y la calidad de todos los datos, incluidos los no personales, que pudieran influir en las correlaciones o predicciones acerca de un interesado; (iv) todos los sistemas automatizados de toma de decisiones están diseñados por humanos y tienen cierto grado de participación humana en su funcionamiento. Los responsables en última instancia de cómo un sistema recibe sus entradas (por ejemplo, quién recoge los datos que se alimentan a un sistema), cómo se utiliza y cómo se interpretan sus resultados y se actúa en consecuencia son personas. Los sistemas (especialmente los basados en IA) deben permitir la intervención humana operativa siempre que sea apropiado o necesario para garantizar su funcionamiento legítimo, incluso en lo que respecta a los principios de equidad y no discriminación; (v) los Estados miembros deberían fomentar el diseño y la aplicación de procedimientos y sistemas que sean acordes con la privacidad y la protección de datos ya desde su fase de planificación (protección de la intimidad desde el diseño) y durante todo el tiempo que se efectúe el tratamiento de los datos, especialmente mediante el uso de tecnologías de protección de la intimidad. Asimismo, deberían adoptar las medidas adecuadas para combatir el desarrollo y la utilización de tecnologías destinadas, total o parcialmente, a la elusión ilícita de las medidas tecnológicas de protección de la intimidad; (vi) la elaboración de perfiles no debe dar lugar a la discriminación de personas, grupos o comunidades. No debe socavar la dignidad de las personas ni la democracia. El uso de sistemas automatizados de toma de decisiones debería preservar la autonomía de la intervención humana en el proceso de toma de decisiones; (vii) la elaboración de perfiles no debería llevarse a cabo con el fin de manipular a los interesados o a las personas cercanas a ellos, en particular en lo que respecta a sus elecciones u opiniones; (viii) al menos cuando se requiera el consentimiento del interesado, los proveedores de servicios y, especialmente, los servicios de intermediación en línea deberían ofrecer a los interesados la posibilidad de decidir su inclusión en la elaboración de perfiles y de elegir entre los distintos fines o grados de elaboración de perfiles. El interesado debería ser informado de todas las consecuencias de su elección; (ix) los Estados miembros deberían velar por que el marco jurídico aplicable a la elaboración de perfiles garantice su proporcionalidad según los fines perseguidos y la naturaleza y gravedad de los riesgos que entraña para los interesados o los grupos destinatarios. Deberían tenerse en cuenta las necesidades específicas tanto de las microempresas como de las pequeñas y medianas empresas y de los distintos sectores. Si las actividades de elaboración de perfiles entrañan un alto riesgo, debe aplicarse el mismo nivel de rigor, independientemente del tamaño de la empresa; (x) el uso de sistemas automatizados de toma de decisiones basados en tecnologías de IA plantea riesgos adicionales por los posibles errores y sesgos, y por la dificultad de justificar las decisiones tomadas y garantizar la transparencia, lo que impide el pleno ejercicio de los derechos de los interesados. El diseño, el desarrollo y la puesta en marcha de sistemas de toma de decisiones automatizados basados en IA requieren una atención especial y continua en cuanto a los riesgos generados, así como una evaluación por parte de equipos multidisciplinares e independientes; y (xi) la elaboración

i. Revisar sus políticas y marcos legislativos, así como sus propias prácticas con respecto a la adquisición, el diseño, el desarrollo y el despliegue continuo de sistemas algorítmicos para asegurarse de que estén en consonancia con las directrices establecidas en el apéndice de esta recomendación; promover su implementación en todas las áreas relevantes y evaluar la efectividad de las medidas tomadas a intervalos regulares, con la participación de todas las partes interesadas relevantes.

ii. Asegurar, a través de marcos legislativos, regulatorios y de supervisión apropiados relacionados con los sistemas algorítmicos, que los actores del sector privado involucrados en el diseño, desarrollo y despliegue continuo de dichos sistemas cumplan con las leyes aplicables y cumplan con sus responsabilidades de respetar los derechos humanos de acuerdo con la Principios Rectores de la ONU sobre Empresas y Derechos Humanos y estándares regionales e internacionales relevantes.

iii. Dotar a sus instituciones nacionales de supervisión, control, evaluación de riesgos y ejecución pertinentes con los recursos y la autoridad necesarios para investigar, supervisar y coordinar el cumplimiento de su marco legislativo y reglamentario pertinente.

iv. Participar en consultas, cooperación y diálogo regulares, inclusivos y transparentes con todas las partes interesadas relevantes (como la sociedad civil, las organizaciones de defensa de los derechos humanos, el sector privado, la comunidad académica y profesional, los medios de comunicación, los establecimientos educativos, las bibliotecas públicas, proveedores de infraestructura y servicios públicos básicos, incluidos el bienestar social y la fuerza policial), prestando especial atención a las necesidades y voces de los grupos vulnerables, con miras a garantizar que los impactos en los derechos humanos derivados del diseño, desarrollo y despliegue continuo de sistemas algorítmicos sea supervisado, debatido y abordado exhaustivamente.

---

de perfiles implica a diferentes actores cuya calidad y función deben analizarse para determinar las potenciales responsabilidades conjuntas, especialmente en el caso de intercambio de datos.

v. Priorizar la creación de conocimientos en instituciones públicas y privadas involucradas en la integración de sistemas algorítmicos en múltiples aspectos de las sociedades con miras a proteger de manera efectiva los derechos humanos[145].

vi. Alentar y promover la implementación de programas efectivos y personalizados de alfabetización digital, informativa y mediática para permitir que todos los individuos y grupos puedan comprender las funciones y ramificaciones de los sistemas que emplean la toma de decisiones automatizada, adoptar decisiones informadas en el uso de tales sistemas, disfrutar de los beneficios derivados del uso de sistemas algorítmicos, y minimizar la exposición a amenazas y riesgos derivados del uso de tales sistemas, en cooperación efectiva con todas las partes interesadas relevantes, incluido el sector privado, los medios de comunicación, la sociedad civil, los establecimientos educativos y las instituciones académicas y técnicas.

vii. Tener en cuenta el impacto ambiental del desarrollo de servicios digitales a gran escala y tomar las medidas necesarias para optimizar el uso y consumo de recursos naturales y energía, etc.

---

145 El Área de Derecho Administrativo y el Grupo de Investigación Reconocido «Next Generation UE-Derecho Administrativo» de la Universidad de Salamanca han sido pioneros en el análisis de esta cuestión, al implementar el proyecto «Inteligencia artificial & género: brechas, sesgos y nuevas formas de desigualdad», iniciativa orientada a analizar, debatir y promover la inclusión de la perspectiva de género en los procesos de diseño, implementación y control de los sistemas algorítmicos, con el firme propósito de combatir el alcance lesivo que el avance digital está provocando en el pleno ejercicio de los derechos y libertades de las mujeres. Para ello, se acometió un exhaustivo análisis acerca de las brechas de género que existen en nuestra sociedad y el impacto que la (r)evolución digital posee en el incremento de las desigualdades entre mujeres y hombres en sectores cruciales, tales como la educación, el empleo, la participación política, el liderazgo de la mujer, la violencia de género, la publicidad, la cultura, etc., y contribuir al diseño de medidas tangibles que permitan incluir de forma efectiva la perspectiva de género en los procesos de desarrollo tecnológico, de la mano de expertos e instituciones de primer nivel. Los resultados de dicha iniciativa científica se encuentran disponibles en la obra colectiva DOMÍNGUEZ ÁLVAREZ, J.L. y TERRÓN SANTOS, D. (Dirs.), *Desafíos éticos, jurídicos y tecnológicos del avance digital*, Iustel, Madrid, 2023, 465 pp. Más información, disponible en: https://bit.ly/3eTUoHA

1.3. El problema de la explicabilidad de la inteligencia artificial

Como se ha apuntado con anterioridad, la Unión Europea[146] ha incluido el principio de explicabilidad como un elemento crucial para poder generar y mantener la confianza en la IA[147]. Aunque la propia Unión no proporciona una definición precisa de qué es la explicabilidad algorítmica o explicabilidad de la IA (XAI), sí hace referencia a la necesidad de que los procesos sean transparentes y que las decisiones sean debidamente comunicadas, así como la imposibilidad de que ciertas acciones sean contestadas si no se proporcionan las explicaciones necesarias[148]. Sin embargo, de entre los cuatro prin-

---

146 Su importancia la ha convertido en uno de los cuatro principios éticos nucleares propuestos por la Unión Europeo para garantizar el despliegue de una IA que sea digna de confianza, que permita mejorar el bienestar individual y colectivo. Se establecen así una serie de imperativos éticos que los profesionales de la IA deben esforzarse en todo momento por observar. Sin imponer una jerarquía entre ellos, los principios se enumeran a continuación siguiendo el orden de aparición de los derechos fundamentales en los que se basan en la Carta de la UE. Se trata de los principios de: (i) respeto de la autonomía humana; (ii) prevención del daño; (iii) equidad; y (iv) explicabilidad.

147 En muchas ocasiones, los resultados facilitados por los sistemas de *deep learning* son difíciles de interpretar, ya que el proceso de toma de decisiones es, por lo general, bastante opaco, lo que les ha hecho merecedores de la concepción como «Black Box» o caja negra. Sin embargo, cada vez más empresas apuestan por la implementación de sistemas algorítmicos sustentados en procesos de aprendizaje automatizado perfectamente inteligibles (cajas blancas), que permiten comprenden con precisión las variables que han influido en la toma de decisión automatizada, como ocurre con los «árboles de decisión». La razón no es otra que la explicabilidad que, en determinadas aplicaciones y operaciones, necesariamente debe adquirir un protagonismo principal, como ocurre en el sector médico. *Vid.* BARREDO ARRIETA, A., DÍAZ RODRÍGUEZ, N., DEL SER, J., BENNETOT, A., TABIK, S., BARBADO, A., GARCÍA, S., GIL-LÓPEZ, S., MOLINA, D. y BENJAMINS, R., «Explainable Artificial Intelligence (XAI): Concepts, taxonomies, opportunities and challenges toward responsible AI», en *Information Fusion,* vol. 58, 2020, p. 82.

148 *Vid.* COMISIÓN EUROPEA, *Generar confianza en la inteligencia artificial centrada en el ser humano,* Bruselas, 2019, p. 4. [COM(2019) 168 final], donde se pone de relieve lo siguiente: «[d]ependiendo del sistema específico de IA y de su ámbito de aplicación, deben garantizarse los grados adecuados de medidas de control, incluida la adaptabilidad, la exactitud y la explicabilidad de los sistemas de IA. La supervisión debe lograrse a través de mecanismos de gobernanza, tales como el enfoque de la participación humana *(human-in-the-loop),* la supervisión humana *(human-on-the-loop),* o el control humano *(human-in-command).* Hay que

cipios propuestos por las Instituciones europeas[149], probablemente nos encontramos ante el menos conocido y explorado de todos ellos, a pesar de la importancia creciente que posee la necesidad de proporcionar explicaciones inteligibles en ámbitos esenciales como son la ética y la justicia[150].

El auge de las soluciones tecnológicas de IA no ha hecho más que incrementar la relevancia de este principio de explicabilidad, hasta convertir esta cuestión en uno de los principales ámbitos emergentes

---

garantizar que las autoridades públicas tengan la capacidad de ejercer sus competencias de supervisión conforme a sus mandatos. En igualdad de condiciones, cuanto menor sea la supervisión que puede ejercer un ser humano sobre un sistema de IA, más extensas tendrán que ser las pruebas y más estricta la gobernanza».

149 Si bien es cierto que la Unión Europeo aspira a abanderar la regulación ética de los algoritmos, conviene precisar que las Instituciones europeas han financiado numerosas soluciones tecnológicas de IA de alto riesgo que están ocasionando en nuestros días diversas y preocupantes desigualdades. De conformidad con el primer informe anual del Observatorio de Algoritmos de Impacto Social (OASI) realizado por la Fundación Éticas, algunas instituciones comunitarias han sido las primeras que han auspiciado, desarrollado o financiado modelos algorítmicos con evidentes riesgos sociales. Uno de esos modelos algorítmicos es Tensor, que fue desarrollado por un consorcio del mismo nombre entre 2016 y 2019, el cual fue financiado precisamente por el programa Horizon 2020 de la Comisión Europea, a pesar de generar tres grandes riesgos: Debilitar la democracia, auspiciar la hipervigilancia por parte de los gobiernos, y amenazas a la privacidad. Tensor es un modelo algorítmico que están implementando diversos cuerpos policiales a lo largo del continente y pretende predecir posible actividad terrorista en base al contenido que recopile de la *dark web* y de la red superficial. Junto a este sistema, destaca igualmente en sentido negativo iBorderctrl, otro modelo de IA que consiste en una suerte de «máquina de la verdad fronteriza» desplegada en los territorios rayanos de Serbia y Hungría para examinar el trasiego de transeúntes, financiada con cargo al mismo programa de la Comisión Europea con algo más de 4,5 millones de euros. Otro ejemplo lo encontramos en Dante, modelo de IA preparado para rastrear contenido terrorista en internet del que tampoco existe constancia de que haya sido debidamente auditado. Fue desarrollado por un consorcio de empresas privadas y Administraciones públicas de diversos países, entre ellos, España. El OASI tiene un registro de más de un centenar de algoritmos desplegados en diferentes países, tanto en el sector público como en el sector privado. Dicho registro puede consultarse en el siguiente enlace: https://bit.ly/3R1FNHO

150 *Vid.* DÍEZ, J., KHALIFA, K., y LEURIDAN, B., «General theories of explanation: buyer beware», en *Synthese*, núm. 190, 2011, p. 379.

de estudio científico[151], tanto en las áreas científicas como en el campo del derecho, la ciencia política o la filosofía[152].

A modo de aproximación, podemos conceptualizar la explicabilidad de la inteligencia artificial como el «conjunto de procesos y métodos que permite a los usuarios humanos comprender y confiar en los resultados y la salida generados por algoritmos de *machine learning*. La IA explicable se utiliza para describir un modelo de IA, su impacto esperado y los posibles sesgos. Ayuda a caracterizar la precisión, la imparcialidad, la transparencia y los resultados de los modelos en la toma de decisiones basada en IA»[153].

---

151 Ahora bien, como recuerda ROBERTO GRANERO, H., «Derechos y garantías concretas frente al uso de inteligencia artificial y decisiones automatizadas, especialmente en el ámbito judicial y de aplicación de la ley», en COTINO HUESO, L. (Dir.), *Derechos y garantías ante la inteligencia artificial y las decisiones automatizadas,* Thomson Reuters-Aranzadi, Cizur Menor, 2022, p. 122, si bien es cierto que la población necesita poder estar en desacuerdo o rechazar una decisión automatizada y ya existe un creciente grupo de investigadores que intentan garantizar el diseño de una IA explicable o interpretable, de tal forma que permita comprender las características de los datos de los que la solución tecnológica está aprendiendo para determinar si el modelo resultante es preciso e imparcial (*glass box*), «es un equilibrio complicado. Demasiada transparencia puede conducir a una sobrecarga de información, y se llegó a demostrar que las personas están preparadas para confiar en las computadoras [...] Cuando se trata de sistemas automatizados, desde pilotos automáticos de aeronaves hasta correctores ortográficos, los estudios han demostrado que los humanos a menudo aceptan las elecciones que hacen, incluso cuando obviamente están equivocados. Pero cuando esto sucede con herramientas diseñadas para ayudarnos a evitar ese mismo fenómeno, tenemos un problema mayor».

152 En efecto, según ORTIZ DE ZÁRATE ALCARAZO, L., «Explicabilidad (de la inteligencia artificial)», en *Eunomía. Revista de Cultura de la Legalidad*, núm. 22, 2022, p. 334; «las previsiones de que la IA se aplique a la mayor parte de áreas que conforman el sector público, así como otros espacios más propios de la vida privada de las personas, pero igualmente importantes, ha convertido en una necesidad repensar y expandir los horizontes de la explicabilidad algorítmica. En el paradigma de la gobernanza algorítmica hacia el que caminan Europa, EE.UU. y China, gran parte de las decisiones más importantes que afectan a la vida de la ciudadanía estarán asesoradas y, en ciertos casos, tomadas por algoritmos inteligentes. En este escenario, la explicabilidad de los algoritmos se convertirá en uno de los pilares esenciales para garantizar el respeto por la cultura de la legalidad, la democracia y la justicia».

153 La IA explicable resulta crucial para una organización para generar confianza a la hora de aplicar modelos de IA a producción. La explicabilidad de la IA también ayuda a una organización a adoptar un enfoque responsable al desarrollo de la IA.

Por tanto, podemos decir que la explicabilidad concierne a la capacidad de explicar tanto los procesos técnicos de un sistema de IA como las decisiones humanas asociadas. La explicabilidad técnica requiere que las decisiones que adopte un sistema de IA sean comprensibles para los seres humanos y estos tengan la posibilidad de rastrearlas[154]. Además, puede que sea necesario buscar un equilibrio entre la mejora de la explicabilidad de un sistema (que puede reducir su precisión) o una mayor precisión de este (a costa de la explicabilidad). De ello se deriva que, cuando un sistema de IA tenga un impacto significativo en la vida de las personas, debería ser posible reclamar una explicación adecuada del proceso de toma de decisiones del sistema de IA. Dicha explicación debería ser oportuna y adaptarse al nivel de especialización de la parte interesada (que puede ser una persona no experta en la materia, un regulador o un investigador). Además, debería ser posible disponer de explicaciones sobre la medida en que el sistema de IA condiciona e influye en el proceso de toma de decisiones de la organización, sobre las decisiones de diseño del sistema y sobre la lógica subyacente a su despliegue (garantizando así la transparencia del modelo de negocio).

A medida que la IA se vuelve más avanzada, más difícil resulta para las personas comprender y volver a rastrear cómo el algoritmo ha llegado a un resultado. Todo el proceso de cálculo se convierte en lo que comúnmente se conoce como una «*black box*» o «caja negra» que es imposible de interpretar[155]. Estos modelos de caja negra se

---

154 Para realizar esta tarea, es decir, para poder llevar a cabo un ejercicio de interpretación entre el lenguaje computacional y el lenguaje humano, es necesario que los datos y algoritmos que componen el sistema, así como todos los pasos que han tenido lugar hasta alcanzar el resultado final sean visibles, es decir, transparentes. En este sentido, la transparencia sería la habilidad para hacer visible las componentes de un sistema de IA y sería condición necesaria, pero no suficiente para se cumpliera con el principio de explicabilidad. *Vid.* LIPTON, C. Z., «The Mythos of Model Interpretability: in machine learning, the concept of interpretability is both important and slippery», en *Queue*, vol. 16, núm. 3, 2018, p. 14.

155 Por consiguiente, la explicabilidad es esencial para conseguir que los usuarios confíen en los sistemas de IA y para mantener dicha confianza. Esto significa que los procesos han de ser transparentes, que es preciso comunicar abiertamente las capacidades y la finalidad de los sistemas de IA y que las decisiones deben poder explicarse, en la medida de lo posible, a las partes que se vean afec-

crean directamente a partir de los datos. Y ni siquiera los ingenieros o científicos de datos que crean el algoritmo pueden comprender o explicar lo que está sucediendo exactamente dentro de ellos o cómo el algoritmo de IA ha llegado a un resultado específico. Hay muchas ventajas que ayudan a comprender cómo un sistema habilitado para IA llega a una salida específica[156]. La explicabilidad puede ayudar a los desarrolladores a garantizar que el sistema funciona como se espera, puede que sea necesario para cumplir con los estándares normativos[157], puede ser importante para permitir que los afectados por

---

tadas por ellas de manera directa o indirecta. Sin esta información, no es posible impugnar adecuadamente una decisión. No siempre resulta posible explicar por qué un modelo ha generado un resultado o una decisión particular (ni qué combinación de factores contribuyeron a ello). Esos casos, que se denominan algoritmos de «caja negra», requieren especial atención. En tales circunstancias, puede ser necesario adoptar otras medidas relacionadas con la explicabilidad (por ejemplo, la trazabilidad, la auditabilidad y la comunicación transparente sobre las prestaciones del sistema), siempre y cuando el sistema en su conjunto respete los derechos fundamentales. El grado de necesidad de explicabilidad depende en gran medida del contexto y la gravedad de las consecuencias derivadas de un resultado erróneo o inadecuado. *Vid.* GRUPO INDEPENDIENTE DE EXPERTOS DE ALTO NIVEL SOBRE INTELIGENCIA ARTIFICIAL, *Directrices éticas para una IA fiable,* Bruselas, 2019, p. 16.

156 Pese a sus múltiples ventajas o potencialidad, la explicabilidad sigue siendo una cuestión que brilla por su ausencia en los procesos de adopción de soluciones tecnológicas de IA como atestigua, en el caso español, el Sistema de Seguimiento Integral en los casos de Violencia de Género (Sistema VioGén). Dicho algoritmo es el encargado de determinar tanto el nivel de riesgo de una víctima de esa violencia, como las medidas de protección a aplicar en cada supuesto concreto, constituyendo el mayor sistema del mundo en ese ámbito, con más de 3 millones de casos registrados. Según la Auditoría-informe realizada por la Fundación Éticas, en enero de 2022 había 673.912 casos en el sistema, de los cuales 69.391 eran casos activos que requerían supervisión policial. Según la mencionada Auditoria, el sistema no es transparente: no se puede acceder a ningún dato o información más allá de lo producido por los expertos que participaron en la definición del sistema. Ni los auditores externos ni los grupos de mujeres tienen ningún tipo de acceso. El sistema no ha sido evaluado ni auditado de forma independiente y tampoco involucra a las destinatarias, que nunca han sido consultadas sobre el sistema, ni en su fase de diseño ni posteriormente durante las diferentes decisiones sobre cómo modificarlo. *Vid.* FUNDACIÓN ETICAS, *Auditoría Externa del Sistema VioGén,* Barcelona, 2022, p. 34.

157 En el plano de la explicabilidad, la labor legislativa se antoja sumamente compleja, dado que tendrá que encontrar la forma de obligar a través de normas imperativas a que los modelos inteligentes sean explicables internamente o ante

una decisión puedan impugnar o cambiar el resultado e incluso puede coadyuvar a establecer un diálogo constructivo entre los diferentes actores que participan en el diseño de soluciones de IA, orientado a la mejora continua de la tecnología, lo que redundará en el paulatino asentamiento de una cultura de cooperación y confianza[158].

De lo anterior se deduce, por tanto, que resulta necesaria la toma de decisiones de ética digital[159] anticipando aquellos escenarios que puedan generar riesgos[160] para la privacidad y los derechos y liberta-

---

un auditor, con la dificultad de aplicar baremos medibles a métricas subjetivas, en particular, cuando puedan resultar en consecuencias en el día a día de un consumidor final. La aplicación de la privacidad podría ser más sencilla de aplicar dado que la norma actual ya sanciona la falta de responsabilidad proactiva a la hora de garantizar que los datos tratados mediante IA sean manipulados, sustraídos, suprimidos o accedidos por terceros no autorizados. Por su parte, en materia de robustez y seguridad sobre la IA se están dando pasos legislativos interesantes mediante la creación de Reglamentos con estándares y sellos de calidad informática sujetos a auditorías constantes, aunque aún parece faltar una capa normativa coercitiva que obligue a securizar y robustecer estos sistemas con objeto de mantener una IA confiable y ética a lo largo de todo su ciclo de vida. *Vid.* OBSERVATORIO DEL IMPACTO SOCIAL Y ÉTICO DE LA INTELIGENCIA ARTIFICIAL, *GuIA de buenas prácticas en el uso de la inteligencia artificial ética,* Madrid, 2022, p. 19.

158 Un visionado de la importancia de la transparencia algorítmica para el impulso de la innovación digital puede verse en ARELLANO TOLEDO, W., «El derecho a la transparencia algorítmica en big data e inteligencia artificial», en *Revista General de Derecho Administrativo,* núm. 50, 2019, pp. 1-28.

159 Cuando hablamos de ética digital nos referimos al código social necesario para solucionar los problemas que el uso de Internet está ocasionando en múltiples esferas, tales como el derecho de propiedad intelectual, los ciberataques a la seguridad, los límites a la libertad de expresión, la regulación de las grandes corporaciones, la desconexión digital, la conducta en redes sociales y la privacidad de nuestros datos personales.

160 La norma ISO-3100 «Gestión del Riesgo. Principios y Directrices» expone en el apartado 5.5 relativo al «Tratamiento del Riesgo» las condiciones generales para la gestión del riesgo en cualquier tipo de ámbito: «[l]a selección de la opción más apropiada de tratamiento del riesgo implica obtener una compensación de los costes y los esfuerzos de implementación en función de las ventajas que se obtengan, teniendo en cuenta los requisitos legales, reglamentarios y de otro tipo, tales como la responsabilidad social y la protección del entorno natural. Las decisiones también se deberían tomar teniendo en cuenta los riesgos cuyo tratamiento no es justificable en el plano económico, por ejemplo, riesgos severos (consecuencias altamente negativas) pero raros (baja probabilidad)».

des fundamentales restantes, prestando especial atención al potencial que poseen estas tecnologías emergentes, al combinarlas con actuaciones de tratamiento masivo de datos personales y técnicas de *big data*, para permitir la reidentificación de los individuos e invadir la esfera personal de la ciudadanía[161].

Para ello, como ha insistido en señalar en diversos foros la Agencia Española de Protección de Datos, se considera una práctica recomendable fomentar la formación en ética y privacidad de los distintos agentes implicados en los procesos de desarrollo tecnológico, en especial cuando nos encontramos ante el diseño e implementación de sistemas algorítmicos, así como impulsar la alfabetización digital con carácter transversal. En particular, los nuevos desarrolladores tecnológicos deberían tener especialmente en cuenta las siguientes ideas-fuerza[162]: (i) impulsar la mayor transparencia posible para que los usuarios y usuarias conozcan qué datos se están recabando, cuándo se registran y para qué se emplean. Para alcanzar un nivel significativo de transparencia, los interesados deberán disponer del derecho de acceso a sus datos personales de un modo sencillo y fácil de utilizar; (ii) promover la igualdad de género, la protección de la infancia, de las víctimas y de las personas en situación de vulnerabilidad; (iii) garantizar que las tecnologías eviten perpetuar los sesgos o aumentar las desigualdades existentes, evitando la discriminación algorítmica por razón de raza, procedencia, creencia, religión, sexo,

---

161 En este sentido, como recuerda COTINO HUESO, L., «Ética en el diseño para el desarrollo de una inteligencia artificial, robótica y big data confiables y su utilidad desde el Derecho», en *Revista Catalana de Derecho Público*, núm. 58, 2019, p. 31. Desde la perspectiva ética no son pocas las consideraciones y cuestiones que disponen de un carácter esencial, a saber: «las relativas al control humano a la autonomía artificial, la interactuación incluso emocional de seres humanos y robots, la responsabilidad, el rediseño institucional (gobernanza, regulación, diseño, desarrollo, inspección, monitoreo, pruebas y certificación), la zona gris entre el impulso o la sutil manipulación (*nudging*) hasta la manipulación, la explicabilidad y transparencia de la IA, los límites a los sistemas de puntuación social (*social scoring*), el perfilado humano sin consentimiento, la vigilancia masiva o los sistemas de IA encubiertos amén del uso de sistemas letales de armas autónomas, etc.».

162 *Vid. Op. cit.* AGENCIA ESPAÑOLA DE PROTECCIÓN DE DATOS: *Guía para la...*, p. 2.

género[163] o cualquier otra razón; (iv) realizar la mínima intrusión en la vida e intimidad de las personas, garantizando un tratamiento proporcional y necesario que preserve las libertades individuales; y (v) implementar mecanismos de verificación, validación y acreditación que garanticen un tratamiento leal y que fomenten la rendición de cuentas.

Ciertamente, conviene recordar que la ética digital persigue proteger valores tales como la dignidad, la libertad, la democracia, la igualdad, la autonomía del individuo y la justicia frente al gobierno de un razonamiento mecánico, lo que la convierte en otro de los elementos capitales a la hora de avanzar en el establecimiento de un desarrollo tecnológico antropocéntrico, ético, sostenible, igualitario y respetuoso con los derechos y valores fundamentales que integran la concepción de ciudadanía europea. En otras palabras, sin las debidas cauciones en materia de ética y privacidad difícilmente se podrá lograr el ansiado humanismo tecnológico y el despegue de la economía digital se verá seriamente mermado. Ante esta tesitura, no parece extraño que la normativa de protección de datos de carácter personal esté llamada a jugar un papel esencial ante los desconocidos horizontes que plantea la innovación tecnológica, convirtiéndose en última instancia en el *dique de contención* encargado de preservar la dignidad de la persona ante un caudal incesante de nuevas amenazas y riesgos envueltos en forma de novedosas aplicaciones o sistemas algorítmicos.

---

163 Acerca de esta novedosa cuestión tuvimos la oportunidad de perfilar algunas ideas y reflexiones con ocasión de un estudio anterior, *vid.* DOMÍNGUEZ ÁLVAREZ, J.L., «Sistemas algorítmicos, protección de datos y nuevas formas de desigualdad. La necesidad de afrontar los sesgos ante el avance digital», en DEL POZO PÉREZ, M. (Dir.), *Estudios interdisciplinares de género*. Thomson Reuters-Aranzadi, Cizur Menor, 2021, pp. 211-229. No obstante, conviene reseñar que la preocupación por combatir el establecimiento de nuevas formas de desigualdad al calor del avance digital constituye una línea prioritaria de actuación de los poderes públicos e instituciones más avezadas. Por todos, *vid.* MINISTERIO DE IGUALDAD, *Mujeres y digitalización. De las brechas a los algoritmos*, Madrid, 2020, pp. 31 y ss.; JUNTA DE ANDALUCÍA, *Brechas y sesgos de género en la elección de estudios STEM: ¿Por qué ocurren y cómo actuar para eliminarlas?*, Centro de Estudios Andaluces, Sevilla, 2020, 24 pp., etc.

Ahora bien, esta renovada actualidad del concepto de privacidad[164] ha de venir acompañada de una pausada reflexión que permita concebir la misma como un valor y no como una mercancía que puede ser objeto de monetización, toda vez que la responsabilidad digital está estrechamente vinculada con el respeto por los derechos humanos. Así, respetar la privacidad, la intimidad y la confidencialidad de los datos personales, promover la toma de decisiones libre e informadamente, la equidad, la transparencia y la rendición de cuentas son condiciones necesarias para evitar las prácticas discriminatorias, los usos no deseados y también encubiertos del desarrollo tecnológico.

2. GESTIÓN DEL RIESGO PARA LOS DERECHOS Y LIBERTADES FUNDAMENTALES DE LA CIUDADANÍA

Los derechos fundamentales son el sustrato básico para garantizar la «primacía del ser humano» en un contexto de cambio tecnológico[165]. Las nuevas tecnologías basadas en los datos han impulsado el desarrollo de la IA, en particular, mediante la creciente automatización de tareas que tradicionalmente eran realizadas por humanos. La crisis sanitaria de la COVID-19 ha favorecido la adopción de la IA y el intercambio de datos, generando así nuevas oportunidades, pero

---

164 Por regla general el uso de IA respecto de personas supone un tratamiento de datos y, por tanto, sometido a la normativa general. Bajo la responsabilidad proactiva y demostrada del RGPD, a mayor impacto de los tratamientos, mayores han de ser sus garantías compensatorias; *casi por defecto* será exigible un estudio de impacto. Y más garantías proceden cuando se trata de decisiones automatizadas del artículo 22 RGPD, así como y los deberes de transparencia e información, (arts. 13.2.f y 14.2.g). *Vid.* COTINO HUESO, L., «Derecho y garantías ante el uso público y privado de inteligencia artificial, robótica y big data», en BAUZÁ, M. (Dir.), *El Derecho de las TIC en Iberoamérica*, La Ley-Thompson-Reuters, Montevideo, 2019, pp. 917-952.

165 El interés y el bienestar del ser humano deberán prevalecer sobre el interés exclusivo de la sociedad o de la ciencia. Esta idea aparece reflejada con clarividencia en el art. 2 del Instrumento de Ratificación del Convenio para la protección de los derechos humanos y la dignidad del ser humano con respecto a las aplicaciones de la Biología y la Medicina (Convenio relativo a los derechos humanos y la biomedicina), hecho en Oviedo el 4 de abril de 1997.

también presentando novedosos retos y amenazas para los derechos humanos y los derechos fundamentales.

Como es sabido por todos, el uso de la IA afecta a la plena efectividad de varios derechos fundamentales constitucionalmente reconocidos[166]. Más allá de los aspectos específicos contextuales que afectan a una pluralidad de derechos en distinto grado, con carácter general, distintas investigaciones[167] coinciden en señalar que esta injerencia de la IA se produce de manera más acuciante en relación a la necesidad de garantizar el uso no discriminatorio de la IA (derecho a no ser discriminado); el requisito de tratar los datos legalmente (derecho a la protección de los datos personales); y la posibilidad de presentar una reclamación frente a aquellas decisiones basadas en soluciones tecnológicas que impliquen el uso de IA y buscar resarcimiento (derecho a un recurso efectivo y a un juicio justo)[168].

En este sentido, uno de los primeros desafíos a los que se enfrenta la doctrina *iuspublicista* en el estadío regulatorio actual consiste precisamente en garantizar la completa protección de los derechos fundamentales ya reconocidos en nuestro corpus normativo, identificar reformas legales necesarias, así como aquellas lagunas jurídicas que requieran una regulación adicional ante los envites del avance digital y, especialmente, ante el desarrollo exponencial de la automatización y la IA. A partir de la constatación de esta realidad, cobran

---

166 Sin ir más lejos, el propio Parlamento Europeo Parlamento Europeo ha alertado sobre el peligro de "discriminación y el sesgo algorítmico" que puede entrañar el empleo de estas herramientas tecnológicas. *Vid.* PARLAMENTO EUROPEO, *Resolución de 14 de marzo de 2017, sobre las implicaciones de los macrodatos en los derechos fundamentales: privacidad, protección de datos, no discriminación, seguridad y aplicación de la ley*, Estrasburgo, 2017, p. 7 [2016/2225(INI)].

167 *Vid. Op. cit.* AGENCIA DE LOS DERECHOS FUNDAMENTALES DE LA UNIÓN EUROPEA, *Construir correctamente el…*, p. 10.

168 Si bien es cierto que la protección de datos y la no discriminación son dos de los derechos fundamentales en juego ante el auge imparable de la IA, debe recordarse que «existen otros derechos incididos a consecuencia del uso del big data y del desarrollo de la inteligencia artificial y sus avanzados algoritmos para la toma de decisiones como el derecho a la tutela judicial, el derecho a la libertad de información, el derecho de sufragio o el derecho de acceso a la información pública». *Vid.* GÓMEZ ABEJA, L., «Inteligencia artificial y derechos fundamentales», en LLANO ALONSO, F.H. (Dir.), *Inteligencia artificial y filosofía del derecho*, ediciones Laborum, Murcia, 2022, p. 93.

relevancia dos cuestiones: por un lado, la de si el actual marco de los derechos humanos es suficiente o es necesario reconocer nuevos derechos; por otro, la de si, además de los derechos, es necesario utilizar otras herramientas[169].

En lo que sí parece existir un consenso generalizado entre la doctrina es en la premisa de que el uso de sistemas de IA compromete a una gran diversidad de derechos fundamentales, independientemente del campo de aplicación. Entre ellos se incluyen, entre otros, la privacidad, la protección de datos, la no discriminación y el acceso a la justicia[170]. Además de estos derechos, podrían considerarse otros como, por ejemplo, la dignidad humana, el derecho a la seguridad

---

169 Un examen de las diferentes propuestas de nuevos derechos, tanto en el ámbito de los derechos digitales como en el de los neuroderechos, vuelve a poner de manifiesto cómo los problemas vinculados a la libertad de pensamiento, privacidad e integridad siguen siendo los grandes temas a discutir. Por su parte, la discusión relativa a la necesidad o no de reconocer nuevos derechos en el marco de la reflexión sobre la suficiencia del discurso de los derechos, ha ido acompañada de otra que trata sobre la oportunidad de utilizar otras herramientas, más allá de los derechos. Entre estas medidas o herramientas, con carácter general la doctrina identifica las siguientes: (a) la creación de una Comisión de Expertos en Derecho y Ciencia Internacional sobre Neuroderechos en Naciones Unidas; (b) el nombramiento por Naciones Unidas de expertos altamente calificados para servir como asesores especiales sobre neuroderechos a organizaciones, instituciones e industria; (c) el mantenimiento de consultas periódicas con países clave por parte de los asesores y la Comisión; (d) la creación de un nuevo tratado o de un protocolo adicional a los tratados existentes para incorporar los neuroderechos; (e) la elaboración de Comentarios generales sobre neuroderechos por parte de los Comités de seguimiento de los tratados; (f) el nombramiento de un Relator especial sobre el impacto de la neurotecnología en los derechos humanos; (g) la creación de una agencia especializada para coordinar las actividades globales de neuroderechos y; (h) ayudar a codificar los neuroderechos en un tratado internacional de derechos humanos. *Vid.* DE ASIS ROIG, R., «Ética, tecnología y derechos», en LLANO ALONSO, F.H. (Dir.), *Inteligencia artificial y filosofía del derecho,* ediciones Laborum, Murcia, 2022, pp. 36-37.

170 *Vid.* CASTELLANOS CLARAMUNT, J. y MONTERO CARO, M. D., «Perspectiva constitucional de las garantías de aplicación de la inteligencia artificial: la ineludible protección de los derechos fundamentales», en *Ius et Scientia,* vol. 6, núm. 2, 2020, p. 75; quienes afirman que en el «sistema de justicia, la IA puede ser un motor de mejora o un elemento distorsionador, de modo que existen elementos que favorecen el avance, pero de igual manera generan una dificultad. De ahí la problemática del debate jurídico en la implantación de elementos de IA en el progreso de la justicia».

social y la asistencia social, el derecho a una buena administración (especialmente relevante para el Sector público) o la protección de los consumidores (particularmente importante para las empresas).

Por esta razón, en el momento de poner en marcha nuevas políticas públicas y adoptar nuevas disposiciones legislativas en materia de IA, tanto el legislador comunitario como los Estados miembros, deben garantizar que se tiene en cuenta en todo momento el respeto de toda la variedad de derechos fundamentales y libertades públicas consagrados tanto en la Carta de Derechos Fundamentales de la Unión Europea (CDFUE) como en los Tratados de la Unión Europea.

Para ello, la UE y sus Estados miembros a la hora de adoptar restricciones de determinados derechos fundamentales deben fundamentar tal decisión en pruebas sólidas que permitan identificar el impacto real que la IA va a ejercer sobre el arquetipo de derechos fundamentales reconocidos, sobre la base de los principios de necesidad y proporcionalidad, cuya transcendencia capital ya hemos puesto de relieve en otros pasajes de esta obra.

Es necesario, por tanto, que la ley prevea las salvaguardias y garantías pertinentes al objeto de proteger de manera eficaz contra todas aquellas injerencias arbitrarias que amenazan con lesionar los derechos fundamentales de la ciudadanía[171], lo que contribuirá a su vez a proporcionar la siempre necesaria seguridad jurídica, elemento indispensable tanto para los desarrolladores tecnológicos como para los propios usuarios de soluciones de IA. Seguridad jurídica que, por otra parte, no olvidemos reviste importantes dosis de esencialidad, habida cuenta de que una adecuada regulación del fenómeno tecnológico, además de maximizar la confianza ciudadana en estos nuevos productos y servicios alumbrados al calor de la (r)evolución tecnológica, puede ser un importante motor de la innovación digital.

En este sentido, dentro del actual proceso regulador del fenómeno de la IA emprendido en el seno de la Unión Europea debería considerarse la necesidad de establecer la obligatoriedad de incorpo-

---

[171] *Cfr.* SANCHO LÓPEZ, M., «Estrategias legales para garantizar los derechos fundamentales frente a los desafíos del *big data*», en *Revista General de Derecho Administrativo,* núm. 50, 2019, pp. 1-28.

rar las evaluaciones previas de impacto, entendidas estas como herramientas dotadas de una especial utilidad para que tanto las empresas, como las propias Administraciones públicas mitiguen el posible impacto negativo de sus actividades sobre los derechos fundamentales[172]. Junto a ellas, cobra igual sentido la aplicación de sistemas de responsabilidad eficaces para vigilar y, cuando sea necesario, abordar de manera eficaz cualquier externalidad o impacto negativo derivado de la implementación de los sistemas de IA sobre los derechos fundamentales[173].

2.1. La privacidad y el desconocimiento de los derechos subjetivos en materia de protección de datos frente a la IA y las decisiones automatizadas

Como ya se ha apuntado en diversos pasajes de esta obra, la mayor parte de los sistemas de IA emplean datos personales[174], lo que significa que la protección de datos se ve afectada de muy diversas

---

172 Una cuestión a resolver es identificar los derechos fundamentales que se pueden ver afectados por las tecnologías inteligentes (dignidad, vida, integridad física, igualdad, privacidad, imagen, protección de datos, educación, salud, etc.), lo que exigiría por un lado analizar las eventuales utilizaciones de estas tecnologías y su posible repercusión en los distintos derechos fundamentales; lo que llevaría por otro lado a la necesidad de delimitar su contenido y garantías necesarias. Se ha llegado a afirmar incluso la necesidad de avanzar hacia «un nuevo paradigma en la protección de los derechos fundamentales [...] una reorientación a consecuencia de la naturaleza de las tecnologías [disruptivas]». *Vid.* SARRIÓN ESTEVE, J., «El derecho constitucional en la era de la inteligencia artificial, los robots y los drones», en PÉREZ MIRAS, A., TERUEL LOZANO, G.M., C. RAFFIOTTA, E. y PIA AIDICICCO, M. (Dirs.), *Setenta años de la Constitución Italiana y cuarenta años de Constitución: Retos en el siglo XXI* (vol. 5), Boletín Oficial del Estado-Centro de Estudios Políticos y Constitucionales, Madrid, 2020, p. 328.

173 *Vid. Op. cit.* TERRÓN SANTOS, D. y DOMÍNGUEZ ÁLVAREZ, J.L., *i-Administración pública...*, p. 153.

174 Los datos son hoy el propulsor de crecimiento y transformación, como lo fue el petróleo en su momento. Y los flujos de datos configuran hoy nuevas infraestructuras, nuevos modelos de negocio y nuevas economías, con nuevos actores en posición de monopolio y políticas estatales diferenciadas según las ventajas de partida para beneficiarse de las reglas de mercado. *Vid.* MORENO MUÑIZ, M., «Privacidad y procesado automático de datos personales mediante aplicaciones y bots», en *Dilemata*, núm. 24, 2017, p. 7.

maneras y exige la plena aplicación de la regulación vigente en la materia[175]. Conforme a la información aportada por el Eurobarómetro, solamente el 40 % de los europeos son conscientes de que tienen derecho a opinar cuando son objeto de decisiones automatizadas[176], lo que demuestra la necesidad de difundir con mayor claridad el contenido de las disposiciones legales sobre decisiones automatizadas.

A este respecto, conviene recordar que el art. 21 RGPD preceptúa que *«el interesado tendrá derecho a oponerse en cualquier momento, por motivos relacionados con su situación particular, a que datos personales que le conciernan sean objeto de un tratamiento basado en lo dispuesto en el artículo 6, apartado 1, letras e) o f), incluida la elaboración de perfiles*[177] *sobre la base*

No obstante, existe un reducido conjunto de aplicaciones que se caracterizan por no emplear datos de carácter personal y cuando lo hacen solamente utilizan datos anonimizados y, por lo tanto, la normativa sobre protección de datos no sería aplicable.

175 A modo de recordatorio, ya sea desde el prisma de la ética o desde la perspectiva eminentemente jurídica, «para abordar los retos que deparan las tecnologías disruptivas el punto de partida no puede ser otro que la defensa de la dignidad y el libre desarrollo de la personalidad y, en consecuencia, de los derechos fundamentales que de ellos derivan». *Vid.* COTINO HUESO, L., «Nuevo paradigma en la garantía de los derechos fundamentales y una nueva protección de datos frente al impacto social y colectivo de la inteligencia artificial», en COTINO HUESO, L. (Dir.), *Derechos y garantías ante la inteligencia artificial y las decisiones automatizadas*, Thomson Reuters-Aranzadi, Cizur Menor, 2022, p. 69.

176 *Vid. Op. cit.* AGENCIA DE LOS DERECHOS FUNDAMENTALES DE LA UNIÓN EUROPEA, *Construir correctamente el…*, p. 12.

177 Como insiste en señalar VILASAU I SOLANA, M., «La realización de perfiles y la salvaguardia de los derechos y libertades del afectado», en CERRILLO I MARTÍNEZ, A. y PEGUERA POCH, M. (Coord.), *Retos jurídicos de la inteligencia artificial,* Thomson Reuters-Aranzadi, Cizur Menor, 2020, pp. 182-183, «[e]l RGPD define la elaboración de perfiles en su art. 4.4 y regula, con mayor o menor fortuna, la adopción de decisiones individuales automatizadas y elaboración de perfiles en el art. 22 […] La primera cuestión que suscita el art. 22.1 RGPD es si dicho precepto establece una prohibición de llevar a cabo tratamientos automatizados en las circunstancias que se describen o bien se trata más bien de un mecanismo de defensa que puede ejercer el afectado. Según esta segunda interpretación, al adoptarse una decisión de forma automatizada, el interesado podrá impugnarla o acatarla. Si se considera que el art. 22.1 RGPD contiene una prohibición, ello comporta que el tratamiento automatizado no se permite, excepto que concurra alguna de las excepciones previstas por el legislador (art. 22.2 RGPD); en consecuencia, el afectado queda protegido por defecto. En cambio, interpretar el art. 22.1 RGPD de forma que proporciona al interesado un derecho que debe ejercer

de dichas disposiciones. El responsable del tratamiento dejará de tratar los datos personales, salvo que acredite motivos legítimos imperiosos para el tratamiento que prevalezcan sobre los intereses, los derechos y las libertades del interesado, o para la formulación, el ejercicio o la defensa de reclamaciones»[178].

---

de forma activa, puede producir efectos perjudiciales para él y resultar contrario al propósito de la disposición, cuyo objetivo es proteger al interesado frente a una posibilidad general de ser objeto de toma de decisiones automatizadas».

En opinión del GT29, el art. 22.1 RGPD incorpora una prohibición general de llevar a cabo determinados tratamientos cuando declara que: «el artículo 22, apartado 1, establece una prohibición general de las decisiones individuales basadas únicamente en el tratamiento automatizado con efectos jurídicos o significativamente similares [...] Esta interpretación refuerza la idea de que sea el interesado quien tenga el control sobre sus datos personales, lo cual se corresponde con los principios fundamentales del RGPD. Interpretar el artículo 22 como una prohibición en vez de como un derecho que debe invocarse significa que las personas están protegidas automáticamente frente a las posibles consecuencias que pueda tener este tipo de tratamiento. La redacción del artículo sugiere que esta es la intención, y se ve apoyada por el considerando 71, que establece lo siguiente: "Sin embargo, se deben permitir las decisiones basadas en tal tratamiento, incluida la elaboración de perfiles, si lo autoriza expresamente el Derecho de la Unión o de los Estados miembros [...], o necesario para la conclusión o ejecución de un contrato [...], o en los casos en los que el interesado haya dado su consentimiento explícito". Esto implica que el tratamiento previsto en el artículo 22, apartado 1, no se permite por lo general. No obstante, la prohibición del artículo 22, apartado 1, solo se aplica en circunstancias específicas cuando una decisión basada únicamente en el tratamiento automatizado, incluida la elaboración de perfiles, produce efectos jurídicos o afecta significativamente de forma similar a alguien, como se explica más adelante en las directrices. Incluso en estos casos, existen excepciones definidas que permiten realizar dicho tratamiento». *Vid.* GRUPO DE TRABAJO DEL ARTÍCULO 29, *Directrices sobre decisiones individuales automatizadas y elaboración de perfiles a los efectos del Reglamento 2016/679*, adoptadas el 3 de octubre de 2017 (revisadas por última vez y adoptadas el 6 de febrero de 2018), p. 22 [WP 251 rev. 01].

Esta idea ha sido defendida por numerosos teóricos, entre los que destacan: BRKAN, M., «Do algorithms rule the world? Algorithmic decisión-making and data protection in the framework of the GDPR and beyond», en *International Journal of Law and Information Technology*, vol. 27, núm. 2, 2019, p. 99; MENDOZA I. y BYGRAVE, L.A., «The Right not to be Subject to Automated Decisions based on Profiling», en *University of Oslo Faculty of Law Legal Studies Research Paper*, núm. 20, 2017, pp. 9-10, etc.

178 Cuando el tratamiento de datos personales tenga por objeto la mercadotecnia directa, el interesado tendrá derecho a oponerse en todo momento al tratamiento de los datos personales que le conciernan, incluida la elaboración de perfiles en la medida en que esté relacionada con la citada mercadotecnia (art. 21.2 RGPD).

Por su parte, el art. 22 RGPD establece que *«todo interesado tendrá derecho a no ser objeto de una decisión basada únicamente en el tratamiento automatizado, incluida la elaboración de perfiles, que produzca efectos jurídicos en él o le afecte significativamente de modo similar»*[179]. Sin embargo, lo anterior no será de aplicación cuando la decisión: (a) sea necesaria para la celebración o la ejecución de un contrato entre el interesado y un responsable del tratamiento; (b) esté autorizada por el Derecho de la Unión o de los Estados miembros que se aplique al responsable del tratamiento y que establezca asimismo medidas adecuadas para salvaguardar los derechos y libertades y los intereses legítimos del interesado, o (c) se basa en el consentimiento explícito del interesado[180].

El RGPD prosigue su exposición señalando que en aquellos supuestos en los que el tratamiento automatizado de datos personales esté previsto por concurrir alguna de las causas anteriores, *«las decisiones (...) no se basarán en las categorías especiales de datos personales contempladas en el artículo 9, apartado 1, salvo que se aplique el artículo 9, apartado 2, letra a) o g), y se hayan tomado medidas adecuadas para salvaguardar los derechos y libertades y los intereses legítimos del interesado»*. Es decir, cuando

---

179 Frente a las tesis defendidas por las autoridades de control, no han sido pocos los autores que han visto en la redacción del art. 22.1 RGPD la entrada en escena de un derecho a objetar. En consecuencia, el tratamiento automatizado solo se restringe a los casos en que el interesado, de forma activa, se opone al tratamiento. Por consiguiente, el afectado debe asumir una carga, tiene que estar vigilante, pendiente del tipo de seguimiento al que está sometido, lo que representa de facto una interpretación desfavorable para el interesado. *Vid.* WACHTER, S., MITTELSTADT, B. y FLORIDI, L., «Why a right to explanation of automated decisión-making does not exist in the general data protection regulation», en *International Data Privacy Law*, núm. 2, 2017, p. 95.

180 En los casos a) y c) el responsable del tratamiento deberá adoptar las medidas adecuadas para salvaguardar los derechos y libertades y los intereses legítimos del interesado, como mínimo el derecho a obtener intervención humana por parte del responsable, a expresar su punto de vista y a impugnar la decisión. De lo anterior se deduce que, cualquier uso que se haga a través de la IA de los datos personales exigirá el consentimiento explícito del afectado, cuestión no exenta de controversia. Pues como bien señala COTINO HUESO, L., «Big data e inteligencia artificial. Una aproximación a su tratamiento jurídico desde los derechos fundamentales», en *Dilemata*, núm. 24, 2017, p. 145; «con los sistemas de inteligencia artificial y decisiones automatizadas es muy difícil consentir respecto de unas finalidades de uso de los datos que por lo general ni se conocen ni se sospechan».

el interesado dio su consentimiento explicito para el tratamiento de dichos datos personales con uno o más de los fines especificados o el tratamiento es necesario por razones de interés público esencial.

Pese a todo ello, aún existe mucha incertidumbre respecto al verdadero significado de la toma de decisiones automatizadas y el derecho a una revisión humana ligada al uso de la IA y a la toma de decisiones automatizadas. Por lo tanto, el Comité Europeo de Protección de Datos (CEPD) y el Supervisor Europeo de Protección de Datos (SEPD) deben considerar la posibilidad de aclarar dichos conceptos cuando se haga referencia a ellas en el Derecho de la Unión. Asimismo, los organismos de protección de datos nacionales deben ofrecer una orientación práctica sobre cómo se aplican las disposiciones en materia de protección de datos en el uso de la IA. Dicha orientación podría incluir recomendaciones y listas de comprobaciones, basadas en casos de uso concretos de la IA, con el fin de dar soporte al cumplimiento de las disposiciones en materia de protección de datos.

2.2. *De la aparición de nuevas formas de desigualdad y la quiebra del principio de no discriminación*

La obligación de respetar el principio de no discriminación[181] está prevista en el art. 2 TUE, en el art. 10 TFUE y en los arts. 20 y 21

---

181 Siguiendo a AÑÓN ROIG, M.J., «Principio antidiscriminatorio y determinación de la desventaja», en *Isomía: Revista de Teoría y Filosofía del Derecho*, núm. 39, 2013, pp. 128-130, «[l]as sociedades occidentales se construyen y asientan sobre una serie de estructuras de poder que tradicionalmente han situado a determinados grupos en una posición de desventaja. Estas estructuras de dominación son especialmente visibles cuando se materializan en supuestos específicos de discriminación que el ordenamiento jurídico reconoce como situaciones de discriminación directa o indirecta [...] Para entender y tratar de manera adecuada dichos supuestos concretos desde una perspectiva jurídica resulta esencial reconocer que el origen de aquellos se halla en un sistema de discriminación estructural que perpetúa la situación de subordinación de los grupos desaventajados». Clarificar esta cuestión de la discriminación estructural resulta trascendental para comprender y explicar el fenómeno de la discriminación algorítmica, habida cuenta de que los sistemas automatizados basados en tecnologías de machine learning son herramientas creadas por seres humanos en el contexto social en el que estos viven y se desarrollan. De esta manera, «los algoritmos incorporan

CDFUE, preceptos estos últimos que no solamente positivizan la igualdad ante la ley, sino que además prohíben toda clase de discriminación y, en particular, «*la ejercida por razón de sexo, raza, color, orígenes étnicos o sociales, características genéticas, lengua, religión o convicciones, opiniones políticas o de cualquier otro tipo, pertenencia a una minoría nacional, patrimonio, nacimiento, discapacidad, edad u orientación sexual*». Por su parte, nuestra Carta Magna contempla en su art. 14, entre el elenco de derechos fundamentales, la igualdad ante la ley «*sin que pueda prevalecer discriminación alguna por razón de nacimiento, raza, sexo, religión, opinión o cualquier otra condición o circunstancia personal o social*», mientras que el art. 9.2 CE hace un llamamiento expreso a los poderes públicos para que estos promuevan «*las condiciones para que la libertad y la igualdad del individuo y de los grupos en que se integra sean reales y efectivas; remover los obstáculos que impidan o dificulten su plenitud y facilitar la participación de todos los ciudadanos en la vida política, económica, cultural y social*»[182].

Entre las muchas oportunidades que ofrecen, la transición digital y el desarrollo de nuevas tecnologías pueden utilizarse para reforzar la consecución de una sociedad más justa e igualitaria. Pero también

---

sesgos que sus creadores, de manera consciente o inconsciente, introducen en ellos al programarlos». *Vid.* BAROCAS, D. y SEIBST, A.D., «Big Data's Disparate Impact», en *California Law Review*, vol. 104, núm. 3, 2016, p. 674. Esta idea ha sido igualmente expuesta por CRIADO, N. y SUCH, J.M., «Digital discrimination», en YEUNG, K. y LODGE, M. (Eds.), *Algorithmic regulation*, Oxford University Press, Oxford, 2019, p. 83; HACKER, P., «Teaching fairness to artificial intelligence: existing and novel strategies against algorithmic discrimination under UE law», en *Common Market Law Review*, vol. 55, núm. 4, 2018, p. 1147, etc.

182 Pese a todo ello, la aplicabilidad del marco normativo europeo y nacional en materia de igualdad y no discriminación a los supuestos de discriminación algorítmica es limitada, como atestiguan las innumerables deficiencias que posee la normativa a la hora de enfrentar los incontables problemas y desafíos surgidos al calor del creciente uso de sistemas automatizados en la toma de decisiones. Por esta razón, no son pocos los autores que insisten en la necesidad de «modificar y ampliar el ámbito de protección ofrecido por las normas que establecen prohibiciones de discriminar y la necesidad de elaborar un marco jurídico que también asegure el control previo y constante de los algoritmos, estableciendo la "igualdad de trato desde el diseño" como principio a respetar en la creación y puesta en funcionamiento de los algoritmos». *Vid.* SORIANO ARNANZ, A., «Discriminación algorítmica: garantías y protección jurídica», en COTINO HUESO, L. (Dir.), *Derechos y garantías ante la inteligencia artificial y las decisiones automatizadas*, Thomson Reuters-Aranzadi, Cizur Menor, 2022, p. 166.

pueden plantear nuevos retos para la igualdad y la no discriminación de un modo más general, si no se acotan de manera suficiente y adecuada[183]. Si bien es cierto que, con carácter general, la omisión de información sobre características protegidas, como el género[184], la edad o el origen étnico (art. 9 RGPD), puede garantizar que un sistema de IA no discrimine, en la práctica esto no es necesariamente cierto[185]. La información que pueda indicar características protegidas (indicadores), que con frecuencia se pueden encontrar en con-

---

183 Sir ir más lejos, el Libro Blanco de la Comisión sobre la inteligencia artificial ha expuesto cómo determinados usos de esta tecnología en rápida evolución conllevan una serie de riesgos potenciales. El uso de algoritmos puede perpetuar o incluso estimular los prejuicios raciales y los estereotipos de género si los datos para formar algoritmos no reflejan la diversidad de la sociedad de la UE.

184 Acerca de esta cuestión, *vid.* MINISTERIO DE IGUALDAD, *Mujeres y digitalización. De las brechas a los algoritmos,* Madrid, 2020, pp. 31 y ss.

185 En este punto, es conveniente precisar, en contra de la corriente mayoritaria, que la complejidad de los sistemas automatizados no supone un argumento válido en nuestros días para justificar la panoplia de externalidades negativas que derivan del empleo de soluciones tecnológicas de IA, ya que como recuerda BOIX PALOP. A., «Los algoritmos son reglamentos: la necesidad de extender las garantías propias de las normas reglamentarias a los programas empleados por la administración para la adopción de decisiones», en *Revista de Teoría y Método,* vol. 1, 2020, p. 257; las garantías de control del sistema aumentan, aunque sea de manera mínima, cuando se proporciona la plena transparencia del código fuente.

En línea con este planteamiento, otros autores como COGLIANESE, C. y LEHR, D., «Regulating by robot: administrative decision making in the machine-learning era», en *The Georgetown Law Journal,* vol. 105, núm. 5, 2017, p. 1160, defienden que muchos de los sistemas actualmente empleados no alcanzan elevadas cotas de complejidad, por lo que proporcionar la información relativa al funcionamiento de estas poderosas herramientas representaría la fórmula más apropiada para controlar el correcto desarrollo de dichas soluciones tecnológicas y el respeto de los principios básicos del ordenamiento jurídico.

Pese a todo ello, incluso en aquellos supuestos en los que es el Sector público el que patrocina la adopción de decisiones automatizadas, las cuales deberían reunir mayores exigencias de transparencia, nos encontramos con multitud de pronunciamientos en los que se deniega el acceso al código fuente del sistema algorítmico. Sirva como muestra la reciente sentencia holandesa dictada en relación con el Sistema de Indicación de Riesgos (SyRI), pronunciamiento en el que el Tribunal determinó que la utilización de dicha herramienta carecía de base legal y, por consiguiente, se prohibió su utilización en vista de la falta de transparencia del algoritmo. *Vid.* TODOLI SIGNES, A., «Retos legales del uso del Big Data en la selección de sujetos a investigar por la Inspección de Trabajo

juntos de datos, puede llevar a una situación de discriminación[186] y a la aparición de nuevas formas de desigualdad[187]. No obstante, con-

---

y de la Seguridad Social», en *Revista Galega de Administración Pública*, núm. 59, 2020, pp. 313 y ss.

Por su parte, la Resolución núm. 701/2018 del Consejo de Transparencia y Buen Gobierno de España (CTBG), determinó que no resulta pertinente la plena transparencia del código fuente del algoritmo BOSCO empleado en la adjudicación del bono social energético, cuestión sobre la que tiempo después se pronunciaría en idéntica línea la Sentencia nº 143/2021 del Juzgado Central Contencioso-Administrativo nº 8 de Madrid, con ocasión del recurso interpuesto contra dicha resolución por parte de la Fundación Civio, al señalar que tal como se desprende de la resolución administrativa impugnada, y así se ha alegado por las Administraciones demandada y codemandada, la entrega a la entidad recurrente del código fuente de la aplicación informática, iría en contra de algunos de los límites de acceso a la información establecidos en el art. 14.1 de la Ley 19/2013, de 9 de diciembre, como son: (i) la seguridad pública; (ii) las funciones administrativas de vigilancia, inspección y control; (iii) la política económica y monetaria; (iv) el secreto profesional y la propiedad intelectual e industrial; (v) la garantía de la confidencialidad o el secreto requerido en procesos de toma de decisión, etc.

Más prometedora parece la cuestión en el ámbito europeo, donde se avanza en el diseño de los contornos propios de la obligación de garantizar una plena transparencia de los algoritmos empleados en la toma de decisiones en el Sector público, a pesar de los esfuerzos previos destinados por las instituciones públicas para denegar el acceso a dichos contenidos. En este sentido, caben señalar algunas resoluciones administrativas o sentencias como las decisiones acumuladas 123/2016 y 124/2016 de la *Comissió de Garantia del Dret d'Accés a la Informació Pública*; las Sentencias del Tribunal Administrativo Regional Lazio-Roma, Sección III Bis, nº 3769, de 22 de marzo de 2017, y nº 10964, de 13 de septiembre de 2019; o las importantes decisiones de la Comisión francesa de acceso a los documentos administrativos nº 20144578, de 8 de enero de 2015 y nº 20180276, de 19 de abril de 2018.

186 Por ejemplo, los estudios han demostrado que los algoritmos de reconocimiento facial basados en la IA pueden mostrar altas tasas de clasificación errónea cuando se utilizan en algunos grupos demográficos, como las mujeres y las personas de origen racial o étnico minoritario. Esto puede dar lugar a resultados sesgados y, en última instancia, a discriminación. *Vid.* AGENCIA DE LOS DERECHOS FUNDAMENTALES DE LA UNIÓN EUROPEA, *Facial recognition technology: fundamental rights considerations in the context of law enforcement*, Luxemburgo, 2020, p. 33.

187 En efecto, como han señalado numerosos teóricos «[...] buscar la eficiencia y con ello la rapidez en la resolución de los conflictos puede ser un aliciente interesante, pero ello no impide que puedan surgir nuevas problemáticas que antes no existían [...] incluso en las esferas donde los algoritmos resuelven algunos problemas, estos están creando otros nuevos. Los prejuicios relacionados, por

viene reseñar que, en determinados casos, los sistemas de IA también pueden usarse para comprobar y detectar comportamientos discriminatorios, que puede codificarse en conjuntos de datos[188].

Por esta razón, se hace necesario garantizar que los servicios y las decisiones basadas en la IA no sean discriminatorios. Teniendo esto en cuenta, la Comisión Europea recientemente puso de relieve la necesidad de adoptar una legislación adicional para salvaguardar la no discriminación a la hora de utilizar la IA en el Plan de Acción de la UE Antirracismo para 2020-2025[189].

---

ejemplo, con antecedentes raciales o étnicos [...] otro sesgo puede derivarse [incluso] del código postal [...] los postulados a favor y en contra de la implementación de la IA en la escena jurídica presentan planteamientos contrapuestos y que pueden afectar, y de hecho afectan, considerablemente a los derechos fundamentales». *Vid.* CASTELLANOS CLARAMUNT, J., «Transhumanismo, algoritmos y nuevas tecnologías: Avanzando en la desigualdad», en *Ius et Scientia,* vol. 4, núm. 2, 2018, p. 120.

188 Dado que la detección de posibles discriminaciones a través del uso de la IA y los algoritmos sigue constituyendo un reto, se hacen necesarias diversas medidas para abordarlo. Entre ellas se incluye el requisito de considerar cuestiones relacionadas con la discriminación a la hora de evaluar el uso de la IA, y la inversión en estudios ulteriores sobre posibles discriminaciones que utilizan una gran variedad de metodologías.

189 *Vid.* COMISIÓN EUROPEA, *Plan de Acción de la UE Antirracismo para 2020-2025,* Bruselas, 2020, pp. 10-11 [COM(2020) 565 final], donde se establece expresamente lo siguiente: «[e]ntre las muchas oportunidades que ofrecen, la transición digital y el desarrollo de nuevas tecnologías pueden utilizarse para reforzar la lucha contra el racismo. Pero también pueden plantear nuevos retos para la igualdad y la no discriminación racial y para la igualdad de oportunidades de un modo más general, si no se acotan de manera suficiente y adecuada. El Libro Blanco de la Comisión sobre la inteligencia artificial ha expuesto cómo determinados usos de esta tecnología en rápida evolución conllevan una serie de riesgos potenciales. El uso de algoritmos puede perpetuar o incluso estimular los prejuicios raciales si los datos para formar algoritmos no reflejan la diversidad de la sociedad de la UE. Por ejemplo, los estudios han demostrado que los algoritmos de reconocimiento facial basados en la IA pueden mostrar altas tasas de clasificación errónea cuando se utilizan en algunos grupos demográficos, como las mujeres y las personas de origen racial o étnico minoritario. Esto puede dar lugar a resultados sesgados y, en última instancia, a discriminación. La Comisión y la Agencia eu-LISA están trabajando en tecnologías de reconocimiento facial que se utilizarán en los grandes sistemas TI de la UE para la gestión de fronteras y la seguridad».

Las normas de protección de datos ya contienen una serie de salvaguardias relativas al tratamiento de categorías especiales de datos, con el fin de constituir un primer freno a la aparición de nuevas formas de desigualdad, igualmente aplicables al universo algorítmico. Conforme a la regulación actual, los datos relativos a la salud representan lo que se conoce como categorías especiales de datos personales. Como señala acertadamente MEDINA GUERRERO, el RGPD califica como tales a aquellos datos que «por su naturaleza, son particularmente sensibles en relación con los derechos y las libertades fundamentales»[190]. Así, el art. 9.1 RGPD mantiene en lo esencial los datos que ya se consideraban merecedores de una mayor protección en el artículo 8 de la Directiva 95/46/CE: origen étnico o racial; opiniones políticas; convicciones religiosas o filosóficas; afiliación sindical; salud y sexualidad, aunque en lo concerniente a este último ahora se precisa: «datos relativos a la vida sexual o a las orientaciones sexuales»[191].

Como es sobradamente conocido, con carácter general el tratamiento de tales categorías especiales de datos queda prohibido, salvo cuando concurra una de las circunstancias siguientes: (a) el interesado

---

190 No obstante, de conformidad con el considerando 52 RGPD, deben autorizarse excepciones a la prohibición de tratar categorías especiales de datos personales cuando lo establezca el Derecho de la Unión o de los Estados miembros y siempre que se den las garantías apropiadas, a fin de proteger datos personales y otros derechos fundamentales, cuando sea en interés público, en particular el tratamiento de datos personales en el ámbito de la legislación laboral, la legislación sobre protección social, incluidas las pensiones y con fines de seguridad, supervisión y alerta sanitaria, la prevención o control de enfermedades transmisibles y otras amenazas graves para la salud. Tal excepción es posible para fines en el ámbito de la salud, incluidas la sanidad pública y la gestión de los servicios de asistencia sanitaria, especialmente con el fin de garantizar la calidad y la rentabilidad de los procedimientos utilizados para resolver las reclamaciones de prestaciones y de servicios en el régimen del seguro de enfermedad, o con fines de archivo en interés público, fines de investigación científica e histórica o fines estadísticos. Debe autorizarse asimismo a título excepcional el tratamiento de dichos datos personales cuando sea necesario para la formulación, el ejercicio o la defensa de reclamaciones, ya sea por un procedimiento judicial o un procedimiento administrativo o extrajudicial.

191 *Vid.* MEDINA GUERRERO, M., «Categorías especiales de datos», en RALLO LOMBARTE, A., (Dir.), *Tratado de protección de datos: actualizado con la Ley Orgánica 3/2018, de 5 de diciembre, de Protección de Datos Personales y Garantía de los Derechos Digitales.* Tirant lo Blanch, Valencia, 2019, p. 251.

dio su consentimiento explicito para el tratamiento de dichos datos personales con uno o más de los fines especificados, excepto cuando el Derecho de la Unión o de los Estados miembros establezca que la prohibición mencionada en el apartado 1 no puede ser levantada por el interesado; (b) el tratamiento es necesario para el cumplimiento de obligaciones y el ejercicio de derechos específicos del responsable del tratamiento o del interesado en el ámbito del Derecho laboral y de la seguridad y protección social, en la medida en que así lo autorice el Derecho de la Unión de los Estados miembros o un convenio colectivo con arreglo al Derecho de los Estados miembros que establezca garantías adecuadas del respeto de los derechos fundamentales y de los intereses del interesado; (c) el tratamiento es necesario para proteger intereses vitales del interesado o de otra persona física, en el supuesto de que el interesado no esté capacitado, física o jurídicamente, para dar su consentimiento; (d) el tratamiento es efectuado, en el ámbito de sus actividades legítimas y con las debidas garantías, por una fundación, una asociación o cualquier otro organismo sin ánimo de lucro, cuya finalidad sea política, filosófica, religiosa o sindical, siempre que el tratamiento se refiera exclusivamente a los miembros actuales o antiguos de tales organismos o a personas que mantengan contactos regulares con ellos en relación con sus fines y siempre que los datos personales no se comuniquen fuera de ellos sin el consentimiento de los interesados; (e) el tratamiento se refiere a datos personales que el interesado ha hecho manifiestamente públicos; (f) el tratamiento es necesario para la formulación, el ejercicio o la defensa de reclamaciones o cuando los tribunales actúen en ejercicio de su función judicial; (g) el tratamiento es necesario por razones de un interés público esencial, sobre la base del Derecho de la Unión o de los Estados miembros, que debe ser proporcional al objetivo perseguido, respetar en lo esencial el derecho a la protección de datos y establecer medidas adecuadas y específicas para proteger los intereses y derechos fundamentales del interesado; (h) el tratamiento es necesario para fines de medicina preventiva o laboral, evaluación de la capacidad laboral del trabajador, diagnóstico médico, prestación de asistencia o tratamiento de tipo sanitario o social, o gestión de los sistemas y servicios de asistencia sanitaria y social, sobre la base del Derecho de la Unión o de los Estados miembros o en virtud de un contrato con un profesional sanitario; (i) el tratamiento es necesario por razones de interés público en el ámbito de la salud pública, como la protección frente a amenazas transfronterizas graves para la salud, o para garantizar elevados niveles de calidad y de seguridad de la asistencia sanitaria y de los medicamentos o productos sanitarios, sobre la base del Derecho de la Unión o de los Estados miembros que establezca medidas adecuadas y específicas para proteger los derechos y libertades del interesado, en particular el secreto profesional; y (j) el tratamiento es necesario con fines de archivo en interés público, fines de investigación científica o histórica o fines estadísticos, de conformidad con el art. 89.1 RGPD, sobre la base del Derecho de la Unión o de los Estados miembros, que debe ser proporcional al objetivo perseguido, respetar en lo esencial el derecho a la protección de datos y establecer medidas adecuadas y específicas para proteger los intereses y derechos fundamentales del interesado.

Sin embargo, estas previsiones no son suficientes para eliminar por completo el riesgo de sesgo y discriminación que entraña el despliegue exponencial de los sistemas de IA en multitud de ámbitos de nuestra sociedad. Se espera que la propuesta de marco legislativo horizontal sobre la IA proponga requisitos específicos para garantizar la calidad[192] de los conjuntos de datos de formación y los procedimientos de prueba para la detección y corrección de sesgos que sirvan para prevenir los efectos discriminatorios negativos en una fase temprana del proceso de desarrollo tecnológico.

2.3. *De la afectación de la tutela judicial efectiva y la urgencia de establecer garantías concretas frente al uso de la inteligencia artificial*

El acceso a la justicia es tanto un proceso como un objetivo, y es esencial para las personas que quieran ejercitar cualquier derecho

---

192 Ciertamente, garantizar el estricto cumplimiento la aplicación de los principios generales en materia de protección de datos, en particular la limitación de la finalidad, la minimización de los datos, los periodos de conservación limitados, la calidad de los datos, la protección de los datos desde el diseño y por defecto, la base del tratamiento, el tratamiento de categorías especiales de datos personales, las medidas encaminadas a garantizar la seguridad de los datos y los requisitos con respecto a las transferencias internacionales se presentan como herramientas imprescindibles para minimizar el potencial discriminatorio de las soluciones de IA.

procesal y sustantivo. Engloba una serie de derechos humanos fundamentales[193]. Esto incluye el derecho a un juicio justo y a un recurso

---

193 Que, a menudo, colisionan con la lentitud y la ineficacia de los sistemas judiciales». *Vid.* MORA SANGUINETTI, J.S., *La factura de la injusticia,* Tecnos, Madrid, 2021, p. 73.
Frente a estas cuestiones, el proceso de digitalización de la justicia es considerado como una oportunidad extraordinariamente positiva, *«a toolbox of opportunities»* para solucionar problemas estructurales de los sistemas judiciales. En este marco, es fundamental que la UE avance a buen ritmo en la digitalización de la justicia. Aunque ya se han realizado progresos, todavía queda mucho por hacer tanto a escala nacional como europea para seguir reforzando la resiliencia de los sistemas judiciales e incrementando su capacidad para trabajar en línea. La experiencia demuestra que la transformación digital es un aspecto de las reformas estructurales de los sistemas judiciales que debería repercutir de forma positiva en estos. Como parte de esas reformas, los procesos y el diseño de los sistemas que los apoyan deben desarrollarse siempre teniendo en cuenta a los ciudadanos y a las empresas. Por esta razón, el diseño y la ejecución de la digitalización de la justicia deben garantizar el pleno respeto de los derechos fundamentales, consagrados en la Carta de los Derechos Fundamentales de la Unión Europea. Este planteamiento garantizaría de hecho que todas las personas de nuestra Unión pudieran sacar el máximo provecho de las herramientas digitales nuevas o adicionales en el ámbito judicial. Por consiguiente, es esencial garantizar que también las personas con discapacidad y los niños tengan acceso a la justicia en igualdad de condiciones con las demás. Es fundamental tener en cuenta las consideraciones de seguridad en el diseño y la implantación de soluciones digitales en el ámbito judicial para fomentar su adopción y la confianza de los ciudadanos. Además, al mejorar el acceso a la justicia, la digitalización también ayudará a fortalecer el Estado de Derecho en la UE. *Vid.* COMISIÓN EUROPEA, *La digitalización de la justicia en la UE: un abanico de oportunidades,* pp. 2-3 [COM(2020) 710 final].
Este proceso de digitalización de los sistemas digitales «reviste especial importancia para mantener los órganos judiciales en funcionamiento durante la pandemia de COVID-19 y, más en general, para promover la eficiencia y accesibilidad de los sistemas judiciales». Con la finalidad de mejorar la eficiencia, calidad e independencia de los sistemas judiciales nacionales, la Unión Europea ha desarrollado un cuadro de indicadores de la justicia, cuyo propósito no es otro que el de ayudar a la Unión y a sus Estados miembros a mejorar la eficacia de sus sistemas judiciales nacionales mediante la facilitación de datos objetivos, fiables y comparables sobre diversos indicadores pertinentes para la evaluación de la (i) eficiencia, (ii) calidad y (iii) independencia de los sistemas judiciales en todos los Estados miembros. No presenta una clasificación única general, sino una visión de conjunto de cómo funcionan todos los sistemas judiciales, basándose en indicadores que son de interés y pertinencia comunes para todos los Estados miembros. El cuadro de indicadores no favorece un tipo concreto de sistema judicial y trata a todos los Estados miembros en pie de igualdad. La eficiencia, ca-

efectivo en virtud de los arts. 6 y 13 CEDH y del art. 47 CDFUE. Por su parte, nuestra Carta Magna en su art. 24.1 establece que *«todas las personas tienen derecho a obtener la tutela efectiva de los jueces y tribunales en el ejercicio de sus derechos e intereses legítimos, sin que, en ningún caso, pueda producirse indefensión»*. Por consiguiente, la noción de acceso a la justicia obliga a los Estados a garantizar el derecho de cada individuo a acudir ante un juez (o, en algunas situaciones, a un organismo de resolución alternativa de litigios)[194] para obtener un recurso si se constata que los derechos del individuo han sido violentados[195].

---

lidad e independencia son parámetros esenciales de un sistema judicial eficaz, independientemente del modelo de sistema judicial nacional o de la tradición jurídica en que se fundamente. Las cifras sobre estos tres parámetros deben interpretarse conjuntamente, ya que a menudo los tres se encuentran interrelacionados (las iniciativas encaminadas a mejorar uno de ellos pueden influir en otro). El cuadro contiene principalmente indicadores relativos a asuntos civiles, mercantiles y contencioso-administrativos, así como a determinados asuntos penales, con el fin de ayudar a los Estados miembros en su esfuerzo por crear un entorno más eficiente y favorable a la inversión, las empresas y los ciudadanos. Se trata de una herramienta de comparación que evoluciona a la par del diálogo con los Estados miembros y el Parlamento Europeo. Su objetivo es determinar los parámetros esenciales de un sistema de justicia eficaz y proporcionar datos anuales pertinentes. *Vid.* COMISIÓN EUROPEA, *Cuadro de indicadores de la justicia en la UE de 2021*, Bruselas, 2021, p. 3 [COM (2021), 389, final].

194 Sobre el efecto revulsivo que los avances tecnológicos propician en la figura de la mediación, creando los denominados globalmente ODR (*Online Dispute Resolutions*), resultado de combinar la eficiencia de los sistemas convencionales ADR con el poder y las ventajas ofrecidas por las nuevas tecnologías, resultan especialmente clarificadores los estudios desarrollados por los compañeros del Área de Derecho procesal de la Universidad de Salamanca. *Vid.* BUENO DE MATA, F., "Mediación electrónica e inteligencia artificial", en *Actualidad civil*, núm. 1, 2015, p. 10. Igualmente interesante resulta MARTÍN DIZ, F., "Inteligencia artificial y ADR: evolución en el arbitraje y la mediación", en La *Ley. Mediación y arbitraje*, núm. 2, 2020, p. 5 y ss.

195 La tecnología digital constituye una extraordinaria oportunidad en el ámbito de la Administración de Justicia, pero dentro de ciertos límites: en otras palabras, se considera indispensable mantener la dimensión instrumental de la tecnología, sin que pueda convertirse el instrumento en sujeto del proceso decisional judicial. La toma de decisiones no puede, por tanto, ser intrínseca e insuperablemente humana, ya que «sólo un juez puede garantizar un verdadero respeto de los derechos fundamentales, equilibrar los intereses en conflicto y reflejar los cambios constantes en la sociedad en el análisis de un caso. Al mismo tiempo, es importante que las sentencias sean dictadas por jueces que comprendan plenamente las solicitudes de AI y toda la información que en ellas se tenga en

En este sentido, el derecho a la tutela judicial efectiva, siendo uno de los derechos de máxima relevancia constitucional, no ha de mantenerse estático[196]. La evolución de la Justicia del siglo XXI pasa inexorablemente por su digitalización[197]. La Justicia, como elemento que integra la cultura, la sociedad, la convivencia, las relaciones sociales, humanas y profesionales, no puede ser ajena a la realidad para la que se aplica[198]. Urge, por tanto, en primer término, avanzar hacia el establecimiento de una justicia abierta y digital[199] mediante el impulso de cuantas reformas legales, ya sean estructurales o puntuales, sean necesarias.

---

cuenta que puedan utilizar en su trabajo, para que puedan explicar sus decisiones». *Vid.* BINI, S., «Reflexiones sobre justicia, humanidad y digitalización», en LLANO ALONSO, F.H. (Dir.), *Inteligencia artificial y filosofía del derecho,* ediciones Laborum, Murcia, 2022, p. 87.

En definitiva, la transformación digital de la justicia es un proceso que ya se ha iniciado, pero en el que todavía queda mucho camino por recorrer, un camino que exige que se tenga muy en cuenta el alcance de los «desafíos que la tecnología ofrece a la justicia: tanto en la implantación de soluciones tecnológicas para mejorar el sistema judicial, especialmente aquellas que tienen componentes disruptivos (inteligencia artificial, plataformas *online* de resolución de litigios y tecnología *blockchain*); como en la protección frente a los ataques más graves procedentes de las tecnologías [...]». *Vid.* DELGADO MARTÍN, J., «Reflexiones sobre el estado actual de la transformación digital de la justicia», en *Revista Acta Judicial,* núm. 8, 2021, p. 27.

196 *Cfr.* MARTÍN DIZ, F., «El derecho fundamental a justicia: Revisión integral e integradora del derecho a la tutela judicial efectiva», en *Revista De Derecho Político,* vol. 1, núm. 106, 2019, pp. 13-42.

197 Son muchos los Estados que han comenzado a utilizar sistemas informáticos automatizados e inteligencia artificial para tomar decisiones administrativas y judiciales. Esto plantea un conjunto de importantes desafíos, entre los que destacan, la identificación de tales tecnologías, el modo en que estas afectan a derechos subjetivos o la determinación de la normativa jurídica aplicable. *Vid.* AMONI REVERÓN, G.A., «Libertad, presunción de inocencia y defensa ante la irrupción de la inteligencia artificial en el ámbito policial y judicial penal», en COTINO HUESO, L. (Dir.), *Derechos y garantías ante la inteligencia artificial y las decisiones automatizadas,* Thomson Reuters-Aranzadi, Cizur Menor, 2022, pp. 193-194.

198 *Vid.* MARTÍN DIZ, F., «Justicia digital post-covid19: el desafío de las soluciones extrajudiciales electrónicas de litigios y la inteligencia artificial», en *Revista de Estudios Jurídicos y Criminológicos,* núm. 2, 2020, p. 42.

199 *Vid.* CORTÉS ABAD, O., «Justicia digital, abierta e innovadora. Hechos y retos», en GÓMEZ MANRESA, M.F. y FERNÁNDEZ SALMERÓN, M. (Coords.), *Modernización digital e innovación en la Administración de Justicia,* Thomson Reuters Aranzadi, Cizur Menor, 2019, pp. 291-313.

La experiencia española demuestra que no son pocos los intentos acometidos por las instancias gubernamentales con el propósito de desplegar la modernización y digitalización de la Administración de justicia, lo que comúnmente se denomina como e-Justicia[200]. En este sentido, no puede negarse el esfuerzo ya realizado mediante el diseño e implementación de diversos planes e iniciativas tendentes a impulsar la digitalización de la Justicia[201], los cuales han venido acompañados en muchos casos de normas legales *ad hoc* como el caso de la Ley 18/2011, de 5 de julio, reguladora del uso de las tecnologías de la información y la comunicación en la Administración de Justicia, del Real Decreto 396/2013, de 7 de junio, por el que se regulaba el Comité técnico estatal de la Administración de Justicia electrónica, la Ley 42/2015, por la cual se reforma la vigente Ley de Enjuiciamiento Civil a efectos de potenciar y obligar al uso de la tecnología en la Administración de Justicia o el Real Decreto 1065/2015, de 27 de noviembre, sobre comunicaciones electrónicas en la Administración de Justicia en el ámbito territorial del Ministerio de Justicia y por el que se regula el sistema LexNET[202]. Sin embargo, la ausencia de uniformidad y una escasa inversión presupuestaria han impedido la completa incorporación en la Administración de Justicia del amplio elenco de ventajas y potencialidades dimanadas del avance digital.

Y, en segundo término, apremia que el legislador de la Unión y los Estados miembros garanticen el acceso efectivo a la justicia

---

200 *Vid.* BUENO DE MATA, F., «E-Justicia: hacia una nueva forma de entender la justicia», en *Revista Internacional de Estudios de Derecho Procesal y Arbitraje*, núm., 1, 2010, pp. 5 y ss.

201 En efecto, la utilización de la IA en el sistema judicial es ya una realidad tangible que debe ser entendida como «un territorio de todos y resulta esencial que afrontemos, de un modo casi holístico [...] los retos que plantea su uso y la determinación de los límites y las buenas prácticas que deben conformar tal aplicación». *Vid.* MIRÓ LLINARES, F., «Inteligencia artificial y justicia penal: más allá de los resultados lesivos causados por robots», en *Revista de Derecho Penal y Criminología,* núm. 20, 2018, p. 90.

202 *Vid.* BUENO DE MATA, F., «Real Decreto 1065/2015, de 27 de noviembre, sobre comunicaciones electrónicas en la Administración de Justicia en el ámbito territorial del Ministerio de Justicia y por el que se regula el sistema Lexnet», en *AIS: Ars Iuris Salmanticensis*, vol. 4, núm. 1, 2016, pp. 338-341.

para aquellas personas que vean lesionados sus derechos e intereses legítimos como resultado de la adopción de decisiones automatizadas sustentadas en IA[203].

---

203 Sirva como ejemplo el protocolo RisCanvi, el cual permite identificar el riesgo de una conducta violenta futura por parte de instituciones penitenciarias y órganos jurisdiccionales, a imagen y semejanza de la obra cumbre de la filmografía de ciencia ficción *«Minority Report»*, del afamado director Steven Spielberg. Dicha herramienta, la cual puede decidir sobre la libertad de un reo, fue puesta en marcha en el año 2009 por el Departamento de Justicia de la Generalitat de Cataluña. Aunque desde la Generalitat defienden que el algoritmo se limita a orientar el dictamen humano, la herramienta presenta una influencia considerable frente al criterio de los profesionales. *Vid.* GENERALITAT DE CATALUÑA, *Resumen sobre RisCanvi: el protocolo de valoración del riesgo,* Barcelona, 2021, p. 2. Más información, disponible en: https://bit.ly/3LMWXrH
Cataluña, a diferencia de Reino Unido y Estados Unidos que adquirieron el sistema por parte de una empresa privada, apostó por desarrollarlo a través de sus propias instituciones públicas. De esta forma, el Grupo de Estudios Avanzados en Violencia de la Universidad de Barcelona, en colaboración con los servicios penitenciarios, llevó a cabo este proyecto que pondera simultáneamente hasta 43 elementos de riesgo divididos en factores personales, sociales, penales y penitenciarios. En los 13 años que lleva en vigor esta herramienta, se han efectuado en torno a 90.000 riscanvis o evaluaciones a los casi 38.000 internos existentes en las instituciones penitenciarias de aquella Comunidad. Atendiendo a las cifras que arroja el único informe público emitido por el Govern sobre la materia, el cual data del año 2017, RisCanvi pese a ofrecer un 77 % de acierto en reos que presentaban riesgo alto o moderado de reincidencia o un 4,6 % de falsos negativos clasificados con riesgo bajo y que reincidieron, puede observarse hasta un 82 % de falsos positivos que no reiteraron en conductas delictivas a pesar de haber sido clasificados como potencialmente propensos a ello. Pese a que en un principio el programa se orientó para detectar únicamente el riesgo de reincidencia, ha podido constatarse que también ayuda a predecir otras cuestiones importantes como el suicidio o las autolesiones. Asimismo, RisCanvi juega un importante papel a la hora de determinar la situación de los sucesos más complejos de sociopatía ya que en dichos casos, debe primar la objetividad frente a la percepción de los miembros de la junta de tratamiento. Conviene tener en cuenta que las acciones llevadas a cabo en la cárcel no constituyen una ciencia exacta y que el día a día de los reos no se asemeja a lo que vivirán cuando obtengan la libertad. *Vid.* CAPTEVILA CAPDEVILA, M., FERRER PUIG, M., BLANCH SERENTILL, M., FRAMIS FERRER, B., GARRIGÓS BOU, A. y COMAS LÓPEZ, N., *La reincidencia en las excarcelaciones de alto riesgo,* Centro de Estudios Jurídicos y Formación Especializada de la Generalitat de Cataluña, Barcelona, 2017, pp. 17-20. Igualmente relevante, desde el punto de vista de la predicción y el tratamiento de los permisos de salida de los reclusos efectuado por RisCanvi, resulta el estudio de

En este último extremo, para garantizar que los recursos disponibles son accesibles en la práctica, el legislador de la UE y los Estados miembros deberían considerar introducir obligaciones legales específicas tanto para las Administraciones públicas como para aquellas entidades del sector empresarial que utilizan sistemas de IA mediante la que proporcionen a quienes busquen resarcir la erosión de sus derechos la información pertinente y suficiente sobre el funcionamiento de sus sistemas de IA[204]. Esto incluye necesariamente facilitar información sobre cómo estos sistemas algorítmicos llevan a cabo la toma de decisiones automatizadas. La incorporación de esta obligación ayudaría a lograr el principio de igualdad de armas en casos de personas que buscan justicia. También ayudaría a mejorar la eficacia del control externo y la supervisión de los derechos humanos en el caso de los sistemas de IA.

FÉREZ MANGAS, D., *Eficàcia del RisCanvi Complet en la predicció del trencament de permís de sortida,* Centro de Estudios Jurídicos y Formación Especializada de la Generalitat de Cataluña, Barcelona, 2017, 88 pp., etc.

De lo anterior se deduce que, si bien es cierto que RisCanvi puede resultar una herramienta de gran ayuda a la hora de acometer la optimización de determinados procesos, sin embargo, la falta de transparencia y las dificultades surgidas para someterlo a auditoría imposibilitan comprobar su funcionamiento, y la existencia de sesgos que discriminen a un colectivo determinado. Aunque en Cataluña no hay indicios de que se haya producido tal vulneración de derechos fundamentales, existen evidencias secundadas por el *Massachusetts Institute of Technology* (MIT) de que otros algoritmos homólogos como COMPAS *(Correctional Offender Management Profiling for Alternative Sanctions),* discriminan, por ejemplo, a la población afroamericana. Esta cuestión fue puesta de relieve con clarividencia en el caso *State v. Loomis,* 881 [N.W.2d 749], cuyo análisis pormenorizado puede encontrarse en MARTÍNEZ GARAY, L., «Peligrosidad, algoritmos y *due process:* el caso State v. Loomis», en *Revista de Derecho Penal y Criminología. 3ª época,* núm. 20, 2018, pp. 490-501.

204 Entre los problemas derivados del uso de la IA por parte de las Fuerzas y Cuerpos de Seguridad del Estado, los tribunales y el sistema correccional, la literatura destaca dos importantes riesgos: (i) los problemas relacionados con la privacidad; y (ii) los riesgos relacionados con el impacto que esta tecnología puede ejercer en el correcto funcionamiento justo y equitativo del sistema de justicia. *Vid.* BARCELLS, M., «Luces y sombras del uso de la inteligencia artificial en el sistema de justicia penal», en CERRILLO I MARTÍNEZ, A. y PEGUERA POCH, M. (Coord.), *Retos jurídicos de la inteligencia artificial,* Thomson Reuters-Aranzadi, Cizur Menor, 2020, p. 153.

Habida cuenta de la dificultad que entraña explicar el funcionamiento de determinados sistemas de IA[205], caracterizados por su especial complejidad, la Unión Europea, en colaboración con los Estados miembros, debería considerar la posibilidad de acometer la elaboración de directrices que permitan maximizar los esfuerzos destinados a fomentar la transparencia en este ámbito. Para ello, debe seguir la estela y nutrirse de los conocimientos técnicos acumulados por los organismos de derechos humanos nacionales y aquellas organizaciones de la sociedad civil que han demostrado una especial implicación en este campo.

2.4. Del binomio libertad-seguridad desde la perspectiva tecnológica. A propósito de la exponencial aplicación de las técnicas de reconocimiento facial

El art. 17.1 de la Constitución española, reconoce la libertad y la seguridad como derechos distintos[206], e incluso aparentemente con-

---

205 En este punto, debe recordarse que la aplicación de la robótica y la inteligencia artificial en la prestación de servicios jurídicos es ya una realidad tangible que cuenta con un buen número de manifestaciones, como son: (i) instrumentos predictivos de resoluciones emitidas por organismos jurisdiccionales; (ii) instrumentos de prevención y cumplimiento normativo; (iii) instrumentos de investigación legal y de apoyo en la elaboración de estrategias procesales *(case management)*; (iv) instrumentos de machine visión y de revisión documental; (v) instrumentos de redacción de documentos legales; (vi) instrumentos de automatización de procesos repetitivos (revisión de contratos de trabajo, registro de marcas, etc.); (vii) instrumentos automatizados de resolución de conflictos; y (viii) instrumentos inteligentes de reconocimiento de voz. *Vid.* MATEO BORGE, I., «La robótica y la inteligencia artificial en la prestación de servicios jurídicos», en AA.VV., *Inteligencia artificial, Tecnología y Derecho*, Tirant lo Blanch, Valencia, 2017, pp. 132-140.

206 Pronto hubo el Tribunal Constitucional de delimitar ambos derechos en relación con el valor superior de la libertad (art. 1.1 CE) y con la seguridad jurídica que garantiza el art. 9.3 CE. La libertad del art. 1.1 CE es «una libertad general de actuación o una libertad general de autodeterminación individual» que «solo tiene la protección del recurso de amparo en aquellas concretas manifestaciones a las que la Constitución les concede la categoría de derechos fundamentales» (SSTC 137/1990, de 19 de julio, FJ 9; 120/1990, de 27 de junio, FJ 11). Entre tales manifestaciones destaca, como «soporte de las demás» (AATC 120/1993, de 19 de abril, FJ 2; 259/1997, de 14 de julio, FJ 2; 265/2001, de 15 de octubre, FJ 2), como «manifestación especialmente vigorosa» (ATC

tradictorios, pero claramente relacionados entre sí, estrechamente imbricados y, en realidad, complementarios, indisolubles el uno del otro[207].

En lo que respecta a la primera fracción del binomio, el derecho a la libertad[208] aparece configurado en nuestra Carta magna como una más de las libertades públicas concretas (junto al derecho a la vida, a la integridad física y moral, a la de residencia y circulación, etc.) en que se manifiesta el bien jurídico superior de la libertad proclamado en el art. 10.1 CE en términos de libre desarrollo de la personalidad[209]. En este sentido, no es otra cosa, como insiste en señalar la doctrina constitucional, que la autodeterminación por obra de la voluntad personal de una conducta lícita. De ahí la dificultad de su determinación positiva, la cual ha provocado que, en general, los múltiples intentos de conceptualización, doctrinales y jurisprudenciales hayan desembocado en la realización de formulaciones negativas, cuya principal fortaleza reside en destacar el carácter garantista

215/1995, de 17 de julio, FJ 3), como «aspecto más tangible» de la libertad (ATC 130/1985, de 27 de febrero, FJ 2), la libertad personal a la que se refiere el art. 17 CE, que es la «libertad física» (ATC 386/1985, de 12 de junio, FJ 3; STC 37/2011, de 28 de marzo, FJ 3) o «deambulatoria» (ATC 386/1992, de 14 de diciembre, FJ 1), «[l] a libertad frente a la detención, condena o internamiento arbitrarios» (STC 37/2011, de 28 de marzo, FJ 3). *Vid.* LASCURAÍN SÁNCHEZ, J.A., «Artículo 17.1: El derecho a la libertad», en RODRÍGUEZ-PIÑERO Y BRAVO FERRER, M. Y CASAS BAAMONDE, M.E. (Dirs.), *Comentarios a la Constitución española,* Boletín Oficial del Estado, 2018, p. 447.

207 *Vid.* PAREJO ALFONSO, L., «Sobre el binomio libertad y seguridad en el derecho», en *IUSTA*, núm. 45, 2016, p. 111.

208 De conformidad con la definición establecida por la Real Academia Española, se entiende por libertad, la «facultad natural que tiene el hombre de obrar de una manera o de otra, y de no obrar, por lo que es responsable de sus actos».

209 Como ha insistido en subrayar la doctrina constitucionalista, «la libertad del sujeto en el ordenamiento no es libertad «natural», sino según Derecho o, si se quiere, libertad en el «respeto a la ley», como se cuida de recordar el propio art. 10.1 CE (…) Este proclamado «libre desarrollo de la personalidad» no puede ser concebido como una fuente de legitimación del propio arbitrio, al margen del Derecho, pero ha de ser visto como principio interpretativo de la Constitución y de las leyes». *Vid.* JIMÉNEZ CAMPO, J., «Artículo 10.1», en RODRÍGUEZ-PIÑERO Y BRAVO FERRER, M. Y CASAS BAAMONDE, M.E. (Dirs.), *Comentarios a la Constitución española.* Boletín Oficial del Estado, 2018, p. 223-224.

de este derecho a la libertad, entendido como un instituto jurídico reaccional frente a la privación ilegítima de la libertad[210].

Por su parte, la seguridad[211] como derecho y libertad se inscribe en el orden público al que alude la norma fundamental como límite de otros derechos fundamentales y libertades públicas y en la noción más amplia de «paz social» a que se refiere el art. 10.1 CE[212], desde la perspectiva de la libertad y el orden de los derechos inherentes a la persona. La seguridad equivale, por tanto, al estado de normalidad mínima preciso para la efectividad de los derechos y las libertades de la persona, lo que no significa que sea un concepto carente de sustancia jurídica[213]. De ahí que la seguridad, precisamente junto con el libre

---

210 *Vid.* GARCÍA MORILLO, J., *El derecho a la libertad personal,* Tirant Lo Blanch, Valencia, 1995, pp. 21 y ss.

211 En virtud de la Según la STC 325/1994, de 12 de diciembre, «la Constitución utiliza la palabra "seguridad" con la misma acepción medular, pero con distintos matices según el adjetivo que le sirva de pareja. Habla, por una parte, de la seguridad jurídica (art. 9 CE), uno de los principios cardinales del derecho, a la par del valor justicia. Hay otra seguridad, la que es soporte y compañera de la libertad personal (art. 17 C.E.), cuya esencia se pone desde antiguo en la tranquilidad de espíritu producida por la eliminación del miedo. Una y otra han sido perfiladas por el Tribunal Constitucional desde su STC 2/1981 hasta la STC 126/1987. Esta, a su vez, aparece conectada a la tercera especie, la seguridad pública (art. 149.1.29 CE), también llamada ciudadana, como equivalente a la tranquilidad en la calle. En definitiva, tal seguridad se bautizó ya en el pasado siglo con la rúbrica del "orden público", que era concebido como la situación de normalidad en que se mantiene y vive un Estado cuando se desarrollan las diversas actividades colectivas sin que se produzcan perturbaciones o conflictos». *Vid.* STC 325/1994, de 12 de diciembre, publicada en el BOE núm. 15, de 18 de enero de 1995, FJ2.

212 Como recuerda RODRÍGUEZ-ARANA MUÑOZ, J., «El Derecho administrativo ante la crisis (el Derecho administrativo Social», en *A&C. Revista de Direito Administrativo & Constitucional,* vol. 15, núm. 60, 2015, p. 18; «el fundamento del orden político y la paz social, tal y como señala solemnemente el artículo 10.1 de la Constitución española residen en la dignidad de la persona, en los derechos que le son inherentes y en el libre desarrollo de la personalidad [...]».

213 El Área de Derecho Administrativo del Estudio salmantino ha sido pionero en el análisis de esta cuestión. No solamente destaca por acoger en su seno la Cátedra Extraordinaria «Almirante Martín Granizo», siendo la primera cátedra de altos estudios militares impulsada en la década de los 80 del pasado siglo por las Fuerzas Armadas, sino que además dispone de un nutrido conglomerado de publicaciones en la materia: FERNÁNDEZ DE GATTA SÁNCHEZ, D., NEVADO-BATALLA MORENO, P.T., FERNANDO PABLO, M.M. y DOMÍNGUEZ-BERRUETA DE JUAN, M.A. (Coords.), *Constitución, policía y fuerzas armadas,*

ejercicio de los derechos y las libertades, sea tratada igualmente en la Constitución (art. 104.1) como responsabilidad, objetivo y resultado de la acción del poder público, concretamente del administrativo[214].

En definitiva, como recuerda PAREJO ALFONSO, «la libertad y la seguridad, como bienes estrechamente imbricados, se inscriben en el orden jurídico cuya efectividad es misión del Estado»[215]. Ciertamente, cuando hablamos de libertad y seguridad estamos haciendo alusión a dos derechos fundamentales de igual consistencia y eficacia[216], que

---

Marcial Pons, Madrid, 1997, 492 pp.; NEVADO-BATALLA MORENO, P.T., «Singularidades y perspectivas sobre el régimen disciplinario militar», en *Documentos de Seguridad y Defensa,* núm. 34, 2010, pp. 4 y ss.; TERRÓN SANTOS, D. y DOMÍNGUEZ ÁLVAREZ, J.L. (Dirs.), *Innovación y Defensa. Diferentes perspectivas de una misma realidad,* Comares, Granada, 2019, 224 pp.; TERRÓN SANTOS, D. y DOMÍNGUEZ ÁLVAREZ, J.L. (Dirs.), *Inteligencia artificial y defensa: nuevos horizontes,* Thomson Reuters-Aranzadi, Cizur Menor, 2021, 470 pp.; TERRÓN SANTOS, D. y DOMÍNGUEZ ÁLVAREZ, J.L. (Dirs.), *Defensa, seguridad y gestión de crisis,* Thomson Reuters-Aranzadi, Cizur Menor, 2022, 425 pp., etc.

214 *Cfr.* CASINO RUBIO, M., *Seguridad pública y Constitución,* Instituto García Oviedo-Tecnos, Madrid, 2015, 160 pp., obra que aspira a resolver el problema de la distribución de competencias entre el Estado y las Comunidades Autónomas que tiene su referencia en el artículo 149.1.29.ª CE y su expresión clave en la «seguridad pública».

215 Esta relación y la preocupación hoy por el riesgo de que la creciente demanda de seguridad se convierta en el ácido en el que terminan por disolverse los derechos y las libertades fundamentales están perfectamente resumidas en el preámbulo de la reciente Ley orgánica 4/2015, de 30 de marzo, de protección de la seguridad ciudadana, cuando advierte que «libertad y seguridad constituyen un binomio clave para el buen funcionamiento de una sociedad democrática avanzada, siendo la seguridad un instrumento al servicio de la garantía de derechos y libertades y no un fin en sí mismo». De modo congruente, «cualquier incidencia o limitación en el ejercicio de las libertades ciudadanas por razones de seguridad debe ampararse en el principio de legalidad y en el de proporcionalidad en [su] triple dimensión [...]». En suma, termina advirtiendo, estas ideas «son las que han inspirado la redacción de esta Ley, en un intento de hacer compatibles los derechos y las libertades de los ciudadanos con la injerencia estrictamente indispensable en los mismos para garantizar su seguridad, sin la cual su disfrute no sería ni real ni efectivo». *Vid. Op. cit.* PAREJO ALFONSO, L., «Sobre el binomio...», p. 115.

216 En efecto, la libertad y la seguridad se erigen como derechos fundamentales de la sección 1.ª del título I, cuyo contenido goza de tutela judicial preferente y reforzada (con posibilidad, en último término, de amparo constitucional) y que cuenta con un núcleo esencial protegido frente a la acción del legislador ordinario, necesaria en virtud de reserva constitucional y que ha de producirse —a la hora del desarrollo directo— en forma de Ley Orgánica (arts. 53.1 y 2 y 81.1 CE).

están íntimamente relacionados con la fundamentación del poder público y la motivación del Estado[217] en sí misma.

Sin embargo, conviene señalar que el prolífico desarrollo de las nuevas tecnologías, y la consecuente datificación de la sociedad, ha traído consigo la aparición de nuevas y peligrosas amenazas[218], lo que ha contribuido de forma decisiva a intensificar aún más la tensión existente entre libertad y seguridad, y a revigorizar la importancia capital del derecho fundamental a la protección de datos de carácter personal (art. 18.4 CE)[219]. En efecto, pese a las innegables oportunidades y avances que nos ofrece el impulso de la digitalización, son muchos los ciudadanos que ven con aprehensión e incertidumbre todo lo relativo a la disrupción tecnológica digital, especialmente en lo que atañe a la instauración de técnicas de reconocimiento facial[220].

---

217 En los últimos años, hemos asistido a un importante incremento de la preocupación tanto a nivel internacional como a nivel interno por la garantía de la seguridad. Esta última ha asumido progresivamente una posición central en el ámbito de los valores de referencia tanto a nivel interestatal como interno, en el que se ha venido redescubriendo la necesidad de seguridad, a ser satisfecha como derecho. *Vid.* DE VERGOTTINI, G., «La difícil convivencia entre libertad y seguridad. Respuesta de las democracias al terrorismo», en *Revista de Derecho político,* núm. 61, 2004, p. 21.

218 Como recuerda CERVERA NAVAS, L., «Prólogo», en TERRÓN SANTOS, D. y DOMÍNGUEZ ÁLVAREZ, J.L., *Nueva regulación de la protección de datos y su perspectiva digital,* Comares, Granada, 2019, p. XII, «fenómenos como la creciente robotización o datificación de nuestras sociedades exponen a los ciudadanos del siglo XXI a riesgos evidentes, y es que, como ha denunciado el Supervisor Europeo de Protección de Datos, en su opinión sobre manipulación en línea y datos personales, un uso irresponsable de la tecnología puede conducir a graves daños sociales, hasta el punto de comprometer incluso el funcionamiento mismo de nuestras instituciones democráticas».

219 Sin embargo, como señala acertadamente REVENGA SÁNCHEZ, clarificar en qué medida valoramos la libertad y cómo evaluamos la seguridad es algo decisivo para conocer hasta qué punto estamos dispuestos a ceder espacios de la primera en beneficio de la segunda. *Vid.* REVENGA SÁNCHEZ, M., ¿Qué derecho a la libertad y a la seguridad queremos?, en FERNÁNDEZ RODRÍGUEZ, J.J. (Coord.), *Seguridad y libertad en el Estado democrático,* Tirant lo Blanch, Valencia, 2020, p. 25.

220 Sin ir más lejos, el pasado 27 de julio de 2021, la AEPD impuso en su procedimiento PS/00120/2021 a Mercadona, S.A. una multa por valor de 3,15 millones de euros, como consecuencia de diversas infracciones del RGPD relacionadas con el sistema de reconocimiento facial implementado en varios de sus estable-

Es ahí, en la lucha por ese cambio de percepción, donde las Administraciones públicas[221] deben trabajar de forma prioritaria[222]. Si bien es cierto que la tecnología de reconocimiento facial ofrece múltiples beneficios, entre los que sobresale la posibilidad de alcanzar una mejor identificación y mayor seguridad, por tanto, en el acceso a ubicaciones físicas o digitales, así como a determinadas información, conviene recordar que su utilización no está exenta de riesgos, que requieren de análisis y de acciones mitigantes. Especialmente sensibles son aquellos usos más invasivos con la privacidad y otros dere-

---

cimientos: «[e]n el tratamiento de datos sobre el reconocimiento facial ahora analizado y que consta que la reclamada estaba llevando a cabo desde el 1 de julio de 2020 (hasta el 6 de mayo de 2021) en diversos centros abiertos en España (al menos cuarenta), es un tratamiento de datos personales expresamente prohibido por el artículo 9.1 del RGPD. Consta que con fecha 6 de mayo de 2021, la reclamada llevó a cabo la ejecución de la medida cautelar impuesta aportando documentación fehaciente que lo acredita, apagando los sistemas implantados de reconocimiento facial y retirando la cartelería [...] En consecuencia, el tratamiento de datos basados en el reconocimiento facial con fines de identificación implantado por Mercadona se encuentra prohibido por lo dispuesto en el artículo 9.1, al no constar ninguna causa que permita levantar la prohibición entre las expuestas en el art. 9.2 del RGPD, por lo que no procede ampararse en las causas de licitud del art. 6.1 del mismo. Tal prohibición no puede obviarse mediante la aplicación de medidas de seguridad proactiva, ya que la prohibición del tratamiento señalada en el art. 9.1 del RGPD determina que sean irrelevantes, por lo que no se procede al análisis de las mismas». Por consiguiente, se constata la vulneración de los siguientes preceptos: (i) el tratamiento de categorías especiales de datos personales (art. 9 RGPD); (ii) la licitud del tratamiento (art. 6 RGPD); (iii) el principio de minimización de datos (art. 5.1.c RPD); (iv) la transparencia de la información, comunicación y modalidades de ejercicio de los derechos del interesado (art. 12 RGPD); (v) la información que deberá facilitarse cuando los datos personales se obtengan del interesado (art. 13) (vi) la protección de datos desde el diseño y por defecto (art. 25) y (vii) la evaluación de impacto relativa a la protección de datos (art. 35 RGPD).

221 Un estudio detallado acerca de la importancia capital que reviste la actuación de las Fuerzas Armadas en la garantía efectiva de la seguridad de la información ante las nuevas amenazas surgidas al calor de la digitalización puede verse en DOMÍNGUEZ ÁLVAREZ, J.L., «El papel de las Fuerzas Armadas en la seguridad de la información», en TERRÓN SANTOS, D. y DOMÍNGUEZ ÁLVAREZ, J.L. (Dirs.), *Innovación y Defensa. Diferentes perspectivas de una misma realidad*, Comares, Granda, 2020, pp. 25-54.

222 *Vid.* GOBIERNO DE ESPAÑA, *La Estrategia Nacional de Ciberseguridad*, Catálogo de Publicaciones de la Administración General del Estado, Madrid, 2019, p. 4.

chos fundamentales, que deben ser objeto de análisis considerando el caso de uso concreto y el impacto potencial en los ciudadanos[223].

En este sentido, conviene recordar que la implementación de técnicas de reconocimiento facial con fines de identificación biométrica[224] supone un tratamiento de categorías especiales de datos para los que el Reglamento exige garantías reforzadas (art. 9 RGPD). Para tratar categorías especiales de datos con estos fines, la normativa requiere que exista un «interés público esencial»[225] recogido en una norma con rango de ley que no existe actualmente en el ordenamiento jurídico[226]. Recuérdese a este respecto que el propio art. 9.3

223 *Vid.* SÁNCHEZ SORIANO, G., «Tecnología de reconocimiento facial: perspectivas, casos de uso y retos. Derecho Digital e Innovación», en *Digital Law and Innovation Review,* núm. 7, 2020, p. 5.

224 Disponen de la consideración de «datos biométricos», conforme al art. 4.14) RGPD, aquellos datos personales obtenidos a partir de un tratamiento técnico específico, relativos a las características físicas, fisiológicas o conductuales de una persona física que permitan o confirmen la identificación única de dicha persona, como imágenes faciales o datos dactiloscópicos.

225 Así, el considerando 51 RGPD preceptúa que «[t]ales datos personales no deben ser tratados, a menos que se permita su tratamiento en situaciones específicas contempladas en el presente Reglamento, habida cuenta de que los Estados miembros pueden establecer disposiciones específicas sobre protección de datos con objeto de adaptar la aplicación de las normas del presente Reglamento al cumplimiento de una obligación legal o al cumplimiento de una misión realizada en interés público o en el ejercicio de poderes públicos conferidos al responsable del tratamiento. Además de los requisitos específicos de ese tratamiento, deben aplicarse los principios generales y otras normas del presente Reglamento, sobre todo en lo que se refiere a las condiciones de licitud del tratamiento. Se deben establecer de forma explícita excepciones a la prohibición general de tratamiento de esas categorías especiales de datos personales, entre otras cosas cuando el interesado dé su consentimiento explícito o tratándose de necesidades específicas, en particular cuando el tratamiento sea realizado en el marco de actividades legítimas por determinadas asociaciones o fundaciones cuyo objetivo sea permitir el ejercicio de las libertades fundamentales».

226 A este respecto, la AEPD ha rechazado que la legitimación reconocida para los sistemas de videovigilancia que solo captan y graban imágenes y sonidos pueda abarcar tecnologías como el reconocimiento facial, de la forma de andar o de la voz. Así, en opinión de la Agencia «la existencia de un interés público no legitima cualquier tipo de tratamiento de datos personales, sino que deberá estarse, en primer lugar, a las condiciones que haya podido establecer el legislador, tal como prevé el propio artículo 6 del RGPD, en sus apartados 2 y 3, así como a los ya citados principios del artículo 5 del RGPD, especialmente a los de

RGPD contempla la posibilidad de que los Estados miembros puedan «*mantener o introducir condiciones adicionales, inclusive limitaciones, con respecto al tratamiento de datos genéticos, datos biométricos o datos relativos a la salud*». Así, en relación con los derechos fundamentales, el art. 52.1 *in fine* de la Carta de los Derechos Fundamentales de la Unión Europea, señala que «*cualquier limitación del ejercicio de los derechos y libertades reconocidos por la presente Carta deberá ser establecida por la ley y respetar el contenido esencial de dichos derechos y libertades. Dentro del respeto del principio de proporcionalidad, solo podrán introducirse limitaciones cuando sean necesarias y respondan efectivamente a objetivos de interés general reconocidos por la Unión o a la necesidad de protección de los derechos y libertades de los demás*»[227].

No debemos olvidar, como ya señalara con sobrado acierto RIVERO ORTEGA, en los albores del siglo XXI, que la protección de la seguridad exige, una eficaz inspección administrativa, un Estado vi-

---

limitación de la finalidad y minimización de datos. Y en el caso de que vayan a ser objeto de tratamiento alguno o algunos de los datos personales incluidos en las categorías especiales de datos a los que se refiere el artículo 9.1. del RGPD, que concurra alguna de las circunstancias contempladas en su apartado 2 que levante la prohibición de tratamiento de dichos datos, establecida con carácter general en su apartado 1». *Vid. Informe 36/2020 del Gabinete Jurídico de la Agencia Española de Protección de Datos, relativo al uso de técnicas de reconocimiento facial en la realización de pruebas de evaluación online*, Madrid, 2020, p. 17. Igualmente, esclarecedor resulta el *Informe 10308/2019 del Gabinete Jurídico de la Agencia Española de Protección de Datos*, el cual versa sobre la misma materia.

227 En torno a esta cuestión ha tenido la posibilidad de posicionarse el Parlamento Europeo hace escasas fechas, mediante la elaboración de un análisis acerca del impacto que el uso de la biometría como forma de identificación de las personas puede ejercer en sus derechos fundamentales y en los principios éticos, especialmente en relación con uno de sus usos más controvertidos: el reconocimiento facial en espacios públicos. *Vid.* PARLAMENTO EUROPEO, *Person identification, human rights and ethical principles. Rethinking biometrics in the era of artificial intelligence*, Estrasburgo, 2021, 68 pp. Disponible en: https://bit.ly/3qQMhxY
De igual forma, la cuestión ha suscitado diversos pronunciamientos del Grupo de Trabajo del art. 29, como son la *Opinion 02/2012 on Facial Recognition in Online and Mobile Services* (WP192, de 22 de marzo de 2012); *Opinion 3/2012 on developments in biometric technologies* (WP193, de 23 de abril de 2012), o las *Guidelines on Data Protection Impact Assessment (DPIA) and determining whether processing is 'likely to result in a high risk' for the purposes of Regulation 2016/679* (WP248, adoptadas el 4 de abril de 2017).

gilante, para que gracias a su intervención podamos descansar todos los ciudadanos. En la llamada sociedad de la información, la actividad informativa estatal de acopio de datos cobra creciente importancia, para prevenir riesgos y velar por la realización de las leyes[228]. Esta lapidaria aseveración nos invita a realizar una necesaria revisión del binomio libertad-seguridad, introduciendo un destacado elemento, la protección de datos de carácter personal, más si cabe al calor del desarrollo de la biometría[229] la implantación de numerosas técnicas de reconocimiento facial[230], las cuales provocan una injerencia especialmente acusada en la intimidad y privacidad del individuo[231].

---

228 *Vid.* RIVERO ORTEGA, R., *El Estado vigilante: consideraciones jurídicas sobre la función inspectora de la Administración,* Tecnos, Madrid, 1999, 232 pp.

229 *Vid. Op. cit.* AGENCIA DE LOS DERECHOS FUNDAMENTALES DE LA UNIÓN EUROPEA, *Facial recognition technology…*, p. 4

230 Este despliegue masivo de los usos del reconocimiento facial llama poderosamente la atención en el ámbito universitario, mediante la implementación de mecanismos que contribuyan a prevenir el fraude en la realización de exámenes y pruebas de evaluación, como ocurre en el caso de la Universidad Nacional de Educación a Distancia (UNED) y la Universidad Internacional de La Rioja (UNIR), entre otras. A este respecto, conviene recordar que ya en 2019, la Agencia de Protección de Datos de Suecia, sancionó a un colegio sueco con una multa de unos 18.500 euros, por utilizar la tecnología facial para el reconocimiento de sus alumnos, a pesar de contar con el consentimiento expreso de estos. En su resolución, la DPA considera que la actuación del colegio supone la violación de varios artículos del RGPD, señalando que el consentimiento no es una vía legal para justificar el empleo de tal tecnología por dos razones: el desequilibrio claro entre los dueños de los datos y quien controla esta información tras su recolección; y la situación de dependencia con respecto a la dirección del centro en que se encuentran los estudiantes. En torno a esta controvertida cuestión, *vid.* AZNARTE, J.L., MELENDO PARDOS, M. Y LACRUZ LÓPEZ, J.M., «Sobre el uso de tecnologías de reconocimiento facial en la universidad: el caso de la UNED», en *RIED. Revista Iberoamericana de Educación a Distancia,* vol. 25, núm. 1, 2022, pp. 261-277.

231 En torno a esta cuestión, resulta especialmente esclarecedor IZQUIERDO CARRASCO, M., «La utilización policial del reconocimiento facial automático en despliegues ocasionales en la vía pública y los derechos fundamentales», en TERRÓN SANTOS, D. y DOMÍNGUEZ ÁLVAREZ, J.L. (Dirs.), *Inteligencia artificial y defensa: nuevos horizontes,* Thomson Reuters-Aranzadi, Cizur Menor, 2021, p. 66; quien afirma lo siguiente: «En los últimos años, los avances en la informática, el procesamiento de imágenes y la inteligencia artificial, han permitido espectaculares desarrollos en los sistemas de reconocimiento facial automático. Además, sus características y, en muchos casos, su combinación con los sistemas de videovigilancia ha permitido la utilización policial de estos instrumentos no sólo en la

Así, el derecho fundamental a la protección de datos de carácter personal, más allá de alzarse en nuestros días como «el instituto básico para la plena eficacia y garantía del conjunto de derechos y libertades fundamentales reconocidos constitucionalmente se erige como piedra angular del Estado social y democrático de Derecho ante los envites de la (r)evolución digital»[232], siendo además el puente idóneo entre libertad y seguridad. De esta forma, la garantía del derecho a la protección de datos personales representa una condición previa para poder ejercer en condiciones de libertad otros derechos fundamentales[233]. La caprichosa realidad nos ha demostrado que la ausencia de privacidad, entendida esta no solo como derecho fundamental sino también como elemento catalizador de la seguridad, dificulta extraordinariamente la raigambre de la libertad del individuo. Estas razones motivan la importancia fundamental de garantizar la plena efectividad y vigencia de la normativa de protección de datos de carácter personal ante el avance digital.

No debemos perder de vista que, la (r)evolución digital demanda la revitalización del valor de la dignidad[234] del hombre libre conforme y para el bien común[235]. La dignidad del hombre «es una mag-

---

fase de investigación y persecución del delito, sino también con otros fines más amplios como la búsqueda de personas desaparecidas, el control en fronteras o incluso como un instrumento de carácter preventivo en materia de seguridad ciudadana. Todas estas aplicaciones son susceptibles de incidir sobre los derechos fundamentales. A este respecto, la Agencia de la Unión Europea para los Derechos Fundamentales considera que esta tecnología puede afectar a los siguientes derechos fundamentales: la dignidad humana, al respeto de la vida privada, la protección datos personales, la no discriminación, los derechos del niño y de los ancianos, los derechos de las personas con discapacidad, la libertad de reunión y asociación, la libertad de expresión, el derecho a una buena administración, y el derecho a un recurso efectivo ante la ley y a un juicio justo».

232 *Vid. Op. cit.* TERRÓN SANTOS, D., DOMÍNGUEZ ÁLVAREZ, J.L. y FERNANDO PABLO, M.M., «Los derechos fundamentales...», p. 9.

233 *Vid.* ARENAS RAMIRO, M., «El derecho a la protección de datos personales como garantía de las libertades de expresión e información», en COTINO HUESO, L. (Coord.), *Libertad en Internet. La red y las libertades de expresión e información,* Tirant lo Blanch, Valencia, 2007, p. 374.

234 *Cfr.* PÉREZ LUÑO, A.E., *Los derechos humanos en la sociedad tecnológica,* Universitas, Madrid, 2012, 137 pp.

235 Como ya tuvimos la oportunidad de señalar, con ocasión de otro trabajo, «la vertiginosa evolución tecnológica y la globalización han planteado la necesidad de

nitud única que no se puede fragmentar en dimensiones (política, económica, social, etc.). Por eso mismo, es igual o idéntica en todos los hombres y demanda hoy, para su total eficacia, la plena ciudadanía de todos, entendida ésta como participación real en la vida social integrada gracias a la solidaridad. La postulada revalorización de la dignidad requiere de suyo una articulación equilibrada de libertad y seguridad, ambas en el sentido más pleno y amplio, en el seno de la unidad del orden constitucional y a tenor del orden de valores por el mismo establecido, justamente a partir de aquella dignidad»[236].

acometer importantes cambios normativos, una modernización sin precedentes en aras de ofrecer un enfoque global que garantice el pleno respeto no solo del derecho fundamental a la protección de datos personales sino, también, de la dignidad humana ante los riesgos y amenazas de la realidad digital». *Vid.* DOMÍNGUEZ ÁLVAREZ, J.L., «Interoperabilidad administrativa y protección de datos personales: claves para garantizar el derecho a una buena Administración», en *Tabula: Revista de Archivos de Castilla y León*, núm. 22, 2019, p. 101.

236 *Vid. Op. cit.* PAREJO ALFONSO, L., «Sobre el binomio…», p. 127.

III. La normativa de protección de datos personales como dique de contención para preservar la dignidad de la persona ante el exponencial desarrollo de la Inteligencia Artificial

En la actualidad, el marco normativo de la protección de datos de carácter personal, comprendido por el RGPD y la LOPDGDD, constituye el único instrumento jurídico eficaz en manos de los poderes públicos capaz de poner freno a la pluralidad de interrogantes e incógnitas que envuelven el exponencial avance digital, dotar de certidumbre el despliegue de la economía digital y preservar la dignidad de la persona ante los innumerables avatares que dibuja el horizonte tecnológico en el corto y medio plazo[237].

Como ya se ha puesto de relieve, una de las notas características esenciales de esta poderosa regulación, es que proporciona una extraordinaria flexibilidad para poder garantizar y demostrar la adecuación de un tratamiento a la norma[238], aspecto crucial para evitar la rápida obsolescencia normativa y potenciar la capacidad de adaptación del corpus normativo a un entorno, el digital, dúctil y maleable, caracterizado por encontrarse en constante evolución. Sin embargo, hay un conjunto mínimo de condiciones *sine qua non* que

---

237 Esta consideración, la cual constituye en buena parte la idea-fuerza que cimenta el presente trabajo, no es unánime. En palabras de GÓMEZ ABEJA, L., «Inteligencia artificial y derechos fundamentales», en LLANO ALONSO, F.H. (Dir.), *Inteligencia artificial y filosofía del derecho,* ediciones Laborum, Murcia, 2022, p. 101; si bien es cierto que no se pueden negar «los avances que el RGPD ha traído consigo, ni su voluntad de garantizar la protección de los datos personales, no pueden orillarse los muchos problemas que la norma presenta para la eficacia real de los principios que proclama y los derechos que reconoce».

238 *Vid.* AGENCIA ESPAÑOLA DE PROTECCIÓN DE DATOS, *Listado de cumplimiento normativo,* Madrid, 2018, pp. 3 y ss. Disponible en: https://bit.ly/3pUtp1K

deben cumplirse para garantizar que el tratamiento de datos personales empleado para desarrollar soluciones de IA[239] sea conforme a la vigente regulación de datos de carácter personal[240].

1. LA RENOVADA VIGENCIA DE LOS PRINCIPIOS DE TRATAMIENTO DE DATOS PERSONALES ANTE LAS ABRUPTAS TRANSFORMACIONES PROPICIADAS POR LAS TÉCNICAS DE INTELIGENCIA ARTIFICIAL

Los principios reconocidos en el art. 5 RGPD constituyen una serie de reglas que han de estar presentes, necesariamente, en cualquier operación de tratamiento de datos personales. Es decir, «se trata del conjunto de condiciones y pautas mínimas que exige la norma para que los tratamientos de datos presentes durante el ciclo de vida de los sistemas de toma de decisiones automatizadas sean legales»[241].

---

239 *Vid.* CASEY, A.J. Y NIBLETT, A., "Focus feature: Artificial Intelligence, Big Data, and the future of law", en *University of Toronto, Law Journal, vol. 66,* núm. 4, 2016, pp. 423-442.

240 En efecto, como insisten en subrayar las autoridades de control, el RGPD puede proporcionar una extraordinaria flexibilidad para poder garantizar y demostrar la adecuación de un tratamiento a la norma. Sin embargo, hay un conjunto mínimo de condiciones que deben cumplirse para garantizar la conformidad del tratamiento realizado. Entre ellas pueden citarse: (i) la existencia de una base para legitimación del tratamiento de datos personales, (arts. 6 al 11 RGPD); (ii) La obligación de informar a los sujetos de los datos y ser transparente (arts. 12 al 14 RGPD); (iii) La obligación de proporcionar a los sujetos de los datos mecanismos para el ejercicio de sus derechos (arts. 15 al 23 RGPD); (iv) La aplicación del principio de responsabilidad proactiva (arts. 24 al 43 RGPD) que establecen la necesidad de incorporar una serie de garantías adicionales, más allá de un mínimo, documentadas y orientadas a gestionar el riesgo para los derechos y libertades de los individuos. En particular, la obligación de mantener un registro de actividades de tratamiento (art. 30 RGPD); y (v) el cumplimiento de las condiciones para poder realizar transferencias internacionales de datos (arts. 44 al 50 RGPD).

241 Como se podrá observar, muchas de las exigencias que se derivan de tales principios coinciden en parte con los requisitos de robustez de los sistemas de inteligencia artificial. *Vid.* PALMA ORTIGOSA, A., *Decisiones automatizadas y protección de datos. Especial atención a los sistemas de inteligencia artificial,* Dykinson, Madrid, 2022, p. 111.

Nos encontramos, por tanto, ante un primer conjunto de elementos que no solamente pueden coadyuvar a proteger los derechos de los individuos frente a los sistemas de toma de decisiones automatizadas, sino también al desarrollo de modelos algorítmicos más robustos y adecuados desde el punto de vista técnico.

Así, el principio de licitud, en primer lugar, exige que todo tratamiento de datos de carácter personal que lleve a cabo el responsable está amparado, al menos, en una base de legitimación que habilite el mismo. Este principio se reconoce en el art. 5.1.a) RGPD y se desarrolla en el artículo inmediatamente posterior, como se pondrá de relieve más adelante en esta obra.

Por su parte, el principio de limitación de la finalidad incorpora dos importantes salvaguardas. Por un lado, los responsables del tratamiento solamente han de recopilar aquellos datos para fines específicos, explícitos y legítimos. Y, por otro lado, una vez que los datos son recopilados para una finalidad concreta, estos únicamente podrán tratarse para una finalidad distinta cuando la misma no resulte incompatible con la finalidad inicial [art. 5.1.b) RGPD][242].

El art. 5.1.c) RGPD preceptúa que los datos personales serán *«adecuados, pertinentes y limitados a lo necesario en relación con los fines para los que son tratados»*. Se consagra de esta manera el principio de minimización de datos[243], el cual impone al responsable del tratamiento

242 Cuando este tratamiento ulterior de los datos tenga como fin la investigación científica e histórica, fines estadísticos o fines de archivo en interés público, tales operaciones se considerarán compatibles. El legislador europeo reconoce, a priori, la compatibilidad de estas finalidades, lo que no implica que el responsable del tratamiento se desentienda del necesario establecimiento de las garantías adecuadas para preservar los derechos y libertades fundamentales de la ciudadanía. En los restantes supuestos se deberá examinar la compatibilidad entre la finalidad posterior y la inicialmente proyectada. *Vid.* SUPERVISOR EUROPEO DE PROTECCIÓN DE DATOS, *A preliminary Opinion on data protection and scientific research,* adoptada el 6 de enero de 2020, Bruselas, 2020, p. 22.

243 Existen diferentes técnicas de minimización de datos para las aplicaciones de inteligencia artificial, y algunas de ellos son específicas para herramientas de machine learning. Las técnicas están en continuo desarrollo, pero podemos citar las siguientes: (i) realización de un análisis previo de las condiciones que han de cumplir los datos para que sean considerados de alta calidad y con una gran capacidad predictora para la aplicación concreta; (ii) análisis de forma

el deber de utilizar únicamente aquellos datos que resulten estrictamente necesarios para llevar a cabo la finalidad que se pretende con el tratamiento, convirtiéndose en un importante contrapeso a la filosofía imperante sobre la que se edifican las principales técnicas de *big data* y *machine learning*, las cuales se sustentan en el tratamiento masivo e indiscriminado de amplios conjuntos de datos[244].

Seguidamente, el art. 5.1.d) RGPD establece que los *datos «serán exactos y, si fuera necesario actualizados»*[245]. Para cumplir con este principio, los responsables del tratamiento adoptarán todas las medidas razonables para que se supriman o rectifiquen sin dilación los datos personales que sean inexactos con respecto a los fines para los que

---

crítica de la extensión de la tipología de datos empleados en cada etapa de la solución IA; (iii) supresión de datos de datos no estructurados, o información no necesaria recogida durante el preproceso de la información. Identificación y supresión, durante el proceso de entrenamiento, aquellas categorías de datos que no tienen una influencia significativa en el aprendizaje o en el resultado de la inferencia; (iv) supresión de conclusiones no relevantes asociadas a información personal durante el proceso de entrenamiento, por ejemplo, en el caso de entrenamiento no-supervisado; (v) utilización de técnicas de verificación que requieran un menor número de datos, como la validación cruzada; (vi) análisis y configuración de hiperparámetros del algoritmo que pudieran tener influencia en la cantidad o extensión de datos tratados para minimizar estos; (vii) utilización de modelos de aprendizaje federado en vez de centralizado; (viii) aplicación de estratégicas de privacidad diferencial; (ix) entrenamiento con datos cifrados utilizando técnicas homomórficas; (x) agregación de datos; y (xi) anonimización y seudonimización, no solo en la comunicación de datos, sino también en los datos de entrenamiento, posibles datos personales contenidos en el modelo107 y en el tratamiento de la inferencia. *Vid. Op. cit.* AGENCIA ESPAÑOLA DE PROTECCIÓN DE DATOS, *Adecuación al RGPD…*, pp. 39-40.

244 Este principio de minimización de datos debe estar presente durante todo el proceso que abarca el diseño de los sistemas algorítmicos, es decir, desde la recopilación de los datos hasta la validación del modelo. *Vid.* MITROU, L., *Data Protection, Artificial Intelligence and Cognitive Services: is the General Data Protection Regulation (GDPR) «Artificial Intelligence-Proof»*, Universidad del Egeo, Mytilene, 2018, pp. 49-50.

245 La exactitud de los datos debe garantizarse durante todo el ciclo de vida de la solución de IA, sin embargo, es más necesaria si cabe en la fase de diseño de los sistemas de toma de decisiones automatizadas. De esta forma, lograremos que las bases o conjuntos de datos empleados para alimentar los sistemas algorítmicos estén actualizados, sean precisos y representativos de la realidad que se pretende modelar. *Vid.* GÓMEZ DE ÁGREDA, A., *Mundo Orwell. Manual de supervivencia para un mundo hiperconectado*, Ariel, Barcelona, 2019, p. 93.

se traten. De lo anterior se deduce que una correcta aplicación de este principio puede limitar o reducir sustancialmente las posibilidades de que los sistemas automatizados acaben adoptando decisiones inadecuadas o extrayendo inferencias inexactas[246]. Por consiguiente, la exactitud (también conocida como «calidad del dato») está estrechamente relacionada con la reducción de la proliferación de sesgos algorítmicos y nuevas formas de discriminación[247].

De conformidad con el principio de limitación del plazo de conservación de los datos, contemplado en el art. 5.1.e) RGPD, los datos personales serán *«mantenidos de forma que se permita la identificación de*

---

246 Respecto a que los datos inferidos sobre el interesado sean exactos, hay tres factores que pueden influir sobre esa exactitud: (i) la propia implementación del sistema IA. Existen IA's, como por ejemplo sistemas expertos basados en reglas, en los que la concepción del propio sistema puede introducir errores que conduzcan a inferencias erróneas; o sistemas basados en ML que no son capaces de modelar el tratamiento deseado. Se pueden producir errores porque elementos externos a la IA, como por ejemplo lectores biométricos, introduzcan errores en los datos de entrada. Por otro lado, existe la posibilidad de que existan errores de programación o de diseño que trasladen, de forma errónea, el modelo a su implementación práctica. En estos casos se puede decir que el que sesgo está *«hard-wired»* por las decisiones que se toman cuando se construye el modelo de análisis (sesgos de evaluación y agregación); (ii) el conjunto de datos de entrenamiento o validación está viciado con errores, información deliberadamente errónea o sesgos que imposibilitan que las inferencias sean correctas. Estos sesgos podrían ser inherentes, si ya existen en los datos que alimentan el sistema, como mala calidad de los datos, datos ausentes, o muestreo selectivo. También podrían ser de representación y medida, debidos a cómo se da formato al conjunto de datos para alimentar al sistema; y (iii) la evolución sesgada del modelo IA. En el caso de IA que implementan técnicas adaptativas, la solución IA puede estar siendo utilizada mayoritariamente por un grupo de sujetos con características particulares que introducen nuevos sesgos de realimentación. *Vid. Op. cit.* AGENCIA ESPAÑOLA DE PROTECCIÓN DE DATOS, *Adecuación al RGPD...*, p. 36.

247 De hecho, algunos estudiosos de la materia no dudan en indicar que el RGPD incorpora un «principio de lealtad y prohibición de discriminación algorítmica», junto al deber que tiene el responsable de utilizar bases de datos actualizadas y representativas de la realidad que se pretende modelar, en virtud del principio de exactitud. Así, este principio de lealtad obligaría al responsable, por un lado, a manejar bases de datos que presenten el menor número de sesgos posible y, por otro, a utilizar procesos estadísticos adecuados y fiables que limiten la posibilidad de que los sistemas algorítmicos arrojen decisiones discriminatorias (Considerando 71 RGPD). *Vid. Op. cit.* PALMA ORTIGOSA, A., *Decisiones automatizadas y...*, p. 203.

los interesados durante no más tiempo del necesario para los fines del tratamiento de los datos personales». No obstante, este periodo de conservación será superior cuando dichos datos personales sean objeto de tratamiento exclusivamente con fines de archivo en interés público, fines de investigación científica o histórica o fines estadísticos, sin perjuicio de la aplicación de las medidas técnicas y organizativas apropiadas que impone el RGPD a fin de proteger los derechos y libertades del interesado[248].

Especialmente relevante resulta la aplicación del principio de responsabilidad proactiva[249] (arts. 24 al 43 RGPD), el cual recordemos representa la piedra angular del actual sistema europeo de tutela jurídica de la privacidad y que se caracteriza por establecer la necesidad de incorporar una serie de garantías adicionales, más allá de un mínimo, documentadas y orientadas a gestionar el riesgo para los derechos y libertades de los individuos[250]. En par-

---

248 La Agencia Española de Protección de Datos ha tenido la oportunidad de hacer alusión a este precepto hace no demasiado tiempo, con motivo del PS/00070/2019, señalando lo siguiente: «[l]a AEPD interpreta erróneamente lo señalado sobre el plazo de conservación de los datos para la realización del tratamiento. Este plazo será de dos años, no utilizándose datos que tengan una mayor antigüedad ni conservándose los datos para este tratamiento durante un período superior. Cuestión distinta es que el formulario de recogida de datos del interesado se utilice no sólo como iniciador de la relación del cliente con BBVA, sino también para el cumplimiento de las obligaciones de diligencia debida establecidas en la legislación de prevención del blanqueo de capitales. Los datos se conservan durante el plazo establecido en esta legislación, a los fines previstos en la misma, pero no para el tratamiento controvertido».

249 Este principio implica que el responsable del tratamiento tiene que garantizar la licitud, la lealtad y la transparencia en todo el proceso del tratamiento de datos con relación al interesado. Pero su responsabilidad no termina aquí, toda vez que el legislador le impone a dicho responsable la obligación de poder acreditar que efectivamente dicho tratamiento ha reunido las características especificadas en el apartado 5.1 RGPD. *Vid.* PUYOL MONTERO, J., «Los principios del derecho a la protección de datos», en PIÑAR MAÑAS, J.L. (Dir.), *Reglamento General de Protección de Datos. Hacia un modelo europeo de privacidad*, Reus, Madrid, 2016, p. 140.

250 A este respecto, es conveniente recordar una vez más que el RGPD establece en su art. 32 que tanto el responsable, como el encargado, aplicarán medidas técnicas y organizativas apropiadas para garantizar un nivel de seguridad adecuado al riesgo para los derechos y libertades de los interesados. Estas

ticular, la obligación de mantener un registro de actividades de tratamiento (art. 30 RGPD)[251].

---

medidas se adecuarán a los costes de aplicación, la naturaleza, el alcance, el contexto y los fines del tratamiento, así como a los riesgos de probabilidad y gravedad variables. Es decir, no hay una solución estándar para todos los tratamientos, y mucho menos para aquellos que incluyan un componente de IA. La solución tiene que establecerse mediante un análisis de riesgos que, desde el punto de vista de protección de datos, ha de ser relativo a los riesgos para los derechos y libertades de los interesados.

251 No obstante, en sentido amplio, la responsabilidad proactiva en el texto articulado del RGPD implica la adopción de las siguientes medidas: (i) protección de datos desde el diseño y por defecto con anterioridad al inicio del tratamiento y también mientras se esté desarrollando, las medidas técnicas y organizativas adecuadas para ofrecer las garantías necesarias y garantizar el cumplimiento de los requerimientos del RGPD (art. 25 RGPD); (ii) cuando se precise un encargado del tratamiento hay que ser diligente en su elección para que ofrezca las garantías suficientes para aplicar medidas técnicas y organizativas apropiadas (art. 28 RGPD); (iii) tratamiento bajo la autoridad del responsable o del encargado (art. 29 RGPD); (iv). registro interno de las actividades del tratamiento que realice la organización, todas deben ser revisadas y documentadas identificando el análisis del riesgo en cada tratamiento (art. 30 RGPD). El artículo 31 Ley Orgánica 3/2018, de 5 de diciembre, vincula el registro de actividades de tratamientos (en la línea de la anterior LOPD al concepto de "conjuntos estructurados de datos", no tanto a ficheros en particular. Igualmente prescribe que el responsable y el encargado que designen un delegado de protección de datos lo incluyan en el registro de actividades. También, para el sector público, el artículo 31 con el artículo 77.1 impone publicar un inventario de actividades de tratamiento, el mismo ha de expresar también la base que legitima el tratamiento de cada actividad; (v) cooperación con la autoridad de control (art. 31 RGPD); (vi) Decidir qué medidas técnicas y organizativas son las adecuadas según los riesgos que comporte el tratamiento (art. 32 RGPD); (vii) notificación de una violación de la seguridad de los datos personales a la autoridad de protección de datos (art. 33 RGPD); (viii) comunicación de una violación de la seguridad de los datos personales al interesado (art. 34 RGPD); (ix) evaluación de impacto relativo a la protección de datos. De especial importancia para el ecosistema del *big data* y la inteligencia artificial, el uso de decisiones algorítmicas y perfilados respecto de humanos obliga efectuar la evaluación de impacto de protección de datos (art. 35 RGPD), esto es, el análisis y descripción de todas las operaciones, su necesidad y la proporcionalidad y la evaluación de los riesgos; y (x) designación del delegado de protección de datos. *Vid.* COTINO HUESO, L., *Guía para el cumplimiento normativo en la investigación y experimentación con inteligencia artificial y tecnologías conexas en espacios de innovación con datos, centrada en privacidad y data governance,* Centro Tecnológico de Investigación, Desarrollo e Innovación en tecnologías de la Información y las Comunicaciones, Valencia, 2022, pp. 95-96.

2. LEGITIMACIÓN Y LICITUD DEL TRATAMIENTO DE DATOS PERSONALES

Entre estos aspectos claves debe citarse, en primer término, la existencia de una base para legitimación del tratamiento de datos personales (arts. 6 al 11 RGPD). Así, el establecimiento de una base jurídica legitimadora es el primer paso para determinar el cumplimiento de la solución de IA con el RGPD. La legitimación para las distintas etapas del ciclo de vida y para cada tratamiento se tiene que establecer en la fase de concepción del tratamiento, bien cuando este tratamiento constituya la propia creación de un componente IA o bien cuando nos encontremos ante un tratamiento que plantee la utilización de un componente IA. Desde el punto de vista de la protección de datos, la legitimación es el primer elemento que hay que establecer dentro de la fase de concepción del tratamiento. Si no se encuentra una base legitimadora no se debe realizar el tratamiento de datos de carácter personal para no vulnerar los derechos y libertades fundamentales de la ciudadanía[252].

En este sentido, el art. 6 RGPD establece las seis bases jurídicas por las cuales el tratamiento de datos personales se puede considerar lícito. Las bases jurídicas más habituales que legitimarán el tratamiento en una solución de IA son:

i. El tratamiento es necesario para la ejecución de un contrato en el que el interesado es parte, o para la aplicación de medidas precontractuales a petición de este[253]. Podría ser el caso de desarrolladores que contraten a sujetos para hacer uso de sus datos personales en la etapa de entrenamiento del sistema. También podría ser que el responsable del tratamiento, y que

---

252 Debido a la naturaleza de los sistemas de IA, en cada etapa del ciclo de vida se podría hacer uso de una base jurídica distinta para: (i) el entrenamiento y/o validación del modelo; (ii) el uso de datos de terceros en la inferencia; (iii) la comunicación de datos implícitos en el modelo; (iv) el tratamiento de los datos del interesado en el marco del servicio prestado por la IA; y (v) el tratamiento de datos del interesado para la evolución del modelo.

253 *Vid.* GARCÍA PÉREZ, R.M., «Bases jurídicas relevantes del tratamiento de datos personales en la contratación de contenidos y servicios digitales», en *Cuadernos de Derecho Transnacional*, vol. 12, núm. 1, 2020, p. 20.

proporciona un servicio a terceros interesados que incluye la solución de IA, utilizara los datos de estos en el marco del contrato del servicio.

ii. El interés legítimo[254], siempre que sobre dichos intereses no prevalezcan los intereses o los derechos y libertades fundamentales del interesado que requieran la protección de datos personales, en particular cuando el interesado sea un menor.

iii. El consentimiento de los interesados, que, como establece el art. 4.11 RGPD, es toda manifestación de voluntad libre, específica, informada e inequívoca por la que el interesado acepta, ya sea mediante una declaración o una clara acción afirmativa, el tratamiento de datos personales que le conciernen[255]. En el supuesto

254 El GT29, en su Dictamen 06/2014 sobre el concepto de interés legítimo del responsable del tratamiento, adoptado el 9 de abril de 2014 [WP 217], desarrolló con amplio grado de concreción la forma en la que debían evaluarse los diferentes factores que legitiman el interés del responsable para realizar un tratamiento de datos personales y equilibrarlo con los derechos y los intereses, también legítimos, de los interesados. A grandes rasgos, debe señalarse que el interés legítimo es una alternativa de legitimación para tratamientos que requieren, como en algunos casos de *machine learning*, acceso a datos de entrenamiento, siempre que se den las circunstancias que permiten su utilización. Ahora bien, necesariamente hay que tener en cuenta que el utilizar como base jurídica el interés legítimo reclama del responsable un mayor grado compromiso, formalidad y competencia. Exige realizar una cuidadosa evaluación de que sus intereses legítimos prevalecen sobre el posible impacto en los derechos, libertades e intereses de los interesados. Esta evaluación debe tener en cuenta, entre otras, eventuales medidas compensatorias derivadas de mantener el tratamiento bajo supervisión continua; la adopción de un elevado grado de responsabilidad proactiva; la incorporación de medidas de privacidad por defecto y desde el diseño más estrictas, etc. En todo caso, el responsable ha de ser capaz de demostrar que dicho impacto no es de tal dimensión como para que no permitir llevar a cabo el tratamiento sobre esa base, debiendo quedar documentado todo este proceso de análisis y toma de decisión en cumplimiento del principio de «*accountability*». Si el tratamiento se basa en el interés legítimo no es necesario recabar el consentimiento del interesado, pero si es necesario respetar escrupulosamente las obligaciones de información previstas en los arts. 13 y 14 RGPD.

255 Para OLIVER LALANA, D. y MUÑOZ SORO, J.F., «El mito del consentimiento, o por qué un sistema individualista de protección de datos (ya) no sirve para (casi) nada», en VALERO TORRIJOS, J. (Coord.), *La protección de los datos personales en Internet ante la innovación tecnológica*, Thomson Reuters-Aranzadi,

concreto de las soluciones de IA, esta base de legitimación languidece, careciendo de efectividad práctica, habida cuenta de que en la mayor parte de las ocasiones la explicabilidad y la transparencia de estos sistemas algorítmicos brilla por su total ausencia.

Y en ciertos casos más especiales desde el punto de vista de soluciones IA, también pueden ser bases jurídicas: (iv) la protección de intereses vitales; (v) razones de interés público o ejercicio de poderes públicos[256]; y (vi) el cumplimiento de obligaciones legales.

Ahora bien, es muy importante tener en cuenta que las dos últimas bases jurídicas han de establecerse vía derecho de la Unión Europea o de los Estados miembros, que establecerá la base jurídica del tratamiento. Es decir, un responsable no podrá arrogarse razones, por ejemplo, de interés público si no está establecido expresamente en una norma del rango apropiado[257].

Cizur Menor, 2014, p. 163., el RGPD exige que los datos sean tratados de forma lícita, lo que en principio sucederá si el interesado dio su consentimiento para el tratamiento de sus datos personales para uno o varios fines específicos, planteamiento superado, puesto que a día de hoy no existe un control efectivo de los datos personales a través del consentimiento y los derechos a través de los que se articula. «La sociedad no está dispuesta a renunciar al uso de las TIC y no tiene una fuerte cultura de la privacidad, lo que lleva a hacer casi irreal o inefectiva la garantía del consentimiento […] el cual se torna en una carta blanca al descontrol del flujo de los datos personales […] el consentimiento acaba configurándose con un simbolismo que conlleva, a la postre, el fracaso de la privacidad pretendida y a la inoperancia del sistema de protección».
En contra de esta opinión se manifiesta abiertamente GARCÍA-RIPOLL MONTIJANO, M., «El consentimiento al tratamiento de datos personales», en GONZÁLEZ PACANOWSKA, I. (Coord.), *Protección de datos personales*, Tirant lo Blanch, Valencia, 2020, p. 124.

256 Como ocurre en el supuesto concreto de las *Smartcities* o del control de fronteras, el cual se ilustra en ETIAS, el Sistema Europeo de Información y Autorización de Viajes, que se implementará en 2022.
El Tribunal de Justicia de la Unión Europea ha tenido la oportunidad de examinar esta base jurídica en varias ocasiones. Sirva como ejemplo la STJUE de 27 de septiembre de 2017, Peter Pûskar (asunto C73/2016), apartado 117. A la hora de analizar el carácter necesario del tratamiento ha valorado que: (i) existencia de una normativa que confiera al responsable la misión o el poder público; (ii) se ha de evaluar la necesidad e idoneidad del tratamiento, y (iii) se ha de valorar si dicho tratamiento cumple con el resto de la normativa de protección de datos.

257 Otro aspecto importante es que se debe tener en cuenta el principio de limitación del tratamiento. Una base jurídica no habilita para el uso de los datos para

Especial mención requieren aquellos supuestos en los que es necesario determinar la base jurídica de un tratamiento cuando van a emplearse categorías especiales de datos (art. 9 RGPD), las cuales recordemos disponen de requisitos adicionales para su tratamiento. En estos casos, como es sobradamente conocido, antes de analizar una base jurídica que legitime el tratamiento según el art. 6 RGPD, es necesario levantar la prohibición previa establecida en el art. 9.1 del mismo Reglamento, en base a alguna de las circunstancias en él contempladas, sin perder de vista las limitaciones adicionales establecidas en el art. 9 LOPDGDD. En particular, debe contemplarse que el consentimiento no levanta la prohibición para tratamientos cuya finalidad principal sea identificar la ideología, afiliación sindical, religión, orientación sexual, creencias u origen racial o étnico del interesado[258].

3. ALGUNAS PREMISAS ACERCA DEL EJERCICIO DE LOS DERECHOS SUBJETIVOS EN MATERIA DE PROTECCIÓN DE DATOS DE LA CIUDADANÍA

El RGPD reconoce un amplio haz de facultades, en forma de derechos subjetivos en materia de protección de datos de carácter personal, en favor de los interesados plenamente aplicables a los sis-

---

cualquier propósito y en todo momento, sino que debe restringirse a aquellos fines determinados, explícitos y legítimos que se hayan identificado, evitando tratarlos de manera incompatible con esos fines. Además, los interesados cuyos datos son tratados, deben ser conscientes de cómo se van a utilizar, lo que está íntimamente relacionado con el principio de información y transparencia.

258 Además, el Considerando 71 RGPD establece una restricción adicional sobre el tratamiento de las categorías especiales de datos cuando se pretendan utilizar en decisiones automatizadas y para la elaboración de perfiles, fijando la limitación de que estos solo pueden ser empleados bajo condiciones específicas. En particular, el artículo 22.4 RGPD establece que las decisiones basadas únicamente en el tratamiento automatizado, incluida la elaboración de perfiles, que produzca efectos jurídicos en el interesado o le afecte significativamente de modo similar, no se basarán en las categorías especiales de datos personales salvo que medie el consentimiento del interesado o el tratamiento sea necesario por razones de un interés público esencial, sobre la base del Derecho de la Unión o de los Estados miembros y se hayan tomado medidas adecuadas para salvaguardar los derechos y libertades y los intereses legítimos del interesado.

temas algorítmicos (arts. 15 a 23 RGPD). Por esta razón, los responsables que hagan uso de soluciones de IA para tratar datos personales, elaborar perfiles o tomar decisiones automatizadas[259], han de ser conscientes de que los interesados tienen derechos en el ámbito de la protección de datos que deben ser atendidos (arts. 15 al 23 RGPD). Además, conviene tener presente que dichas facultades podrán ejercerse en cualquier fase del ciclo de vida de los sistemas de toma de decisiones automatizadas, siempre y cuando existan operaciones de tratamiento de datos personales[260].

Por lo tanto, durante la fase de concepción del tratamiento, los responsables han de ser conscientes de que tienen que establecer mecanismos y procedimientos adecuados para poder atender las solicitudes que reciban a lo largo de todo el ciclo de vida del sistema de decisiones automatizadas, y que dichos mecanismos deberán estar adecuadamente dimensionados a la escala del tratamiento que están efectuando en cada supuesto concreto.

Así, en primer término, debe cumplirse taxativamente la obligación de informar a los sujetos de los datos y fomentar la transparen-

---

259 Así, pueden distinguirse, en primer lugar, una serie de derechos generales, como son: el derecho de información, el derecho de acceso, el derecho de rectificación, el derecho de supresión, el derecho de portabilidad de los datos o el derecho de oposición. Y, en segundo lugar, una amalgama de derechos específicos aplicables a los sistemas de toma de decisiones automatizadas que emanan de la redacción otorgada por el legislador europeo al art. 22 RGPD, a saber: derecho de información específico, prohibición general de tratamiento, derecho a solicitar intervención humana, derecho a expresar el punto de vista, derecho de impugnación de decisiones automatizadas y derecho de explicación.

260 La virtuosidad y el potencial de estos derechos subjetivos es tal en el contexto de la toma de decisiones automatizadas que, hasta la fecha, la Propuesta de Reglamento del Parlamento Europeo y del Consejo por el que se establecen normas armonizadas sobre la Inteligencia Artificial (PRIA), hito normativo que aspira a situar a la Unión Europea en la vanguardia de la regulación ética y jurídica de este fenómeno a nivel mundial, no incorpora referencia alguna a nuevos derechos en favor de los ciudadanos ante el uso de sistemas de toma de decisiones automatizadas. Como es sabido, hasta la fecha, la PRIA focaliza su atención en determinar los requisitos que debe contener toda solución tecnológica basada en inteligencia artificial, lo que permite entrever la preponderancia que estos derechos subjetivos en materia de protección de datos de carácter personal van a comenzar a ejercer ante el despliegue generalizado de estas herramientas digitales cuando traten datos de carácter personal.

cia de los distintos tratamientos[261] (arts. 12 al 14 RGPD). La información que cada responsable ha de proporcionar a los interesados se establece en los arts. 13 y 14 RGPD, y el contenido concreto se tendrá que adaptar a la etapa del ciclo de vida de la IA en la que se esté realizando el tratamiento. El art. 11 LOPDGDD establece la posibilidad al responsable de ofrecer esta información mediante una aproximación por capas o niveles: una primera capa, de carácter general, con información básica del tratamiento y una segunda capa que completa la información de la primera con mayor nivel de detalle y que sea accesible desde esta de forma fácil e inmediata, incluso por medios electrónicos[262].

---

261 Según el Considerando 78 RGPD, el principio de transparencia es una medida de privacidad por defecto para permitir, entre otros, que los interesados puedan supervisar el tratamiento al que están sometidos. El principio de transparencia se desarrolla en los Considerandos 39 y 58 RGPD. En estos Considerandos se interpreta la obligación de información a los interesados de un modo que va más allá de lo dispuesto en la letra de los arts. 13 y 14 RGPD. En particular, los Considerandos comentan la obligación de que «toda información y comunicación relativa al tratamiento de dichos datos sea fácilmente accesible y fácil de entender», «sea concisa», «se utilice un lenguaje sencillo y claro», que «en su caso, se visualice», que «podría facilitarse en forma electrónica», que se proporcione «información añadida para garantizar un tratamiento leal y transparente» y que los interesados «deben tener conocimiento de los riesgos, las normas, las salvaguardias» del tratamiento.
En el caso de tratamientos basados en IA, la transparencia puede ser considerada un aspecto crítico. Debe permitir a los interesados ser conscientes del impacto que el empleo de dichas soluciones puede llevar asociado. De ahí que la transparencia esté dirigida tanto a los interesados como a los operadores del tratamiento. En particular, la transparencia está ligada con una información veraz sobre la eficiencia, las capacidades y las limitaciones reales de los sistemas de IA, que evite la creación de falsas expectativas, en los usuarios y los interesados, que puedan ocasionar una mala interpretación de las inferencias que se realizan en el marco del tratamiento. *Vid.* AGENCIA ESPAÑOLA DE PROTECCIÓN DE DATOS, *Guía para la…*, p. 33.
La transparencia no se reduce a un instante puntual, sino que debe ser entendida como un principio en torno al que orbita de forma dinámica el tratamiento realizado y que afecta a todos y cada uno de los elementos y participantes que intervienen en la solución.

262 *Vid.* AGENCIA ESPAÑOLA DE PROTECCIÓN DE DATOS, AUTORIDAD CATALANA DE PROTECCIÓN DE DATOS Y AGENCIA VASCA DE PROTECCIÓN DE DATOS, *Guía para el cumplimiento del deber de informar*, Madrid, 2019, pp. 6-9.

Así, en la primera capa deberá consignarse la siguiente información: (i) la identidad del responsable del tratamiento o de su representante; (ii) la finalidad del tratamiento; (iii) la posibilidad de ejercer los derechos contemplados en los arts. 15 al 22 RGPD; y (iv) si el tratamiento incluye la elaboración de perfiles o decisiones automatizadas. En cambio, si los datos personales objeto del tratamiento no han sido obtenidos directamente del afectado, la información básica incluirá también las categorías de datos objeto de tratamiento y las fuentes de las que procedieran los datos. Por su parte, en la segunda capa, constará el resto de la información establecida en los arts. 13 y 14 RGPD[263].

En segundo lugar, es pertinente garantizar el derecho de acceso (art. 15 RGPD), el cual ha de ejecutarse por el responsable de cada una de las etapas del ciclo de vida de la solución de IA que involucren datos de carácter personal. Esto incluye los datos de entrenamiento que pudieran estar incluidos en los componentes de IA y que puedan ser recuperados por el responsable que explota la solución IA[264].

Por su parte, el art. 16 RGPD establece que *«el interesado tendrá derecho a obtener sin dilación indebida del responsable del tratamiento la rectificación de los datos personales inexactos que le conciernan. Teniendo en cuenta los fines del tratamiento, el interesado tendrá derecho a que se completen los datos personales que sean incompletos, inclusive mediante una declaración adicional»*. Por tanto, de este derecho de rectificación[265] se derivan

---

263 Entre estas otras cuestiones, aparece reflejada información tan relevante como: (i) los datos de contacto del delegado de protección de datos; (ii) la base jurídica del tratamiento y los fines concretos del mismo; (iii) el plazo de conservación de los datos; (iv) el derecho a presentar una reclamación ante la autoridad de control, etc.

264 Hay que tener presente que la naturaleza de los derechos de información y de acceso previstos en el RGPD es diferente, ya que cada una de estas facultades hace referencia a momentos distintos del tratamiento. Como consecuencia de ello, en el caso de que el responsable disponga de más información de la que tenía en el momento inicial cuando informó al interesado en virtud de los arts. 13 y 14 RGPD, tal información deberá ampliarse. *Vid.* GIL GONZÁLEZ, E., «Aproximación al estudio de las decisiones automatizadas en el seno del Reglamento General de Protección de Datos a la luz de las tecnologías de *big data* y de aprendizaje computacional», en *Revista Española de Transparencia*, núm. 5, 2017, p. 172.

265 El ejercicio de este derecho puede realizarse en todas las fases del ciclo de vida de los sistemas algorítmicos, aunque dispone de mayor incidencia durante la fase de despliegue de la solución tecnológica.

dos facultades como son la rectificación en sentido estricto de aquellos datos personales cuando estos sean inexactos, y la posibilidad de completar los datos sometidos a un tratamiento con información personal cuando estos resulten incompletos[266].

En lo que respecta al derecho de supresión[267] (art. 17 RGPD), este obliga al responsable del tratamiento a dejar de tratar los datos personales del interesado cuando concurra alguno de los siguientes

---

266 *Vid.* MURGA FERNÁNDEZ, J.P., «Derechos de los individuos», en MURGA FERNÁNDEZ, J.P.; FERNÁNDEZ SCAGLIUSI, M.A. y ESPEJO LERDO DE TEJADA, M. (Dirs.), *Protección de datos, responsabilidad activa y técnicas de garantía,* Reus, Madrid, 2018, p. 93.

267 Recuérdese en este punto que este derecho de supresión implica una actividad marcadamente proactiva del responsable del tratamiento para, como establece el Considerando 39 RGPD, garantizar que los datos se suprimen cuando ya no sean necesarios para la finalidad del tratamiento y, en particular, para que se incluyan procedimientos para la revisión periódica del conjunto de datos y plazos para su supresión. En este sentido, los datos recogidos para la etapa de entrenamiento, atendiendo a lo señalado en relación con el art. 11 RGPD y en cumplimiento del principio de minimización de datos, han de ser depurados de toda la información no estrictamente necesaria para el entrenamiento del modelo.

Cuando la etapa de entrenamiento del sistema de IA se haya completado, la organización ha de ejecutar su supresión, a menos que se justifique la necesidad de mantenerlos para el refinado o evaluación del sistema, o se justifique la necesidad y legitimidad de mantenerlos para otras finalidades que resulten compatibles con las que originaron su recogida de acuerdo con las condiciones del artículo 6.4 RGPD y aplicando los principios de minimización de datos. En el caso de que se reciban solicitudes de supresión de los interesados, el responsable tendría que adoptar una aproximación caso por caso, teniendo en cuenta las posibles limitaciones a este derecho previstas en el Reglamento.

En el momento de la distribución de la solución IA, si esta incorpora datos de interesados, será necesario: (i) suprimirlos o, por el contrario, justificar la imposibilidad de hacerlo, en todo o en parte, por la degradación que para el modelo supondría; (ii) determinar la base jurídica para llevar a cabo la comunicación de datos a terceros, especialmente si se incluyen categorías especiales de datos; (iii) informar sobre dicha circunstancia a los interesados; (iv) demostrar que se han ejecutado las medidas de privacidad por defecto y desde el diseño (sobre todo la minimización de datos); y (v) en función de los riesgos que podría suponer para los interesados, y teniendo en cuenta el volumen o las categorías de datos, realizar una evaluación del impacto para la protección de datos.

En el caso de que el responsable mantenga los datos del interesado para la personalización del servicio que está ofreciendo la solución de IA, una vez haya extinguido la relación de servicio, estos datos deberán de ser suprimidos.

supuestos: (i) cuando los datos ya no sean necesarios en relación con los fines para los que fueron recogidos; (ii) cuando el interesado retire su consentimiento; (iii) cuando el interesado se oponga al tratamiento; (iv) cuando los datos hayan sido tratados ilegalmente; y (v) cuando los datos deban suprimirse para el cumplimiento de una obligación legal. De lo anterior se desprende el carácter bifronte de esta facultad, la cual por un lado constituye una herramienta en poder de los titulares para solicitar la supresión de sus datos y, por otro, consagra una obligación del responsable[268], el cual deberá dejar de tratar los datos personales cuando dicha facultad sea invocada y concurra alguno de los supuestos antes enunciados[269].

El art. 20 RGPD introduce una nueva facultad en favor de los titulares de los datos personales, el conocido como derecho a la portabilidad de los datos[270]. De conformidad con el citado precepto, cuando

---

268 El art. 17.3 RGPD establece ciertas limitaciones a la supresión. Además, el art. 32 LOPDGDD establece la obligación del responsable a bloquear los datos cuando proceda a su rectificación o supresión. El bloqueo es una obligación del responsable con el único propósito de dar respuesta a las posibles responsabilidades derivadas del tratamiento, con el objeto de obtener evidencias de posibles incumplimientos y sólo por el plazo de prescripción de las mismas. El art. 32 LOPDGDD establece el bloqueo de los datos como la conservación de estos fuera del ámbito del tratamiento, aplicando medidas técnicas y organizativas, que impidan cualquier tipo de proceso, incluyendo su visualización, excepto para la puesta a disposición de los datos a los jueces y tribunales, el Ministerio Fiscal o las Administraciones Públicas competentes, en particular de las autoridades de protección de datos.
Por lo tanto, se ha de tener en cuenta en el diseño de tratamiento como uno de los requisitos. En particular cuando se seleccione o desarrolle una solución IA, será necesario incluir las medidas antes indicadas para bloquear los datos relativos al proceso de inferencia (al menos entradas y resultados obtenidos) que pudieran hacer falta para atender un recurso o reclamación de los interesados.

269 *Vid. Op. cit.* PALMA ORTIGOSA, A., *Decisiones automatizadas y…*, p. 270.

270 Vid. GRUPO DE TRABAJO DEL ARTÍCULO 29, *Directrices sobre el derecho a la portabilidad de los datos*, adoptadas el 13 de diciembre de 2016 (revisadas por última vez y adoptadas el 5 de abril de 2017), pp. 3-4 [WP 242 rev. 01], quien afirma que el artículo 20 RGPD crea un nuevo derecho a la portabilidad de los datos, estrechamente relacionado con el derecho de acceso, aunque diferente de este en muchos aspectos. Permite a los interesados recibir los datos personales que han proporcionado a un responsable del tratamiento en un formato estructurado, de uso común y lectura mecánica y transmitirlos a otro responsable del tratamiento. El propósito de este nuevo derecho es capacitar al interesado y darle

el tratamiento se efectúe por medios automatizados, el interesado tendrá derecho a recibir los datos personales que haya facilitado a un responsable en un formato estructurado, de uso común y lectura mecánica, y a transmitirlos a otro responsable del tratamiento, cuando la legitimación se basa en el consentimiento o el tratamiento es necesario para la ejecución de un contrato.

Por tanto, el responsable de un tratamiento que incluya un componente de IA ha de evaluar y documentar si su tratamiento está obligado a proporcionar la portabilidad sobre los datos facilitados u observados del interesado, en función de lo establecido en el artículo 20 antes citado. En ese caso, el requisito de portabilidad ha de ser tenido en cuenta desde las más tempranas fases de concepción y diseño del tratamiento, en la selección del componente IA y/o por los desarrolladores de componentes inteligencia artificial.

Ahora bien, el artículo 20.2 RGPD establece el derecho a la transmisión de los datos directamente de responsable a responsable, pero sólo cuando sea técnicamente posible[271]. Se sitúan al margen de este derecho igualmente los datos inferidos, ya que estos últimos son creados por el responsable del tratamiento sobre la base de los datos aportados por el interesado y los datos observados[272].

---

más control sobre los datos personales que le conciernen. Puesto que permite la transmisión directa de datos personales de un responsable del tratamiento a otro, el derecho a la portabilidad de los datos es también una herramienta importante que respaldará la libre circulación de datos personales en la UE y promoverá la competencia entre los responsables del tratamiento. Facilitará el cambio entre distintos proveedores de servicios y, por lo tanto, promoverá el desarrollo de nuevos servicios en el contexto de la estrategia para el mercado único digital. Al afirmar los derechos personales de los individuos y el control sobre los datos personales que les conciernen, la portabilidad de los datos representa también una oportunidad para «reequilibrar» la relación entre los interesados y los responsables del tratamiento.

271 En caso de que existan limitaciones a la portabilidad, es un ejercicio de transparencia informar con antelación a los usuarios de dichas limitaciones. *Vid. Op. cit.* AGENCIA ESPAÑOLA DE PROTECCIÓN DE DATOS, *Adecuación al RGPD...*, p. 27.

272 De esta manera, las inferencias generadas por los sistemas algorítmicos sobre la base de los datos personales de los interesados no son susceptibles de acogerse al derecho a la portabilidad de los datos contemplado actualmente en el art. 20 RGPD. Esta tesis, la cual no está exenta de controversia y polémica, ha sido

Finalmente, debemos hacer alusión también al derecho de oposición (art. 21 RGPD), el cual permite al interesado impedir el tratamiento de sus datos personales. Al igual que ocurría con el derecho a la portabilidad de los datos, el derecho de oposición no es una facultad indisponible que pueda aplicarse a la totalidad de tratamientos de datos personales. Existen cuatro supuestos tasados en los que se habilita a los titulares de los datos personales a ejercitar esta facultad, a saber: (i) cuando el tratamiento sea necesario para el cumplimiento de una misión realizada en interés público o en el ejercicio de poderes conferidos al responsable del tratamiento [art. 6.1.e) RGPD]; (ii) cuando el tratamiento se fundamente en el interés legítimo [art. 6.1.f) RGPD]; (iii) cuando el tratamiento tenga por objeto la mercadotecnia directa; y (iv) cuando los datos personales se traten con fines de investigación científica, histórica o con fines estadísticos.

4. EL RÉGIMEN JURÍDICO DE LA TOMA DE DECISIONES AUTOMATIZADAS Y EL USO DE SISTEMAS DE INTELIGENCIA ARTIFICIAL EN EL MARCO DEL DERECHO A LA PROTECCIÓN DE DATOS PERSONALES

Es momento de centrar nuestra atención en el haz de facultades o garantías específicas contempladas por el legislador europeo mediante la incorporación del art. 22 RGPD, el cual a grandes rasgos reconoce el derecho a los interesados a no ser objeto de una decisión basada únicamente en el tratamiento automatizado que produzca efectos relevantes[273]. De conformidad con la literalidad del afamado

---

acogida por las autoridades de control, como atestigua el Informe 195/2017 del Gabinete Jurídico de la Agencia Española de Protección de Datos. Se espera, no obstante, en un futuro no muy lejano que las Instituciones Europas acometan un fortalecimiento de esta facultad, con el objetivo de proporcionar una mayor autonomía y un mayor control de sus datos a la población. *Vid. Op. Cit.* COMISIÓN EUROPEA, *Configurar un futuro…*, p. 25.

273 El origen de este derecho hunde sus raíces en la Ley Francesa nº 78-17, de 6 de enero de 1978, relativa a la tecnología de la información, los ficheros y las libertades. El art. 2 de esta norma establecía que: «[n]inguna decisión judicial que implique una evaluación del comportamiento humano puede basarse en el procesamiento automatizado de información que dé una definición de perfil

precepto, «*todo interesado tendrá derecho a no ser objeto de una decisión basada únicamente en el tratamiento automatizado, incluida la elaboración de perfiles, que produzca efectos jurídicos en él o le afecte significativamente de modo similar*».

Como insiste en señalar el GT29, este precepto más allá de reconocer un derecho capital para hacer frente al uso creciente de sistemas de toma de decisiones automatizadas, contiene una prohibición general de llevar a cabo tratamientos basados en las decisiones plenamente automatizadas relevantes[274]. Por consiguiente, todo parece indicar que las organizaciones tanto públicas como privadas tienen prohibido, a priori, desplegar esta tipología de tratamientos de datos personales altamente invasivos[275]. No obstante, aunque esta prohibición general se aplica por defecto[276], el art. 22.2 RGPD reconoce una serie de excepciones a la norma general. De esta forma, lo anterior no será de aplicación cuando la decisión: (a) sea necesaria para la celebración o la ejecución de un contrato entre el interesado y un responsable del tratamiento; (b) esté autorizada por el Derecho de la Unión o de los Estados miembros que se aplique al responsable del tratamiento y que establezca asimismo medidas adecuadas para salva-

---

o la personalidad de la persona en cuestión. Ninguna decisión administrativa o privada que implique una evaluación del comportamiento humano puede tener como única base un tratamiento automatizado de la información que dé una definición del perfil o la personalidad del interesado». Este precepto ejerció una fuerte influencia en el proceso de tramitación de la Directiva 95/46/CE, dando lugar a la incorporación del art. 15, precepto que los tribunales y autoridades de control de protección de datos usaron residualmente. En el caso de España, existe un número muy reducido de resoluciones judiciales que hayan empleado el art. 13 LOPD. *Vid.* Auto de la Audiencia Provincial de Madrid (Sección 5ª) nº 1176/2006, de 21 de marzo y Auto de la Audiencia Provincial de Ciudad Real (Sección 1ª) nº 43/2005, de 7 de marzo.

274 *Vid.* GRUPO DE TRABAJO DEL ARTÍCULO 29, *Directrices sobre decisiones individuales automatizadas y elaboración de perfiles a los efectos del Reglamento 2016/679*, adoptadas el 3 de octubre de 2017 (revisadas por última vez y adoptadas el 6 de febrero de 2018), p. 21 [WP 251 rev. 01].

275 El Considerando 71 RGPD ilustra esta prohibición con dos ejemplos: la denegación automática de una solicitud de crédito en línea de algún servicio de contratación en red sin mediación humana.

276 *Vid.* HERNÁNDEZ PEÑA, J.C., «Decisiones algorítmicas de perfilado. Régimen y garantías jurídicas», en *Revista Española de Derecho Administrativo*, núm. 203, 2020, p. 313.

guardar los derechos y libertades y los intereses legítimos del interesado, o (c) se basa en el consentimiento explícito del interesado[277].

El RGPD prosigue su exposición señalando que en aquellos supuestos en los que el tratamiento automatizado de datos personales esté previsto por concurrir alguna de las causas anteriores, *«las decisiones (...) no se basarán en las categorías especiales de datos personales contempladas en el artículo 9, apartado 1, salvo que se aplique el artículo 9, apartado 2, letra a) o g), y se hayan tomado medidas adecuadas para salvaguardar los derechos y libertades y los intereses legítimos del interesado»*. Es decir, cuando el interesado dio su consentimiento explicito para el tratamiento de dichos datos personales con uno o más de los fines especificados o el tratamiento es necesario por razones de interés público esencial.

En este punto, conviene subrayar que la implementación de aquellas decisiones automatizadas cuya justificación se fundamenta en la necesidad contractual o en la existencia de consentimiento explícito deben observar en todo caso un conjunto de medidas adecuadas a los riesgos que representan para los derechos y libertades fundamentales de la ciudadanía[278]. Estas medidas están orientadas a garantizar los derechos de los interesados y, como mínimo, debe preverse, de acuerdo con el art. 22.3 RGPD: (i) el derecho a obtener intervención humana por parte del responsable; (ii) el derecho a expresar su punto de vista; y (iii) el derecho a impugnar la decisión[279].

4.1. Derecho a obtener intervención humana por parte del responsable

Este derecho se presenta como una de las garantías más relevantes que ostenta el interesado, habida cuenta de la existencia creciente de

---

277 En los casos a) y c) el responsable del tratamiento deberá adoptar las medidas adecuadas para salvaguardar los derechos y libertades y los intereses legítimos del interesado, como mínimo el derecho a obtener intervención humana por parte del responsable, a expresar su punto de vista y a impugnar la decisión.

278 Cuando el responsable acuda a estas excepciones para legitimar la toma de decisiones plenamente automatizadas relevantes, este deberá prever suficientes garantías con el objetivo de salvaguardar los derechos, libertades y los intereses legítimos del interesado. *Vid. Op. cit.* PALMA ORTIGOSA, A., *Decisiones automatizadas y...*, p. 286.

279 *Vid.* ROIG, A., *Las garantías frente a las decisiones automatizadas: del Reglamento General de Protección de Datos a la gobernanza algorítmica*, Bosch, Madrid, 2020, p. 56.

soluciones tecnológicas totalmente automatizadas en las que no existe intervención humana[280]. Como insiste en subrayar la doctrina este derecho no deja de ser una consecuencia lógica de la necesidad de que en algún momento del proceso decisorio intervenga el componen humano[281]. Ante esta tesitura el legislador europeo apostó por incorporar una garantía específica que los usuarios podrían articular una vez que se ha adoptado una decisión automatizada y la misma ha ocasionado efectos en los particulares[282]. De tal forma, el responsable que ha llevado a cabo la implantado el sistema algorítmico puede valorar los posibles errores que dicho sistema puede generar. Esto exige a su vez evitar la mera intervención humana fraudulenta, para esquivar la prohibición de desplegar decisiones puramente automatizas[283].

---

280 Cada vez son más las empresas que apuestan por la implementación de esta tipología de soluciones tecnológicas. *Vid.* HELFAND, R.D., «Big Data and Insurance: What Lawyers Need to Know and Understand», en *Internet Law*, vol. 21, núm. 3, 2017, pp. 2 y ss.; recaba algunos ejemplos especialmente esclarecedores: Lemonade Inc. usa un «claim bot» basado en inteligencia artificial que resuelve las reclamaciones de robos a propiedades en 3 segundos; la sede inglesa de Zurich Insurance usa tecnología congnitiva para revisar los historiales médicos en relación a reclamaciones por lesiones personales; Ant Financial Service Group, realiza estimaciones automáticas de daños a partir de las fotografías de vehículos accidentados, etc.

281 *Vid.* BURK, L.D., «Algorithmic Fair Use», en *University of Chicago Law Review*, núm. 283, 2019, p. 297.

282 Aunque a priori. Este derecho se activa una vez que lo ejercita el interesado afectado, el propio responsable de oficio puede establecer un procedimiento específico ante resultados discrepantes en relación con el comportamiento esperado del sistema. *Vid. Op. cit.* PALMA ORTIGOSA, A., *Decisiones automatizadas y...*, pp. 288-289.

283 También existen supuestos en los cuales el sistema está «casi-automatizado», pese a la intervención humana, en función de los siguientes aspectos: (a) cuanto menor es el tiempo para tomar la decisión, mayor es la probabilidad de que la decisión sea «casi-automatizada»; (b) cuanto menor sea la cualificación del humano que debe tomar la decisión, mayor es el riesgo de casi-automatización; (c) cuantos más recursos estén a disposición del humano, menor posibilidad habrá de que sea casi-automatización; (d) cuanta mayo adaptación al sistema se requiera por parte del humano, más posibilidades de casi-automatización habrá; (e) si el humano puede acceder a toda la información relevante, ello reducirá las posibilidades de casi-automatización; y (f) si el humano puede contradecir y no únicamente ratificar la decisión, entonces nos alejaremos de los supuestos de casi-automatización. *Vid.* WAGNER, B., «Liable, but Not in Control? Ensuring Meaningful Human Agency in Automated Decision-Making Systems», en *Policy & Internet*, vol. 11, núm. 1, 2019, pp. 114-116.

Ahora bien, nada garantiza que la intervención humana mejore la decisión tomada sobre el usuario. Es más, podría darse el caso de que la persona adopte una decisión alternativa a la que habría tomado el sistema de manera puramente automatizada[284], más gravosa para la posición del interesado.

4.2. Derecho a expresar el punto de vista del usuario

Esta facultad está estrechamente vinculada a la que previamente acabamos de analizar. En puridad, esta garantía más que incorporar un derecho específico parece introducir un requisito procedimental, con el que se busca informar al responsable de adoptar la decisión automatizada de alternativas no tenidas en consideración por el mismo. El objetivo es reconocer la capacidad del interesado para expresar argumentos que permitan decantar la balanza hacia la decisión esperada por el usuario, garantía que está íntima y estrechamente ligada con el derecho ulterior a impugnar la decisión automatizada.

Como es lógico, para dotar de eficacia esta garantía el interesado debe disponer de la información suficiente sobre la decisión automatizada adoptada para poder esgrimir debidamente su argumentación[285], premisa que colisiona en muchas ocasiones con el oscurantismo que envuelve a los sistemas algorítmicos, como hemos tenido la oportunidad de poner de relieve en otro pasaje de esta obra[286].

Haciendo uso de esta garantía, el interesado podrá no solamente aportar más información y documentación relevante que permita al responsable reconsiderar la decisión que suscita la polémica[287], sino

---

284 *Vid. Op. cit.* ROIG, A., *Las garantías frente...*, pp. 57-58.

285 *Vid. Op. cit.* GRUPO DE TRABAJO DEL ARTÍCULO 29, *Directrices sobre decisiones...*, p. 30.

286 No obstante, como recuerdan algunos autores, la combinación de los derechos contemplados en los arts. 13.2.f). 14.2.g) y 15.1.h) RGPD permite sustentar un derecho a acceder a información significativa sobre la lógica de la decisión adoptada, así como de las consecuencias que esta entraña para el interesado. *Vid.* SELBST, A.D. y POWLWA, J., «Meaningful information and the right to explanation», en *International Data Privacy Law*, vol. 7, núm. 4, 2017, pp. 233 y ss.

287 De lo anterior se desprende, que el responsable está obligado a valorar en su caso otras informaciones que exceden de las tenidas en cuenta en un primer

también comprobar si la información que obra en poder del responsable y que ha sido empleada para adoptar la decisión es exacta[288] y está actualizada [art. 5.1.d) RGPD].

4.3. Derecho a impugnar la decisión

El derecho a impugnar la decisión automatizada está íntimamente relacionado con el derecho a obtener una explicación, garantía que se infiere de la redacción del Considerando 71 RGPD elaborada por el legislador europeo[289]. Esta cuestión ya fue examinada por el GT29, el cual afirmaba con rotundidad que *«el interesado solo podrá im-*

---

momento por el algoritmo y que pueden resultar cruciales para alterar la decisión. *Vid.* JANSSEN, H., «An approach for a fundamental right impacts assessment to automated decision-making», en *International Data Privacy Law,* vol. 10, núm. 1, 2020, p. 93.

288 Esta garantía, por tanto, puede ayudar al responsable de igual forma a filtrar los falsos positivos del sistema y detectar las desviaciones de la solución tecnológica, permitiendo reconfigurar la misma. *Vid.* ROIG, A., «Safeguards for the right no be subject to a decisión based solely on automated processing (article 22 GDPR)», en *European Journal of Law and Tehcnology,* vol. 8, núm. 3, 2017, p. 6.

289 Junto a estas garantías explicitas, algunos autores defienden la existencia de un derecho de explicación en favor del interesado sobre el que recae la decisión automatizada. Si bien es cierto que este derecho no aparece recogido expresamente en la redacción del art. 22.3 RGPD otorgada por el legislador europeo, el tenor literal del Considerando 71 RGPD señala lo siguiente: «[e]l interesado debe tener derecho a no ser objeto de una decisión, que puede incluir una medida, que evalúe aspectos personales relativos a él, y que se base únicamente en el tratamiento automatizado y produzca efectos jurídicos en él o le afecte significativamente de modo similar, como la denegación automática de una solicitud de crédito en línea o los servicios de contratación en red en los que no medie intervención humana alguna. Este tipo de tratamiento incluye la elaboración de perfiles consistente en cualquier forma de tratamiento de los datos personales que evalúe aspectos personales relativos a una persona física, en particular para analizar o predecir aspectos relacionados con el rendimiento en el trabajo, la situación económica, la salud, las preferencias o intereses personales, la fiabilidad o el comportamiento, la situación o los movimientos del interesado, en la medida en que produzca efectos jurídicos en él o le afecte significativamente de modo similar [...] En cualquier caso, dicho tratamiento debe estar sujeto a las garantías apropiadas, entre las que se deben incluir la información específica al interesado y el derecho a obtener intervención humana, a expresar su punto de vista, a recibir una explicación de la decisión tomada después de tal evaluación y a impugnar la decisión [...]».

pugnar la decisión [automatizada] o expresar su punto de vista si comprende plenamente cómo se ha tomado y sobre qué base»[290].

En cualquier caso, el art. 22.3 RGPD si reconoce explícitamente a los particulares el derecho a proceder a la impugnación de una decisión adoptada por un sistema automatizado, lo que se traduce necesariamente en el establecimiento de una nueva obligación dirigida a los responsables del tratamiento, los cuales deberán proceder a la articulación de instrumentos y mecanismos adecuados para recurrir aquellas decisiones automatizadas que lesionen la posición jurídica, ya que de lo contrario se estaría situando a estos en una situación de profunda desprotección e indefensión.

Por consiguiente, para que este proceso de impugnación sea adecuado, es recomendable que el responsable, una vez adoptada la decisión automatizada, indique a los interesados con claridad la posibilidad de impugnarla y los medios específicos y cauces procedimentales pertinentes para ello. Esta información debería incluir, como mínimo, los siguientes extremos: (i) plazos para impugnar la

---

La existencia o no de esta garantía a dado lugar a innumerables debates en el seno de la comunidad científica. Entre aquellos que consideran que no existe tal derecho a la explicación, por todos, *vid.* WACHTER, S., MITTELSTADT, B. y FLORIDI, L., «Why a Right to Explanation of Automated Decision-Making Does Not Exist in the General Data Protection Regulation», en *International Data Privacy Law,* vol. 7, núm. 2, 2017, pp. 76-99. En el lado opuesto, entre quienes si abogan abiertamente por la existencia de este derecho de explicación encontramos: GOODMAN, B. y FLAXMAN, S., «EU Regulations on Algorithmic Decision-Making and right to Explanation», en *AI magazine,* vol. 38, núm. 3, 2017, pp. 50-57. En idéntico sentido, NÚÑEZ SEOANE, J., «El derecho de la información y acceso al funcionamiento de los algoritmos que tratan datos personales», en HUERGO LORA, A.J. (Dir.), *La regulación de los algoritmos,* Thomson Reuters-Aranzadi, Cizur Menor, 2020, p. 308.
Comprobadas las carencias y la defectuosa redacción del art. 22.3 RGPD, algunos autores han propuesto distintas modificaciones de *lege ferenda.* La primera de estas propuestas aboga abiertamente por añadir a la redacción del citado precepto el derecho a solicitar una explicación con una formulación que sea vinculante. También «debería quedar fuera de toda duda que el art. 22.1 establece una prohibición de llevar a cabo determinados tratamientos y que no se trata solo de un supuesto que puede dar lugar a un derecho de oposición». *Vid. Op. cit.* VILASAU I SOLANA, M., «La realización de…», p. 194.

290 *Vid. Op. cit.* GRUPO DE TRABAJO DEL ARTÍCULO 29, *Directrices sobre decisiones…,* p. 30.

decisión automatiza; (ii) organismo o unidad ante la que deberá presentar la reclamación; (iii) datos del delegado de protección de datos, cuando este exista; (iv) los argumentos que sustentan y motivan la decisión automatizada adoptada[291].

Sin perjuicio de lo anterior, cuando un particular considere que los derechos reconocidos en el actual marco regulador de protección de datos de carácter personal no han sido debidamente respetados o tutelados por parte del responsable del tratamiento[292], el interesado puede acudir a la autoridad de control competente (art. 77 RGPD) o a la vía judicial (art. 79 RGPD).

5. EL NECESARIO IMPULSO DE LA PRIVACIDAD DESDE EL DISEÑO Y POR DEFECTO

Además de demostrar el cumplimiento de estas previsiones mínimas, los grandes promotores tecnológicos deben tener en cuenta otra serie de cuestiones orientadas a garantizar la efectividad de la normativa de protección de datos personales ante el avance de la IA,

---

291 Sin ir más lejos, la Propuesta europea de Ley de Servicios Digitales contempla este extremo en varios pasajes de su texto articulado. Sin ir más lejos, el Considerando 44 establece lo siguiente: «[l]os destinatarios del servicio deben poder impugnar de manera fácil y efectiva ciertas decisiones de las plataformas en línea que les afecten negativamente. Por consiguiente, las plataformas en línea deben estar obligadas a establecer sistemas internos de tramitación de reclamación, que cumplan ciertas condiciones destinadas a garantizar que los sistemas sean fácilmente accesibles y produzcan resultados rápidos y justos. Además, debe contemplarse la vía de resolución extrajudicial de litigios, incluidas las que no puedan resolverse de manera satisfactoria a través de los sistemas internos de tramitación de reclamaciones, por organismos certificados que posean la independencia, los medios y los conocimientos necesarios para desarrollar sus actividades con equidad, rapidez y eficacia en términos de costes. Las posibilidades de impugnar las decisiones de las plataformas en línea así creadas deben ser complementarias a la posibilidad de recurso judicial, que no debería verse afectada en ningún aspecto, de conformidad con la legislación del Estado miembro de que se trate».

292 Dentro de estos derechos o facultades deben entenderse integradas las garantías examinadas con anterioridad, es decir: el derecho a obtener información humana, el derecho del particular a expresar su punto de vista y el derecho de impugnación.

minimizando el riesgo para los derechos y libertades fundamentales de la ciudadanía[293].

En este sentido, con la finalidad de sistematizar las medidas adoptadas en materia de privacidad sería conveniente promover la adopción de políticas de protección de datos (art. 24 RGPD)[294] en el seno de las organizaciones encargadas de impulsar el avance del desarrollo tecnológico, así como implementar la realización de evaluaciones de impacto en protección de datos[295], cuestión esencial para identifi-

---

293 Como es sabido por todos, la privacidad debe integrarse desde el inicio en la gestión y ciclo de vida del tratamiento de datos. En este sentido, conviene recordar que la privacidad desde el diseño (art. 25 RGPD) «es un principio esencial en la nueva filosofía de acción de la responsabilidad proactiva del RGPD de la UE». *Vid. Op. cit.* COTINO HUESO, L., «Ética en el…», p. 36.
En el momento actual en el que asistimos a la proliferación de multitud de herramientas y soluciones de IA, la Unión Europea aboga por ir un paso más allá de las fronteras propias de la protección de datos desde el diseño y por defecto, lo que se traducirá en el futurible advenimiento de un nuevo principio clave como es el de la «ética por diseño», según el cual los principios éticos y legales, conforme a lo establecido en el RGPD, la legislación de competencia y el principio de no discriminación deberán implementarse desde el origen del proceso de implementación de sistemas algorítmicos. A ello hay que añadir, además, la exigencia de la transparencia y explicabilidad también en el diseño mismo. *Vid.* INTERNATIONAL CONFERENCE OF DATA PROTECTION AND PRIVACY COMMISSIONERS, *Declaration on ethics and data protection in artificial intelligence*, Bruselas, 2018, p. 4.

294 Esta política convivirá con una política de calidad, una política de sistemas de información, una de seguridad y una política de toma de decisiones, entre otras.

295 El Considerando 78 RGPD es claro al señalar que «[l]a protección de los derechos y libertades de las personas físicas con respecto al tratamiento de datos personales exige la adopción de medidas técnicas y organizativas apropiadas con el fin de garantizar el cumplimiento de los requisitos del presente Reglamento. A fin de poder demostrar la conformidad con el presente Reglamento, el responsable del tratamiento debe adoptar políticas internas y aplicar medidas que cumplan en particular los principios de protección de datos desde el diseño y por defecto. Dichas medidas podrían consistir, entre otras, en reducir al máximo el tratamiento de datos personales, seudonimizar lo antes posible los datos personales, dar transparencia a las funciones y el tratamiento de datos personales, permitiendo a los interesados supervisar el tratamiento de datos y al responsable del tratamiento crear y mejorar elementos de seguridad. Al desarrollar, diseñar, seleccionar y usar aplicaciones, servicios y productos que están basados en el tratamiento de datos personales o que tratan datos personales para cumplir su función, ha de alentarse a los productores de los productos, servicios y aplicaciones a que tengan en cuenta el derecho a la protección de

car cuáles son los requisitos de privacidad a incorporar y poder aplicar, de manera efectiva, las medidas de privacidad desde el diseño y por defecto en los procesos de selección e implementación de las diferentes soluciones de IA.

El art. 25 RGPD constituye una disposición cargada de una poderosa fuerza expansiva[296], en la medida en que obliga a los responsables del tratamiento de datos personales a implantar, promocionar y prever la dimensión de protección de datos de carácter personal desde la fase inicial del diseño de los sistemas algorítmicos[297]. Por tanto, si en esas fases iniciales no se han perfilado los elementos normativos que dan forma a este principio de privacidad desde el diseño y por defecto, «muy probablemente el sistema presentará defectos de cumplimiento normativo en materia de protección de datos cuando se incorpore al entorno donde adoptará decisiones»[298].

Con relación a lo anterior, la aplicación de medidas de protección de datos por defecto y desde el diseño en el ámbito de los sistemas algorítmicos y la toma de decisiones automatizadas está estrechamente relacionado, entre otras, con las siguientes medidas: (i) el aná-

---

datos cuando desarrollan y diseñen estos productos, servicios y aplicaciones, y que se aseguren, con la debida atención al estado de la técnica, de que los responsables y los encargados del tratamiento están en condiciones de cumplir sus obligaciones en materia de protección de datos. Los principios de la protección de datos desde el diseño y por defecto también deben tenerse en cuenta en el contexto de los contratos públicos».

296 Por tanto, el RGPD le confiere la categoría de requisito legal encargado de integrar las garantías para la protección de los derechos y libertados de los ciudadanos con relación a sus datos personales desde las primeras etapas del desarrollo de sistemas y productos. Entendido pues como la necesidad de considerar la privacidad y los principios de protección de datos desde la concepción de cualquier tipo de tratamiento y a los efectos de redacción de este documento, los términos «protección de datos desde el diseño» y «privacidad desde el diseño» pueden ser considerados equivalentes. *Vid.* AGENCIA ESPAÑOLA DE PROTECCIÓN DE DATOS, *Guía de Privacidad desde el Diseño,* Madrid, 2019, p. 6.

297 Muchas de estas medidas aparecen tasadas en AGENCIA ESPAÑOLA DE PROTECCIÓN DE DATOS, *Protección de datos por defecto: listado de medidas,* Madrid, 2022, p. 1 y ss.

298 Un ejemplo de esta forma de proceder lo encontraríamos en la falta de justificación de las correlaciones extraídas por el sistema algorítmico. *Vid. Op. cit.* PALMA ORTIGOSA, A., *Decisiones automatizadas y…,* p. 227.

lisis previo de las necesidades de tratamiento de datos personales, en cantidad y extensión, en las distintas etapas siguiendo criterios de minimización; (ii) el análisis de la exactitud, fidelidad, calidad y sesgos de los datos utilizados o capturados para el desarrollo o la operación del componente IA, así como los métodos de depuración de datos utilizados; y (iii) la comprobación y realización de procesos de pruebas y validación de la precisión, exactitud, convergencia, consistencia, predictibilidad y cualquier otra métrica de la bondad de los algoritmos empleados, perfilados e inferencias. Además, la verificación de que estos parámetros cumplen los requisitos necesarios para el tratamiento[299].

6. LA IMPORTANCIA DE LA GESTIÓN DEL RIESGO PARA LOS DERECHOS Y LIBERTADES Y EL PROTAGONISMO CAPITAL DE LAS EVALUACIONES DE IMPACTO SOBRE LA PRIVACIDAD

La gestión del riesgo[300] para los derechos y libertades es una actividad continua y forma parte imprescindible del concepto de «responsabilidad proactiva» o *«accountability»* que se establece en el nuevo marco normativo europeo de tutela jurídica de la protección de datos de carácter personal[301]. Si bien es cierto que el RGPD no esta-

---

299 *Vid. Op. cit.* AGENCIA ESPAÑOLA DE PROTECCIÓN DE DATOS, *Adecuación al RGPD...*, p. 46.

300 El RGPD hace referencia al término «riesgo» en setenta y tres ocasiones a lo largo del texto, y de forma específica, en los arts. 4.24, 23.2.g), 24.1, 25.1, 27.2.a), 30.5, 32, 33, 34, 35, 36, 39.2, 49.1, entre otros. En particular, el artículo 24.1 RGPD establece lo siguiente: «teniendo en cuenta la naturaleza, el ámbito, el contexto y los fines del tratamiento, así como los riesgos de diversa probabilidad y gravedad para los derechos y libertades de las personas físicas, el responsable del tratamiento aplicará medidas técnicas y organizativas apropiadas a fin de garantizar y poder demostrar que el tratamiento es conforme con el presente Reglamento. Dichas medidas se revisarán y actualizarán cuando sea necesario». *Vid.* AGENCIA ESPAÑOLA DE PROTECCIÓN DE DATOS, *Gestión del riesgo y evaluación de impacto en tratamientos de datos personales*, Madrid, 2021, p. 15.

301 El Considerando 75 RGPD desarrolla el concepto de riesgo para los derechos y libertades como cualquier efecto o consecuencia no deseados sobre los interesados o no previsto en el propio tratamiento de datos personales, capaz de

blece de forma específica qué elementos de responsabilidad proactiva deben implementarse de forma obligatoria o la forma en que estos instrumentos deben impulsarse, limitándose a proporcionar un amplio grado de flexibilidad para que muy distintos tratamientos se adecúen a la norma, sí establece que dichas medidas se han de seleccionar siguiendo un análisis basado en el riesgo o *«risk based thinking»* (RBT), y específicamente en el riesgo para los derechos y libertades de las personas con relación al tratamiento de sus datos personales y la elaboración de perfiles[302].

La EIPD es una obligación establecida en el RGPD cuando los niveles de riesgo asociados al tratamiento son elevados. Esta obligación implica ir más allá de realizar la mera gestión del riesgo del tratamiento, puesto que exige una formalidad adicional a la hora de ejecutar dicha gestión. La necesidad de que cada responsable lleve a cabo una evaluación de impacto de la protección de datos se establece en el artículo 35 del RGPD cuando, según el apartado 1, *«el tratamiento entrañe un*

generar daños o perjuicios sobre sus derechos y libertades, particularizando, entre otros: los daños y perjuicios físicos, materiales o inmateriales, problemas de discriminación, usurpación de identidad o fraude, pérdidas financieras, daño para la reputación, pérdida de confidencialidad de datos sujetos al secreto profesional, reversión no autorizada de la seudonimización, perjuicios económicos o sociales, privación a los interesados de sus derechos y libertades, que se les impida ejercer el control sobre sus datos personales, etc.

302 El RBT tiene dos fases fundamentales: la primera es la identificación de amenazas y evaluación del nivel de riesgo intrínseco existente; y la segunda es la gestión de este riesgo mediante la implementación de medidas técnicas y organizativas, adecuadas y proporcionales, para eliminarlo o al menos mitigarlo, reduciendo el impacto o la probabilidad de que se materialicen las amenazas identificadas. Por último, una vez implementadas las medidas seleccionadas, se debe evaluar el riesgo residual remanente y mantenerlo controlado. Ahora bien, conviene subrayar que, tanto para determinar el riesgo, como para establecer las medidas apropiadas para gestionarlo, es preciso realizar un análisis del tratamiento, dividiendo el mismo en sus distintas fases y administrar las peculiaridades de cada una de ellas. De esta forma, para determinar el nivel de riesgo de un tratamiento basado o que contiene fases en las que existe un componente IA hay que tener en cuenta: (i) los riesgos que se derivan del tratamiento en sí mismo, siendo el más característico el que se deriva del sesgo en los sistemas de toma de decisiones sobre las personas o su discriminación *(algorithmic discrimination);* y (ii) los riesgos que se derivan del tratamiento con relación al contexto social y los efectos colaterales que se puedan derivar de él, indirectamente relacionados con el objeto de tratamiento.

alto riesgo para los derechos y libertades de las personas físicas». En particular, pero no de forma exclusiva, y tal como establece el artículo 35.3.a) RGPD, es necesario realizar una EIPD cuando se realice la elaboración de perfiles, basados en tratamientos automatizados[303] sobre los que se

303 Para facilitar a los responsables de los tratamientos la identificación de aquellos tratamientos que requieren una EIPD, el RGPD dispone que las autoridades de control deberán publicar una lista con los tratamientos que requieran de una EIPD, la cual deberá ser comunicada al Comité Europeo de Protección de Datos. De conformidad con el listado y el criterio marcado por la AEPD, el cual debe entenderse como una lista no exhaustiva, estarán sujetos a la realización de EIPD: (i) los tratamientos que impliquen perfilado o valoración de sujetos, incluida la recogida de datos del sujeto en múltiples ámbitos de su vida (desempeño en el trabajo, personalidad y comportamiento), que cubran varios aspectos de su personalidad o sobre sobre sus hábitos; (ii) los tratamientos que impliquen la toma de decisiones automatizadas o que contribuyan en gran medida a la toma de tales decisiones, incluyendo cualquier tipo de decisión que impida a un interesado el ejercicio de un derecho o el acceso a un bien o un servicio o formar parte de un contrato; (iii) los tratamientos que impliquen la observación, monitorización, supervisión, geolocalización o control del interesado de forma sistemática y exhaustiva, incluida la recogida de datos y metadatos a través de redes, aplicaciones o en zonas de acceso público, así como el procesamiento de identificadores únicos que permitan la identificación de usuarios de servicios de la sociedad de la información como pueden ser los servicios web, TV interactiva, aplicaciones móviles, etc.; (iv) los tratamientos que impliquen el uso de categorías especiales de datos a las que se refiere el art. 9.1 RGPD, datos relativos a condenas o infracciones penales a los que se refiere el art. 10 RGPD o datos que permitan determinar la situación financiera o de solvencia patrimonial o deducir información sobre las personas relacionada con categorías especiales de datos; (v) los tratamientos que impliquen el uso de datos biométricos con el propósito de identificar de manera única a una persona física; (vi) los tratamientos que impliquen el uso de datos genéticos para cualquier fin; (vii) los tratamientos que impliquen el uso de datos a gran escala; (viii) los tratamientos que impliquen la asociación, combinación o enlace de registros de bases de datos de dos o más tratamientos con finalidades diferentes o por responsables distintos; (ix) los tratamientos de datos de sujetos vulnerables o en riesgo de exclusión social, incluyendo datos de menores de 14 años, mayores con algún grado de discapacidad, discapacitados, personas que acceden a servicios sociales y víctimas de violencia de género, así como sus descendientes y personas que estén bajo su guardia y custodia; (x) los tratamientos que impliquen la utilización de nuevas tecnologías o un uso innovador de tecnologías consolidadas, incluyendo la utilización de tecnologías a una nueva escala, con un nuevo objetivo o combinadas con otras, de forma que suponga nuevas formas de recogida y utilización de datos con riesgo para los derechos y libertades de las personas; y (xi) los tratamientos de datos que impidan a los interesados ejercer sus dere-

tomen decisiones que produzcan efectos jurídicos para las personas físicas o que les afecten significativamente[304].

La EIPD se ha de realizar antes de que se ejecute el tratamiento efectivo de los datos de carácter personal, es decir, antes de iniciar el tratamiento. Por lo tanto, la validación ha de realizarse antes del diseño y/o selección e implementación de la solución IA para un determinado tratamiento y que, de esta forma, sea posible identificar cuáles son los requisitos de privacidad a incorporar y poder aplicar, de manera efectiva, las medidas de privacidad desde el diseño y por defecto.

Asimismo, el artículo 35.2 RGPD establece la obligación del responsable de recabar el asesoramiento del delegado de protección de datos, si éste ha sido nombrado. También es importante tener en cuenta que el artículo 35.9 RGPD establece que, cuando proceda, se recabará la opinión de los interesados[305].

En el caso de las soluciones IA, esta opinión es particularmente importante para entender, además de la tecnología en sí, el contexto

---

chos, utilizar un servicio o ejecutar un contrato, como por ejemplo tratamientos en los que los datos han sido recopilados por un responsable distinto al que los va a tratar y aplica alguna de las excepciones sobre la información que debe proporcionarse a los interesados según el art. 14.5, letras b), c) y d) del RGPD.

304 Con el propósito de facilitar que los responsables del tratamiento dispongan de instrucciones precisas para poder desarrollar una EIPD con las máximas garantías, recientemente la Agencia Española de Protección de Datos ha presentado una lista de verificación para identificar y determinar de una forma rápida si el proceso y la documentación que están empleando para llevar a cabo una Evaluación de Impacto en la Protección de Datos contiene los elementos exigidos por el actual marco normativo europeo. *Vid.* AGENCIA ESPAÑOLA DE PROTECCIÓN DE DATOS, *Lista de verificación para determinar la adecuación formal de una EIPD y la presentación de consulta previa,* Madrid, 2022. Disponible en: https://bit.ly/3aX2NIn

305 El RGPD establece y tipifica infracciones en el caso de ausencia o falta de adecuación del desarrollo de la EIPD cuando sea preciso llevarla a cabo. Concretamente, el RGPD establece en el art. 83.4 que las infracciones a los arts. 35 «Evaluación de Impacto relativa a la Protección de Datos» y 36 «Consulta Previa» se sancionarán con multas administrativas de 10.000.000€ como máximo o, tratándose de una empresa, de una cuantía equivalente al 2% como máximo del volumen de negocio total anual global del ejercicio financiero anterior, optándose por la de mayor cuantía.

preciso en el que se va a emplear esta y los modelos específicos de riesgo para los derechos y libertades de los interesados. El concepto de interesado ha de entenderse extendido tanto a los operadores humanos que interpretan o supervisan los resultados de la IA como a los sujetos sometidos a su tratamiento.

En particular, cuando el tratamiento, de forma automatizada, elabore perfiles y tome decisiones, hay que identificar todas estas decisiones en las distintas fases del tratamiento, detallarlas, analizar tanto los parámetros de funcionamiento, como los márgenes de error, y evaluar cuidadosamente qué efectos tienen sobre los interesados[306]. Una EIPD ha de concretarse en la adopción de una serie de medidas específicas y concretas para la gestión del riesgo, algunas de ellas orientadas a reforzar las obligaciones de cumplimiento en función de dicho riesgo y que afectan a: (i) la concepción del tratamiento, en sus fases, procedimientos, tecnologías y extensión; (ii) la incorporación de medidas de privacidad por defecto y desde el diseño en el tratamiento[307]; (iii) la identificación de requisitos de seguridad que

306 La EIPD debe estar documentada y, cuando se evidencie un alto riesgo residual, ha de someterse a consulta de la autoridad de control con las condiciones establecidas en el art. 36 RGPD.

307 Con carácter general, dichas medidas deben seguir los siguientes principios de actuación: (a) minimizar la cantidad de datos que son tratados, tanto en volumen de información recopilada como en el tamaño de la población de estudio, así como a lo largo de las diferentes fases del tratamiento; (b) agregar los datos personales en la medida de lo posible para reducir al máximo el nivel de detalle que es posible obtener; (c) ocultar los datos personales y sus interrelaciones para limitar su exposición y que no sean visibles por partes no interesadas; (d) separar los contextos de tratamiento para dificultar la correlación de fuentes de información independientes, así como la posibilidad de inferir información; (e) mejorar la Información a los interesados, en tiempo y forma, de las características y bases jurídicas de su tratamiento para fomentar la transparencia y permitir a los interesados tomar decisiones informadas sobre el tratamiento de sus datos; (f) proporcionar medios a interesados para que puedan controlar cómo sus datos son recogidos, tratados, usados y comunicados a terceras partes mediante la implementación de mecanismos adaptados al nivel de riesgo que les permita realizar el ejercicio de sus derechos en materia de protección de datos; (g) cumplir con una política de privacidad compatible con las obligaciones y requisitos legales impuestos por la normativa; y (h) demostrar, en aplicación del principio de responsabilidad proactiva, el cumplimiento de la política de protección de datos que esté aplicando, así como del resto de requisitos y obli-

minimicen el riesgo para la privacidad; y (iv) la adopción de medidas específicas dirigidas a implementar un sistema de gobernanza de los datos personales que permitan demostrar el cumplimiento de principios, derechos y garantías para gestionar el riesgo de los tratamientos realizados[308].

7. CUMPLIMIENTO DE LAS CONDICIONES PARA PODER REALIZAR TRANSFERENCIAS INTERNACIONALES DE DATOS

Así mismo, dispone de importancia creciente el cumplimiento de las condiciones para poder realizar transferencias internacionales de datos[309] (arts. 44 al 50 RGPD). El desarrollo o despliegue de un componente de IA basado en servicios en la nube, la comunicación de los datos de los usuarios a terceros para evolucionar el modelo de IA, o

---

gaciones legales impuestos por el Reglamento, tanto a los interesados como a las autoridades de control. Esto implica auditar dinámicamente el resultado y las conclusiones de los tratamientos, evaluando las divergencias o desviaciones sobre los inicialmente previstos o evaluados como previsibles, incluidos los algoritmos ejecutados, para adoptar, en su caso, medidas correctivas, incluida, la supresión de la información y documentar detalladamente el análisis realizado y las medidas adoptadas. *Vid. Op. cit.* AGENCIA ESPAÑOLA DE PROTECCIÓN DE DATOS, *Adecuación al RGPD...*, p. 32.

308 Con el propósito de facilitar esta ardua tarea, hace escasas fechas la AEPD ha lanzado la herramienta EVALÚA_RIESGO RGPD (v2), la cual tiene como objeto servir de ayuda a responsables y encargados a la hora de identificar los factores de riesgo para los derechos y libertades de los interesados cuyos datos están presentes en el tratamiento, hacer una primera evaluación del riesgo intrínseco, incluyendo la necesidad de realizar una EIPD, y estimar el riesgo residual si se utilizan medidas y garantías para mitigar los factores de riesgos específicos. La herramienta se encuentra disponible en el siguiente enlace: https://bit.ly/3Sg3uxl

309 Recuérdese que el pasado 16 de julio de 2020 el Tribunal de Justicia de la Unión Europea (TJUE) publicó una sentencia crucial por la que se anula la Decisión 2016/1250 de la Comisión que declaraba el nivel adecuado de protección del esquema del Escudo de Privacidad (*Privacy Shield*) para las transferencias internacionales de datos a EEUU. Esta Decisión sustituía a su vez a Puerto Seguro, que también fue declarado inválido por el TJUE en octubre de 2015. *Vid.* STJUE de 23 de julio de 2020, Comisaria de Protección de Datos/Facebook Irlanda y Maximillian Schrems (Asunto C-311/18).

la distribución de componentes de IA en el caso de que existan datos personales inherentes al modelo, pueden implicar flujos transfronterizos de datos a terceros países. En cambio, no tendrán la consideración de transferencia internacional de datos los flujos de datos que se produzcan dentro del marco del Espacio Común Europeo[310].

Dichas transferencias han de aplicar las garantías que se establecen en el Capítulo V del RGPD. Especialmente importante es establecer mecanismos para permitir que las contrataciones que se realicen en este contexto de transferencias internacionales se gestionen con fluidez, asegurando al mismo tiempo que el cliente responsable tiene información suficiente sobre los contratistas, o potenciales contratistas, y que este mantiene la capacidad de tomar decisiones. Cuando existen transferencias internacionales hay que informar a los interesados en los términos del arts. 13 y 14 RGPD e incluirlo en el registro de actividades de tratamiento.

Todo ello pone de relieve la necesidad de avanzar hacia una digitalización humanista, en la que la tutela jurídica de los derechos de la privacidad y el principio de proporcionalidad[311] juegan un papel primordial, como escudo protector de la dignidad de la persona ante un avance digital desmedido y carente de garantías suficientes, cuya promoción debería liderar el conjunto de las Administraciones públicas en aras de una transformación digital antropocéntrica, ética, igualitaria y sostenible.

---

310 Es decir, los Estados de la Unión Europea más Islandia, Noruega y Liechtenstein.

311 En cuanto a la proporcionalidad, tal y como señala la STC 207/1996, de 16 de diciembre, BOE núm. 19, de 22 de enero de 1997, FJ4, determina que se trata de «una exigencia común y constante para la constitucionalidad de cualquier medida restrictiva de derechos fundamentales, entre ellas las que supongan una injerencia en los derechos a la integridad física y a la intimidad, y más en particular de las medidas restrictivas de derechos fundamentales adoptadas en el curso de un proceso penal viene determinada por la estricta observancia del principio de proporcionalidad. En este sentido, hemos destacado que, para comprobar si una medida restrictiva de un derecho fundamental supera el juicio de proporcionalidad, es necesario constatar si cumple los tres siguientes requisitos o condiciones: «si tal medida es susceptible de conseguir el objetivo propuesto (juicio de idoneidad); si, además, es necesaria, en el sentido de que no exista otra medida más moderada para la consecución de tal propósito con igual eficacia (juicio de necesidad); y, finalmente, si la misma es ponderada o equilibrada, por derivarse de ella más beneficios o ventajas para el interés general que perjuicios sobre otros bienes o valores en conflicto (juicio de proporcionalidad en sentido estricto)».

IV. Hacia la gobernanza algorítmica: el necesario establecimiento de límites y controles a la inteligencia artificial

Durante los últimos años, las instituciones europeas han trabajado de forma incansable en el establecimiento de las bases de un modelo de gobernanza de la IA y un marco regulador sobre el desarrollo y el impacto que estas tecnologías pueden ejercer en la sociedad actual[312]. Esfuerzos todos ellos que están orientados, como no podía ser de otra manera, a convertir a Europa en el centro mundial de la gobernanza de la inteligencia artificial, con un doble objetivo: por un lado, preservar el liderazgo tecnológico de la Unión Europea y, por otro, garantizar que los europeos puedan beneficiarse de las mejores tecnologías disponibles, las cuales deberán ser desarrolladas y funcionar de conformidad con los valores, los derechos fundamentales y los principios de la Unión[313].

---

312 En efecto, como ya señalaron a finales de la pasada década FERNANDO PABLO, M.M. y TERRÓN SANTOS, D., «Sobre la gobernanza de la inteligencia artificial», en DEL GUAYO CASTIELLA, I. y FERNANDEZ CARBALLAL, A. (Coords.), *Los desafíos del derecho público en el siglo XXI: libro conmemorativo del XXV aniversario del acceso a la Cátedra del Profesor Jaime Rodríguez-Arana Muñoz*, Instituto Nacional de Administración Pública, Madrid, 2019, p. 402; «existen ya algunos documentos y grupos de investigación preocupados por adelantar alguna consideración sino jurídico-positiva, de estricto derecho, si al menos de gobernanza en todo este fenómeno. Si bien se observa, no es más que elemento que se ha dado en todo proceso histórico reciente, cuando las habilidades técnicas comienzan a influir en la sociedad. Sucedió con la biotecnología, o con la informática y los datos personales, y está sucediendo con los usos de la nanotecnología, por ejemplo. Desde el sector implicado, desde el poder público o el tercer sector, algunos foros presentan fundadas preocupaciones que, a modo de llamada, terminan por ser recogidas y formuladas en términos jurídicos. Y como ha sucedido también en esos otros sectores, es quizá el poder público, la Administración, quien debe, finalmente disciplinar jurídicamente los riesgos implicados, sin que pueda dejarse el fenómeno en manos de la simple autorregulación».

313 Lograr este objetivo exige «superar las respuestas reactivas y empezar a pensar en el futuro de la datificación y la gobernanza algorítmica; en las transformaciones polí-

De conformidad con la acepción otorgada por la Real Academia Española (RAE), se entiende por *gobernanza* el «arte o manera de gobernar que se propone como objetivo el logro de un desarrollo económico, social e institucional duradero, promoviendo un sano equilibrio entre el Estado, la sociedad civil y el mercado de la economía». Actualmente nos encontramos en un momento temporal caracterizado por un marcado «vacío regulatorio», solamente alterado por la irrupción de diversas iniciativas que abogan por una suerte de «autorregulación», que imposibilita gestionar el potencial de las soluciones tecnológicas sustentadas en sistemas algorítmicos, y también identificar y contrarrestar con eficacia sus nocivos impactos.

Resulta fundamental, por tanto, determinar que modelo de gobernanza de la IA queremos instaurar en el viejo continente europeo[314], ya que de esta decisión depende no solamente sentar las bases para el desarrollo de esta poderosa tecnología y sus aplicaciones, velando por su integridad, su equidad y su alineación con valores compartidos, y minimizando sus riesgos y efectos indeseados a nivel económico y social[315],

---

ticas, sociales y legislativas asociadas a la robotización, la digitalización y la automatización». *Vid.* INNERARITY, D. y COLOMINA, C., «La verdad en las democracias algorítmicas», en *Revista CIDOB d'Afers Internacionals,* núm. 124, 2020, pp. 21-22.

314 Hasta donde tenemos constancia, todo parece indicar que la Unión Europea aboga por el establecimiento de una regulación del fenómeno de la inteligencia artificial cuyo centro es el ser humano, que garantiza el Estado de Derecho y los Derechos fundamentales, mediante el impulso de una poderosa legislación armonizada en materia de protección de datos personales con la que se pretende garantizar la pervivencia de la dignidad del individuo frente al avance digital. En el lado opuesto del tablero se sitúan los modelos de gobernanza de la inteligencia artificial que han arraigado en la República Popular China y Estados Unidos, líderes tecnológicos, con regímenes políticos diferentes, donde los datos personales que son esenciales para el funcionamiento de los algoritmos pertenecen al gobierno o a las empresas. Al respecto, *vid.* COTINO HUESO, L., CASTILLO, J., SALAZAR, I., BENJAMINIS, R., CUMBRERAS, M., y ESTEBAN, A. M., «Un análisis crítico constructivo de la Propuesta de Reglamento de la Unión Europea por el que se establecen normas armonizadas sobre la Inteligencia Artificial (Artificial Intelligence Act)», en *Diario La Ley*, 2 de julio de 2021, pp. 1-15.

315 El debate acerca de la necesidad de regular la inteligencia artificial olvida una realidad incontestable: hace más de 40 años que la legislación francesa contiene un marco regulador de los algoritmos. *Vid.* COMMISSION NATIONALE DE L'INFORMATIQUE ET DES LIBERTÉS, *Comment Permettre à L'Homme de Garder la Main? Les enjeux éthiques des algorithmes et de l'intelligence artificielle. Synthèse du*

sino también buena parte del futuro marco normativo encargado de regular la IA[316].

Sentado lo anterior, conviene detenerse en el sucinto análisis de una serie de alternativas y/o posibilidades que, en nuestra modesta opinión, los poderes públicos deberían contemplar a la hora de diseñar los contornos del modelo de gobernanza europeo de la inteligencia artificial, con el propósito de maximizar el aprovechamiento de las potencialidades que presentan los sistemas algorítmicos y revigorizar el protagonismo que el Derecho, como fuente de garantía y certidumbre para los diferentes actores implicados, puede ejercer como catalizador de una innovación digital ética, sostenible y antropocéntrica[317]. A tal fin, a continuación, se analizan una serie de límites y controles que el poder público debe explorar ante el incipiente avance de la IA, especialmente en el Sector público, con el propósito de esclarecer las zonas sombrías que planean ante el auge masivo de las decisiones automatizadas.

Débat Public Animé par la CNIL dans le Cadre de la Mission de Réflexion Éthique Confiée par la Loi Pour Une République Numérique, Paris, 2017, p. 45.

316 *Vid.* WISNER GLUSKO, D.C., «Breves reflexiones sobre la importancia del Estado de Derecho en el desarrollo del marco legal sobre los sistemas de inteligencia artificial en la Unión Europea», en LLANO ALONSO, F.H. (Dir.), *Inteligencia artificial y filosofía del derecho,* Laborum, Murcia, 2022, p. 535; uno de los grandes cuestionamientos que se plantean, cuando estamos frente a fenómenos disruptivos o que tienen que ver con la evolución de la técnica, la tecnología o la ciencia, es establecer si realmente estas últimas, de forma directa o indirecta, influyen en cómo será su regulación normativa, o si por el contrario, es el Derecho el que determina cómo se desarrollan y se aplican dichas tecnologías. Seguramente recordaréis que, en los inicios de Internet, existía una corriente de pensamiento en torno a la idea de que regular internet era poner puertas al campo. Lo cierto es que esa corriente supuso un vacío legal en la primera etapa de desarrollo —básicamente por no distinguir claramente la tecnología utilizada y las consecuencias de ese uso u aplicación— y que luego la legislación ha ido corrigiendo.

317 La adopción del RGPD ha encauzado en el continente europeo el debate acerca de la necesidad de avanzar hacia la responsabilidad algorítmica. Dicha norma, en origen, establece «un régimen de gobernanza colaborativa, lleno de estándares y de diálogos entre el legislador y los responsables, con una eventual decisión final jurisdiccional, con códigos de conducta y recomendaciones, así como evaluaciones de impacto». *Vid.* KAMINSKI, M.E., «The Right to Explanation, Explained», en *Berkeley Technology Law Journal,* vol. 34, 2019, p. 195.

1. DESARROLLADORES TECNOLÓGICOS, SISTEMAS ALGORÍTMICOS Y HUMANISMO DIGITAL

Básicamente implica acudir una vez más al razonamiento del algoritmo. Supondría algo así como recurrir a la trazabilidad del algoritmo, esto es su verificación a través del proceso de diseño e implementación de este. En términos de «corrección», significa que se pueda determinar que el algoritmo siempre produce la salida esperada para el rango de entradas y además tiene carácter finito, es decir, termina en algún momento. Esto solamente se puede llevar a cabo de forma empírica, lo que supone traducir el algoritmo a un lenguaje de programación, para posteriormente ser ejecutado por una computadora y comprobar los resultados.

Hecho esto, procederíamos a comprobar que el mismo se ha realizado, en toda su extensión (diseño, desarrollo e implementación), en los términos deseados, sin incurrir en desviaciones, no generando respuestas no deseadas. Esta tarea exige un control humano, habida cuenta de que la solución tecnológica no va a «asumir» que puede equivocarse, toda vez que su resultado siempre será axiomático, libre de error y, por tanto, válido en todos sus extremos[318].

Pero este control no está exento de problemas, básicamente porque este sistema solo serviría para aplicar en aquellos casos en los que para la elaboración del algoritmo se hubiera seguido un método lineal, no sirviendo este mecanismo para aquellos supuestos que se apartan de tal método, que obviamente no son todos los existentes, como hemos podido comprobar. Además, el desarrollo de estas actuaciones de supervisión y control de los sistemas algorítmicos requieren un importante haz de competencias digitales, de carácter eminentemente técnico, lo que exigirá apostar por la incorporación de estos perfiles profesionales en el organigrama de las diferentes Administraciones públicas o externalizar dichas tareas. Es momento, por tanto, de tomar las riendas de la digitalización y hacer que la inteligencia artificial se ponga a favor de las personas y de la humanidad en su conjunto, en una suerte de «*Humanismo*

---

318 *Vid. Op. cit.* TERRÓN SANTOS, D. y DOMÍNGUEZ ÁLVAREZ, J.L., *i-Administración pública y…*, p. 117.

Digital»[319]. Ello exige necesariamente revigorizar la dimensión ética del desarrollo tecnológico[320], cuestión que como ya hemos apuntado en anteriores pasajes de esta obra se ha convertido en los últimos años en uno de los desafíos más acuciantes de las sociedades de nuestro tiempo.

2. LIBERALIZACIÓN DEL CÓDIGO ALGORÍTMICO VERSUS PROPIEDAD INTELECTUAL

La alternativa de proceder a liberar el código fuente o programa fuente del algoritmo, o determinar su consideración como dominio público[321], tampoco resulta desconocida, pero al igual que la an-

---

319 *Vid.* FERNÁNDEZ FERNÁNDEZ, J.L., «Hacia el Humanismo Digital desde un denominador común para la Ciber Ética y la Ética de la Inteligencia Artificial», en *Disputatio. Philosophical Research Bulletin*, vol. 10, núm. 17, 2021, p. 123 quien afirma lo siguiente: «[e]n consecuencia, tal vez merezca la pena mantener la diferencia entre la Inteligencia Artificial —mucho más potente, capaz de almacenar datos y de llevar a efecto operaciones y cómputos imposibles para cualquier persona— y la Inteligencia Natural. La Inteligencia Artificial es, en definitiva, un producto humano que supera a su productor... pero solo en un aspecto de la ecuación... Es más inteligente, sin duda alguna; si por inteligencia se entiende lo que va dicho. Pero, en cambio, tal vez nunca pueda resultar ser más lista. Si con esta categoría queremos referirnos a algo que no es sino patrimonio exclusivo de nuestra inteligencia sentiente. Es imperfecta, falible, limitada y frágil; pero, al mismo tiempo, resulta ser también empática, emocional, poética, libre, responsable y abierta [...] Mantener la bandera del humanismo en estos momentos pudiera incluso resultar un empeño, si no heroico, sí cuando menos, un tanto a contracorriente y discordante respecto al discurso que mayor eco parece encontrar en el gran relato que se va construyendo y en el que, entre otros protagonistas, destacan la Digitalización, la Ciber Sociedad y la Inteligencia Artificial. Con todo, merece la pena innovar desde la adecuada interacción hombre-máquina, hacia un nuevo Humanismo Digital. Al menos para quienes acepten la ardua tarea de perfeccionar de veras lo humano, sin traicionarlo».

320 Existen innumerables razones para «no permitir, sin más, que los algoritmos reemplacen por completo a los humanos en la toma de decisiones, o cuanto menos en regular las condiciones y los contextos de esa toma de decisiones». *Vid.* SEAVER, N., «Algorithms as culture: some tactics for the ethnography of algorithmic systems», en *Big Data & Society*, vol. 4, núm. 2, 2017, p. 6.

321 El código fuente de un algoritmo es el archivo o archivos con las instrucciones necesarias, realizadas en un lenguaje de programación, que sirve para compilar posteriormente al mismo. Luego es la esencia del algoritmo, por lo que será fundamental analizar si se permite que dicho código fuente esté disponible,

terior no carece de contraindicaciones[322]. Al menos eventualmente, ya que habilitaría la opción de poder «engañar» al código, en tanto que sería público el funcionamiento del algoritmo o lo que es lo mismo, dejar al descubierto cómo piensa este. La permeabilidad que supondría esta medida abre la puerta al diseño de algoritmos pensados, desde su origen, para adulterar otro algoritmo, consiguiendo el efecto contrario al inicialmente previsto, tergiversando los resultados en base, generalmente a través del empleo de información que no es la real o que ha sido elaborada con tal fin de forma intencionada. Por así decirlo, estaríamos diciéndole al

---

lo que posibilitaría que cualquiera pueda estudiarlo, modificarlo en su caso o incluso llegar a reutilizarlo, entrando aquí en juego la cuestión de los derechos de propiedad intelectual y autoría. En caso de encontrarse habilitada esta posibilidad estaríamos ante lo que se conoce como un algoritmo de código abierto, en contraposición con el de código cerrado que no cuenta con permiso de accesibilidad alguno al mismo. En definitiva, es la esencia del software libre, en contraposición al software privado. Cuestión distinta es que, consecuencia de la titularidad pública del algoritmo administrativo, por aplicación de los principios que rigen e informan la actividad pública, excepciones ciertas aparte, se entienda que el código fuente tenga que formar parte indefectiblemente del dominio público, entendiendo a estos efectos al patrimonio intelectual que se encuentra libre de cualquier forma de exclusividad en su acceso y utilización, incluyendo las propias relativas a los derechos de autor.

Hay que tener en cuenta que software libre y software de dominio público no es lo mismo. El denominado software libre, al fin y al cabo, está sujeto a una licencia. Esto implica que, si bien es posible la cesión a los usuarios del derecho de su uso de forma libre, en todo caso esta cesión se encuentra supeditada a las disposiciones establecidas en la propia licencia, que podrá establecer restricciones de su uso, limitar su distribución o someter ambas posibilidades al cumplimiento de requisitos ciertos. Por su parte, el software de dominio público supone la ausencia total de condicionantes en relación, no solo al acceso, sino incluso a la copia, distribución o empleo del software, como consecuencia de la ausencia de cualquier manifestación de licencia o autorización previa.

322 *Vid.* MORALES OÑATE, D.A., «Implicaciones jurídicas del algoritmo: derechos intelectuales y privacidad», en *FORO: Revista de Derecho*, núm. 36, 2021, p. 116; quien se plantea la siguiente incógnita: «¿Es posible proteger un algoritmo por derecho de autor? Sí, para quien considere que un algoritmo per se es una obra original ya que su desarrollo en sí mismo se encuentra materializado; y, no, para quien considere al algoritmo como una idea, contenido ideológico o técnico, procedimiento, método de operación o concepto matemático, normativa o resolución».

algoritmo aquello que quiere *oír* pero que no refleja la realidad que subyace detrás de la información suministrada.

Además, entraría en este punto en juego la consideración de los límites propios que plantea la propiedad intelectual, aunque se diluyera esta cuestión para el caso concreto de las Administraciones públicas[323].

---

[323] El algoritmo no es que carezca de manifestaciones relacionadas con la propiedad intelectual, pero su protección a través de la patente o los derechos de autor —copyright©—, se antoja, tanto en España como en el ámbito de la Unión Europea, difícil. Los algoritmos son, a estos efectos, considerados como métodos, principios o razonamientos abstractos para el análisis e interpretación de datos, lo que los aleja de quedar amparados por cualquiera de las dos figuras. Así la Directiva 2009/24/CE del Parlamento Europeo y del Consejo, de 23 de abril de 2009, sobre la protección jurídica de programas de ordenador, en su Considerando 11, dispone que «*las ideas y principios implícitos en los elementos del programa, incluidas las de sus interfaces, no pueden acogerse a la protección de los derechos de autor*, al igual que *la lógica, los algoritmos y los lenguajes de programación que abarquen ideas y principios*». Regulación que ya contemplaba previamente el Real Decreto Legislativo 1/1996, de 12 de abril, por el que se aprueba el texto refundido de la Ley de Propiedad Intelectual, que descarta la protección bajo derechos de autor de «*las ideas y principios en los que se basan cualquiera de los elementos de un programa de ordenador incluidos los que sirven de fundamento a sus interfaces*». Tampoco es favorable el Convenio de Múnich sobre Concesión de Patentes Europeas, de 5 de octubre de 1973, el cual determina que no podrán ser objeto de patente las teorías científicas y los métodos matemáticos, como tampoco *los planes, principios y métodos para el ejercicio de actividades y métodos (…) en el campo de las actividades económicas*. Ni tan siquiera el sistema de patentes USA aboga en favor de ello, en particular desde el asunto Alice Corporation Pty. Ldtd. V. CLS Bank International, donde se concluye que el hecho de que el algoritmo precise una aplicación informática no transforma una idea abstracta en una invención patentable. La patentabilidad del algoritmo en USA, implica la transformación de la idea abstracta en un método con una finalidad singular, nueva y útil —es decir que dé respuesta a un problema cierto—, asegurando a través de la patente una aplicabilidad práctica en lugar de una idea abstracta. Ahora bien, ninguna duda cabe, en cuanto que los algoritmos, como elementos de know-how, gozan plenamente de la protección que confiere la Ley 1/2019, de 20 de febrero de 2019, de secretos empresariales que transpone la Directiva (UE) 2016/943 del Parlamento Europeo y del Consejo, de 8 de junio de 2016, relativa a la protección de los conocimientos técnicos y la información empresarial no divulgados (secretos comerciales) contra su obtención, utilización y revelación ilícitas.

3. ESTABLECIMIENTO DE SISTEMAS DE AUDITORÍAS

Estaríamos ante un sistema de auditorías del algoritmo. Sin duda alguna, esta posibilidad está directamente relacionada con la primera de las que hemos analizado, en la medida en que no será factible realizar una auditoría del algoritmo si no es posible conocer la trazabilidad de este. La parcialidad del análisis no es más que una opción si no absolutamente secundaría, solamente justificable en aras de la imposibilidad cierta de que sea completa. Así, debe darse cumplimiento a la máxima por la que el diseño, desarrollo e implementación de un algoritmo deba permitir su auditoría. El control, interno o externo, que se habilita se realizará desde el análisis jurídico, comprendiendo las normas éticas y deontológicas[324].

Serviría de referente el sistema que se emplea para el caso concreto del tratamiento de datos, donde todo método de tratamiento de datos tendrá la consideración de actividad (de tratamiento) por lo que será obligatoria su inscripción (la del algoritmo) en el Registro de Actividades del Tratamiento (RAT). Tanto es así, que, dentro de este ámbito concreto, donde efectivamente se están llevando a cabo auditorias algorítmicas, entre otros objetivos, dirigidas a comprobar que el tratamiento realizado por el algoritmo esté adecuadamente recogido en el RAT y, además, comprenda toda la información contemplada en el art. 30 RGPD.

---

324 Así, todo algoritmo debe cumplir con lo dispuesto por las normas jurídicas y deontológicas vigentes. Sin ir más lejos, en el caso de la protección de datos personales es el marco establecido por el RGPD, así como por la Ley Orgánica 3/2018, de 5 de diciembre, de Protección de Datos Personales y garantía de los derechos digitales, junto con el RGPD, y aquellos textos jurídicos y normas sectoriales relacionados con el ámbito de actuación concreto que se aplique en el caso del algoritmo auditado. También debe cumplir con las normas y códigos deontológicos relacionados y debe ser diseñado, implementado y revisado desde una perspectiva ética, respetuosa con las normas sociales en materia de privacidad, protección de datos, igualdad, cohesión social, libertad y confianza. Se espera que el algoritmo respete y promueva el respeto de los derechos fundamentales que puedan verse afectados durante su diseño e implementación, más allá del derecho a la privacidad y la protección de datos (arts. 7 y 8 CEDH). Esto incluye derechos como la integridad (art. 3, CEDH) y libertad (art. 5 CEDH) de las personas implicadas.

Por tanto, no se pretende otra cosa que lograr que las auditorías de algoritmos procuren la adopción de sistemas de inteligencia artificial transparentes, pero sobre todo predecibles y controlables por, en ese orden, poderes públicos y los ciudadanos, con independencia de efectuarse después del diseño, pero antes del desarrollo del sistema, durante el mismo, o incluso finalizado éste. De esta forma se procura la identificación de riesgos, permitiendo incluso anticiparse a los mismos, pero sobre todo facilitar la corrección de errores y de los temidos sesgos algorítmicos. Sin duda alguna, supone un refuerzo cierto de los mecanismos de responsabilidad y rendición de cuentas, al tiempo que se garantiza la protección de los derechos y libertades de los ciudadanos, sean personas físicas o jurídicas en sus distintas manifestaciones[325].

Ahora bien, la metodología para auditar algoritmos, sin embargo, no es sencilla ni está completamente definida todavía, lo cual supone un desafío[326]. Lo que, sumado al desconocimiento de gran

---

325 La auditoría se concentra en analizar e identificar aquellos aspectos del diseño, desarrollo e implementación de un algoritmo, que pueden suponer producir un impacto desventajoso para los grupos más desfavorecidos y un incumplimiento de la normativa de protección de datos de cara a corregirlos y tenerlos en cuenta como requisitos de diseño en el desarrollo y uso de soluciones de IA. Con ello, busca contribuir a que estos algoritmos sean diseñados, desarrollados y utilizados de una forma adecuada desde el punto de vista jurídico, pero también que sean más controlables, deseables, sostenibles y socialmente justos y responsables. Esto implica que tengan un tratamiento igualitario de los grupos sociales implicados, sean transparentes y accesibles por parte de la ciudadanía, e incorporen mecanismos de seguridad para prevenir, identificar y mitigar posibles sesgos. Establecer un marco general para el desarrollo de estas auditorías es fundamental, dado que una auditoría algorítmica implementada de forma inadecuada puede tener también consecuencias indeseables, si no proponen medidas de corrección y mejora adecuadas, o no prestan especial atención a las propias medidas de recopilación y tratamiento de los datos personales y sensibles involucrados en el análisis del algoritmo. *Vid.* FUNDACIÓN ETICAS, *Guía de auditoría algorítmica,* Barcelona, 2021, p. 20. Disponible en: https://bit.ly/3SEzYSh

326 En este sentido, conviene tener presente que una auditoría algorítmica es un proceso dinámico, que se define de forma paralela al desarrollo y el funcionamiento del algoritmo. Por este motivo, no debe ser considerada como un conjunto inmutable de pasos, reproducibles de igual manera para cada auditoría algorítmica, sino que deberá adaptarse al caso del algoritmo concreto y al contexto específico de cada una de las situaciones en las que este se inscribe. No

parte de la sociedad y la opacidad de muchos de estos sistemas, hace imprescindible aportar claridad a las leyes aplicables a los sistemas algorítmicos y acercarlos a la ciudadanía. Por eso, es esencial que se elaboren guías para la práctica de las auditorias, donde se incluyan las definiciones de los términos básicos y las consideraciones previas necesarias para su comprensión. Tampoco sería desdeñable que se determinara un contenido más especializado centrado en los principios rectores de la auditoría algorítmica, las fases y las recomendaciones para la mejora de los sistemas tras realizar la auditoría.

Para completar este proceso con éxito, hay que atender al momento de su implementación. La eficacia requiere la realización de controles/auditorias en niveles intermedios, antes de la aplicación práctica del algoritmo, en este caso, mucho más importantes que los manidos controles *ex post*. Detectar cuanto antes los posibles desvíos del algoritmo en relación con la norma no es ningún capricho, es una necesidad devenida de las máximas garantías con las que hay que revestir al comportamiento público, sobre todo cuando entra en relación con los ciudadanos y termina por afectar a los intereses legítimos y derechos de estos.

4. PROCESOS DE EVALUACIÓN PÚBLICA

Tiene que quedar claro que un proceso de evaluación (público) no equivale a una auditoría, ni tan siquiera interna. Es un proceso continuo, similar al que se desarrolla en relación con las políticas públicas, donde se analiza toda la documentación producida durante la elaboración del algoritmo, se revisan los resultados de las auditorias que se puedan haber realizado y se llevan a cabo controles específicos, *ex post,* del mismo.

Se requiere por tanto acometer la cuestión de su implementación y su efectividad[327]. En este sentido, la evaluación se caracteriza por el

---

obstante, sí es posible determinar una serie de etapas generales que toda auditoría debería seguir, con unos objetivos definidos, a saber: (i) estudio preliminar; (ii) mapeo; (iii) plan de análisis; (iv) análisis; y (v) informe de auditoría.

327 Como pone de relieve la Estrategia Nacional de Inteligencia Artificial (ENIA), es importante que los sistemas sean transparentes y auditables, de manera que sea posible explicar cómo funcionan, ya que llevan a cabo tareas de asistencia a

uso de métodos de investigación propios de las ciencias sociales con el propósito de determinar los efectos reales de un algoritmo una vez que este ha sido aplicado, siendo una forma de ofrecer respuestas tanto a la opinión pública, facilitando información sobre las decisiones adoptadas, como a los elementos de control del propio ejecutivo, sean el Parlamento o los órganos judiciales o simplemente para atender a las necesidades de los propios gestores de conocer la forma en que se aplican los programas y de averiguar sus efectos y repercusiones.

A la hora de analizar los objetivos de la evaluación, conviene señalar que estos están directamente relacionados con la perspectiva de quién ordena la evaluación, pudiéndose distinguir un aspecto gerencial[328], un aspecto político[329] y un aspecto jurídico[330].

---

la toma de decisiones que, según el ámbito de aplicación, pueden tener impacto indeseado en la vida de las personas y el funcionamiento de la sociedad. No obstante, el Gobierno de España insiste en subrayar que una supervisión adecuada de sistemas automatizados requiere un seguimiento continuo más allá de la certificación. Para ello, además de la implementación del sello de la confianza y certificación de la UE, las Instituciones españolas están trabajando en el desarrollo de un catálogo de medidas suplementarias de supervisión y evaluación de sistemas algorítmicos, mediante el cual se pretende, al menos, poner en práctica los principios éticos esenciales acordados por la comunidad internacional, antes examinados, para el desarrollo de sistemas justos de IA: (i) supervisión humana. La IA debe estar sometida a supervisión continua, y debe ser comprensible para las personas; (ii) gobierno de los datos y sistemas. Los datos no se utilizarán para perjudicar a la sociedad, o violar los derechos fundamentales de los ciudadanos. Los datos tienen tanto un aspecto personal, como un carácter de bien público. Las normas éticas y jurídicas con las que establecer el equilibrio democrático entre ambas deberán ser profundizadas tanto en el comité ético de la IA como en la revisión y reforma legal pertinentes; y (iii) transparencia (trazabilidad). Se debe garantizar la trazabilidad de los sistemas de IA. Esto significa garantizar que las decisiones ejecutadas por sistemas algorítmicos puedan ser auditadas, evaluadas y explicadas por las personas responsables. *Vid.* GOBIERNO DE ESPAÑA, *Estrategia Nacional de Inteligencia Artificial*, Madrid, 2020, pp. 66-67.

328 Desde el punto de vista gerencial, la evaluación puede pretender construir indicadores de rendimiento que acerquen a los objetivos del programa fijados por la dirección del organismo, pero también conocer los costes y beneficios generados por los resultados del programa, en este caso la aplicación del algoritmo. Es decir, comprobar la eficacia de la gestión a la vista de la previsión de los correspondientes programas, así como el coste-rendimiento en la ejecución de estos (eficiencia).

329 La perspectiva política, sitúa entre los objetivos de la evaluación el conocer el nivel de éxito alcanzado, en qué plazos y con qué resultados; conocer el grado

5. CÓDIGO ÉTICO Y NORMALIZACIÓN ALGORÍTMICA

Como se desprende del Considerando 61 de la Propuesta de Reglamento del Parlamento Europeo y del Consejo, por el que se establecen normas armonizadas en materia de inteligencia artificial (PRIA) y se modifican determinados actos legislativos de la Unión [COM(2021) 206 final], *«la normalización debe desempeñar un papel fundamental para proporcionar soluciones técnicas a los proveedores, a fin de garantizar el cumplimiento del presente Reglamento. Los proveedores deben cumplir las normas armonizadas definidas en el Reglamento (UE) nº 1025/2012 del Parlamento Europeo y del Consejo, para demostrar su conformidad con los requisitos previstos en el presente Reglamento. No obstante, la Comisión podría adoptar especificaciones técnicas comunes en aquellos ámbitos en los que no existan normas armonizadas o estas sean insuficientes».*

Por su parte, los arts. 40 y 41 del mismo texto otorgan un importante papel a las normas armonizadas, para acreditar la conformidad de un sistema de IA con los requisitos establecidos en el Capítulo 2 del Título III de la citada propuesta para los sistemas considerados de alto riesgo. En concreto, el art. 40 PRIA establece que *«se presumirá»* que los sistemas de IA de alto riesgo que sean conformes con normas armonizadas, o partes de estas, cuyas referencias se hayan publicado en el Diario Oficial de la Unión Europea (DOUE) *«son conformes con los requisitos establecidos»* en los arts. 8 a 15 de la propuesta, que componen dicho Capítulo 2, *«en la medida en que dichas normas prevean estos requisitos»*. Es decir, frente a los estrictos y amplios requisitos[331]

---

de participación de los sectores afectados en la elaboración y ejecución de las políticas; tener la información sobre el número de demandas de la población satisfechas; y tener datos para la formulación de nuevas políticas, o para decidir sobre la continuidad o modificación de una política que se está ejecutando.

330 Desde una perspectiva legal, la evaluación de políticas públicas persigue conocer el nivel de cumplimiento de la legalidad, la adecuación a las normas de procedimiento administrativo y el respeto a los derechos individuales de los ciudadanos relacionados con la Administración.

331 Dichos requerimientos se refieren, entre otras cuestiones, a: (i) la obligación de establecer, implantar, documentar y mantener un sistema de gestión de riesgos asociado a los sistemas de IA de alto riesgo; (ii) la utilización de datos de entrenamiento, validación y prueba que cumplan los criterios de calidad y se encuentren sometidos a prácticas adecuadas de gobernanza y gestión; (iii) la elaboración de una documentación técnica del sistema de IA de alto riesgo que

establecidos por los ocho artículos que componen el citado Capítulo 2, la adhesión a dichos mecanismos de armonización establece la presunción de conformidad con la norma. Presumiblemente, si la redacción de la Ley de Inteligencia Artificial queda contemplada finalmente en los términos antes expuestos, cabe esperar una prodigiosa expansión de las iniciativas de normalización orientadas a regular el funcionamiento de estos sistemas de IA de alto riesgo[332].

En este sentido, como recuerda ÁLVAREZ GARCÍA[333], conviene tener presente que la normalización está integrada por un conjunto de «especificaciones de carácter técnico destinadas a una aplica-

---

demuestre que el sistema de IA de alto riesgo cumple los requisitos establecidos y que proporcione a las autoridades nacionales competentes y los organismos notificados toda la información que necesiten para evaluar si el sistema de IA de que se trate cumple dichos requisitos; (iv) la implementación en dichos sistemas de capacidades que les permitan registrar automáticamente eventos («archivos de registro») mientras están en funcionamiento, garantizando un nivel de trazabilidad del funcionamiento del sistema de IA durante su ciclo de vida; y (v) la elaboración de unas instrucciones de uso que incluyan información concisa, completa, correcta y clara sobre el funcionamiento del sistema, que sea pertinente, accesible y comprensible para los usuarios y a la implantación de medidas que permitan que estos sistemas puedan ser vigilados de manera efectiva por personas físicas durante el período que estén en uso, lo que incluye dotarlos de una herramienta de interfaz humano-máquina adecuada, entre otras cosas.

332 En Europa, el Instituto Europeo de Normas de Telecomunicaciones (ETSI) y el Comité Europeo de Normalización Electrotécnica (CENELEC), que junto con el Comité Europeo de Normalización (CEN), forman parte del sistema europeo de normalizaciones técnicas, han publicado ambiciosas agendas de normalización en esta materia, en parte estimuladas por el marco normativo de la UE propuesto para la IA. El ETSI se ha centrado en cuestiones de seguridad en torno a la IA y el aprendizaje automático, mientras que el CENELEC se centra en la fiabilidad y la ética. Las organizaciones de normalización centradas en Europa son de especial importancia para la Comisión y para el proyecto de Reglamento, en la medida en que son los únicos capaces de desarrollar «normas armonizadas», tal y como se definen en el proyecto de Reglamento, un proceso en el que la Comisión está en el asiento del conductor y, por lo tanto, tendría la mayor influencia. *Vid.* MCFADDEN, M.; JONES, K., TAYLOR, E. y OSBORNHARMONISING, G., *Artificial Intelligence: The Role of Standards in the EU AI Regulation*, Oxford Information Labs, Oxford, 2021, p. 17.

333 Destacamos aquí la definición contemplada por el Prof. Vicente J. Álvarez García en su última publicación sobre el fenómeno de las normas técnicas, campo de estudio en el que atesora una prolija producción científica, convirtiéndolo en el exponente académico *iuspublicista* más relevante en la materia.

ción repetitiva o continuada, con una naturaleza jurídica voluntaria, adoptadas por los organismos de normalización, siguiendo, para su elaboración, un procedimiento netamente privado»[334].

Sentado lo anterior, conviene precisar que el empleo de este tipo de normas permitiría explorar la viabilidad de establecer unos patrones o estándares, mediante los cuales se podrían alinear las diferentes soluciones tecnológicas ofrecidas a un modelo común para que la elaboración de un algoritmo y su aplicación siga una serie de pautas de normalización[335]. La ventaja que plantea este tipo de ideal es que se trata de mecanismos globales y singulares que implican una regulación, por extensión más aseguramiento, tanto *ex ante* como *ex post*[336].

---

334 *Vid.* ÁLVAREZ GARCÍA, V.J., «La problemática de la publicidad oficial de las normas técnicas de origen privado que despliegan efectos jurídico-públicos», en *Revista de Derecho Comunitario Europeo*, núm. 72, 2022, pp. 454-455.
Estas normas técnicas, se generan de manera ordinaria por organismos de normalización de naturaleza privada, que operan en un triple nivel geográfico: el estatal, el internacional regional y el internacional general. *Vid.* ÁLVAREZ GARCÍA, V.J., *La normalización industrial*, Tirant lo Blanch, Valencia, 1999, p. 227.

335 Si bien la industria, a través de la consulta pública planteada con anterioridad a la presentación de la propuesta de Reglamento, manifestó su optimismo ante el enfoque europeo que propone una regulación apoyada en el impulso de normas armonizadas voluntarias, en el informe pueden observarse, de igual forma, una serie de preocupaciones sobre el enfoque de la gobernanza de la IA basado en estándares, que se centran en: (i) la velocidad y la oportunidad con la que se pueden aplicar los estándares de IA se consideran un obstáculo para su eficiencia. La preocupación se centra en los posibles retrasos significativos que puede sufrir el sistema, especialmente en el intervalo entre la conclusión del trabajo sobre un estándar por parte de un OEN y su publicación en el DOUE. En algunos casos, esto significa que las normas europeas podrían ir por detrás de las normas internacionales; (ii) dependencia excesiva de las normas internacionales. No existen garantías de que estas normas cumplan con los derechos y valores de la UE; y (iii) la normalización en torno a las tecnologías y sistemas de IA tiene que abordar un campo de riesgos mucho más amplio que otros productos y sistemas más genéricos.

336 La determinación de niveles de estandarización que puedan ser aplicados por parte de las agencias, incluso directamente por las Administraciones, conduce a analizar la utilidad de las normas UNE/EN/ISO, en cuanto a la garantía del cumplimiento normativo es de por sí una herramienta útil, pero que debe extenderse más allá de garantizar la producción de resultados, abarcando todo el proceso que lleva a éstos.

No obstante, como es sabido por todos, el gran problema de este tipo de especificaciones técnicas reside en su ausencia de obligatoriedad[337]. De esta forma, una determinada solución tecnológica de IA, solamente en la medida en que a través de una norma se positivice la referencia UNE/EN/ISO, pasaría a convertirse en una verdadera manifestación jurídica, aunque esta fuera de *soft law*[338].

Por esta razón, cada vez son más las voces que subrayan la importancia y la necesidad de que, antes de que la propuesta entre en vigor (previsiblemente, en 2024), se acometa el desarrollo de normas armonizadas, así como orientaciones de apoyo y herramientas de cumplimiento para ayudar a los proveedores y usuarios a cumplir con los requisitos establecidos en el futuro Reglamento de Inteligencia Artificial, a fin de garantizar que los proveedores de IA de alto riesgo

---

337 No obstante, «resulta muy frecuente que las disposiciones legales o reglamentarias tanto nacionales como europeas transformen en obligatorias normas técnicas elaboradas por los organismos de normalización, a pesar de que estas últimas tienen un origen privado». *Vid.* ÁLVAREZ GARCÍA, V.J., *Industria,* Iustel, Madrid, 2010, p. 204.
Ahora bien, en este punto, conviene recordar que el carácter voluntario de los estándares está en duda desde que la STJUE de 27 de octubre de 2016, James Elliott Construction Limited/Irish Asphalt Limited (asunto C-613/14), apartado 34; considerara que las normas armonizadas, aunque sean voluntarias, forman parte de la legislación europea. Desde entonces, la Comisión ha ampliado sus procesos de revisión de los proyectos de normas armonizadas para garantizar su conformidad con las de normalización antes de que se publiquen en el DOUE. Así, en 2018, la Comisión introdujo una fecha de caducidad para sus solicitudes de normalización y una lista de requisitos detallados que deben desarrollar por los Organismos Europeos de Normalización (OEN). Una vez preparados, los proyectos de normas se someten a un largo procedimiento de conformidad, primero por los consultores *Harmonised Standards consultants* (HAS) contratados por la Comisión para que realicen una revisión, y después por funcionarios de la Comisión Europea. Esto ha provocado retrasos importantes y el rechazo del trabajo de los OEN por parte de la Comisión, tensionando el sistema y la confianza entre los diferentes actores implicados en el mismo: los OEN, la Comisión y las partes interesadas del sector.

338 En este contexto, en 2017, la Comisión Electrotécnica Internacional (IEC) y la Organización Internacional de Normalización (ISO) se convirtieron en las primeras organizaciones internacionales de normalización en establecer un comité conjunto, el ISO/IEC JTC 1/SC 42, que llevará a cabo actividades de normalización para la IA.

cumplan los requisitos obligatorios del futuro marco normativo europeo de inteligencia artificial[339].

---

[339] Con el propósito de avanzar hacia la estandarización de la inteligencia artificial, algunos autores apuestan por dibujar las siguientes recomendaciones: recomendaciones sobre el camino a seguir: (i) debe existir un mecanismo para salvar las distancias que existen entre el objetivo de los OEN en el contexto de las normas de IA y los recursos de que disponen para para desarrollar los estándares; (ii) debe existir un mecanismo que garantice una participación significativa y sustantiva en el desarrollo de las normas por parte de los organismos interesados en la protección de los derechos humanos fundamentales y el interés público. Las hojas de ruta de normalización, publicadas con suficiente antelación, así como los centros nacionales de normalización de la IA deberían poder proporcionar formas prácticas de implicar a dichas partes interesadas en una fase temprana de los procesos de normalización de la IA y en puntos estratégicos de los mismos, antes de la adopción de las normas por parte de los organismos internacionales; (iii) la PRIA es flexible desde el punto de vista jurídico y de procedimiento. Las normas desarrolladas en apoyo de los arts. 40 y 41 también deben ser lo suficientemente flexibles para reflejar la rápida evolución de la tecnología y los productos de la IA. Podría desarrollarse un proceso acelerado para mejorar la rapidez de adopción de las normas. Otro enfoque práctico podría consistir en revisar y eliminar la distinción entre OEN y organizaciones internacionales de normalización, sustituyéndola por pruebas más relevantes como la equidad de la representación de las partes interesadas y la adhesión a marcos internacionales como los instrumentos de derechos humanos y/o los principios de la Organización Mundial del Comercio (OMC) para la normalización; (iv) debe impartirse una educación y formación, específicamente para las partes interesadas no expertas en IA, que faciliten la comprensión y la participación en los OEN. Dicha formación debe adaptarse a una amplia variedad de grupos de partes interesadas que necesitan comprender la importancia estratégica de los estándares y centrarse en el desarrollo de la capacidad y las habilidades necesarias para participar eficazmente en las organizaciones de normalización. Las mujeres y las niñas deben ser objeto de intervenciones para corregir el déficit de género en la participación en las normas; (v) una vez que se hayan establecido estándares operativos eficaces, deben desarrollarse herramientas de cumplimiento en estrecha cooperación con la industria y los expertos en normas que ayuden a los reguladores, a las ONG, a la industria y a los productos a garantizar que sus productos cumplen con las normas y el Reglamento; (vi) reconociendo la continua interacción entre los OEN y las organizaciones internacionales de normalización, debe existir un mecanismo para equilibrar adecuadamente dos imperativos: por un lado, la necesidad de elaborar normas europeas que integren específicamente las reglas y los valores europeos; por otro, la necesidad de contar con normas globales abiertas e interoperables que faciliten el comercio internacional entre la UE y el resto del mundo, en lugar de actuar como barreras para el comercio global; y (vii) debe ampliarse la cooperación entre las empresas, especialmente entre las PYME, para maximizar su participación,

Paralelamente, tampoco conviene desdeñar la posibilidad de impulsar la elaboración de códigos éticos, que siguiendo la estela del *soft law*, pueden resultar una medida idónea, porque aún sin ser una manifestación regulatoria de los poderes públicos y de las potestades y facultades de los que estos se encuentran provistos, constituyen una interesante combinación de principios y reglas que pueden conducir al desarrollo de un ecosistema de inteligencia artificial sostenible, antropocéntrico y respetuoso para con los valores y derechos fundamentales constitucionalmente reconocidos en el seno de los distintos Estados miembros. Obviamente, el gran problema, es que estos códigos éticos están cargados de importantes dosis de discrecionalidad y voluntariedad, quedando al arbitrio de las grandes corporaciones tecnológicas, «aunque la ausencia de obligatoriedad no significa una carencia de juridicidad, puesto que constituyen actos jurídicos con formas jurídicas productoras de efectos igualmente jurídicos»[340].

6. COMPOSICIÓN DE EQUIPOS DE DESARROLLO TECNOLÓGICO INTERDISCIPLINARES Y PARTICIPACIÓN SOCIAL

En la conceptuación y categorización de la IA es fundamental adoptar una metodología interdisciplinar en la que, principalmente, aunque no de forma exclusiva, la tecnología, la ética y el derecho contribuyan a establecer el modelo de gobernanza del avance tecnológico. Son múltiples las voces que inciden en que el debate del despliegue de soluciones tecnológicas de IA no puede quedar circunscrito por entero al ámbito puramente técnico, ni limitarse al establecimiento de principios y parámetros éticos. A este respecto, conviene subrayar que «la técnica es un medio y no un fin. La ética

minimizando los costes y reduciendo la ineficacia de la duplicación de voces. *Vid.* FERNÁNDEZ HERNÁNDEZ, C., «El papel de los estándares y la normalización en la regulación de la Inteligencia Artificial», en *Diario La Ley. Ciberderecho*, febrero de 2022. Disponible en: https://bit.ly/3dQJBOx

340 *Vid. Op. cit.* TERRÓN SANTOS, D. y DOMÍNGUEZ ÁLVAREZ, J.L., *i-Administración pública y…*, p. 179.

es un modelo de comportamiento voluntario, no universal[341], ni uniforme, que no puede ni, legítimamente, debe imponerse. El derecho es un instrumento de ordenación social que cuenta con mecanismos jurídicos y jurisdiccionales para garantizar su cumplimiento y cuenta, sobre todo, con el marco de legitimidad que ofrecen los procesos y sistemas normativos»[342].

Junto a la apuesta por la composición de equipos de desarrollo tecnológico interdisciplinares, donde estén representados técnica y derecho, como si dos caras de la misma moneda se tratasen, conviene no perder de vista la finalidad última del avance digital y poner en valor el objetivo principal que debe impulsar esta (r)evolución tecnológica silenciosa: *servir al progreso de la humanidad y maximizar las cotas de bienestar del conjunto de la población.*

Así mismo, se hace necesario garantizar la participación de los diferentes interesados a lo largo de todo el ciclo de vida de los sistemas de IA, con el propósito de garantizar enfoques inclusivos de la gobernanza de la IA, de modo que los beneficios puedan ser compartidos por todos y permitan contribuir a la consecución del desarrollo sostenible.

Entre las partes interesadas figuran los gobiernos, las organizaciones intergubernamentales, la comunidad técnica, la sociedad civil,

---

341 En este sentido, conviene recordar que recientemente los 193 Estados miembros de la UNESCO han adoptado el primer acuerdo mundial sobre la ética de la inteligencia artificial. Este marco ético define valores y principios comunes (proporcionalidad e inocuidad; seguridad y protección; equidad y no discriminación; sostenibilidad, derecho a la intimidad y a la protección de datos; supervisión y decisiones humanas; transparencia y explicabilidad; responsabilidad y rendición de cuentas, y gobernanza y participación) que guiarán y garantizarán un desarrollo saludable de esta tecnología. A tal fin, la recomendación afirma que todos los individuos deberían poder acceder a sus registros de datos personales o incluso borrarlos y prohíbe explícitamente el uso de sistemas de inteligencia artificial para la calificación social y la vigilancia masiva. *Vid.* ORGANIZACIÓN DE LAS NACIONES UNIDAS PARA LA EDUCACIÓN, LA CIENCIA Y LA CULTURA, *Recomendación sobre la ética de la inteligencia artificial*, Paris, 2021, pp. 15 y ss. [41 C/73].

342 *Vid.* ROBLES CARRILLO, M., «La gobernanza de la inteligencia artificial: contexto y parámetros generales», en *Revista Electrónica de Estudios Internacionales*, núm. 39, 2020, p. 25.

los investigadores y los círculos universitarios, los medios de comunicación, los responsables de la educación, los encargados de formular políticas, las empresas del sector privado, las instituciones de derechos humanos, así como los organismos de fomento de la igualdad y vigilancia de la lucha contra la discriminación.

V. El protagonismo de la Agencia Española de Protección de Datos como garante de los derechos fundamentales de la ciudadanía ante la algoritmización de la sociedad: más allá de la privacidad

Como es sabido por todos, el RGPD preconiza el establecimiento en el seno de los diferentes Estados miembros de autoridades de control, capacitadas para desempeñar sus funciones y ejercer sus competencias con plena independencia[343], como un elemento esencial del sistema europeo de protección de las personas físicas con respecto al tratamiento de sus datos de carácter personal (arts. 51 a 59 RGPD)[344].

---

343 En este sentido, el Considerando 119 RGPD clarifica que la independencia de las autoridades de control no debe ser entendida, en ningún caso, como ausencia de mecanismos de control o supervisión en relación a sus gastos financieros, al igual que ocurre con el de control judicial.

344 La relevancia del papel de las autoridades independientes de control en materia de protección de datos aparece consagrada, con clarividencia, en el texto del Tratado por el que se establece una Constitución para Europa, comúnmente conocido como Constitución Europea. Así, el artículo II-68 de la Constitución Europea establece en su apartado 1 que «*toda persona tiene derecho a la protección de los datos de carácter personal que la conciernan*», señalando en su apartado 3, tras haber perfilado los elementos básicos del derecho fundamental, que «*el respeto de estas normas quedará sujeto al control de una autoridad independiente*».
No obstante, con anterioridad, el Convenio 108 del Consejo de Europa, de 28 de enero de 1981, para la protección de las personas con respecto al tratamiento automatizado de datos de carácter personal, constituye el primer instrumento internacional que viene a establecer como requisito para la existencia de una adecuada regulación del derecho fundamental a la protección de datos la existencia de una o varias autoridades en cada Estado, encargadas de velar por el cumplimiento de los principios establecidos en el Convenio. Así dispone el art. 13.2.a) del mencionado Convenio que «*cada parte designará a una o más autoridades cuya denominación y dirección comunicará al Secretario General del Consejo de Europa*».
Poco después, las Directrices para la regulación de los ficheros automatizados de datos, aprobadas por la Resolución 45/95, de 14 de diciembre de 1990 de

Por su parte, la LOPDGDD establece, en su art. 44, que la Agencia Española de Protección de Datos *«es una autoridad administrativa independiente de ámbito estatal, de las previstas en la Ley 40/2015, de 1 de octubre, de Régimen Jurídico del Sector Público, con personalidad jurídica y plena capacidad pública y privada, que actúa con plena independencia de los poderes públicos en el ejercicio de sus funciones. Su denominación oficial, de conformidad con lo establecido en el artículo 109.3 de la Ley 40/2015, de 1 de octubre, de Régimen Jurídico del Sector Público, será "Agencia Española de Protección de Datos, Autoridad Administrativa Independiente"»*.

Conforme a la ordenación vigente, corresponde a la AEPD[345] supervisar la aplicación de la LOPDGDD y del RGPD[346] y, en parti-

---

la Asamblea General de las Naciones Unidas, señalaron específicamente, en su principio octavo que: *«[l]a Ley de cada Estado designará una autoridad que, de acuerdo con el sistema legal del mismo, sea responsable de supervisar el cumplimiento de los principios señalados con anterioridad. Esta autoridad deberá ofrecer garantías de imparcialidad respecto de las personas o agencias responsables del tratamiento de los datos y garantías de competencia técnica. En caso de violación de las previsiones de la Ley nacional que implemente los principios enumerados anteriormente, deberán implantarse sanciones penales o de otra naturaleza, junto con las adecuadas indemnizaciones»*. Acerca de los diferentes modelos de autoridades de control en la materia constituidas a partir de este momento, puede verse una calificación tripartita en TÉLLEZ AGUILERA, A., *Nuevas tecnologías, intimidad y protección de datos,* Edisofer, Madrid, 2001, p. 208.

345 Sin embargo, conviene reseñar como ya hemos puesto de relieve en otro pasaje de esta obra que la génesis de esta garantía institucional encargada de la tutela jurídica de la protección de datos de carácter personal se remonta a la década de los años 90 del pasado siglo, momento en el que el legislador español promovió la adopción de la Ley Orgánica 5/1992, de 29 de octubre, de regulación del tratamiento automatizado de los datos de carácter personal. Dicha norma, calificada por buena parte de la doctrina como una ley de tercera generación establece un modelo no represivo, sino permisivo del desarrollo de las tecnologías de la información; que reconoce la libertad de tratamiento; no estando centrada en la informática como fenómeno, sino en la protección de los derechos de las personas frente a la informática, estableciendo unos principios de protección de datos y unos derechos y garantías de los ciudadanos en este ámbito. *Cfr.* PÉREZ LUÑO, A.E., «Comentario legislativo: La LORTAD y los derechos fundamentales. Derechos y Libertades», en *Revista del Instituto Bartolomé de las Casas,* núm. 1, 1993, pp. 405-426; REBOLLO DELGADO, L., «Derechos de la personalidad y datos personales», en *Revista de Derecho Político,* núm. 44, 1998, pp. 143-205, etc.

346 El inabarcable número de consultas y atribuciones planteadas ante la AEPD tras la entrada en vigor del RGPD y la LOPDGDD, unida a la escasez de medios humanos, llevaron a la Dirección de la Agencia a impulsar la Instrucción 1/2021, de 2 de noviembre, de la Agencia Española de Protección de Datos, por la que

cular, ejercer las funciones establecidas en el art. 57 y las potestades previstas en el art. 58 del mismo Reglamento y en sus disposiciones de desarrollo[347]. Todo ello representa la atribución de un conglomerado de actuaciones administrativas que rebasan extraordinariamente las funciones tradicionales propias de inspección, control y sanción administrativa, lo que permite a esta autoridad independiente desplegar una amplia amalgama de acciones orientadas a garantizar la tutela jurídica de la protección de datos personales[348], muchas de las cuales están estrechamente ligadas con el despliegue de los sistemas algorítmicos. Actuaciones entre las que conviene destacar las siguientes:

---

se establecen directrices respecto de la función consultiva de la Agencia, de conformidad con el Reglamento (UE) 2016/679, del Parlamento Europeo y del Consejo de 27 de abril de 2016, relativo a la protección de las personas físicas en lo que respecta al tratamiento de datos personales y la libre circulación de esos datos, la Ley Orgánica 3/2018, de 5 de diciembre, de Protección de Datos Personales y garantía de los derechos digitales, y el Estatuto de la Agencia Española de Protección de Datos, aprobado por el Real Decreto 389/2021, de 1 de junio.

347 En la actualidad la regulación básica de las autoridades administrativas independientes se contempla en los arts. 109 y 110 de la Ley 40/2015, de 1 de octubre, de Régimen Jurídico del Sector Público y, en el caso de la AEPD, debemos hacer referencia obligada al Real Decreto 389/2021, de 1 de junio, por el que se aprueba el Estatuto de la Agencia Española de Protección de Datos.

348 En palabras de TRONCOSO REIGADA, A., «Autoridades de control independiente», en PIÑAR MAÑAS, J.L. (Dir.), *Reglamento General de Protección de Datos*, Reus, Madrid, 2017, pp. 461 y ss.; el RGPD es fruto del diálogo entre ordenamientos jurídico como atestigua, en el supuesto concreto de las autoridades de control, la habilitación recurrente a los Estados miembros para que establezcan su propia autoridad en la materia, así como la necesidad de que estas sean independientes del resto de autoridades públicas y de influencias del sector privado, y que ejerzan una serie de facultades —diversas— en favor de la tutela jurídica de la protección de datos de carácter personal.

Siguiendo la doctrina, por tanto, la autoridad de control deberá considerarse una Administración pública, «que debe entenderse como especializada por razón de la materia». *Vid.* SALVADOR MARTÍNEZ, M., *Autoridades independientes*, Ariel, Barcelona, 2002, p. 253.

Esto representaría, en línea con los postulados instaurados por algunos destacados autores, «una huida del Derecho administrativo general», en la medida en que la autoridad de control goza de su propio estatuto que viene definido por el RGPD y las normas nacionales. *Vid.* POMED SÁNCHEZ, L.A., «Fundamento y naturaleza jurídica de las Administraciones independientes», en *Revista de Administración Pública*, núm. 132, 1993, p. 118.

i. Controlar la aplicación del RGPD y garantizar su aplicación efectiva;

ii. Promover la sensibilización del público y su comprensión de los riesgos, normas, garantías y derechos en relación con el tratamiento. Las actividades dirigidas específicamente a los niños deberán ser objeto de especial atención;

iii. Asesorar, con arreglo al Derecho de los Estados miembros, al Parlamento nacional, al Gobierno y a otras instituciones y organismos sobre las medidas legislativas y administrativas relativas a la protección de los derechos y libertades de las personas físicas con respecto al tratamiento;

iv. Promover la sensibilización de los responsables y encargados del tratamiento acerca de las obligaciones que les incumben en virtud del RGPD;

v. Previa solicitud, facilitar información a cualquier interesado en relación con el ejercicio de sus derechos en virtud del Reglamento y, en su caso, cooperar a tal fin con las autoridades de control de otros Estados miembros;

vi. Tratar las reclamaciones presentadas por un interesado o por un organismo, organización o asociación de conformidad con el art. 80 RGPD, e investigar, en la medida oportuna, el motivo de la reclamación e informar al reclamante sobre el curso y el resultado de la investigación en un plazo razonable, en particular si fueran necesarias nuevas investigaciones o una coordinación más estrecha con otra autoridad de control;

vii. Cooperar, en particular compartiendo información, con otras autoridades de control y prestar asistencia mutua con el fin de garantizar la coherencia en la aplicación y ejecución del RGPD;

viii. Llevar a cabo investigaciones sobre la aplicación del Reglamento, en particular basándose en información recibida de otra autoridad de control u otra autoridad pública;

ix. Hacer un seguimiento de cambios que sean de interés, en la medida en que tengan incidencia en la protección de datos personales, en particular el desarrollo de las tecnologías de la información y la comunicación y las prácticas comerciales;

x. Adoptar las cláusulas contractuales tipo a que se refieren los arts. 28.8 y 46.2.d) RGPD;

xi. Elaborar y mantener una lista relativa al requisito de la evaluación de impacto relativa a la protección de datos, en virtud del art. 35.4 RGPD;

xii. Ofrecer asesoramiento sobre las operaciones de tratamiento contempladas en el art. 36.2 RGPD;

xiii. Alentar la elaboración de códigos de conducta con arreglo al art. 40 RGPD;

xiv. Fomentar la creación de mecanismos de certificación de la protección de datos y de sellos y marcas de protección de datos con arreglo al art. 42 RGPD;

xv. Llevar a cabo, si procede, una revisión periódica de las certificaciones expedidas en virtud del art. 42.7 RGPD;

xvi. Elaborar y publicar los criterios para la acreditación de organismos de supervisión, así como efectuar la acreditación de los organismos de supervisión de los códigos de conducta con arreglo al art. 41 RGPD y de organismos de certificación con arreglo al art. 43 RGPD;

xvii. Autorizar las cláusulas contractuales y disposiciones para proceder a la trasferencia internacional de datos personales en los términos expresados en el art. 46.3 RGPD;

xviii. Llevar registros internos de las infracciones del Reglamento y de las medidas adoptadas de conformidad con el art. 58.2 RGPD;

xix. Desempeñar cualquier otra función relacionada con la protección de los datos personales, etc.

El advenimiento de las crecientes oleadas digitalizadoras ha propiciado que muchas de estas atribuciones hayan crecido, en volumen e importancia, haciendo de la AEPD[349] un instrumento capital para

---

349 En este punto, conviene subrayar que el art. 57 LOPDGDD, rubricado «Autoridades autonómicas de protección de datos», el cual debe ponerse en relación

necesariamente con los arts. 51 y siguientes del RGPD, donde se prevé expresamente que en los Estados miembros la responsabilidad de supervisar la aplicación del RGPD, con el fin de proteger los derechos y libertades fundamentales de las personas físicas en lo que respecta al tratamiento y de facilitar la libre circulación de datos personales en la Unión pueda recaer en una o varias autoridades públicas independientes.

En palabras de LUCAS MURILLO DE LA CUEVA, E., «Las autoridades autonómicas de protección de datos (Comentario al artículo 57 LOPDGDD», en TRONCOSO REIGADA, A. (Dir.), *Comentario al Reglamento General de Protección de Datos y a la Ley Orgánica de Protección de Datos personales y Garantía de los Derechos Digitales*, Thomson Reuters-Aranzadi, Cizur Menor, 2021, pp. 2646-2647; esta opción es coherente con el principio de autonomía institucional de los Estados miembros, la cual ya existía en el art. 28.1 de la Directiva 95/46/CE [...] Sin embargo, su inclusión en el RGPD le proporciona una nueva dimensión en la medida en que, a través de este, se da contenido concreto al derecho fundamental a la protección de datos que reconoce el artículo 8 CDFUE, cuyo apartado 3 atribuye a la creación de y existencia de autoridades de control un papel esencial para garantizar la efectividad del mismo.

De esta forma, surgen un pequeño elenco de autoridades administrativas independientes de ámbito autonómico con personalidad jurídica y plena capacidad pública y privada, que actúan con independencia de los poderes públicos en el ejercicio de sus funciones, algunas de las cuales disponen de un amplio bagaje y recorrido en la materia. Sin ir más lejos, el art. 10 de la Ley 2/2004, de 25 de febrero, se regularon los Ficheros de Datos de Carácter Personal de Titularidad Pública y se creó la Agencia Vasca de Protección de Datos (AVPD) establece lo siguiente: «[s]e crea la Agencia Vasca de Protección de Datos como ente de derecho público, con personalidad jurídica propia y plena capacidad pública y privada, que actúa con plena independencia de las administraciones públicas en el ejercicio de sus funciones. Se regirá por lo dispuesto en esta Ley y en su estatuto propio, que será aprobado por Decreto del Gobierno Vasco a propuesta de la Vicepresidencia».

Por su parte, la Ley 32/2010, de 1 de octubre, supuso la creación de la Autoridad Catalana de Protección de Datos (APDCAT) como el organismo independiente encargado de garantizar, en el ámbito de las competencias de la Generalidad, los derechos a la protección de datos personales y de acceso a la información vinculada a ellos (art. 1), determinado el art. 3 su ámbito de actuación. Conforme a lo dispuesto en el art. 5 de la misma norma, son funciones de la Autoridad Catalana de Protección de Datos: (a) velar por el cumplimiento de la legislación vigente sobre protección de datos de carácter personal; (b) resolver las reclamaciones de tutela formuladas por las personas afectadas respecto al ejercicio de los derechos de acceso, rectificación, cancelación y oposición; (c) promover, en el ámbito de sus competencias, la divulgación de los derechos de las personas con relación a la protección de datos y el acceso a la información, y la evaluación del impacto sobre la privacidad; (d) velar por el cumplimiento de las disposiciones que la Ley 23/1998, de 30 de diciembre, de estadística de Cataluña establece respecto a la recogida de datos estadísticos y al secreto estadístico, y adoptar las medidas correspondientes para garantizar las condiciones de seguridad de los ficheros constituidos con finalidades exclusivamente estadísticas, sin perjuicio de las competencias atribuidas al Instituto de Estadística de Cataluña. A tales efectos, la Autoridad, en el ámbito de sus competencias, puede adoptar instrucciones y resoluciones dirigidas a los órganos administrativos y puede solicitar, si procede, la colaboración del Instituto de Estadística de Cataluña; (e) dictar, sin perjuicio de las competencias de otros órganos e instituciones, las instrucciones y las recomendaciones en materia de protección de datos de carácter personal y de acceso a la información; (f) requerir a los responsables del fichero o del tratamiento y a los encargados del tratamiento la adopción de las medidas necesarias para la adecuación del tratamiento de los datos personales objeto de investigación a la legislación vigente en materia de protección de datos de carácter personal y, en su caso, ordenar el cese de los tratamientos y la supresión de los ficheros; (g) proporcionar información sobre los derechos de las personas en materia de tratamiento de datos personales; (h) atender las peticiones de información, las quejas y las denuncias; (i) decidir sobre las inscripciones de ficheros y el tratamiento de datos de carácter personal en el Registro de Protección de Datos de Cataluña, así como tener conocimiento de los demás ficheros en que, a pesar de estar exentos del deber de inscripción en el Registro, la legislación vigente establezca un deber de comunicación a la autoridad de protección de datos; (j) ejercer la potestad de inspección; (k) ejercer la potestad sancionadora sobre cualquier tipo de fichero o tratamiento sometido a la normativa de protección de datos, en el ámbito que establece el art. 3; (l) elaborar planes de auditoría; (m) emitir informe, con carácter preceptivo, sobre los proyectos de disposiciones de carácter general de la Generalidad de creación, modificación o supresión de ficheros de datos de carácter personal, y sobre las disposiciones que afecten a la protección de datos de carácter personal; (n) emitir informe, con carácter potestativo, sobre los proyectos de disposiciones de carácter general de los entes locales de creación, modificación o supresión de ficheros, y sobre las disposiciones que tengan impacto en materia de protección de datos de carácter personal que los entes locales le sometan; (o) responder a las consultas que formulen las entidades de su ámbito de actuación sobre la protección de datos de carácter personal al poder de las administraciones públicas y colaborar con estas entidades en la difusión de las obligaciones derivadas de la legislación reguladora de estas materias; (p) otorgar las autorizaciones para la exención del deber de información en la recogida de datos, para el mantenimiento íntegro de determinados datos y las demás autorizaciones que establece la normativa vigente en materia de protección de datos; (q) colaborar con la Agencia Española de Protección de Datos y con las demás agencias autonómicas, de acuerdo con lo establecido por la normativa reguladora de la agencia estatal; y (r) cumplir las demás funciones que le sean atribuidas de acuerdo con las leyes.

preservar la dignidad de la persona ante el avance tecnológico[350], fomentar la cultura de la privacidad, combatir la creciente discriminación y violencia digital en la red e impulsar el autoconocimiento y la educación, especialmente entre los más jóvenes, como palanca transformadora para garantizar el uso responsable de los medios digitales y minimizar los riesgos que hoy en día plantean las zonas oscuras del ciberespacio.

Asimismo, el art. 43 de la Ley 1/2014, de 24 de junio, de Transparencia Pública de Andalucía, creó el Consejo de Transparencia y Protección de Datos (CTPD) como la autoridad independiente de control en materia de protección de datos y de transparencia en la Comunidad Autónoma de Andalucía. Por su parte, el Decreto 434/2015, de 29 de septiembre, aprueba los Estatutos del Consejo de Transparencia y Protección de Datos de Andalucía.

A las anteriores hay que añadir la, hoy ya extinta, Agencia de Protección de Datos de la Comunidad de Madrid (APDCM), ente de derecho público autonómico creado por medio de la Ley 13/1995, de 21 de abril, de regulación del uso de la informática en el tratamiento de datos personales por la Comunidad de Madrid para ejercer las competencias derivadas de la Ley Orgánica 5/1992, de 29 de octubre, de regulación del tratamiento automatizado de los datos de carácter personal. Dicha institución fue suprimida con efectos desde el 1 de enero de 2013 por virtud de la Ley 8/2012, de 28 de diciembre, de Medidas Fiscales y Administrativas de la Comunidad de Madrid; revirtiendo todas sus competencias a la Agencia Española de Protección de Datos.

350 Ello ha permitido que algunos autores comiencen a considerar la naturaleza bifronte de las autoridades de control. Así, MORENO MONTES DE OCA, B., «Autoridad de control (Comentario al artículo 4.21 RGPD», en TRONCOSO REIGADA, A. (Dir.), *Comentario al Reglamento General de Protección de Datos y a la Ley Orgánica de Protección de Datos personales y Garantía de los Derechos Digitales*, Thomson Reuters-Aranzadi, Cizur Menor, 2021, p. 803; señala lo siguiente: «en la actualidad, en atención a sus funciones, cabe considerar que la autoridad de control tiene naturaleza bifronte. Por un lado, actuaría como garante del derecho fundamental a la protección de datos, pero, a su vez, se puede identificar como un organismo regulador del mercado de datos personales. Así se desprende de los artículos 57 y 58 RGPD, donde se recoge que la autoridad de control puede intervenir de diferentes formas en las actividades económicas que lleve a cabo el sector privado en torno a los datos personales. La autoridad de control tiene facultades para intervenir en las actividades del sector privado tanto previamente a las operaciones con datos, ya sea mediante normas de carácter general, autorizaciones o certificaciones, y a posteriori, por medio de la investigación y, en su caso, sanción de las operaciones llevadas a cabo con datos personales».

1. UNA NUEVA ORGANIZACIÓN ADMINISTRATIVA PARA AFRONTAR LOS DESAFÍOS DEL AVANCE DIGITAL: LA IMPORTANCIA CAPITAL DE LA DIVISIÓN DE INNOVACIÓN TECNOLÓGICA DE LA AEPD

Como se ha puesto de relieve, la entrada en escena del RGPD no solamente trajo consigo una profunda renovación de las bases sobre las que hasta la fecha se edificaba el sistema europeo de tutela jurídica de la protección de datos de carácter personal, sino también un minucioso perfeccionamiento del elemento institucional encargado de dotar de virtuosidad el nuevo esquema normativo de privacidad[351]: las autoridades de control independientes.

De esta forma, recientemente asistimos a la publicación del Real Decreto 389/2021, de 1 de junio, por el que se aprueba el Estatuto de la Agencia Española de Protección de Datos (EAEPD), mediante el cual se adopta una *nueva* organización administrativa para afrontar la multiplicidad de novísimos desafíos que plantea la vertiginosa transformación digital de nuestra sociedad.

Así, el Capítulo II EAEPD lleva a cabo la ambiciosa tarea de diseñar la estructura orgánica de la Agencia Española de Protección de Datos que impera en nuestros días, especificando las funciones de sus diferentes órganos. En concreto, la estructura orgánica se articula en torno a la Presidencia, de la que dependen la Adjuntía a la Presidencia, la Subdirección General de Inspección de datos, la Subdirección General de Promoción y Autorizaciones, la Secretaría General, la División de Relaciones Internacionales y la División de Innovación Tecnológica.

---

351 A nadie se le escapa que el nuevo modelo de protección de datos de carácter personal tiene una incidencia notable en la organización y funciones tradicionales de la Agencia Española de Protección de Datos, puesto que el RGPD refuerza las competencias de las autoridades de control que deberán contar con todos las funciones y poderes efectivos, incluidos los poderes de investigación, poderes correctivos y sancionadores, y poderes de autorización y consultivos previstos en el propio Reglamento y ha introducido los mecanismos que garanticen la necesaria coordinación y coherencia entre las diferentes autoridades de control europeas.

Si bien es cierto que todas y cada una de las unidades de la AEPD desarrollan una extraordinaria labor en pro de la defensa de los derechos y libertades fundamentales de la ciudanía, nos detendremos aquí, por su proximidad con el universo de los sistemas algorítmicos, en el examen de la callada, pero imprescindible labor desempeñada por la División de Innovación Tecnológica[352]. De conformidad con el art. 31 EAEPD, corresponden a la misma las siguientes funciones:

i. Asesorar a la Presidencia de la Agencia Española de Protección de Datos, como a sus distintas unidades, sobre los temas tecnológicos que tienen relevancia en la protección de datos de carácter personal, y para ello, analizar las implicaciones y alternativas del estado de arte de la tecnología y generar el conocimiento necesario para anticiparse a los cambios de la misma.

ii. Impulsar la protección de datos como un factor de confianza y garantía de calidad en beneficio del desarrollo económico de la sociedad[353] con el objeto de promover la sensibilización

---

352 División que desde enero de 2019 lidera con sobrado acierto Luis de Salvador Carrasco, quien junto a un reducido equipo de profesionales (cinco ingenieros y un auxiliar administrativo), trabaja de forma incansable por dilucidar el grado de afectación que la marejada interminable de nuevas soluciones tecnológicas puede ejercer en la esfera privada y en la dignidad de la persona.

353 A tal fin, la División de Innovación Tecnológica desarrolló la herramienta «Facilita EMPRENDE», instrumento con el que la AEPD persigue servir de apoyo a personas emprendedoras y startups cuyos tratamientos se caracterizan por un fuerte componente innovador que hace uso de nuevas tecnologías. Se trata de una herramienta fácil de utilizar y gratuita basada en una serie de cuestionarios guiados que permiten caracterizar los tipos de tratamiento realizados por la empresa. Al finalizar su ejecución se generan un conjunto de documentos adaptados que sirven de guía y apoyo para cumplir con las obligaciones impuestas por la normativa en materia de protección de datos. En concreto, obtendrá: (i) una política de información en dos niveles compuesta por las cláusulas de informativas a proporcionar en el momento de la recogida de datos y una política de privacidad; (ii) el Registro de Actividades de Tratamiento precumplimentado; (iii) el modelo de hoja de registro de incidentes para cumplir con el artículo 33.5 relativo a la documentación de las brechas de seguridad que afecten o puedan afectar a datos personales; (iv) un conjunto de cláusulas contractuales a incluir en los contratos que suscriba con las personas encargadas de tratamientos de datos y proveedores; (v) si su empresa cuenta con una página web que utiliza cookies y tecnologías similares, una política de cookies; (vi) un conjunto de directrices y recomendaciones, para ayudarle en el proceso de adecuación,

de responsables y ciudadanos, incluido el desarrollo y mantenimiento de herramientas de ayuda para el cumplimiento por parte de los mismos y la elaboración de guías que impulsen el cumplimiento del principio de responsabilidad activa[354] del Reglamento (UE) 2016/679 del Parlamento Europeo y del Consejo, de 27 de abril de 2016, en el ámbito tecnológico, según su artículo 57.1.b) y d).

iii. Impulsar las medidas que garanticen la compatibilidad del desarrollo tecnológico con la privacidad asegurando los derechos de los ciudadanos según lo previsto en el artículo 57.1.i) del Reglamento (UE) 2016/679 del Parlamento Europeo y del Consejo, de 27 de abril de 2016; en particular: el asesoramiento a emprendedores y desarrolladores tecnológicos, la realización de estudios de prospección tecnológica, informar y asesorar a los proyectos tecnológicos con implicaciones en el derecho a la protección de datos de las personas, participar en proyectos tecnológicos de ámbito internacional de interés público sobre la base del derecho de la Unión Europea o de los Estados Miembros y promover la colaboración con las Universidades con el fin de impulsar la protección de datos en proyectos y contenidos curriculares jurídicos y técnicos.

---

en relación con la gestión de brechas de seguridad, la atención al ejercicio de los derechos, recomendaciones sobre videovigilancia, indicaciones específicas con relación a la gestión de los riesgos de sus tratamientos, así como a las estrategias de privacidad y medidas de seguridad que deberá implementar; y (vii) una relación de recomendaciones para prevenir el acoso digital. Puede acceder a la herramienta a través del siguiente enlace: https://bit.ly/3SuL8sr

354 Ello se ha traducido hasta la fecha en la elaboración de un nutrido de guías y documentos de interés, entre los que pueden destacarse los siguientes: AGENCIA ESPAÑOLA DE PROTECCIÓN DE DATOS, *Guía de Privacidad desde el Diseño*, Madrid, 2019, 58 pp.; AGENCIA ESPAÑOLA DE PROTECCIÓN DE DATOS, *Guía de Protección de Datos por Defecto*, Madrid, 2020, 39 pp.; AGENCIA ESPAÑOLA DE PROTECCIÓN DE DATOS, *Guía de Tecnologías y Protección de Datos en las AA.PP.*, Madrid, 2020, 60 pp.; AGENCIA ESPAÑOLA DE PROTECCIÓN DE DATOS, *Gestión del riesgo y evaluación de impacto en tratamientos de datos personales*, Madrid, 2021, 160 pp.; AGENCIA ESPAÑOLA DE PROTECCIÓN DE DATOS, *Guía para la notificación de brechas de datos personales*, Madrid, 2021, 48 pp., etc.

iv. Gestionar el Registro de brechas de datos personales[355] para facilitar a los responsables el cumplimiento de lo previsto en el artículo 33 del Reglamento (UE) 2016/679 del Parlamento Europeo y del Consejo, de 27 de abril de 2016.

v. Analizar y clasificar las brechas de seguridad y, en su caso, proponer motivadamente a la Presidencia la iniciación de una investigación cuando aprecie indicios de la comisión de una infracción.

vi. Emitir informes, recomendaciones y dictámenes sobre las consultas previas realizadas por los responsables conforme al artículo 36 del Reglamento (UE) 2016/679 del Parlamento Europeo y del Consejo, de 27 de abril de 2016, en virtud de lo previsto en su artículo 57.1.l).

vii. Elaborar una lista positiva y, en su caso, otra negativa de tratamientos que requieren la realización de evaluaciones de impacto[356] según lo previsto en el artículo 57.1.k) del Reglamento (UE) 2016/679 del Parlamento Europeo y del Consejo, de 27 de abril de 2016.

---

355 La actuación de la División de Innovación Tecnológica no solamente se detiene en la gestión del registro, clasificación y análisis de las brechas de protección de datos, sino que también alcanza el diseño de herramientas propias orientadas a facilitar el cumplimiento normativo de los diferentes actores y operadores. El ejemplo más claro de esta forma de actuación lo constituye la aplicación «Comunica-Brecha RGPD», la cual constituye un recurso de utilidad para que cualquier organización, responsable de un tratamiento de datos personales, pueda valorar la obligación de informar a las personas físicas afectadas por una brecha de seguridad de los datos personales, tal y como establece el art. 34 RGPD. Más información disponible en: https://bit.ly/3y6oK0t

356 Para facilitar esta dificultosa labor, la División de Innovación Tecnológica ha lanzado, haces escasas fechas, la versión online de «Evalúa_Riesgo RGPD», cuyo uso simplifica considerablemente el análisis para identificar los factores de riesgo inherente para los derechos y libertades facilitando la tarea de los delegados de protección de datos, responsables y encargados de tratamiento La herramienta permite efectuar una evaluación inicial y no exhaustiva que, en su caso, deberá ser ajustada por cada responsable para determinar con precisión el nivel de riesgo de los tratamientos. Dicho instrumento constituye una extensión de la guía de Gestión del riesgo y evaluación de impacto en tratamientos de datos personales, y se encuentra disponible en: https://bit.ly/3BWI2GJ

2. EL DESPLIEGUE DEL PACTO DIGITAL PARA LA PROTECCIÓN DE LAS PERSONAS

La Constitución española garantiza el derecho al honor, a la intimidad personal y familiar y a la propia imagen. Como derecho fundamental distinto reconoce el derecho a la autodeterminación informativa o libertad informática, que es el derecho a la protección de datos personales[357], complementario del anterior, pero que no se reduce solo a los datos íntimos, sino que abarca todos aquellos que identifiquen o permitan la identificación de la persona, pudiendo servir para la confección de su perfil ideológico, racial, sexual, económico o de cualquier otra índole, o que sirvan para cualquier otra utilidad que en determinadas circunstancias constituya una amenaza para el individuo.

Por su parte, los principios de igualdad, dignidad, no discriminación y el derecho a la integridad física y moral son principios jurídicos universales, consagrados en la Constitución española, que asigna a los poderes públicos la obligatoriedad de promover las condiciones necesarias para que la igualdad y no discriminación sean efectivas (art. 9.2 CE).

Como se ha puesto de relieve con anterioridad, actualmente, el RGPD y la LOPDGDD configuran conjuntamente el desarrollo del derecho fundamental a la protección de datos de carácter personal[358]. La mayor novedad que presenta la actual regulación en materia de protección de datos es el trasiego desde un modelo basado en el control, fundamentalmente de carácter formal, hacia el establecimiento de un sistema basado en el cumplimiento de la normativa de protección de datos sobre la base del principio de responsabilidad proactiva[359], idea-fuerza que exige una previa valoración por el res-

---

357 De igual forma, el art. 8.1 de la Carta de los Derechos Fundamentales de la Unión Europea y el art. 16.1 del Tratado de Funcionamiento de la Unión Europea establecen que toda persona tiene derecho a la protección de los datos de carácter personal que le conciernan.

358 Esta relación de complementariedad ha sido objeto de un análisis más extenso en *Vid. Op. cit.* TERRÓN SANTOS, D. y DOMÍNGUEZ ÁLVAREZ, J.L., *Nueva regulación de…*, p. 45.

359 En este sentido, el profesor PIÑAR MAÑAS afirma que la adopción del RGPD supone el establecimiento de un nuevo modelo sustentado sobre la siguiente

ponsable o por el encargado del tratamiento del riesgo que pudiera generar el tratamiento de los datos personales para, a partir de esa valoración, adoptar las medidas que procedan.

De esta forma, con carácter general, el responsable deberá aplicar medidas adecuadas y eficaces y poder demostrar la conformidad de las actividades de tratamiento con la normativa aplicable, incluida la eficacia de las medidas adoptadas, que se revisarán y actualizarán cuando sea necesario. Dichas medidas deberán tener en cuenta la naturaleza, el ámbito, el contexto y los fines del tratamiento, así como el riesgo para los derechos y libertades de las personas físicas (arts. 24.1 RGPD y 28 LOPDGDD).

Todo ello se traduce en la *obligación* del responsable del tratamiento de adoptar, por tanto, una *actitud proactiva*, incorporando el valor de la privacidad en su actividad ordinaria, garantizando el cumplimiento de este derecho como un activo de la organización y un elemento distintivo de competitividad en el mercado.

Con la finalidad de dotar de efectividad ese carácter proactivo que subyace en el espíritu de la normativa vigente en materia de protección de datos de carácter personal, a comienzos de 2020, la AEPD presentó el Pacto Digital para la Protección de las Personas (PDPP), una iniciativa estratégica que tiene como objetivo promover un compromiso firme con la privacidad en las políticas de sostenibilidad y los modelos de negocio de las organizaciones, compatibilizando el derecho fundamental a la protección de datos con la innovación, la ética y la competitividad empresarial[360].

En efecto, la finalidad de esta iniciativa no es otra que la de reforzar el derecho a la protección de datos a la vez que se promueve la innova-

premisa: el paso de la gestión de los datos al uso responsable de la información. *Vid.* PIÑAR MAÑAS, J.L., «Hacia un nuevo modelo europeo de protección de datos», en PIÑAR MAÑAS, J.L. (Dir.), *Reglamento general de protección de datos: hacia un nuevo modelo europeo de privacidad,* Reus, Madrid, 2016, p. 16.

360 Un análisis más amplio de esta cuestión puede verse en DOMÍNGUEZ ÁLVAREZ, J.L., «Privacidad, sostenibilidad e igualdad: Algunas reflexiones acerca del nuevo modelo de intervención administrativa de la Agencia Española de Protección de Datos», en GONZÁLEZ BUSTOS, M.A. (Dir.), *Agenda 2030: desarrollo sostenible e igualdad,* Thomson Reuters-Aranzadi, Cizur Menor, 2021, pp. 239-273.

ción y la sostenibilidad. Para ello, la AEPD ha contado en el desarrollo del proyecto con la colaboración de algunas de las principales organizaciones empresariales, fundaciones, asociaciones de medios de comunicación y grupos audiovisuales, al objeto de aglutinar al mayor número posible de entidades que quieran asumir los compromisos reflejados en la carta de adhesión. La iniciativa está abierta únicamente a personas jurídicas, independientemente de cuál sea su forma societaria[361].

De tal forma, quienes decidan adherirse a este Pacto Digital para la protección de las personas, se comprometen a garantizar el cumplimiento de una serie de obligaciones específicas en el ámbito digital, entre las que destacan las siguientes[362]:

i. Informar a los usuarios y usuarias sobre el tratamiento de sus datos y el ejercicio de sus derechos. Las organizaciones deberán informar de forma clara y sencilla sobre los aspectos más importantes del tratamiento de sus datos, identificando quién los trata, con qué base jurídica, para qué finalidad, y sobre la forma de ejercer sus derechos. Como manifestación empírica de esta primera obligación se establece que no podrá denegarse el ejercicio de estos derechos en el caso de que la persona quiera ejercitarlos por un procedimiento o cauce diferente al que se le ofrezca (arts. 13 y 14 RGPD).

ii. Aplicar los principios relativos al tratamiento. Las organizaciones deberán aplicar en el tratamiento de los datos de clientes, su personal, proveedores, ciudadanos y ciudadanas los principios de licitud, lealtad, transparencia, limitación de la finalidad, minimización, exactitud, limitación del plazo de conservación, integridad, confidencialidad y responsabilidad proactiva, con el alcance dado a los mismos por el art. 5 del RGPD.

---

361 Las entidades adheridas a la iniciativa han manifestado su compromiso con las personas a través del derecho fundamental a la protección de sus datos y su privacidad, tanto de sus clientes y usuarios como de su personal mediante un uso responsable y ético de la tecnología. A día de hoy, y cuando ha transcurrido menos de un mes desde el lanzamiento de la iniciativa, las entidades suscritas superan el centenar.

362 *Vid.* AGENCIA ESPAÑOLA DE PROTECCIÓN DE DATOS, *Pacto Digital para la protección de las personas,* Madrid, 2021, pp. 12 y ss.

iii. Garantizar la licitud del tratamiento. Las organizaciones estarán obligadas a garantizar la licitud del tratamiento de los datos de clientes, su personal, ciudadanos y ciudadanas sobre la base de alguna de las causas contempladas en el art. 6 y también, en caso de que las operaciones de tratamiento empleen categorías especiales de datos personales, en su art. 9, ambos del RGPD.

iv. Designar un delegado de protección de datos. Las organizaciones privadas deberán designar, en los supuestos legalmente exigibles, y las entidades del sector público, en todo caso, a una persona como delegado/a de protección de datos que cuente con la debida cualificación, garantizándole los medios necesarios para el ejercicio de sus funciones de manera independiente, debiendo comunicar la designación a la Agencia Española de Protección de Datos, de conformidad con los arts. 37 a 39 RGPD. En particular, se prestará especial atención en designar como DPD a quienes acrediten la cualificación y la capacitación profesional que se requieren para su desempeño.

Adicionalmente, se promoverá especialmente la designación de delegados/as de protección de datos en los casos en que no resulte legalmente obligatorio, siempre que las circunstancias del tratamiento así lo aconsejen y la entidad disponga de los recursos para ello. La organización ofrecerá todo el apoyo necesario al DPD para que pueda atender en las mejores condiciones las reclamaciones que le dirijan los ciudadanos y ciudadanas cuando opten por esta vía antes de plantear una reclamación ante la AEPD, o en los casos en que la AEPD decida su traslado a la persona responsable con carácter previo a su admisión a trámite (art. 65.4 LOPDGDD).

v. Aplicar la privacidad desde el diseño[363] y por defecto[364]. Las organizaciones deberán aplicar, tanto a la hora de determinar los medios de tratamiento como en el momento del propio

---

363 La idea de «protección de datos desde el diseño» existe desde hace más de 20 años y se ha trabajado intensamente en ella bajo la terminología de «privacidad desde el diseño» (*Privacy by Design*, PbD). Este concepto fue desarrollado por la Comisionada de Protección de Datos de Ontario, Ann Cavoukian, en la década de los 90; presentado en la XXXI Conferencia Internacional de Comisionados

tratamiento, es decir, «desde el diseño», medidas técnicas y organizativas apropiadas, e integrar las garantías necesarias en el tratamiento, a fin de cumplir eficazmente las obligaciones legales y proteger los derechos de las personas afectadas (art. 25.1 RGPD).

vi. Asimismo, promoverán la aplicación de las medidas técnicas y organizativas apropiadas para garantizar que, por defecto, solo sean objeto de tratamiento los datos personales que sean necesarios para cada uno de los fines específicos del tratamiento. Esta obligación se aplicará a la cantidad de datos personales recogidos, a la extensión de su tratamiento, a su plazo de conservación y a su accesibilidad (art. 25.2 RGPD).

De igual forma, el Pacto Digital para la protección de las personas contempla un decálogo de buenas prácticas en privacidad para medios de comunicación y organizaciones con canales de difusión propios, con el objetivo de divulgar la existencia del Canal Prioritario, *poderosa* herramienta desarrollada por la AEPD con la finalidad de combatir la creciente violencia digital en la red[365].

---

de Protección de Datos y Privacidad del año 2009 bajo el título «*Privacy by Design: The Definitive Workshop*» y aceptado internacionalmente en la XXXII Conferencia Internacional de Comisionados de Protección de Datos y Privacidad, celebrada en Jerusalén en el año 2010, con la aprobación de la «Resolución sobre la Privacidad por Diseño». Implica utilizar un enfoque orientado a la gestión del riesgo y de responsabilidad proactiva para establecer estrategias que incorporen la protección de la privacidad a lo largo de todo el ciclo de vida del objeto (ya sea este un sistema, un producto hardware o software, un servicio o un proceso). *Vid.* AGENCIA ESPAÑOLA DE PROTECCIÓN DE DATOS, *Guía de Privacidad desde el Diseño,* Madrid, 2019, pp. 5-6. Disponible en: https://bit.ly/3t4e2Wx

364 De conformidad con el l documento «*Guidelines 4/2019 on Article 25 Data Protection by Design and by Default*», el Comité Europeo de Protección de Datos manifiesta en el apartado 2.2 «Protección de datos por defecto» que la Protección de Datos por Defecto (PDpD) hace referencia a las elecciones realizadas con respecto a los valores de configuración u opciones de tratamiento fijadas en los sistemas y procedimientos que implementan el tratamiento y que determinan la cantidad de los datos personales recopilados, el alcance de su procesamiento, el periodo de su conservación y su accesibilidad. *Vid.* AGENCIA ESPAÑOLA DE PROTECCIÓN DE DATOS, *Guía de protección de Datos por Defecto,* Madrid, 2020, p. 5. Disponible en: https://bit.ly/3F3ukRO

365 En este contexto tienen lugar diferentes formas de ciberviolencia o violencia digital, dirigidas en su mayor parte contra las mujeres, los menores de edad, las

El fundamento de esta estrategia de incorporar al sector empresarial de la comunicación en la contienda por alcanzar una verdadera cultura de la privacidad no es otro que desarrollar las previsiones contempladas en el art. 17 del Convenio de Estambul, precepto que explícitamente contempla la posibilidad de que los Estados animen al sector privado, al sector de las tecnologías de la información y de la comunicación y a los medios de comunicación, respetando la libertad de expresión y su independencia, a participar en la elaboración y aplicación de políticas, así como a establecer líneas directrices y normas de autorregulación para prevenir la violencia contra la mujer y reforzar el respeto de su dignidad[366]. Igualmente, dicho artículo especifica que se promoverán las capacidades de los menores y su entorno familiar y educativo para hacer frente a los contenidos degradantes de carácter sexual o violento[367].

Este decálogo forma parte de la «Carta de Adhesión: Por un Pacto Digital para la protección de las personas», elaborada por la Agencia Española de Protección de Datos. Mediante dicha Carta de Adhesión, la Agencia pretende intensificar las relaciones tanto con los medios de comunicación como con todas aquellas organizaciones que disponen de canales de difusión propios para informar sobre temas de interés para su público concreto. El objetivo final es fomentar la privacidad de las víctimas[368] y concienciar de manera global acerca de la existencia

---

personas discriminadas por su orientación sexual o raza, las personas con discapacidad o enfermedad grave o en riesgo de exclusión social. Así, es cada vez más frecuente que se publiquen en Internet o se difundan a través de las redes sociales contenidos sexuales o violentos que tienen como víctimas estos colectivos.

366 Las nuevas tecnologías y los servicios que estas ofrecen proporcionan innumerables ventajas. No obstante, en ocasiones se utilizan como vía para extender y amplificar la violencia que tiene lugar en el mundo offline, tratando de fomentar la humillación pública de las víctimas y dañando de forma grave su privacidad.

367 En idéntico sentido, la Ley Orgánica 3/2007, de 22 de marzo, para la Igualdad Efectiva de Mujeres y Hombres, en su art. 48.1, dispone a este respecto que *«[l]as empresas deberán promover condiciones de trabajo que eviten el acoso sexual y el acoso por razón de sexo y arbitrar procedimientos específicos para su prevención y para dar cauce a las denuncias o reclamaciones que puedan formular quienes hayan sido objeto del mismo»*.

368 Un análisis más amplio de esta cuestión puede apreciarse en los siguientes trabajos: DOMÍNGUEZ ÁLVAREZ, J.L., «La normativa de protección de datos personales como dique de contención frente al avance de la violencia de género digital», en FIGUERUELO BURRIEZA, Á. (Dir.), *Nuevas tendencias en materia*

del Canal Prioritario[369] para solicitar la retirada de contenidos (textos, audios, fotografías o vídeos) sexuales o violentos difundidos sin el consentimiento de las personas que aparecen en ellos.

3. LA ADOPCIÓN DE NOVEDOSAS HERRAMIENTAS PARA COMBATIR LAS NUEVAS FORMAS DE DESIGUALDAD EN LA RED: EL CANAL PRIORITARIO, UNA MANIFESTACIÓN DE CELERIDAD ADMINISTRATIVA

Nuestra imagen es un dato personal (art. 4.1 RGPD) y, por tanto, la difusión de fotografías y vídeos en los que aparecemos debe hacerse de manera lícita (art. 6 RGPD). Sin embargo, en la práctica se ha comprobado que la proliferación de dispositivos móviles y el acceso generalizado a Internet, unido al perverso y oscurantista funcionamiento de los sistemas algorítmicos, están propiciando la difusión[370], en muchas oca-

---

de derechos y libertades, Thomson Reuters-Aranzadi, Cizur Menor, 2022, pp. 41-70; DOMÍNGUEZ ÁLVAREZ, J.L., «El pacto digital para la protección de las personas y el canal prioritario: Nuevos instrumentos impulsados por la agencia española de protección de datos para la defensa de las víctimas de violencia digital», en FIGUERUELO BURRIEZA, A. y DEL POZO PÉREZ, M. (Dirs.), *Enseñar en igualdad de género: aspectos multidisciplinares*, Thomson Reuters-Aranzadi, Cizur Menor, 2022, pp. 71-87, etc.

369 Iniciativa pionera en el mundo, que tiene por finalidad dar respuesta a situaciones excepcionalmente delicadas, mediante la habilitación de un mecanismo que permite comunicar la difusión ilícita de contenido sensible, como aquellas fotografías o vídeos que tengan carácter sexual o muestren actos de agresión y pongan en alto riesgo los derechos y libertades de los afectados. El Canal Prioritario se apoya en seis instrumentos de colaboración —un Convenio y 5 Protocolos— firmados el 24 de septiembre en el acto de presentación del Canal, con el Ministerio de Presidencia, Relaciones con las Cortes e Igualdad, Ministerio del Interior, Ministerio de Educación y Formación Profesional, Ministerio de Trabajo, Migraciones y Seguridad Social, Fiscalía General del Estado y Consejo General de la Abogacía, respectivamente. *Vid.* AGENCIA ESPAÑOLA DE PROTECCIÓN DE DATOS, *Canal prioritario de retirada de contenidos sensibles*, Madrid, 2019. Información disponible en: https://bit.ly/2XjrAMV

370 En este punto, conviene subrayar que, si bien es cierto que la violencia de género es un problema social grave, esta ve potenciados sus efectos sobre la víctima por el uso de las nuevas tecnologías y por la participación en las redes sociales. Bajo esta premisa, con la intención de maximizar la protección de la víctima vio-

siones de manera ilegítima e incontrolada, de nuestros datos personales a través de perfiles en redes sociales y otros sitios web[371].

En este contexto, es cada vez más frecuente que se publiquen en Internet o se difundan a través de las redes sociales[372] imágenes o vídeos de mujeres víctimas de violencia por razón de género, de menores de edad y de otros colectivos vulnerables[373]. En la actualidad, la grabación y difusión de imágenes personales es uno de los instrumentos más utilizados en los casos de acoso, tanto en el entorno laboral como en el escolar (*bullying* y su versión a través de internet, *cyberbullying*) y de acoso sexual a menores (*grooming* o *sexting*). En último término, toda persona, hombre o mujer, de cualquier edad, puede llegar a verse afectada por este tipo de situaciones.

Con el objetivo de actuar con celeridad e intentando evitar la difusión masiva de este tipo de contenidos, la AEPD, en septiembre de

---

lencia de género digital, en 2015 se promulgó el nuevo artículo 172 ter introducido por el número noventa y uno del artículo único de la LO 1/2015, de 30 de marzo, por la que se modifica la LO 10/1995, de 23 de noviembre, del Código Penal. *Vid.* SALA ORDÓÑEZ, R., «La violencia de género digital: tratamiento jurídico y percepción social». En *La Ley Derecho de Familia: Revista jurídica sobre familia y menores,* núm. 23, 2019, p. 34.

371 Según los datos que obran en poder de la Delegación del Gobierno contra la Violencia de Género «sobre la violencia sexual en la adolescencia, el 14% de las chicas afirma haberse sentido presionada para actividades de tipo sexual, presión realizada en casi todos los casos (97,4%) por un hombre, que suelen provenir del chico con el que salen en un 55,7% de los casos. Las situaciones que un mayor porcentaje de chicas de entre 14 y 20 años ha vivido, son las relacionadas con mostrar (48%) o pedir (43,9%) fotografías sexuales, y el 23,4% ha recibido peticiones de cibersexo online. Por otro lado, la situación más frecuente que los chicos reconocen realizar es pedir fotografías online (17,1%), y pedir cibersexo online (7,4%)». *Vid.* DELEGACIÓN DEL GOBIERNO CONTRA LA VIOLENCIA DE GÉNERO, *La situación de la violencia contra las mujeres en la adolescencia en España,* Madrid, 2021, pp. 58 y ss. Más información disponible en: https://bit.ly/3vPTsIQ

372 Recuérdese en este punto que, con carácter general, la actividad de los ciudadanos en las redes sociales está excluida de la aplicación de la normativa de protección de datos, siempre que se trate de actividades exclusivamente personales o domésticas.

373 *Cfr.* DOMÍNGUEZ ÁLVAREZ, J.L., «La especial protección de los datos personales de las víctimas de violencia de género en las administraciones públicas», en DEL POZO PÉREZ, M. (Dir.), *Estudios interdisciplinares de género,* Tirant lo Blanch. Valencia, 2020, pp. 189-214.

2019, puso a disposición de la ciudadanía un canal específico[374] para la atención prioritaria de este tipo de situaciones de violencia digital.

En efecto, la finalidad última de este Canal Prioritario[375], la cual representa una iniciativa pionera en el mundo, es la atención de situaciones excepcionalmente delicadas, cuando los contenidos (fotografías o vídeos) tengan carácter sexual o muestren actos de agresión y se estén poniendo en alto riesgo los derechos y libertades de los afectados[376], siempre que éstos sean ciudadanos españoles o se encuentren en España, especialmente si se trata de menores de edad o de víctimas de violencia de género[377].

Ahora bien, *¿cómo funciona esta poderosa herramienta articulada por la AEPD para garantizar los derechos y libertades fundamentales de la ciudadanía ante el creciente uso inadecuado de los medios digitales?*

En primer lugar, el interesado deberá proceder a la descripción detallada de las circunstancias en que se ha producido la difusión no consentida de los contenidos, indicando en particular si la persona afectada es víctima de violencia de género, abuso o agresión sexual o acoso y si

---

374 La Agencia Española de Protección de Datos dispone de un Canal prioritario para comunicar la difusión ilícita de contenido sensible, un sistema que tiene como objetivo dar una respuesta rápida en situaciones excepcionalmente delicadas, como aquellas que incluyen la difusión de contenido sexual o violento. Más información disponible en: https://bit.ly/3ueIfR3

375 El Canal Prioritario se apoya en seis instrumentos de colaboración (un Convenio y 5 Protocolos) firmados el 24 de septiembre en el acto de presentación del Canal, con el Ministerio de Presidencia, Relaciones con las Cortes e Igualdad, Ministerio del Interior, Ministerio de Educación y Formación Profesional, Ministerio de Trabajo, Migraciones y Seguridad Social, Fiscalía General del Estado y Consejo General de la Abogacía, respectivamente.

376 Al objeto de maximizar el alcance y la efectividad de esta novedosa herramienta, podrán acudir a este canal tanto el afectado como cualquier persona que tenga conocimiento de la difusión ilícita de este tipo de contenidos.

377 La AEPD no podrá atender aquellas reclamaciones interpuestas a través de este canal prioritario cuando sean presentadas por ciudadanos de nacionalidad extranjera que no se encuentren en territorio del Estado español, o cuando la petición haga alusión a la difusión ilícita de contenidos mediante servicios de mensajería instantánea (por ejemplo, *Whatsapp* o *Telegram*), o por medio de correo electrónico, sin perjuicio de las competencias de la AEPD para iniciar un procedimiento sancionador contra quien difunda o replique este contenido utilizando dichos medios.

pertenece a cualquier otro colectivo especialmente vulnerable: menores de edad (especificando si es menor de catorce años), personas con discapacidad o enfermedad grave o en riesgo de exclusión social u otros.

Si el contenido está siendo difundido través de Internet en el momento de presentar la reclamación a través del Canal Prioritario, la AEPD solicitará que se identifique con clarividencia la dirección, direcciones o perfil social a través del que se están difundiendo los contenidos de manera ilícita. De igual forma, la AEPD necesitará conocer si se han emprendido acciones tendentes a denunciar los hechos ante las instancias policiales (detallando, en tal caso, las instancias administrativas o judiciales concretas y la referencia de los procedimientos que se estén tramitando) o para limitar la difusión de los datos personales, identificando claramente, en tal caso, a los prestadores de servicios (la red social, el portal de vídeo o de blogs...) a los que el interesado se ha dirigido[378].

La presentación de la solicitud podrá realizarse a través de la sede electrónica de la Agencia siempre que se disponga de un certificado válido o de cualquiera de los medios de autenticación soportados conforme a la legislación administrativa vigente (art. 10 Ley 39/2015, de 1 de octubre, de Procedimiento Administrativo Común de las Administraciones Públicas). En el supuesto de no encontrarse en disposición de los medios de autenticación necesarios para proceder a la tramitación electrónica de la solicitud de retirada de contenido sensible, se prevé la posibilidad de que el interesado pueda imprimir un formulario generado en el sitio web oficial de la AEPD y presentarlo en cualquier oficina de asistencia en materia de registros, en las oficinas de correos o en las representaciones diplomáticas y oficinas consulares de España, si se encuentra en el extranjero.

Una vez finalizado el proceso de registro de la solicitud por medio del Canal Prioritario, la AEPD se compromete al análisis de la

---

378 Con la finalidad de facilitar el proceso de presentación de la solicitud ante la AEPD, esta permite adjuntar todos aquellos documentos que el interesado considere relevantes para la tramitación de la reclamación, particularmente una copia de la pantalla o del dispositivo donde pueda apreciarse claramente el servicio (la red social, el portal de vídeo o de blogs...) a través del cual se están difundiendo las imágenes.

reclamación de forma prioritaria[379] y, en su caso, emitirá la correspondiente orden de retirada del contenido sensible al prestador del servicio o plataforma donde se esté difundiendo[380]. Además, si hay indicios de delito, la propia Agencia será la encargada de ponerlo en conocimiento de la Fiscalía y, si procede, la investigación continuará para tramitar un procedimiento sancionador contra las personas responsables de la difusión ilícita de contenidos, extremos que serán comunicados al interesado en tiempo y forma.

---

379 Hasta la fecha, en aquellos supuestos en los que existen indicios de violencia digital, la AEPD ha emitido la orden de retirada de los contenidos sensibles en un plazo inferior a 24 horas desde la presentación de la solicitud por parte del interesado.

380 Durante 2022 se recibieron 255 peticiones a través del Canal Prioritario, de las cuales 167 entraron a través del canal de menores. El total de los casos tramitados por vía urgente tras el análisis de la Agencia creció un 107% en el año y la eficacia de las intervenciones para lograr la retirada de contenidos fue del 90%. Solamente en el año 2022, la Agencia realizó a través de su Canal prioritario 51 intervenciones de urgencia para retirar información, imágenes, vídeos o audios publicados sin permiso en Internet y de contenido sensible. La principal dificultad que se enfrenta para lograr la supresión es la identificación o respuesta satisfactoria por parte de responsables que se encuentran establecisos en terceros países fuera de la Unión Europea. *Vid.* AGENCIA ESPAÑOLA DE PROTECCIÓN DE DATOS: *Memoria AEPD 2022,* Madrid, 2021, p. 157. Disponible en: https://bit.ly/3aKol7E

En 2021 la cifra ascendió hasta alcanzar las 377 reclamaciones, de las cuales 162 fueron presentadas ante la AEPD haciendo uso del Canal Prioritario y 215 por medio de comunicaciones del canal de menores (14-18 años). Tras el correspondiente examen por parte de la Subdirección General de Inspección se practicaron 31 intervenciones con carácter de urgencia para la retirada de contenidos, de las cuales 25 obtuvieron un resultado eficaz. *Vid.* AGENCIA ESPAÑOLA DE PROTECCIÓN DE DATOS: *Memoria AEPD 2021,* Madrid, 2022, pp. 145-146.

VI. Nuevas garantías institucionales frente al avance de la transformación digital. En especial los sistemas algorítmicos

El Plan de Recuperación, Transformación y Resiliencia «España puede» (PNRTR) contempla entre sus objetivos prioritarios garantizar un proceso de transformación digital[381] plenamente coherente con los valores constitucionales y la protección de los derechos individuales y colectivos. Para ello, además de impulsar la elaboración de una Carta de Derechos Digitales, la Agenda España Digital 2025 y la Estrategia Nacional de Inteligencia Artificial prevén el establecimiento de una serie de nuevas garantías de carácter instrumental con las que se pretende avanzar en el desarrollo efectivo de esa *«digitalización humanista»* que vertebra infinidad de documentos programáticos del conjunto de las Administraciones públicas españolas, entre los que destaca la creación de la Oficina del Dato.

No obstante, conviene señalar que esta preocupación por incorporar las políticas de impulso a la digitalización de la sociedad y la economía, así como el fomento y la regulación de los servicios digitales o la modernización del Sector público en el organigrama de la Administración General del Estado no es novedosa. Se cumplen cuatro años desde que el art. 16 del Real Decreto 2/2020, de 12 de enero, por el que se reestructuran los departamentos ministeriales contemplara la creación de la Secretaria de Estado de Digitalización e Inteligencia Artificial (SEDIA), previsión normativa con la que el

---

381 Para ello, se prevé la realización de una serie de importantes inversiones, cuyo montante económico total asciende a más de 50.000 millones de euros en el periodo 2021-2023, mediante el despliegue de diez políticas palanca. Desde la agenda urbana a la educación, desde la agricultura al turismo, desde la industria a la movilidad, desde la modernización de la Administración pública hasta la nueva economía de los cuidados, con una inversión equivalente al 29,58% del total, superando así ampliamente el objetivo del 20% marcado reglamentariamente por la Unión Europea. *Vid.* GOBIERNO DE ESPAÑA, *Plan de Recuperación, Transformación y Resiliencia «España puede»*, Madrid, 2020, p. 63.

Estado español da un paso de gigante en el proceso de articulación de una auténtica política de impulso a la digitalización de la sociedad y economía de forma respetuosa con los derechos individuales y colectivos, así como con los valores del ordenamiento jurídico español[382].

Tal y como se desprende del art. 8 del Real Decreto 403/2020, de 25 de febrero, por el que se desarrolla la estructura orgánica básica del Ministerio de Asuntos Económicos y Transformación Digital, corresponden a la SEDIA *«las funciones de fomento y regulación de los servicios digitales y de la economía y sociedad digitales, la interlocución con los sectores profesionales, industriales y académicos, el impulso de la digitalización del sector público y la coordinación y cooperación interministerial y con otras Administraciones Públicas respecto a dichas materias, sin perjuicio de las competencias atribuidas a otros departamentos ministeriales»* (art. 8.1). Más específicamente, el ejercicio de las siguientes atribuciones:

i. El estudio, propuesta y ejecución de la política general y la planificación estratégica y de acción sobre la transformación digital de la economía y la sociedad, así como la elaboración y propuesta de normativa para la ordenación y regulación en estas materias, en consonancia con las disposiciones nacionales, europeas e internacionales vigentes;

ii. La elaboración, formulación, coordinación y evaluación de la Estrategia española de Inteligencia Artificial en colaboración con otros departamentos, órganos y organismos con competencias en esta materia;

iii. El desarrollo normativo, aspectos éticos y regulación en materia de Inteligencia Artificial y demás tecnologías habilitadoras digitales (computación en la nube, tecnologías del lenguaje e imágenes, Internet de las cosas, tecnologías de registro distribuido, ciberseguridad, gestión de datos, entre otras) para la transformación de la economía y la sociedad;

---

382 *Vid.* DOMÍNGUEZ ÁLVAREZ, J.L., «Nuevas garantías institucionales frente al avance de la transformación digital. Comentario a la Ley 22/2021, de 28 de diciembre, de Presupuestos Generales del Estado para el año 2022 (en particular, DA 117.ª y DA 130.ª», en *AIS: Ars Iuris Salmanticensis,* vol. 10, núm. 1, 2022, p. 260.

iv. La participación en comisiones, grupos de trabajo y otros foros de carácter internacional o nacional, tanto públicos como privados, en el ámbito de la Inteligencia Artificial y resto de tecnologías habilitadoras digitales, así como el seguimiento y participación en iniciativas y foros relacionados con estas materias;

v. La definición y gestión coordinada de los programas y actuaciones, impulso y fomento de la I+D+i en el ámbito de la Inteligencia Artificial, incluyendo la política de datos abiertos aplicados a la Inteligencia Artificial y resto de las tecnologías habilitadoras digitales en los sectores productivos de la economía y de la sociedad;

vi. El impulso, coordinación y ejecución de los planes y líneas de actuación de las Administraciones Públicas en Inteligencia Artificial y otras tecnologías habilitadoras digitales en colaboración con el conjunto de agentes del sector con los correspondientes programas e iniciativas de la Unión Europea y con otros programas internacionales;

vii. El desarrollo e impulso de planes, programas, proyectos y actuaciones para la incorporación de las tecnologías y servicios digitales y el empleo masivo de los datos en la transformación digital de todos los sectores productivos de la economía, potenciando la compartición segura de datos entre los ciudadanos, las empresas y las Administraciones Públicas, en coordinación de las agendas sectoriales de digitalización de otros departamentos ministeriales, así como la gestión coordinada con los correspondientes programas europeos e internacionales en estas materias;

viii. El desarrollo e impulso de planes, programas, proyectos, actuaciones e instrumentos que fomenten el desarrollo y despliegue de servicios digitales, capacidades e infraestructuras que contribuyan a acelerar los procesos de transformación digital, y, en particular, la digitalización y el empleo masivo de los datos, así como la gestión coordinada con los correspondientes programas europeos e internacionales en estas materias;

ix. El desarrollo e impulso de programas, actuaciones y esquemas de gobernanza que contribuyan a reforzar la cooperación en los procesos de transformación digital de cualquier sector, y, en particular, en materia de digitalización, empleo masivo de los datos, desarrollo de las tecnologías digitales y normalización técnica;

x. El desarrollo e impulso de planes, programas, proyectos y actuaciones para el fomento de la actividad de normalización, estandarización y certificación en el ámbito de las tecnologías digitales en coordinación con otras unidades competentes;

xi. El ejercicio de las facultades de control e impulso del libre flujo de datos no personales, su portabilidad y la elaboración de códigos de conducta en coordinación con la Unión Europea;

xii. El diseño y seguimiento de programas de desarrollo de industrias y economías digitales;

xiii. La supervisión, impulso y coordinación de iniciativas para la garantía del derecho a la confianza y seguridad digital, y en especial a la protección de los menores y colectivos vulnerables, así como la regulación en materia de ciberseguridad de los servicios digitales, en colaboración con otros órganos u organismos con competencias en la materia, así como con los sectores económicos y sociales públicos y privados afectados;

xiv. La elaboración y propuesta de normativa en materia de servicios digitales y sus prestadores, en particular sobre identificación y servicios electrónicos de confianza, comercio electrónico y nombres de dominio de Internet;

xv. La elaboración de normativa, en colaboración con otros departamentos, referente a la regulación de las plataformas digitales, entre otras, la relativa a la privacidad y protección de la información, así como a la garantía de equidad y respeto a los derechos digitales de usuarios y empresas;

xvi. El ejercicio de las facultades de supervisión, control, inspección y sanción en materia de la sociedad digital, de conformidad con la legislación aplicable, incluyendo la gestión de la lista de prestadores de servicios de confianza cualificados;

xvii. La participación en comisiones, grupos de trabajo y otros foros de carácter internacional o nacional, tanto públicos como privados, en materia de sociedad digital, así como el seguimiento y participación en iniciativas y foros relacionados con la Gobernanza de Internet;

xviii. El impulso, coordinación y apoyo a las iniciativas para la capacitación profesional en el ámbito de las tecnologías de la información y las comunicaciones, y de programas de atracción, desarrollo y retención del talento digital;

xix. La elaboración, gestión y seguimiento de planes, proyectos y programas de actuaciones orientados al desarrollo de habilidades digitales en coordinación con otros departamentos ministeriales, así como la definición y gestión coordinada de esta política con los correspondientes programas europeos e internacionales en estas materias;

xx. El desarrollo normativo, impulso, coordinación y apoyo a las iniciativas para promover la iniciativa emprendedora y el desarrollo de las empresas digitales en colaboración con otras unidades y departamentos;

xxi. El impulso, coordinación y apoyo a las iniciativas destinadas a la creación de contenidos digitales, y demás iniciativas que promuevan el desarrollo de empresas tecnológicas en sectores estratégicos para la transformación e inclusión digital en colaboración con otros departamentos, órganos u organismos;

xxii. La promoción y asistencia a la internacionalización de las empresas de tecnologías digitales, de la Sociedad Digital y de contenidos digitales, sin perjuicio de las competencias de la Secretaría de Estado de Comercio;

xxiii. El diseño y desarrollo de planes y programas destinados a fomentar el acceso y uso de los servicios digitales por los ciudadanos y facilitar la disponibilidad y accesibilidad de las tecnologías digitales, contribuyendo a la corrección de las brechas digitales en coordinación con otros departamentos ministeriales con competencias en otras políticas con las que esas materias estén relacionadas;

xxiv. El impulso, la programación y la supervisión de las actuaciones en ejecución de la política de Gobierno en materia de Administración Digital y del fomento de la administración electrónica, en especial lo referente al proceso de transformación Digital e innovación de la Administración a través de las tecnologías de la información y de las comunicaciones, y la adopción de soluciones digitales que permitan la prestación eficiente de los servicios públicos incluyendo los servicios públicos esenciales;

xxv. Avanzar en la creación de servicios públicos electrónicos universales y de calidad, y en su caso transfronterizos;

xxvi. Promover, en un marco de corresponsabilidad, la cooperación con las administraciones públicas en materia de administración digital, potenciando el uso de los servicios de información titularidad de la Secretaría de Estado para eliminar la brecha digital, así como el fomento de programas de atención al ciudadano y, en particular promoviendo el uso de plataformas comunes para la integración de los servicios de las diferentes sedes electrónicas de las administraciones públicas; y

xxvii. La propuesta, coordinación y seguimiento de las relaciones internacionales en materia de la sociedad Digital, y la representación internacional del departamento en estas materias en colaboración con el Ministerio de Asuntos Exteriores, Unión Europea y Cooperación[383].

Poco después, el Boletín Oficial del Estado, mediante Orden ETD/803/2020, de 31 de julio, anunciaba la creación de la División

---

383 Para la ejecución de esta amplia pluralidad de actuaciones, la SEDIA cuenta con el soporte de la Subdirección General de Inteligencia Artificial y Tecnologías Habilitadoras Digitales, a la que corresponden las funciones a las que se refieren los párrafos b), c), d), e) y f); la Subdirección General de Economía del Dato y Digitalización, a la que corresponden las funciones recogidas en los párrafos g), h), i), j), k) y l); la Subdirección General para la Sociedad Digital, a la que corresponden las funciones a las que se refieren los párrafos m), n), ñ), o) y p), y la Subdirección General de Talento y Emprendimiento Digital, a la que corresponden las funciones recogidas en los párrafos q), r), s), t), u) y v) del apartado 1.
Adicionalmente, de la Secretaría de Estado de Digitalización e Inteligencia Artificial depende directamente, como órgano directivo, la Secretaría General de Administración Digital, con rango de Subsecretaría, cuya finalidad es desarrollar y armonizar los sistemas para el conjunto de la Administración General del Estado e impulsar la transformación digital de la misma.

Oficina del Dato y la División de Planificación y Ejecución de Programas en el seno de la SEDIA. De esta forma aparece otra de las garantías institucionales contemplada en el esquema de gobernanza español de la IA, la Oficina del Dato, a cuyo frente se ubica un «*Chief Data Officer*», que será el responsable de garantizar la buena gobernanza en el uso de los datos públicos e impulsar su utilización por el Sector público y privado. Así, la Oficina del Dato se encarga del diseño y puesta en marcha de cuantas estrategias permitan poner a disposición de las empresas y la ciudadanía los datos públicos de las Administraciones.

Entre sus tareas se incluyen el diseño de las estrategias y marcos de referencia en materia de gestión de datos, la creación de espacios de compartición de datos entre empresas, ciudadanos y Administraciones públicas de manera segura y con gobernanza (*sandboxes, data spaces* nacionales y europeos, ecosistemas de datos para uso sectorial tanto público como privado, etc.) y el empleo masivo de los datos en los sectores productivos estratégicos de la economía mediante tecnologías Big Data e Inteligencia Artificial, entre otras, así como el desarrollo de mecanismos de acceso seguros a estas plataformas de datos, para la toma de decisiones públicas basadas en datos o para uso empresarial, garantizando su seguridad y gobernanza a través de arquitecturas API u otros mecanismos; el diseño de las políticas de Gobernanza y estándares en la gestión y análisis de datos que deben regir en la Administración General del Estado; el desarrollo de un Centro de Competencia de analítica avanzada de datos que defina las metodologías y mejores prácticas y que asegure que se desarrollan las competencias tecnológicas y las herramientas necesarias para la toma de decisiones basadas en datos por parte de las Administraciones públicas, permitiendo el desarrollo de políticas basadas en evidencia; la formación y desarrollo de mecanismos de transferencia de conocimiento a los distintos Ministerios y Administraciones públicas; o la coordinación técnica de las iniciativas en materia de datos de los distintos departamentos ministeriales y Administraciones públicas en el marco de las estrategias y programas de la Unión Europea.

Junto a estas garantías instrumentales, la novísima Ley 22/2021, de 28 de diciembre, de Presupuestos Generales del Estado (LPGE) para el año 2022 contempla dos importantes previsiones normativas para nuestro objeto de estudio, en forma de autoridades independientes encargadas de dinamizar la digitalización del Sector público, por un lado, y supervisar los proyectos enmarcados dentro de la Estrategia Nacional de Inteligencia Artificial, por otro.

1. LA AGENCIA ESTATAL DE ADMINISTRACIÓN DIGITAL

De conformidad con lo previsto en el art. 91 LRJSP, la Disposición adicional centésima décima séptima de la LPGE autoriza la creación de la Agencia Estatal de Administración Digital (AEAD), como organismo público con personalidad jurídica pública y patrimonio propios y plena capacidad de obrar[384].

En base a dicho precepto, corresponderá a la AEAD la promoción de los siguientes fines:

(a) la digitalización del Sector público, mediante el ejercicio de las funciones de dirección, coordinación y ejecución del proceso de transformación digital e innovación de la Administración a través de las tecnologías de la información y de las comunicaciones;

(b) la prestación eficiente de los servicios públicos, a través de la adopción de soluciones digitales, en el marco del Esquema Nacional de Seguridad (ENS) y el Esquema Nacional de Interoperabilidad (ENI);

(c) la transformación digital de las Administraciones públicas a través de la coordinación de la Administración General del Estado y sus organismos públicos y entidades de derecho público vinculados o dependientes, y de la cooperación con las Administraciones públicas para la implantación de las estrategias nacionales e internacionales en materia de administración digital; y

(d) la coordinación funcional de la actuación de las unidades TIC de la AGE y el apoyo informático a aquellos departamentos ministeriales que lo precisen.

---

384 Estará adscrita a la Secretaría de Estado de Digitalización e Inteligencia Artificial del Ministerio de Asuntos Económicos y Transformación Digital. Se regirá por lo establecido en su estatuto orgánico y por lo dispuesto en la Ley 40/2015, de 1 de octubre, de Régimen Jurídico del Sector Público.

Así mismo, de acuerdo con los fines enunciados anteriormente, corresponderá a la AEAD el impulso, la definición, desarrollo, ejecución y seguimiento, entre otros, de los proyectos de transformación digital incluidos el Plan de Digitalización de las Administraciones Públicas 2021-2025 para mejorar la accesibilidad de los servicios públicos digitales a la ciudadanía y empresas, superar la actual brecha digital y favorecer la eficiencia y eficacia de los empleados públicos, avanzando hacia una Administración para el siglo XXI y contribuyendo a la consecución de objetivos de resiliencia y transición digital perseguidos también por el Plan Nacional de Recuperación, Transformación y Resiliencia[385].

2. LA AGENCIA ESPAÑOLA DE SUPERVISIÓN DE INTELIGENCIA ARTIFICIAL

Por su parte, la Disposición adicional centésima trigésima de la LPGE autoriza al Gobierno a impulsar una Ley, de acuerdo con el art. 91 LRJSP, para la creación de la Agencia Española de Supervisión de Inteligencia Artificial (AESIA), configurada como Agencia Estatal dotada de personalidad jurídica pública, patrimonio propio y autonomía en su gestión, con potestades administrativas[386].

Esta Agencia actuará con plena independencia orgánica y funcional de las Administraciones públicas, de forma objetiva, transparente e imparcial, llevando a cabo medidas destinadas a la minimización de riesgos significativos sobre la seguridad y salud de las personas, así como sobre sus derechos fundamentales, que puedan derivarse del uso de sistemas de inteligencia artificial. Estas medidas incluirán actuaciones propias, actuaciones en coordinación con otras autoridades competentes, cuando sea aplicable, y actuaciones de apoyo a entidades privadas[387].

---

385 Esto se llevará a cabo mediante la ejecución, entre otras actuaciones, de las medidas incluidas en el Plan de Digitalización de las Administraciones Públicas 2021-2025.

386 No obstante, conviene precisar que la Agencia Estatal se encontrará adscrita a la Secretaría de Estado de Digitalización e Inteligencia Artificial, dentro del Ministerio de Asuntos Económicos y Transformación Digital.

387 El proceso para la puesta en marcha efectiva de esta garantía institucional ya ha comenzado. Así, hace escasas semanas conocíamos la noticia de que el Gobier-

Para ello, la Agencia Estatal se encargará del desarrollo, supervisión y seguimiento de los proyectos enmarcados dentro de la Estrategia Nacional de Inteligencia Artificial, así como aquellos impulsados por la Unión Europea, en particular los relativos al desarrollo normativo sobre inteligencia artificial y sus posibles usos (como se desprende del art. 10 del Real Decreto 729/2023, de 22 de agosto, por el que se aprueba el Estatuto de la Agencia Española de Supervisión de Inteligencia Artificial).

Si bien es cierto que la adopción de estas medidas constituye un paso hacia adelante en la travesía hacia el establecimiento de un verdadero modelo de gobernanza de la IA, no se alcanza a comprender las razones que abocan al legislador español a optar por el establecimiento de entidades y organismos de nuevo cuño para el desempeño de funciones encaminadas a la supervisión de los efectos que el desarrollo de los sistemas algorítmicos ejercen sobre los derechos fundamentales de la ciudadanía, en lugar de apostar por el fortalecimiento de la Agencia Española de Protección de Datos, entidad que dispone de una contrastada y extraordinaria experiencia en la materia y que, pese a sus limitados medios, personales especialmente, hasta la fecha había asumido con tesón y diligencia esta dificultosa tarea[388].

---

no había dado inicio al proceso para elegir la sede de la Agencia Española de Supervisión de la Inteligencia Artificial, que, finalmente, no estará situada en Madrid. El Ministerio de Asuntos Económicos y Transformación Digital primará aquellas candidaturas que cuenten con un fuerte ecosistema empresarial y de investigación tecnológica. Además, se tendrá en cuenta la capacidad para recibir y formar profesionales especializados en la inteligencia artificial, ciencias sociales o ética. Algunas de las candidaturas que se postulan para recibir a la nueva Institución, la cual estará dotada de un presupuesto anual de cinco millones de euros, son Granada o Santiago de Compostela.

388 Opción por la que han optado no solamente las Instituciones europeas al convertir al SEPD en la herramienta primigenia para supervisar el funcionamiento de los sistemas algorítmicos impulsados por estas, sino también algunos Estados miembros de nuestro entorno más próximo, como ocurre en el supuesto concreto de Italia. Sin ir más lejos, La Autoridad de control italiana *(Il Garante per la Protezione dei Dati Personali)* impone una sanción de 2,6 millones de euros a la entidad *Foodinho*, filial italiana de GLOVO, por el funcionamiento de sus algoritmos de gestión de operaciones de su plataforma digital. Además, la entidad se verá obligada a proceder a la modificación del tratamiento de datos pertenecientes a sus *riders*. En concreto, Il Garante detectó un conjunto de infracciones de carácter grave en relación con los

VII. Algunas reflexiones acerca de los nuevos instrumentos normativos en materia de Inteligencia Artificial que se vislumbran en el horizonte europeo y en el contexto internacional

Cuando nos encontramos al borde de la cuarta revolución industrial, fruto de la combinación del abundante ecosistema de datos existente, la creciente potencia de los sistemas algorítmicos y el fortalecimiento de la capacidad informática, la Unión Europea se prepara para «*establecer un marco normativo horizontal orientado al futuro, favorable a la innovación para el desarrollo y el uso de la IA, garantizando al mismo tiempo la salvaguarda del Estado de Derecho y de los derechos fundamentales de los ciudadanos de la Unión*»[389].

---

algoritmos utilizados en la gestión de trabajadores. La empresa no había informado de manera correcta y adecuada a los trabajadores en relación con el funcionamiento del sistema y no garantizaba, en ningún caso, la exactitud y corrección de los resultados de los sistemas algorítmicos utilizados con el fin de evaluar a la totalidad de *riders*. Por otra parte, tampoco garantizó determinados procesos al objeto de proteger el derecho a obtener la intervención humana, expresar la opinión e impugnar las decisiones adoptadas a través del uso de los presentes algoritmos. Por todo ello, además de la citada sanción, Il Garante ha exigido a la empresa en cuestión que identifique diferentes medidas con el fin de proteger los derechos y libertades de los *riders* frente a decisiones automatizadas, incluyendo la elaboración de perfiles. *Vid.* IL GARANTE PER LA PROTEZIONE DEI DATI PERSONALI, *Ordinanza ingiunzione nei confronti di Foodinho s.r.l. - 10 giugno 2021 [9675440]*, Roma, 2021. Disponible en: https://bit.ly/3CnCiXO

389 A tal fin, el Parlamento Europeo señala que, «para que los agentes europeos tengan éxito en la era digital y se conviertan en líderes tecnológicos en el ámbito de la IA, es necesario un marco normativo claro, un compromiso político y una mentalidad más prospectiva, a menudo inexistentes en la actualidad; concluye que, sobre la base de ese enfoque, tanto los ciudadanos como las empresas de la Unión pueden sacar provecho de la IA y de la gran oportunidad que ofrece para impulsar la competitividad, también en materia

Si bien es cierto que el viejo continente no lidera en estos momentos el desarrollo tecnológico de la IA, la Unión Europea lleva trabajando casi un lustro en el diseño de una suerte de RGPD en materia de inteligencia artificial[390], mediante *«el establecimiento del primer marco regulador del mundo en materia de IA podría suponer una ventaja para la Unión, como pionera, para establecer normas internacionales de IA basadas en los derechos fundamentales, así como para exportar con éxito la "IA de confianza" centrada en el ser humano a todo el mundo»*[391].

---

de prosperidad y bienestar; subraya que los marcos reglamentarios han de configurarse de manera que no impongan obstáculos injustificados para impedir que los agentes europeos tengan éxito en la era digital, en particular las empresas emergentes y las pequeñas y medianas empresas (pymes); destaca que se deben incrementar sustancialmente las inversiones públicas y privadas para crear un clima en el que surjan y se desarrollen en nuestro continente más historias de éxito europeas». Estas son las razones por las que la Institución defiende el establecimiento de una nueva hoja de ruta para convertir al viejo continente en líder mundial en materia tecnológica, bajo el lema «Una Europa adaptada a la era digital»; edificada sobre las siguientes premisas: (a) marco normativo favorable; (b) culminación del mercado único digital; (c) infraestructura verde digital; (d) ecosistema de excelencia; (e) ecosistema de confianza; (f) estrategia industrial; y (g) seguridad. *Vid.* PARLAMENTO EUROPEO, *Informe sobre la inteligencia artificial en la era digital,* Estrasburgo, 2022, p. 12 [A9-0088/2022].

390 La regulación de la Inteligencia Artificial cuyos trabajos preparatorios inició la Comisión en el año 2018, se ven ahora reforzados y dirigidos a conseguir una regulación de la IA en el conjunto de la Unión de forma irremediable; una futura ordenación que complementará a otra anterior y relevante, próxima en la materia, como es la relativa a la protección de datos, consumidores o la ciberseguridad. *Vid.* GARCÍA GARCÍA, S., «Una aproximación a la futura regulación de la inteligencia artificial en la Unión Europea», en *Revista de Estudios Europeos,* vol. 79, núm. 1, 2022, pp. 304-305.

391 *Vid.* PARLAMENTO EUROPEO, *Resolución del Parlamento Europeo, de 3 de mayo de 2022, sobre la inteligencia artificial en la era digital,* Estrasburgo, 2022, p. 31 [2020/2266(INI)], donde afirma con rotundidad que el establecimiento del primer marco regulador del mundo en materia de IA podría suponer una ventaja para la Unión, como pionera, para establecer normas internacionales de IA basadas en los derechos fundamentales, así como para exportar con éxito la «IA de confianza» centrada en el ser humano a todo el mundo; subraya que es necesario apoyar este planteamiento mediante la coordinación regulatoria y la convergencia con socios democráticos afines.

De esta forma, el pasado 21 de abril de 2021, la Comisión Europea presentó un conjunto de medidas con el objeto de avanzar hacia la regulación jurídica de la inteligencia artificial en el viejo continente[392]. Desde la perspectiva regulatoria, sobresale su Propuesta de Reglamento del Parlamento Europeo y del Consejo por el que se establecen normas armonizadas en materia de inteligencia artificial (Ley de inteligencia artificial)[393] y se modifican determinados actos legislativos de la Unión[394]. De esta forma, irrumpe en el panorama internacional la primera norma jurídica *stricto sensu* propuesta en el

---

[392] En efecto, conviene reseñar que la propuesta se construye en buena parte sobre el modelo de la legislación europea preexistente relativa a la seguridad de los productos y a las disposiciones contempladas en el Libro Blanco sobre la inteligencia artificial: un enfoque europeo orientado a la excelencia y la confianza [COM(2020) 65 final]. Seguidamente, entre los meses de febrero y junio del mismo año, se celebró una consulta pública en la que se recibieron más de 1.200 contribuciones que implicaron 6.667 respuestas de texto libre y 408 documentos presentados analizados por la Comisión. Por su parte, el Parlamento Europeo en octubre 2020 procedió a la elaboración de dos importantes recomendaciones que incluyeron propuestas de regulación de la IA con texto articulado. La más cercana al texto de la PRIA fue la Resolución del Parlamento Europeo, de 20 de octubre de 2020, con recomendaciones destinadas a la Comisión sobre un marco de los aspectos éticos de la inteligencia artificial, la robótica y las tecnologías conexas [2020/2012(INL)]. A esta se sumaron poco después la Resolución del Parlamento Europeo, de 20 de octubre de 2020, con recomendaciones destinadas a la Comisión sobre un régimen de responsabilidad civil en materia de inteligencia artificial [2020/2014(INL)] y la Resolución del Parlamento Europeo, de 20 de octubre de 2020, sobre los derechos de propiedad intelectual para el desarrollo de las tecnologías relativas a la inteligencia artificial [2020/2015(INI)], materias estas dos últimas que no se abordan en la PRIA.

[393] A esta norma hay que sumar la Propuesta de Reglamento en materia de responsabilidad civil por el uso de inteligencia artificial, del Parlamento Europeo, de 20 de octubre de 2020. *Vid.* PLAZA PENADÉS, J., «Fundamentos y principios jurídicos básicos de la inteligencia artificial y el "big data"», en *Revista Aranzadi de derecho y nuevas tecnologías*, núm. 59, 2022, pp. 7 y ss.

[394] Algunas de las ideas que aparecen esbozadas en el texto de la PRIA ya se podían entrever con claridad en COMISIÓN EUROPEA, *Plan coordinado sobre la inteligencia artificial*, Bruselas, 2018, p. 20 [COM(2018) 795 final], donde las Instituciones europeas mostraban la importancia de avanzar hacia el establecimiento de una legislación que ofrezca el marco adecuado para la innovación impulsada por la IA y la aceptación de las soluciones que ofrece la IA, al tiempo que aborda los posibles riesgos derivados del uso y las interacciones con la tecnología, incluidas las cuestiones de seguridad cibernética.

campo de la inteligencia artificial, lo que representa un importante salto cualitativo, al superar las limitaciones propias del enfoque ético que se había impuesto hasta la fecha[395].

No obstante, en el contexto internacional comienzan a vislumbrarse otra serie de intentos normativos, de distinta magnitud y alcance, que conviene igualmente examinar, con el objetivo de dominar la amalgama de iniciativas reguladoras que aspiran a ordenar el vertiginoso despliegue de los sistemas algorítmicos en las diferentes economías y sociedades. Por esta razón, a continuación, se ofrece un análisis detallado de la propuesta de Ley de Inteligencia Artificial europea, así como unos breves apuntes en los que se pretenden esbozar las notas características de los esfuerzos acometidos por las otras dos grandes potencias tecnológicas del momento: China y Estados Unidos[396].

1. PROPUESTA DE REGLAMENTO DEL PARLAMENTO EUROPEO Y DEL CONSEJO POR EL QUE SE ESTABLECEN NORMAS ARMONIZADAS EN MATERIA DE INTELIGENCIA ARTIFICIAL

Transcurridos tres años desde que la Presidenta Von der Leyen, anunciara que la Comisión Europea procedería a la presentación de una propuesta legislativa encargada de articular un enfoque europeo coordinado sobre las implicaciones éticas y humanas de la IA, con fecha 21 de abril de 2021, la Comisión hizo pública su propuesta de marco reglamentario sobre inteligencia artificial con los siguientes

---

395 Así, el futuro Reglamento europeo pretende tanto garantizar la tutela de los derechos fundamentales de las personas situadas en la Unión Europea frente a las amenazas y riesgos ligados al desarrollo de herramientas de inteligencia artificial, como reforzar la innovación en el seno de la Unión Europea. De esta forma, se aspira a convertir a Europa en el centro mundial de una «IA digna de confianza». *Vid. Op. cit.* BARRIO ANDRÉS, M., *Manual de Derecho…*, p. 82.

396 Según el último ranking elaborado por «SCImago Journal & Country Rank», los 15 países del mundo que están a la vanguardia en IA, son los siguientes: (i) China; (ii) Estados Unidos; (iii) India; (iv) Reino Unido; (v) Japón; (vi) Alemania; (vii) Francia; (viii) Italia; (ix) Irán; (x) Corea del Sur; (xi) Australia; (xii) Turquía; (xiii) Canadá; (xiv) España; y (xv) Brasil. Más información disponible en: https://bit.ly/2LCHZVA

objetivos específicos: (i) garantizar que los sistemas de IA introducidos y usados en el mercado de la UE sean seguros y respeten la legislación vigente en materia de derechos fundamentales y valores de la Unión; (ii) garantizar la seguridad jurídica para facilitar la inversión e innovación en IA; (iii) mejorar la gobernanza y la aplicación efectiva de la legislación vigente en materia de derechos fundamentales y los requisitos de seguridad aplicables a los sistemas de IA; y (iv) facilitar el desarrollo de un mercado único para hacer un uso legal, seguro y fiable de las aplicaciones de IA y evitar la fragmentación del mercado.

Para alcanzar dichos objetivos, la propuesta presenta un enfoque normativo horizontal, equilibrado y proporcionado, para la IA, que se limita a establecer los requisitos mínimos necesarios para subsanar los riesgos y problemas vinculados a la IA, sin obstaculizar ni impedir indebidamente el desarrollo tecnológico y sin aumentar de un modo desproporcionado el coste de introducir soluciones de IA en el mercado[397].

Al igual que ocurría en el supuesto concreto del Reglamento General de Protección de Datos, la propuesta se caracteriza por establecer un marco jurídico sólido y flexible. Por un lado, las opciones regla-

---

397 La base jurídica de la propuesta es, en primer lugar, el artículo 114 TFUE, que trata de la adopción de medidas para garantizar el establecimiento y funcionamiento del mercado interior, en la medida en que la propuesta tiene como objetivo primordial garantizar el correcto funcionamiento del mercado interior mediante el establecimiento de normas armonizadas, en particular en lo que respecta al desarrollo, la introducción en el mercado de la Unión y el uso de productos y servicios que empleen tecnologías de IA o se suministren como sistemas de IA independientes. En este punto, conviene reseñar que algunos Estados miembros ya están estudiando normas nacionales destinadas a garantizar que la IA sea segura y se desarrolle y utilice de conformidad con las obligaciones asociadas a los derechos fundamentales. Al igual que ocurría en el estadio regulatorio anterior en el campo de la protección de datos de carácter personal, es probable que esto ocasione dos problemas fundamentales: (i) la fragmentación del mercado interno en lo que respecta a elementos esenciales, en particular los requisitos aplicables a los productos y servicios de IA, su comercialización, su utilización, y la responsabilidad y supervisión de las autoridades públicas; y (ii) la disminución considerable de la seguridad jurídica de los proveedores y usuarios de sistemas de IA en lo tocante a cómo se aplicarán a dichos sistemas las normas vigentes y nuevas en la Unión. Habida cuenta de la amplia circulación transfronteriza de productos y servicios, la mejor manera de solucionar estos dos problemas es mediante legislación de armonización de la UE.

mentarias fundamentales que plantea, incluidos los requisitos basados en principios que deben cumplir los sistemas de IA, son amplias y pueden resistir el paso del tiempo. Por otro lado, establece un sistema regulatorio proporcionado centrado en un enfoque normativo basado en los riesgos y claramente definido que no impone restricciones innecesarias al comercio, en el que la intervención jurídica se adapta a aquellas situaciones concretas en las que existe un motivo de preocupación justificado o en las que es posible anticipar razonablemente que se producirá un problema en un futuro próximo. Al mismo tiempo, el marco jurídico incluye mecanismos flexibles que le permiten adaptarse de manera dinámica a medida que evoluciona la tecnología y surgen nuevas situaciones preocupantes, en lo que representa un claro esfuerzo por contrarrestar la obsolescencia normativa a la que están expuestos aquellos textos que intentan embridar el avance digital.

La propuesta establece normas armonizadas para el desarrollo, la introducción en el mercado y la utilización de sistemas de IA en la Unión a partir de un enfoque proporcionado basado en los riesgos[398]. También propone una definición única de la IA que puede

398 Como subraya BINI, S., «Reflexiones sobre justicia, humanidad y digitalización», en LLANO ALONSO, F.H. (Dir.), *Inteligencia artificial y filosofía del derecho*, Laborum, Murcia, 2022, pp. 83-84; la noción de «riesgo» resulta central en la construcción de una «Europa adaptada a la era digital», según el planteamiento presentado por la Comisión Europea en la Propuesta de Reglamento del Parlamento Europeo y del Consejo por el que se establecen normas armonizadas en materia de inteligencia artificial (Ley de inteligencia artificial) y se modifican determinados actos legislativos de la Unión. Dicha norma representa una contribución particularmente significativa, que aspira a «convertir a Europa en el centro mundial de una inteligencia artificial (IA) digna de confianza». Para que este objetivo pueda ser en concreto alcanzado, se elabora un planteamiento basado en el concepto de «riesgo», clasificado en el marco de una taxonomía que diferencia y ordena los diferentes sistemas de inteligencia artificial según el nivel de riesgo que llevan consigo *(unacceptable, high, limited, minimal)*. Sin tomar en consideración todas las diferentes categorías de riesgo, basta con destacar que, si es «inadmisible» («*unacceptable*») el riesgo que conllevan los sistemas de inteligencia artificial que representen una amenaza para los derechos y la seguridad de la persona, incluso llegando a concretar formas de manipulación del comportamiento humano, se considera, en cambio, «alto» el riesgo que caracteriza los sistemas de inteligencia artificial utilizados en sectores neurálgicos como, por ejemplo, las infraestructuras críticas, la formación educativa y profesional, el empleo, la migración, la administración de justicia y los procesos democráticos.

resistir el paso del tiempo. Asimismo, prohíbe determinadas prácticas particularmente perjudiciales de IA por ir en contra de los valores de la Unión y propone restricciones y salvaguardias específicas en relación con determinados usos de los sistemas de identificación biométrica remota con fines de aplicación de la ley. La propuesta establece una sólida metodología de gestión de riesgos para definir aquellos sistemas de IA que plantean un «alto riesgo» para la salud y la seguridad o los derechos fundamentales de las personas[399]. Dichos sistemas de IA tendrán que cumplir una serie de requisitos horizontales obligatorios que garanticen su fiabilidad y ser sometidos a procedimientos de evaluación de la conformidad antes de poder introducirse en el mercado de la Unión. Del mismo modo, se imponen obligaciones previsibles, proporcionadas y claras a los proveedores y los usuarios de dichos sistemas, con el fin de garantizar la seguridad y el respeto de la legislación vigente protegiendo los derechos fundamentales durante todo el ciclo de vida de los sistemas de IA. En el caso de determinados sistemas de IA, solo se proponen obligaciones mínimas en materia de transparencia, en particular cuando se utilizan robots conversacionales o *ultrafalsificaciones*[400]. Aspectos todos ellos sumamente relevantes que pasamos a examinar en las próximas páginas con mayor grado de detalle.

1.1. Disposiciones generales: objeto, ámbito y definiciones

El Título primero está compuesto por cuatro artículos de gran importancia especialmente por cuanto al objeto (art. 1), al ámbito de aplicación (art. 2) y a las cuarenta y cuatro definiciones se refiere (art. 3). El objeto del Reglamento de Inteligencia Artificial (RIA) no

---

399 *Cfr.* SORIANO ARNANZ, A., «La propuesta de Reglamento de Inteligencia Artificial de la Unión Europea y los sistemas de alto riesgo», en *RSR: Revista General de Derecho de los Sectores Regulados,* núm. 8, 2021, p. 5.

400 A este respecto, conviene subrayar que, de conformidad con el texto articulado del Reglamento de Servicios Digitales, en relación a las *ultrafalsificaciones* establece que cuando una plataforma en línea de muy gran tamaño tenga conocimiento de que un contenido es una imagen, un audio o un vídeo generado o manipulado que se parece a personas, objetos, lugares u otras entidades o sucesos existentes y, de manera falsa, parezca auténtico, deberá etiquetar de forma visible el contenido a fin de informar que el contenido no es auténtico.

es otro que el de establecer normas armonizadas para la comercialización, la puesta en servicio y el uso de sistemas de inteligencia artificial[401] y, en esencia, se regulan prohibiciones y requisitos específicos para los sistemas de IA de alto riesgo y obligaciones para los operadores de dichos sistemas. De igual modo hay algunas reglas específicas para otros sistemas de IA y se regulan las normas de control y vigilancia del mercado. Así mismo, se establecen normas armonizadas de transparencia aplicables a los sistemas de IA destinados a interactuar con personas físicas, los sistemas de reconocimiento de emociones y los sistemas de categorización biométrica, así como a los sistemas de IA usados para generar o manipular imágenes, archivos de audio o vídeos[402].

---

401 Por su parte, el Considerando 1 PRIA es claro al señalar que el objetivo del Reglamento es mejorar el funcionamiento del mercado interno mediante el establecimiento de un marco jurídico uniforme, en particular en lo que respecta al desarrollo, la comercialización y la utilización de la inteligencia artificial de conformidad con los valores de la Unión. A tal fin, el Reglamento persigue varios fines imperiosos de interés general, tales como asegurar un nivel elevado de protección de la salud, la seguridad y los derechos humanos, y garantiza la libre circulación transfronteriza de bienes y servicios basados en la IA, con lo que impide que los Estados miembros impongan restricciones al desarrollo, la comercialización y la utilización de sistemas de IA, a menos que el citado Reglamento lo autorice expresamente.

402 *Vid. Op. cit.* COTINO HUESO, L., CASTILLO, J., SALAZAR, I., BENJAMINIS, R., CUMBRERAS, M., y ESTEBAN, A. M., «Un análisis crítico...», p. 3; quienes exponen una serie de críticas fundadas en relación con el objeto de la norma, en línea con los postulados publicitados por el SEPD y el CEPD: «puede decirse que se trata de un reglamento pensado para desarrolladores, fabricantes y usuarios de la IA Los afectados por los sistemas de IA no son mencionados en ninguna ocasión como tampoco posibles mecanismos de garantía o tutela de sus derechos. Por ello parece entenderse como que la perspectiva de los derechos de los afectados queda completada con la regulación de protección de datos. Esta perspectiva es cuestionable en esencia por la total ignorancia del RGPD que puede generar diversos problemas. Máxime teniendo en cuenta que muchos sistemas de IA pueden no manejar datos personales propiamente dichos y eludir así todo dicho bloque normativo. El RAI debería procurar una mejor armonización y coordinación con la normativa de protección de datos. Igualmente, se echa en falta regulación en materia de acciones y garantías de los sujetos interesados que puedan ver afectados sus derechos o su integridad, más allá de la aplicación cuando proceda de la normativa de protección de datos [...] También cabe señalar la llamativa ausencia de menciones a usos de IA en el ámbito sanitario y de investigación biomédica. Simplemente no hay mención

En relación al ámbito de aplicación del futuro RIA, puede indicarse que el mismo sigue la estela marcada por el art. 3 RGPD, toda vez que el mismo será de aplicación a: (a) los proveedores que introduzcan en el mercado o pongan en servicio sistemas de IA en la Unión, con independencia de si dichos proveedores están establecidos en la Unión o en un tercer país; (b) los usuarios de sistemas de IA que se encuentren en la Unión; (c) los proveedores y usuarios de sistemas de IA que se encuentren en un tercer país, cuando la información de salida generada por el sistema se utilice en la Unión[403]. Esta suerte de aplicación extraterritorial del RIA implica una apuesta decidida de la Unión Europea por convertirse en un referente mundial en el diseño de una inteligencia artificial ética y respetuosa para con los derechos fundamentales de la ciudadanía[404].

En cuanto al elenco de definiciones contemplado en el art. 3 PRIA, destaca la definición de «sistema de inteligencia artificial», el cual se conceptualiza como aquel *«un sistema basado en máquinas diseñado para funcionar con diversos niveles de autonomía y que puede mostrar capacidad de adaptación tras su despliegue y que, para objetivos explícitos o implícitos, infiere, a partir de la entrada que recibe, cómo generar salidas tales como predicciones, contenidos, recomendaciones o decisiones que pueden*

---

alguna y esta ausencia no se colma considerando que ese importante sector quedará afectado por la regulación de productos que deben ser sometidos a autorización. Algunos de los usos del ámbito médico bien podrían mencionarse entre los prohibidos o en los usos de alto riesgo según los casos».

403 En palabras de GAMERO CASADO, E., «El enfoque europeo de inteligencia artificial», en *Revista de Derecho Administrativo*, núm. 20, 2021, p. 277; «importa destacar que el art. 2 de la propuesta declara la aplicación del RIA a los proveedores que comercialicen o pongan en servicio sistemas de IA en la Unión, independientemente de que dichos proveedores estén establecidos en la Unión o en un tercer país; así como a los usuarios de los sistemas de IA ubicados en la Unión; y a los proveedores y usuarios de sistemas de IA que estén ubicados en un tercer país, cuando el resultado producido por el sistema se utilice en la Unión. Con estas cautelas se evitan fugas de aplicación derivadas de la deslocalización de proveedores y usuarios».

404 Ahora bien, los incisos 2.3 y 2.4 preconizan que el Reglamento no será de aplicación a los sistemas de IA desarrollados o utilizados exclusivamente con fines militares. Tampoco será de aplicación a las autoridades públicas de terceros países ni a las organizaciones internacionales cuando las mismas utilicen sistemas de IA en el marco de acuerdos internacionales con fines de aplicación de la ley y cooperación judicial con la Unión o con uno o varios Estados miembros.

influir en entornos físicos o virtuales»[405]. Si bien es cierto que esta definición constituye el punto de partida o el eje sobre el que pivotará la aplicación de todo el régimen jurídico que está por llegar, conviene subrayar que la misma entraña algunas dudas, en la medida en que el apartado c) del Anexo I, relativo a las técnicas y estrategias de inteligencia artificial, abre la puerta a que las estrategias estadísticas, la estimación bayesiana, los métodos de búsqueda y optimización, sean considerados sistemas de IA y, por consiguiente, queden afectos a las obligaciones del futuro Reglamento de Inteligencia Artificial.

1.2. Prácticas de inteligencia artificial prohibidas

El Título II, por su parte, enumera una serie de usos prohibidos de la IA fruto del riesgo inaceptable que los mismos comportan para el respeto de los valores y los derechos fundamentales reconocidos en el seno de la Unión Europea[406]. Así, de conformidad con el art. 5 PRIA, estarán prohibidas las siguientes prácticas de inteligencia artificial:

---

405 De conformidad con el Anexo I, tendrán la consideración de sistemas de IA: (i) estrategias de aprendizaje automático, incluidos el aprendizaje supervisado, el no supervisado y el realizado por refuerzo, que emplean una amplia variedad de métodos, entre ellos el aprendizaje profundo; (ii) estrategias basadas en la lógica y el conocimiento, especialmente la representación del conocimiento, la programación (lógica) inductiva, las bases de conocimiento, los motores de inferencia y deducción, los sistemas expertos y de razonamiento (simbólico); y (iii) estrategias estadísticas, estimación bayesiana, métodos de búsqueda y optimización.

406 Como ideas preliminares, cabe señalar que podría plantearse la revisión de algunos de los supuestos considerados de alto riesgo en el Anexo III, en vista de que algunas cuestiones allí contempladas deberían pasar a formar parte del listado de prohibiciones incardinadas en el art. 5 PRIA. En este sentido, quizá resultaría necesario acometer la flexibilización de la literalidad del Anexo III para permitir su actualización según evolucionen las circunstancias. Asimismo, en el ámbito de usos prohibidos y a pesar de tratarse de cuestiones esencialmente estatales las que afectan a la seguridad y defensa, deberían hacerse referencias concretas al uso de la IA militar, armamento, etcétera. De igual modo, en estos ámbitos prohibidos cabrían también algunos usos vinculados con el uso de neurotecnologías. Ello no obsta a que algunos otros usos formen parte de los calificados de alto riesgo y, en cualquier caso, sin perjuicio de someterlas a condiciones o requisitos en ciertos supuestos.

i. La introducción en el mercado, la puesta en servicio o la utilización de un sistema de IA que se sirva de técnicas subliminales que trasciendan la conciencia de una persona para alterar de manera sustancial su comportamiento de un modo que provoque o sea probable que provoque perjuicios físicos o psicológicos a esa persona o a otra[407].

ii. La introducción en el mercado, la puesta en servicio o la utilización de un sistema de IA que aproveche alguna de las vulnerabilidades de un grupo específico de personas debido a su edad o discapacidad física o mental para alterar de manera sustancial el comportamiento de una persona que pertenezca a dicho grupo de un modo que provoque o sea probable que provoque perjuicios físicos o psicológicos a esa persona o a otra.

iii. La introducción en el mercado, la puesta en servicio o la utilización de sistemas de IA por parte de las autoridades públicas o en su representación con el fin de evaluar o clasificar la fiabilidad de personas físicas durante un período determinado de tiempo atendiendo a su conducta social o a características personales o de su personalidad conocidas o predichas, de forma que la clasificación social[408] resultante provoque un trato perjudicial o desfavorable hacia determinadas personas físicas o colectivos enteros en contextos sociales que no guarden re-

---

407 *Vid.* VALDIVIA JIMÉNEZ, R.D., «Inteligencias artificiales y libertad religiosa: más allá de la distopía. Una propuesta iusfilosófica», en LLANO ALONSO, F.H. (Dir.), *Inteligencia artificial y filosofía del derecho,* ediciones Laborum, Murcia, 2022, p. 237.

408 Se trata de situaciones sobre las que ya han llamado la atención el Relator Especial de Naciones Unidas para la extrema pobreza y los derechos humanos, Philip Alson, en relación con el caso SyRI *(«Landmark ruling by Dutch court stops government attemps to spy on the poor», de 5 de febrero de 2020),* y la Asamblea General de Naciones Unidas en su Informe anual A/74/493, de 11 de octubre de 2019, por lo que su inclusión parece razonable. Como se analizará más adelante, el caso SyRI afectó al Gobierno holandés, es decir, a una institución pública. No obstante, a lo largo del último año distintos Tribunales se han pronunciado en relación con sistemas que igualmente podríamos denominar como de «crédito social» aplicados por plataformas de envío rápido de comida a domicilio a sus trabajadores.

lación con los contextos donde se generaron o recabaron los datos originalmente; o un trato perjudicial o desfavorable hacia determinadas personas físicas o colectivos enteros que es injustificado o desproporcionado con respecto a su comportamiento social o la gravedad de este.

Así mismo, estará igualmente prohibido el uso de sistemas de identificación biométrica remota «en tiempo real» en espacios de acceso público con fines de aplicación de la ley, salvo y en la medida en que dicho uso sea estrictamente necesario para alcanzar uno o varios de los objetivos siguientes: (i) la búsqueda selectiva de posibles víctimas concretas de un delito, incluidos menores desaparecidos; (ii) la prevención de una amenaza específica, importante e inminente para la vida o la seguridad física de las personas físicas o de un atentado terrorista; y (iii) la detección, la localización, la identificación o el enjuiciamiento de la persona que ha cometido o se sospecha que ha cometido alguno de los delitos mencionados en el artículo 2.2, de la Decisión Marco 2002/584/JAI del Consejo, de 13 de junio de 2022, relativa a la orden de detención europea y a los procedimientos de entrega entre Estados miembros, para el que la normativa en vigor en el Estado miembro implicado imponga una pena o una medida de seguridad privativas de libertad cuya duración máxima sea al menos de tres años[409].

---

409 Por su parte, el inciso inmediatamente posterior establece que el uso de sistemas de identificación biométrica remota «en tiempo real» en espacios de acceso público con fines de aplicación de la ley para conseguir cualquiera de los objetivos mencionados en el apartado 1, letra d), tendrá en cuenta los siguientes aspectos: (a) la naturaleza de la situación que dé lugar al posible uso, y en particular la gravedad, probabilidad y magnitud del perjuicio que se produciría de no utilizarse el sistema; y (b) las consecuencias que utilizar el sistema tendría para los derechos y las libertades de las personas implicadas, y en particular la gravedad, probabilidad y magnitud de dichas consecuencias. Además, el uso de sistemas de identificación biométrica remota «en tiempo real» en espacios de acceso público con fines de aplicación de la ley para cualquiera de los objetivos mencionados en el apartado 1, letra d), cumplirá salvaguardias y condiciones necesarias y proporcionadas en relación con el uso, en particular en lo que respecta a las limitaciones temporales, geográficas y personales.
Entendemos que las excepciones previstas en los apartados i a iii (y desarrolladas en los siguientes apartados del art. 5) son cuestionables y, de hecho, desdibujan casi totalmente esta prohibición. En primer lugar, la regulación de la

En relación a esta última cuestión, el art. 5.3 PRIA continua su exposición señalando que cualquier uso concreto de un sistema de identificación biométrica remota «en tiempo real» en un espacio de acceso público con fines de aplicación de la ley estará supeditado a la concesión de una autorización previa por parte de una autoridad judicial o una autoridad administrativa independiente del Estado miembro donde vaya a utilizarse dicho sistema, que la otorgarán previa solicitud motivada y de conformidad con las normas detalladas del Derecho interno[410]. No obstante, en una situación de urgencia debidamente justificada, se podrá empezar a utilizar el sistema antes de obtener la autorización correspondiente, que podrá solicitarse durante el uso o después de este[411].

---

prohibición rompe la lógica de los usos de alto riesgo definidos en el Anexo III. Hay que llamar la atención de que es el único supuesto entre los usos prohibidos o de alto riesgo en los que hay un llamamiento a la regulación legal de la UE o de los Estados. Es decir, se prohíbe, pero con excepciones según el RAI y la regulación legal. Ello puede llevar a pensar que los usos de alto riesgo están permitidos y ni siquiera requerirían de una regulación legal de la UE o de los Estados, cuando lo cierto es que hoy por hoy muchos de ellos ya están prohibidos o muy condicionados por la legislación de protección de datos y otras normativas. Ya respecto del art. 5.1.d en concreto, en cuanto a las condiciones para la puesta en marcha de estos sistemas (art. 5.2), no quedan claras las garantías que se aportan. En este sentido, creemos que, al menos, deberían relacionarse de manera expresa las excepciones a esta prohibición con el cumplimiento de las garantías establecidas para los Sistemas de Alto Riesgo de Inteligencia Artificial (SARIA).

410 Los Estados miembros podrán decidir contemplar la posibilidad de autorizar, ya sea total o parcialmente, el uso de sistemas de identificación biométrica remota «en tiempo real» en espacios de acceso público con fines de aplicación de la ley dentro de los límites y en las condiciones que se indican en el art. 5.1.d) PRIA, así como en los incisos 2 y 3. A tal fin, tendrán que establecer en sus respectivos Derechos internos las normas detalladas necesarias aplicables a la solicitud, la concesión y el ejercicio de las autorizaciones a que se refiere el art. 5.3, así como a la supervisión de estas.

411 La autoridad judicial o administrativa competente únicamente concederá la autorización cuando esté convencida, atendiendo a las pruebas objetivas o a los indicios claros que se le presenten, de que el uso del sistema de identificación biométrica remota «en tiempo real» es necesario y proporcionado para alcanzar alguno de los objetivos que figuran en el art. 5.1.d) PRIA, el cual se indicará en la solicitud. Al pronunciarse al respecto, la autoridad judicial o administrativa competente tendrá en cuenta los aspectos mencionados en el art. 5.2 del mismo texto.

1.3. El enfoque de riesgo como piedra angular de la nueva ordenación europea de inteligencia artificial

El Título III se detiene en establecer la clasificación de los conocidos como sistemas de alto riesgo de IA (SARIA), sobre los cuales va a recaer buena parte de la carga regulatoria europea. A tal fin, el art. 6 PRIA establece que un sistema de IA se considerará de alto riesgo cuando, con independencia de si se ha introducido en el mercado o se ha puesto en servicio, reúna las dos condiciones que se indican a continuación: (a) el sistema de IA está destinado a ser utilizado como componente de seguridad de uno de los productos contemplados en la legislación de armonización de la Unión que se indica en el Anexo II[412], o es en sí mismo uno de dichos productos; y (b) conforme a la

[412] En el citado Anexo II aparece enumerada la siguiente legislación armonizada: Directiva 2006/42/CE del Parlamento Europeo y del Consejo, de 17 de mayo de 2006, relativa a las máquinas y por la que se modifica la Directiva 95/16/CE; Directiva 2009/48/CE del Parlamento Europeo y del Consejo, de 18 de junio de 2009, sobre la seguridad de los juguetes; Directiva 2013/53/UE del Parlamento Europeo y del Consejo, de 20 de noviembre de 2013, relativa a las embarcaciones de recreo y a las motos acuáticas, y por la que se deroga la Directiva 94/25/CE; Directiva 2014/33/UE del Parlamento Europeo y del Consejo, de 26 de febrero de 2014, sobre la armonización de las legislaciones de los Estados miembros en materia de ascensores y componentes de seguridad para ascensores; Directiva 2014/34/UE del Parlamento Europeo y del Consejo, de 26 de febrero de 2014, sobre la armonización de las legislaciones de los Estados miembros en materia de aparatos y sistemas de protección para uso en atmósferas potencialmente explosivas; Directiva 2014/53/UE del Parlamento Europeo y del Consejo, de 16 de abril de 2014, relativa a la armonización de las legislaciones de los Estados miembros sobre la comercialización de equipos radioeléctricos, y por la que se deroga la Directiva 1999/5/CE; Directiva 2014/68/UE del Parlamento Europeo y del Consejo, de 15 de mayo de 2014, relativa a la armonización de las legislaciones de los Estados miembros sobre la comercialización de equipos a presión; Reglamento (UE) 2016/424 del Parlamento Europeo y del Consejo, de 9 de marzo de 2016, relativo a las instalaciones de transporte por cable y por el que se deroga la Directiva 2000/9/CE; Reglamento (UE) 2016/425 del Parlamento Europeo y del Consejo, de 9 de marzo de 2016, relativo a los equipos de protección individual y por el que se deroga la Directiva 89/686/CEE del Consejo; Reglamento (UE) 2016/426 del Parlamento Europeo y del Consejo, de 9 de marzo de 2016, sobre los aparatos que queman combustibles gaseosos y por el que se deroga la Directiva 2009/142/CE; Reglamento (UE) 2017/745 del Parlamento Europeo y del Consejo, de 5 de abril de 2017, sobre los productos sanitarios, por el que se modifican la Directiva 2001/83/CE, el

Reglamento (CE) n.º 178/2002 y el Reglamento (CE) n.º 1223/2009 y por el que se derogan las Directivas 90/385/CEE y 93/42/CEE del Consejo; Reglamento (UE) 2017/746 del Parlamento Europeo y del Consejo, de 5 de abril de 2017, sobre los productos sanitarios para diagnóstico in vitro y por el que se derogan la Directiva 98/79/CE y la Decisión 2010/227/UE de la Comisión; Reglamento (CE) n.º 300/2008 del Parlamento Europeo y del Consejo, de 11 de marzo de 2008, sobre normas comunes para la seguridad de la aviación civil y por el que se deroga el Reglamento (CE) n.º 2320/2002; Reglamento (UE) n.º 168/2013 del Parlamento Europeo y del Consejo, de 15 de enero de 2013, relativo a la homologación de los vehículos de dos o tres ruedas y los cuatriciclos, y a la vigilancia del mercado de dichos vehículos; Reglamento (UE) n.º 167/2013 del Parlamento Europeo y del Consejo, de 5 de febrero de 2013, relativo a la homologación de los vehículos agrícolas o forestales, y a la vigilancia del mercado de dichos vehículos; Directiva 2014/90/UE del Parlamento Europeo y del Consejo, de 23 de julio de 2014, sobre equipos marinos, y por la que se deroga la Directiva 96/98/CE del Consejo; Directiva (UE) 2016/797 del Parlamento Europeo y del Consejo, de 11 de mayo de 2016, sobre la interoperabilidad del sistema ferroviario dentro de la Unión Europea; Reglamento (UE) 2018/858 del Parlamento Europeo y del Consejo, de 30 de mayo de 2018, sobre la homologación y la vigilancia del mercado de los vehículos de motor y sus remolques y de los sistemas, los componentes y las unidades técnicas independientes destinados a dichos vehículos, por el que se modifican los Reglamentos (CE) n.º 715/2007 y (CE) n.º 595/2009 y por el que se deroga la Directiva 2007/46/CE; Reglamento (UE) 2019/2144 del Parlamento Europeo y del Consejo, de 27 de noviembre de 2019, relativo a los requisitos de homologación de tipo de los vehículos de motor y de sus remolques, así como los sistemas, componentes y unidades técnicas independientes destinados a esos vehículos, en lo que respecta a su seguridad general y a la protección de los ocupantes de los vehículos y de los usuarios vulnerables de la vía pública, por el que se modifica el Reglamento (UE) 2018/858 del Parlamento Europeo y del Consejo y se derogan los Reglamentos (CE) n.º 78/2009, (CE) n.º 79/2009 y (CE) n.º 661/2009 del Parlamento Europeo y del Consejo y los Reglamentos (CE) n.º 631/2009, (UE) n.º 406/2010, (UE) n.º 672/2010, (UE) n.º 1003/2010, (UE) n.º 1005/2010, (UE) n.º 1008/2010, (UE) n.º 1009/2010, (UE) n.º 19/2011, (UE) n.º 109/2011, (UE) n.º 458/2011, (UE) n.º 65/2012, (UE) n.º 130/2012, (UE) n.º 347/2012, (UE) n.º 351/2012, (UE) n.º 1230/2012 y (UE) 2015/166 de la Comisión; y el Reglamento (UE) 2018/1139 del Parlamento Europeo y del Consejo, de 4 de julio de 2018, sobre normas comunes en el ámbito de la aviación civil y por el que se crea una Agencia de la Unión Europea para la Seguridad Aérea y por el que se modifican los Reglamentos (CE) n.º 2111/2005, (CE) n.º 1008/2008, (UE) n.º 996/2010, (CE) n.º 376/2014 y las Directivas 2014/30/UE y 2014/53/UE del Parlamento Europeo y del Consejo y se derogan los Reglamentos (CE) n.º 552/2004 y (CE) n.º 216/2008 del Parlamento Europeo y del Consejo y el Reglamento (CEE) n.º 3922/91 del Consejo, en la medida en la que afecte al diseño, la producción y la comercialización de aeronaves contemplados en el legislación de armonización de la Unión que se indica en el Anexo II, el producto del que el sistema de IA es componente de seguridad, o el propio sistema de IA como producto, debe someterse a una evaluación *ex ante* de la conformidad realizada por un organismo independiente para su introducción en el mercado o puesta en servicio[413].

---

artículo 2, apartado 1, letras a) y b), cuando se refiera a aeronaves no tripuladas y sus motores, hélices, componentes y equipos para controlarlas a distancia.

413 También se considerarán de alto riesgo los sistemas de IA que figuran en el Anexo III, es decir: Identificación biométrica y categorización de personas físicas: (a) sistemas de IA destinados a utilizarse en la identificación biométrica remota «en tiempo real» o «en diferido» de personas físicas; (b) sistemas de IA destinados a utilizarse como componentes de seguridad en la gestión y funcionamiento del tráfico rodado y el suministro de agua, gas, calefacción y electricidad; (c) sistemas de IA destinados a utilizarse para determinar el acceso o la asignación de personas físicas a los centros de educación y formación profesional; (d) sistemas de IA destinados a utilizarse para evaluar a los estudiantes de centros de educación y formación profesional y para evaluar a los participantes en pruebas generalmente necesarias para acceder a centros de educación; (e) sistemas de IA destinados a utilizarse para la contratación o selección de personas físicas, especialmente para anunciar puestos vacantes, clasificar y filtrar solicitudes o evaluar a candidatos en el transcurso de entrevistas o pruebas; (f) IA destinada a utilizarse para tomar decisiones relativas a la promoción y resolución de relaciones contractuales de índole laboral, a la asignación de tareas y al seguimiento y evaluación del rendimiento y la conducta de las personas en el marco de dichas relaciones; (g) sistemas de IA destinados a ser utilizados por las autoridades públicas o en su nombre para evaluar la admisibilidad de las personas físicas para acceder a prestaciones y servicios de asistencia pública, así como para conceder, reducir, retirar o recuperar dichas prestaciones y servicios; (h) sistemas de IA destinados a utilizarse para evaluar la solvencia de personas físicas o establecer su calificación crediticia, salvo los sistemas de IA puestos en servicio por parte de proveedores a pequeña escala para su uso propio; (i) sistemas de IA destinados a utilizarse para el envío o el establecimiento de prioridades en el envío de servicios de primera intervención en situaciones de emergencia, por ejemplo bomberos y servicios de asistencia médica; (j) sistemas de IA destinados a utilizarse por parte de las autoridades encargadas de la aplicación de la ley para llevar a cabo evaluaciones de riesgos individuales de personas físicas con el objetivo de determinar el riesgo de que cometan infracciones penales o reincidan en su comisión, así como el riesgo para las potenciales víctimas de delitos; (k) sistemas de IA destinados a utilizarse por parte de las autoridades encargadas de la aplicación de la ley como polígrafos y herramientas similares, o para detectar el estado emocional de una persona física; (l) sistemas de IA destinados a utilizarse por parte de las autoridades encargadas de la aplicación de la ley para detectar ultrafalsificaciones a las que hace referencia el art. 52.3 PRIA; (m) sistemas de IA destinados a utilizarse por parte de las autoridades encargadas de la aplicación de la ley para la evaluación de la fiabilidad de las

De lo anterior se desprende que el enfoque de riesgos que subyace en la PRIA es adecuado y cobra una relevancia capital[414], toda vez

---

pruebas durante la investigación o el enjuiciamiento de infracciones penales; (n) sistemas de IA destinados a utilizarse por parte de las autoridades encargadas de la aplicación de la ley para predecir la frecuencia o reiteración de una infracción penal real o potencial con base en la elaboración de perfiles de personas físicas, de conformidad con lo dispuesto en el art. 3.4 de la Directiva (UE) 2016/680, o en la evaluación de rasgos y características de la personalidad o conductas delictivas pasadas de personas físicas o grupos; (ñ) sistemas de IA destinados a utilizarse por parte de las autoridades encargadas de la aplicación de la ley para la elaboración de perfiles de personas físicas, de conformidad con lo dispuesto en el artículo 3, apartado 4, de la Directiva (UE) 2016/680, durante la detección, la investigación o el enjuiciamiento de infracciones penales; (o) sistemas de IA destinados a utilizarse para llevar a cabo análisis sobre infracciones penales en relación con personas físicas que permitan a las autoridades encargadas de la aplicación de la ley examinar grandes conjuntos de datos complejos vinculados y no vinculados, disponibles en diferentes fuentes o formatos, para detectar modelos desconocidos o descubrir relaciones ocultas en los datos; (p) sistemas de IA destinados a utilizarse por parte de las autoridades públicas competentes como polígrafos y herramientas similares, o para detectar el estado emocional de una persona física; (q) sistemas de IA destinados a utilizarse por parte de las autoridades públicas competentes para evaluar un riesgo, como un riesgo para la seguridad, la salud o relativo a la inmigración ilegal, que plantee una persona física que pretenda entrar o haya entrado en el territorio de un Estado miembro; (r) sistemas de IA destinados a utilizarse por parte de las autoridades públicas competentes para la verificación de la autenticidad de los documentos de viaje y los documentos justificativos de las personas físicas y la detección de documentos falsos mediante la comprobación de sus elementos de seguridad; (s) sistemas de IA destinados a ayudar a las autoridades públicas competentes a examinar las solicitudes de asilo, visado y permisos de residencia, y las reclamaciones asociadas con respecto a la admisibilidad de las personas físicas solicitantes; y (t) sistemas de IA destinados a ayudar a una autoridad judicial en la investigación e interpretación de hechos y de la ley, así como en la aplicación de la ley a un conjunto concreto de hechos.

414 De la lectura pausada del Reglamento se deduce el establecimiento de cuatro niveles de riesgo diferenciados, en el primero se prohíben completamente determinadas prácticas en el uso de la IA, el segundo propone una gestión específica de sistemas de alto riesgo a los que se exigen evaluaciones independientes para determinar la conformidad, regula un tercer sistema de transparencia para sistemas con riesgo de manipulación y, finalmente, se permite el libre uso de la IA, y en estos casos, tiene en cuenta situaciones específicas de grupos vulnerables, como los niños, o las personas migrantes. También considera el procedimiento de evaluación aplicable a los sistemas de IA que presenten riesgos a nivel nacional. *Vid.* GARDE ROCA, J.A., «Europa: Oportunidades y retos en inteligencia artificial, mercados y servicios digitales», en *Encuentros Multidisciplinares*, núm. 70, 2022, p. 3.

que la propuesta convierte a los SARIA que plantean riesgos significativos para la salud y la seguridad o los derechos fundamentales de las personas en el centro gravitacional de la regulación.

A grandes rasgos, podemos señalar que el sistema por el que apuesta el legislador europeo consiste en la imposición de unos requisitos mínimos necesarios para abordar los riesgos y problemas vinculados a la IA[415], con los que se pretende generar confianza y certidumbre, al tiempo que se intenta no limitar u obstaculizar el desarrollo tecnológico y evitar el aumento del coste de la comercialización de soluciones de IA[416].

Sin embargo, cabe señalar que la actual redacción comporta algunas lagunas, habida cuenta de que los usos de IA de alto riesgo no incluyen únicamente aquellos sistemas basados en la puesta en marcha de decisiones automatizadas, por lo que las garantías comprendidas en el art. 22 RGPD resultarían claramente insuficientes y no permitirán contener los riesgos que entraña su desarrollo y comercialización. Además, el RGPD tampoco permitiría regular el empleo de aquellos sistemas de IA en los que no existan operaciones de tratamiento de datos personales[417].

---

415 En este punto, conviene precisar que sería conveniente que el nivel de riesgo alto de los SARIA estuviera dividido en subniveles, con la consiguiente subdivisión de requerimientos y obligaciones para los desarrolladores tecnológicos, habida cuenta de que la PRIA contempla un amplio listado de casuísticas con implicaciones muy distintas.

416 Como se expone en la propia PRIA, el texto «sigue un enfoque basado en el riesgo e impone cargas reglamentarias sólo cuando es probable que un sistema de IA plantee riesgos elevados para los derechos fundamentales y la seguridad». De este modo, a los sistemas de IA de alto riesgo (SARIA) se determinan «los requisitos de datos de alta calidad, documentación y trazabilidad, transparencia, supervisión humana, exactitud y solidez, son estrictamente necesarios para mitigar los riesgos para los derechos fundamentales y la seguridad que plantea la IA y que no están cubiertos por otros marcos jurídicos existentes».

417 Junto a estas lagunas normativas y, sin perjuicio de la valoración general del sistema de riesgos, lo cierto es que no queda claro el enfoque sobre los riesgos, es decir, si se hará sobre los riesgos de negocio o sobre los riesgos que el impulso de estos sistemas comporta para el interesado y, en este último caso, si quedan circunscritos a riesgos para los derechos fundamentales o a todos los derechos asociados. Puede tomarse como referencia el RGPD, que define la seguridad como «la capacidad de garantizar la confidencialidad, integridad, disponibili-

Por otra parte, se observa un preocupante problema de rigidez en este Anexo III[418], en vista de la formulación contemplada en el art. 7 PRIA no puede ser modificado en relación con las áreas de riesgo. Por tanto, resulta necesario también aquí prever un mecanismo de actualización del Anexo, así como reformular el art. 7 PRIA con el mismo objetivo de permitir su revisión y actualización.

---

dad y resiliencia permanentes de los sistemas y servicios de tratamiento» [riesgos para la seguridad de la información, art. 32.1.b) RGPD], y que se refiere al riesgo del siguiente modo: «los riesgos de diversa probabilidad y gravedad para los derechos y libertades de las personas físicas» (art. 24.1 RGPD). También entendemos que debería incluirse expresamente la obligatoriedad de que los datos de prueba sean similares en las distintas fases (entrenamiento, validación y prueba). De lo contrario, es difícil alcanzar un resultado fiable.

418 De conformidad con el art. 7.2 PRIA, cuando se evalúe si un sistema de IA conlleva el riesgo de causar un perjuicio a la salud y la seguridad o el riesgo de tener repercusiones negativas para los derechos fundamentales que sea equivalente o mayor a los riesgos de perjuicio asociados a los sistemas de IA de alto riesgo que ya se mencionan en el anexo III, la Comisión tendrá en cuenta los criterios siguientes: (a) la finalidad prevista del sistema de IA; (b) la medida en que se haya utilizado o sea probable que se utilice un sistema de IA; (c) la medida en que la utilización de un sistema de IA ya haya causado un perjuicio a la salud y la seguridad, haya tenido repercusiones negativas para los derechos fundamentales o haya dado lugar a problemas importantes en relación con la materialización de dicho perjuicio o dichas repercusiones negativas, según demuestren los informes o las alegaciones documentadas que se presenten a las autoridades nacionales competentes; (d) el posible alcance de dicho perjuicio o dichas repercusiones negativas, en particular en lo que respecta a su intensidad y su capacidad para afectar a una gran variedad de personas; (e) la medida en que las personas que podrían sufrir dicho perjuicio o dichas repercusiones negativas dependan de la información de salida generada con un sistema de IA, en particular porque, por motivos prácticos o jurídicos, no sea razonablemente posible renunciar a dicha información; (f) la medida en que las personas que podrían sufrir dicho perjuicio o dichas repercusiones negativas se encuentren en una posición de vulnerabilidad respecto del usuario de un sistema de IA, en particular debido a un desequilibrio en cuanto al poder o los conocimientos que ambos poseen, sus circunstancias económicas o sociales, o su edad; (g) la medida en que sea fácil revertir la información de salida generada con un sistema de IA, habida cuenta de que no se debe considerar que la información de salida que afecta a la salud o la seguridad de las personas es fácil de revertir; (h) la medida en que la legislación vigente en la Unión establezca medidas de compensación efectivas en relación con los riesgos que conlleva un sistema de IA, con exclusión de las acciones por daños y perjuicios o medidas efectivas para prevenir o reducir notablemente esos riesgos.

Seguidamente, el legislador europeo destina el Capítulo II al establecimiento de los requisitos legales para los sistemas de IA de alto riesgo en relación con los datos y la gobernanza de los mismos (art. 10 PRIA), la documentación técnica (art. 11 PRIA), el mantenimiento de registros (art. 12 PRIA), la transparencia y el suministro de información a los usuarios[419] (art. 13 PRIA), la supervisión humana (art. 14 PRIA), así como a la precisión, solidez y ciberseguridad de estos sistemas de IA de alto riesgo (art. 15 PRIA). Dichos requisitos mínimos coinciden con los extremos contemplados en las directrices éticas para una IA fiable elaboradas por el Grupo de Expertos de Alto Nivel sobre IA y, en gran medida, guardan una profunda coherencia con otras recomendaciones y principios de carácter internacional, lo que garantiza la compatibilidad del marco normativo propuesto por la Unión Europea con las propuestas que están impulsando actualmente otros socios comerciales internacional del viejo continente[420].

---

[419] En efecto, entre las exigencias establecidas en la PRIA se encuentran «el deber de información y de transparencia. El primero demandará como requisito esencial, disponer de la información sobre el modo en que se han desarrollado los sistemas de IA y sobre su funcionamiento durante todo su ciclo de vida. Es decir, que no haya fases de funcionamiento de la IA que no se puedan desconocer. En segundo lugar, el deber de transparencia exige cierto grado de exposición respecto de la tecnología, en concreto la de alto riesgo, con la finalidad de subsanar la opacidad que muchas veces crea una barrera irremediable entre proveedores y usuarios en esta materia. Los usuarios deben ser capaces de comprender e interpretar la información proveniente del sistema y actuar según este conocimiento. Se hace especial énfasis en cuanto a la exigencia de este principio en los casos en los cuales existan posibles riesgos para los derechos fundamentales o de discriminación». *Vid.* VARGAS CELIX, M.V., «Entre la confianza ciudadana y el impulso tecnológico. Retos jurídicos de la Inteligencia Artificial a la luz de la propuesta de Reglamento de la UE», en *Ius et Scientia*, vol. 8, núm. 1, 2022, pp. 185-186.

[420] Las Instituciones europeas dejan abierta la puerta para que las soluciones técnicas exactas que se necesitarán para lograr el cumplimiento de tales requisitos podrían proceder de normas u otras especificaciones técnicas, o bien desarrollarse con arreglo a los conocimientos científicos o de ingeniería generales, a discreción del proveedor del sistema de IA de que se trate. Esta flexibilidad reviste una importancia especial, ya que permite a los proveedores de sistemas de IA decidir cómo quieren cumplir los requisitos, teniendo en cuenta el estado de la técnica y los avances tecnológicos y científicos en este campo.

Así, en lo que respecta al primero de los aspectos en liza, el art. 10 PRIA señala que los sistemas de IA de alto riesgo que utilizan técnicas que implican el entrenamiento de modelos con datos se desarrollarán a partir de conjuntos de datos de entrenamiento, validación y prueba que cumplan los siguientes criterios de calidad:

i. Los conjuntos de datos de entrenamiento, validación y prueba se someterán a prácticas adecuadas de gobernanza y gestión de datos, entre las que sobresalen la elección de un diseño adecuado, la recopilación de datos, las operaciones de tratamiento oportunas para la preparación de los datos, la formulación de supuestos pertinentes, la evaluación previa de la disponibilidad, cantidad y adecuación de los conjuntos de datos necesarios, el examen de los posibles sesgos, etc.

ii. Los conjuntos de datos de entrenamiento, validación y prueba serán pertinentes y representativos, carecerán de errores[421] y estarán completos. Asimismo, tendrán las propiedades estadísticas adecuadas, también en lo que respecta a las personas o los grupos de personas en relación con los que se pretenda utilizar el sistema de IA de alto riesgo, cuando proceda.

iii. Los conjuntos de datos de entrenamiento, validación y prueba tendrán en cuenta, en la medida necesaria en función de su finalidad prevista, las características o elementos particulares del contexto geográfico, conductual o funcional específico en el que se pretende utilizar el sistema de IA de alto riesgo.

iv. En la medida en que sea estrictamente necesario para garantizar la vigilancia, la detección y la corrección de los sesgos asociados a los sistemas de IA de alto riesgo, los proveedores de dichos sistemas podrán tratar las categorías especiales de datos personales que se mencionan en el art. 9 RGPD y en el art. 10 de la Directiva (UE) 2016/680; ofreciendo siempre las salvaguardias adecuadas para los derechos y las libertades fundamentales de

[421] En este punto, el legislador europeo no especifica cuándo un conjunto de datos está completo o libre de errores. A este respecto, parece lógico que deban establecerse algunos criterios que permitan dilucidar esta cuestión en aras de una mayor seguridad jurídica para desarrolladores tecnológicos y una mayor certeza de los usuarios y/o afectados.

las personas físicas, lo que incluye establecer limitaciones técnicas a la reutilización y la utilización de las medidas de seguridad y protección de la privacidad más recientes, tales como la seudonimización o el cifrado, cuando la anonimización pueda afectar significativamente al objetivo perseguido[422].

Por su parte, el art. 11 PRIA acomete la difícil tarea de establecer la obligación de proceder a elaborar la documentación técnica de los sistemas de IA de alto riesgo antes de poder comercializar estas soluciones tecnológicas. En cualquier caso, La documentación técnica se redactará de modo que demuestre que el SARIA cumple, como mínimo, los requisitos establecidos en el Anexo IV y proporcionará a las autoridades nacionales competentes y los organismos notificados toda la información que necesiten para evaluar si el sistema de IA de que se trate cumple dichos requisitos[423].

---

422 Si bien es cierto que este apartado incorpora sendas referencias al texto articulado del RGPD, se echa en falta una referencia expresa a la necesidad de proceder a la elaboración de una evaluación de impacto sobre la privacidad (art. 35 RGPD) cuando se utilicen datos especialmente protegidos o cuando el colectivo afectado sea especialmente vulnerable.

423 Aunque la redacción del Anexo IV se caracteriza por sus amplios términos de abstracción, pueden identificarse una serie de requisitos mínimos que deben estar contemplados en la documentación técnica de los SARIA, a saber: (i) una descripción general del sistema de IA; (ii) una descripción detallada de los elementos del sistema de IA y de su proceso de desarrollo; (iii) información detallada acerca del seguimiento, el funcionamiento y el control del sistema de IA, en particular con respecto a: sus capacidades y limitaciones de funcionamiento, incluidos los niveles de precisión para las personas o grupos de personas específicos con respecto a los que se prevé utilizar el sistema y el nivel de precisión general esperado en relación con su finalidad prevista; los resultados no deseados previsibles y las fuentes de riesgo para la salud y la seguridad, los derechos fundamentales y la discriminación en vista de la finalidad prevista del sistema de IA; las medidas de vigilancia humana necesarias, incluidas las medidas técnicas establecidas para facilitar la interpretación de la información de salida de los sistemas de IA por parte de los usuarios; y las especificaciones de los datos de entrada, según proceda; (iv) una descripción detallada del sistema de gestión de riesgos; (v) una descripción de todo cambio introducido en el sistema a lo largo de su ciclo de vida; (vi) una lista de las normas armonizadas, aplicadas total o parcialmente, cuyas referencias se hayan publicado en el Diario Oficial de la Unión Europea; cuando no se hayan aplicado normas armonizadas, una descripción detallada de las soluciones adoptadas para cumplir los requisitos establecidos en el Título III, Capítulo 2, incluida una lista de otras normas y especificaciones técnicas pertinentes que se

Otra obligación muy relevante es la relativa al registro automático de eventos (*«logs o archivos de registro»*)[424] por parte de los sistemas de IA de alto riesgo, con el propósito de garantizar un nivel de trazabilidad del sistema de IA durante su ciclo de vida, adecuado a la finalidad del sistema (art. 12 PRIA).

Importante resultan también los requerimientos incorporados por el legislador europeo en materia de transparencia y comunicación de información a los usuarios (art. 13 PRIA). De conformidad con dicho precepto, *«los sistemas de IA de alto riesgo se diseñarán y desarrollarán de un modo que garantice que funcionan con un nivel de transparencia suficiente para que los usuarios interpreten y usen correctamente su información de salida»*. Para ello, los SARIA irán acompañados de las instrucciones de uso correspondientes en un formato digital o de otro tipo adecuado, las cuales incluirán información concisa, completa, correcta y clara que sea pertinente, accesible y comprensible para los usuarios, que especifique en todo caso, al menos, los siguientes extremos: (i) la identidad y los datos de contacto del proveedor; (ii) las características, capacidades y limitaciones del funcionamiento del sistema de IA de alto riesgo (finalidad, precisión, solidez, ciberseguridad, etc.); (iii) los cambios experimentados en el sistema de IA de alto riesgo y su funcionamiento; (iv) las medidas de vigilancia humanas; (v) la vida útil prevista del sistema de IA de alto riesgo, etc.

También merece la pena detenerse en ciertos aspectos relativos a la supervisión o vigilancia humana (art. 14 PRIA). Según dicho precepto, *«los sistemas de IA de alto riesgo se diseñarán y desarrollarán de modo que puedan ser vigilados de manera efectiva por personas físicas durante el período que estén en uso, lo que incluye dotarlos de una herramienta de interfaz humano-máquina adecuada, entre otras cosas»*[425].

---

hayan aplicado; (vii) una copia de la declaración UE de conformidad a que se hace referencia en el art. 48 PRIA y el Anexo V; y (viii) una descripción detallada del sistema establecido para evaluar el funcionamiento del sistema de IA en la fase posterior a la comercialización, de conformidad con el art. 61 PRIA.

424 Al respecto, sería interesante indicar el tiempo mínimo de conservación de los logs (art. 12.1), en vista de que un tiempo excesivo puede provocar problemas de almacenamiento y suponer importantes costes para el fabricante u operador. En relación con la trazabilidad, sería interesante seguir algún estándar reconocido.

425 El objetivo de la vigilancia humana, por tanto, será prevenir o reducir al mínimo los riesgos para la salud, la seguridad o los derechos fundamentales que pueden

Finalmente, el art. 15 PRIA contempla una serie de disposiciones acerca de la precisión, robustez y ciberseguridad de los SARIA. De esta forma, los sistemas de IA de alto riesgo se diseñarán y desarrollarán de modo que, en vista de su finalidad prevista, alcancen un nivel adecuado de precisión, solidez y ciberseguridad y funcionen de manera consistente en esos sentidos durante todo su ciclo de vida. Ello se traduce necesariamente en la obligatoriedad de que los sistemas de IA de alto riesgo sean: (i) resistentes a los errores, fallos e incoherencias que puedan surgir en el propio sistema o en el entorno en el que estos operan[426]; y (ii) resistentes a los intentos de terceros

---

surgir cuando un sistema de IA de alto riesgo se utiliza conforme a su finalidad prevista o cuando se le da un uso indebido razonablemente previsible. Para ello, la vigilancia humana se garantizará de una de las siguientes maneras o de ambas: (a) el proveedor definirá las medidas de vigilancia humana y, cuando sea técnicamente viable, las integrará en el sistema de IA de alto riesgo antes de su introducción en el mercado o puesta en servicio; y/o (b) el proveedor definirá las medidas de vigilancia humana, que serán adecuadas para que las lleve a cabo el usuario, antes de la introducción del sistema de IA de alto riesgo en el mercado o de su puesta en servicio.

Estas medidas permitirán que las personas a quienes se encomiende el desarrollo de las labores de vigilancia humana puedan, en función de las circunstancias: (a) entender por completo las capacidades y limitaciones del sistema de IA de alto riesgo y controlar debidamente su funcionamiento, de modo que puedan detectar indicios de anomalías, problemas de funcionamiento y comportamientos inesperados y ponerles solución lo antes posible; (b) ser conscientes de la posible tendencia a confiar automáticamente o en exceso en la información de salida generada por un sistema de IA de alto riesgo («sesgo de automatización»), en particular con aquellos sistemas que se utilizan para aportar información o recomendaciones con el fin de que personas físicas adopten una decisión; (c) interpretar correctamente la información de salida del sistema de IA de alto riesgo, teniendo en cuenta en particular las características del sistema y las herramientas y los métodos de interpretación disponibles; (d) decidir, en cualquier situación concreta, no utilizar el sistema de IA de alto riesgo o desestimar, invalidar o revertir la información de salida que este genere; y (e) intervenir en el funcionamiento del sistema de IA de alto riesgo o interrumpir el sistema accionando un botón específicamente destinado a tal fin o mediante un procedimiento similar.

426 La solidez de los sistemas de IA de alto riesgo puede lograrse mediante soluciones de redundancia técnica, tales como copias de seguridad o planes de prevención contra fallos. Los sistemas de IA de alto riesgo que continúan aprendiendo tras su introducción en el mercado o puesta en servicio se desarrollarán de tal modo que los posibles sesgos en la información de salida debidos al uso de esta

no autorizados de alterar su uso o funcionamiento aprovechando las vulnerabilidades del sistema[427].

Adicionalmente, el Capítulo 3 impone un conjunto claro de obligaciones horizontales a los proveedores de sistemas de IA de alto riesgo. También se establecen obligaciones proporcionadas para los usuarios y otros participantes de la cadena de valor de la IA (por ejemplo, importadores, distribuidores, representantes autorizados). Resulta de especial interés la determinación de sujetos en el ecosistema de la IA, al menos por cuanto a la producción y uso, dado que los afectados por la IA no existen literalmente en la PRIA[428].

En el Capítulo 4 se establece el marco para que los organismos notificados[429] (no confundir con las autoridades notificantes con-

---

como datos de entrada en futuras operaciones («bucle de retroalimentación») se subsanen debidamente con las medidas de mitigación oportunas.

427 Las soluciones técnicas encaminadas a garantizar la ciberseguridad de los sistemas de IA de alto riesgo serán adecuadas a las circunstancias y los riesgos pertinentes. Entre las soluciones técnicas destinadas a subsanar vulnerabilidades específicas de la IA figurarán, según corresponda, medidas para prevenir y controlar los ataques que traten de manipular el conjunto de datos de entrenamiento («contaminación de datos»), los datos de entrada diseñados para hacer que el modelo cometa un error («ejemplos adversarios») o los defectos en el modelo.

428 En cualquier caso, en clave de régimen de protección de datos se da un difícil encaje en las figuras de responsables, corresponsables, encargados, etc. *Vid. Op. cit.* COTINO HUESO, L., CASTILLO, J., SALAZAR, I., BENJAMINIS, R., CUMBRERAS, M., y ESTEBAN, A. M., «Un análisis crítico...», p. 8.

429 Los organismos notificados serán los encargados de verificar la conformidad de los sistemas de IA de alto riesgo siguiendo los procedimientos de evaluación de la conformidad contemplados en el art. 43 PRIA. Los mismos deberán cumplir una serie de requisitos organizativos, así como los de gestión de la calidad, recursos y procesos, necesarios para el desempeño de sus funciones. La estructura organizativa, la distribución de las responsabilidades, la línea jerárquica y el funcionamiento de los organismos notificados serán tales que ofrezcan confianza en el desempeño y en los resultados de las actividades de evaluación de la conformidad que realicen los organismos notificados. Así mismo, los organismos notificados serán independientes del proveedor de un sistema de IA de alto riesgo en relación con el cual lleven a cabo actividades de evaluación de la conformidad. Los organismos notificados serán independientes de cualquier otro operador con un interés económico en el sistema de IA de alto riesgo que se evalúe, así como de cualquier competidor del proveedor. Por esta razón, los organismos notificados estarán organizados y gestionados de modo que

templadas en el art. 30 PRIA) participen en los procedimientos de evaluación de la conformidad como terceros independientes, mientras que en el Capítulo 5 se explican en detalle los procedimientos de evaluación de la conformidad que deben seguirse para cada tipo de sistema de IA de alto riesgo. Mediante el impulso de esta evaluación de la conformidad se busca reducir al mínimo la carga que deben soportar los operadores económicos y los organismos notificados, cuya capacidad tiene que aumentar progresivamente con el tiempo. Los sistemas de IA destinados a ser utilizados como componentes de seguridad de productos regulados por la legislación del nuevo marco legislativo (por ejemplo, máquinas, productos sanitarios o juguetes) estarán sujetos a los mismos mecanismos de cumplimiento y aplicación *ex ante* y *ex post* que los productos de los que forman parte. La principal diferencia es que dichos mecanismos *ex ante* y *ex post* garantizarán el cumplimiento tanto de los requisitos establecidos en la legislación sectorial como de los previstos en el Reglamento objeto de estudio.

1.4. Obligaciones de transparencia para determinados sistemas de inteligencia artificial

El Título IV se centra en determinados sistemas de IA para tener en cuenta los riesgos específicos de manipulación que conllevan (art. 52 PRIA). Se aplicarán obligaciones de transparencia a los sistemas que: (i) interactúen con seres humanos; (ii) se utilicen para detectar emociones o determinar la asociación a categorías (sociales) concretas a partir de datos biométricos; o (iii) generen o manipulen contenido de imagen, sonido o vídeo que se asemeje notablemente

---

se garantice la independencia, objetividad e imparcialidad de sus actividades, debiendo documentar e implantar una estructura y procedimientos que garanticen la imparcialidad y permitan promover y aplicar los principios de imparcialidad aplicables en toda su organización y a todo su personal y actividades de evaluación. Asimismo, los organismos notificados pondrán a disposición de la autoridad notificante mencionada en el art. 30 PRIA, y les presentarán cuando se les pida, toda la documentación pertinente, incluida la documentación de los proveedores, que permita a la autoridad notificante ejercer sus funciones de evaluación, designación, notificación, seguimiento, vigilancia y evaluación.

a personas, objetos, lugares u otras entidades o sucesos existentes, y que pueda inducir erróneamente a una persona a pensar que son auténticos o verídicos (ultrafalsificaciones).

Cuando una persona interactúe con un sistema de IA o sus emociones o características sean reconocidas por medios automatizados, es preciso informarla de tal circunstancia. Si un sistema de IA se utiliza para generar o manipular imágenes, audios o vídeos que a simple vista parezcan contenido auténtico, debe ser obligatorio informar de que dicho contenido se ha generado por medios automatizados, salvo excepciones que respondan a fines legítimos (aplicación de la ley, libertad de expresión). De este modo, las personas pueden adoptar decisiones fundamentadas o evitar una situación determinada.

1.5. Medidas de apoyo a la innovación

El Título V contribuye al objetivo de crear un marco jurídico que favorezca la innovación, resista el paso del tiempo y sea resiliente a las perturbaciones. A tal fin, anima a las autoridades nacionales competentes a crear espacios controlados de pruebas para la IA[430] (art. 53 PRIA) y establece un marco básico en términos de gobernanza,

---

[430] Los espacios controlados de pruebas para la IA establecidos por las autoridades competentes de uno o varios Estados miembros o por el SEPD proporcionarán un entorno controlado que facilite el desarrollo, la prueba y la validación de sistemas innovadores de IA durante un período limitado antes de su introducción en el mercado o su puesta en servicio, en virtud de un plan específico. Esto se llevará a cabo bajo la supervisión y la orientación directas de las autoridades competentes con el fin de garantizar el cumplimiento de los requisitos establecidos en el RIA y, en su caso, en otras legislaciones de la Unión y de los Estados miembros supervisadas en el marco del espacio controlado de pruebas. Así mismo, se prevé que los Estados miembros velarán por que, en la medida en que los sistemas innovadores de IA impliquen el tratamiento de datos personales o estén comprendidos dentro del ámbito de supervisión de otras autoridades nacionales o autoridades competentes que proporcionen o respalden el acceso a los datos, las autoridades nacionales de protección de datos y las demás autoridades nacionales estén ligadas al funcionamiento del espacio controlado de pruebas para la IA. Los espacios controlados de pruebas para la IA no afectarán a las facultades de supervisión y correctoras de las autoridades competentes. Cualquier riesgo significativo para la salud, la seguridad y los derechos fundamentales detectado durante el proceso de desarrollo y prueba de estos sistemas

supervisión y responsabilidad. Los espacios controlados de pruebas para la IA generan un entorno controlado para probar, durante un tiempo limitado, tecnologías innovadoras sobre la base de un plan de pruebas acordado con las autoridades competentes.

El Título V también contiene medidas encaminadas a reducir la carga normativa que deben soportar las pymes y las empresas emergentes (art. 55 PRIA). Entre estas medidas destacan las siguientes: (i) proporcionar a los proveedores a pequeña escala y a las empresas emergentes un acceso prioritario a los espacios controlados de pruebas para la IA, siempre y cuando cumplan los requisitos de admisibilidad; (b) organizar actividades de sensibilización específicas acerca de la aplicación del RIA, adaptadas a las necesidades de los proveedores y usuarios a pequeña escala; (c) establecer, cuando proceda, un canal específico para la comunicación con los proveedores y usuarios a pequeña escala, así como con otros agentes innovadores, con objeto de formular orientaciones y responder a las dudas planteadas acerca de la aplicación del RIA.

1.6. El sistema europeo de gobernanza y cumplimiento normativo en materia de Inteligencia Artificial

En el Título VI se establecen los sistemas de gobernanza nacionales y a escala europea[431]. Así, en el supuesto concreto de la Unión

---

implicará la mitigación inmediata y, en su defecto, la suspensión del proceso de desarrollo y prueba hasta que se produzca dicha mitigación.

431 *Vid.* DE MIGUEL ASENSIO, P.A., «Propuesta de Reglamento sobre Inteligencia Artificial», en *La Ley Unión Europea,* núm. 92, 2021, p. 8, quien afirma que «la Propuesta de Reglamento contempla la introducción de un nuevo entramado jurídico público tendente a asegurar el cumplimiento y la efectividad de la nueva normativa, que incluye la creación de un Comité Europeo de Inteligencia Artificial y la designación de autoridades nacionales de supervisión, a las que se atribuyen, entre otras funciones de vigilancia del mercado. Aunque algunos elementos presentan similitudes con el entramado establecido en el RGPD, como el establecimiento de un Comité Europeo o la obligación de notificación de incidentes graves o disfunciones que supongan una violación del Derecho de la UE (art. 62), se trata de un modelo mucho menos elaborado, en gran medida como consecuencia de la remisión que lleva a cabo al régimen del Reglamento (UE) 2019/1020 relativo a la vigilancia del mercado y la conformidad de los

Europea, la propuesta establece un Comité Europeo de Inteligencia Artificial (CEIA) integrado por representantes de los Estados miembros y la Comisión[432]. El Comité facilitará la aplicación sencilla, efectiva y armonizada de del RIA contribuyendo a la cooperación efectiva de las autoridades nacionales de supervisión y la Comisión, así como proporcionando asesoramiento y conocimientos especializados a esta última. Además, compilará y compartirá las mejores prácticas entre los Estados miembros (art. 56 PRIA).

En virtud del art. 58 PRIA, serán funciones del Comité, en particular: (i) recopilar y compartir conocimientos técnicos y buenas prácticas entre los Estados miembros; (ii) contribuir a uniformizar las prácticas administrativas en los Estados miembros, incluidas las relativas al funcionamiento de los espacios controlados de pruebas; y (iii) emitir dictámenes, recomendaciones o contribuciones por escrito sobre cuestiones relacionadas con la aplicación del RIA sobre especificaciones técnicas, uso de normas armonizadas y directrices relativas a la fijación de multas administrativas, entre otras muchas cuestiones.

---

productos. Además, en ámbitos concretos, en particular cuando el empleo de los sistemas de IA tiene lugar por instituciones financieras, la supervisión no se atribuye a la autoridad nacional en materia de IA sino a la autoridad de supervisión en el ámbito financiero (art. 63.4)».

432 De conformidad con el art. 57 PRIA, el Comité estará compuesto por las autoridades nacionales de supervisión, que estarán representadas por el jefe de dicha autoridad o un funcionario de alto nivel equivalente, y el Supervisor Europeo de Protección de Datos. Se podrá invitar a otras autoridades nacionales a las reuniones, cuando los temas tratados sean de relevancia para ellas. Se prevé igualmente que el Comité adopte su propio reglamento interno por mayoría simple de los miembros que lo componen, tras el dictamen conforme de la Comisión. En el reglamento interno se recogerán asimismo los aspectos operativos relacionados con la ejecución de las funciones del Comité, pudiendo proceder al establecimiento de subgrupos, según proceda, para examinar cuestiones específicas.
El Comité estará presidido por la Comisión, Institución sobre la que recaerá la labor de convocar las reuniones y elaborar el orden del día de conformidad con las funciones del Comité, debiendo además prestar apoyo administrativo y analítico a las actividades del Comité. Asimismo, se reconoce la posibilidad de que el Comité invite a expertos y observadores externos con el propósito de que estos asistan a sus reuniones y podrá realizar intercambios con terceros interesados para orientar sus actividades, en la medida en que se considere apropiado. Para ello, la Comisión podrá facilitar intercambios entre el Comité y otros organismos, oficinas, agencias y grupos consultivos de la Unión.

En el plano nacional, los Estados miembros tendrán que designar a una o más autoridades nacionales competentes y, entre ellas, seleccionar a una autoridad nacional de supervisión que se encargará de supervisar la aplicación y ejecución del Reglamento[433]. El Supervisor Europeo de Protección de Datos actuará como la autoridad competente para la supervisión de las instituciones, las agencias y los organismos de la Unión cuando entren en el ámbito de aplicación del RIA (art. 59 RIA).

Por su parte, el Título VII tiene por objeto facilitar la labor de seguimiento de la Comisión y las autoridades nacionales mediante el establecimiento de una base de datos para toda la UE donde figuren los sistemas de IA de alto riesgo independientes con implicaciones principalmente para los derechos fundamentales. Dicha base de datos, que gestionará la Comisión, contendrá los datos que faciliten los proveedores de sistemas de IA, los cuales estarán obligados a registrar sus sistemas antes de introducirlos en el mercado o ponerlos en servicio (art. 60 PRIA).

En el Título VIII se definen las obligaciones de seguimiento y presentación de información que deben cumplir los proveedores de sistemas de IA en relación con el seguimiento posterior a la comercialización y la comunicación e investigación de incidentes y defectos de funcionamiento relacionados con la IA. De esta forma, las autoridades de vigilancia del mercado controlarían también el mercado e investigarían el cumplimiento de las obligaciones y los requisitos aplicables a todos los sistemas de IA de alto riesgo que ya se han introducido en el mercado.

---

433 Al igual que ocurría en el supuesto concreto del RGPD, en relación a las autoridades de protección de datos, la PRIA contempla como requisito obligatorio que las autoridades nacionales competentes se organicen de tal forma que se preserve la objetividad e imparcialidad de sus actividades y funciones. Adicionalmente, se establece un mandato directo a los Estados miembros para que estos garanticen que las autoridades nacionales competentes dispongan de recursos financieros y humanos adecuados para el desempeño de sus funciones. En concreto, las autoridades nacionales competentes dispondrán permanentemente de suficiente personal cuyas competencias y conocimientos técnicos incluirán un conocimiento profundo de las tecnologías de inteligencia artificial, datos y computación de datos; los riesgos para los derechos fundamentales, la salud y la seguridad, y conocimientos acerca de las normas y requisitos legales vigentes.

A este respecto, se prevé que las autoridades de vigilancia del mercado dispongan de todas las competencias previstas en el Reglamento (UE) 2019/1020 relativo a la vigilancia del mercado. La supervisión *ex post* debe garantizar que, una vez que un sistema de IA esté en el mercado, que las autoridades públicas tengan las competencias y los recursos necesarios para intervenir en caso de que este genere riesgos inesperados, lo que justificaría una rápida actuación. Asimismo, también vigilarán que los operadores cumplan las obligaciones oportunas que les imponga el Reglamento[434].

1.7. La importancia de la autorregulación personificada en los códigos de conducta

El Título IX crea un marco para la elaboración de códigos de conducta, cuyo objetivo es fomentar que los proveedores de sistemas de IA que no son de alto riesgo cumplan de manera voluntaria los requisitos que son obligatorios para los sistemas de IA de alto riesgo, sobre la base de especificaciones y soluciones técnicas que constituyan medios adecuados para garantizar el cumplimiento de dichos requisitos a la luz de la finalidad prevista de los sistemas. De esta forma, los proveedores de sistemas de IA que no son de alto riesgo podrían crear y aplicar sus propios códigos de conducta[435].

---

434 La propuesta no contempla la creación automática de organismos o autoridades adicionales en los Estados miembros. En consecuencia, los Estados miembros podrían designar a las autoridades sectoriales existentes, a las que también confiarían las competencias para vigilar y aplicar las disposiciones del Reglamento, aprovechando así sus conocimientos especializados. Todo lo anterior debe interpretarse sin perjuicio del sistema y el reparto de competencias existentes para la supervisión ex post de las obligaciones relacionadas con los derechos fundamentales en los Estados miembros. Cuando sea necesario para el cumplimiento de sus respectivos mandatos, las autoridades de vigilancia y supervisión existentes también estarán facultadas para solicitar cualquier documentación que se conserve en virtud de este Reglamento, acceder a ella y, cuando proceda, pedir a las autoridades de vigilancia del mercado que organicen pruebas del sistema de IA de alto riesgo de que se trate por medios técnicos.

435 Los códigos de conducta podrán ser elaborados por proveedores individuales de sistemas de IA, por organizaciones que los representen o por ambos, también con la participación de usuarios y de cualquier parte interesada y sus organizaciones re-

Estos códigos también podrían incluir compromisos voluntarios relativos, por ejemplo, a la sostenibilidad medioambiental, la accesibilidad para las personas con discapacidad, la participación de las partes interesadas en el diseño y el desarrollo de sistemas de IA, y la diversidad de los equipos de desarrollo[436].

1.8. Disposiciones finales

El Título X hace hincapié en la obligación de todas las partes de respetar la confidencialidad de la información y los datos, y establece normas para el intercambio de la información que se obtenga durante la aplicación del Reglamento, con la finalidad de proteger los derechos de propiedad intelectual, la información empresarial confidencial o los secretos comerciales, al tiempo que se pretenden proteger los intereses públicos, la seguridad nacional y la integridad de las causas penales y los procedimientos administrativos (art. 70 PRIA).

Asimismo, el art. 71 PRIA contiene medidas para garantizar la aplicación efectiva del Reglamento, trasladando la responsabilidad a los diferentes Estados miembros para que estos determinen el régimen de sanciones, incluidas las multas administrativas, aplicable a las infracciones del RIA. En todo caso, las sanciones establecidas serán efectivas, proporcionadas[437] y disuasorias. No obstante, la PRIA dibu-

---

presentativas. Los códigos de conducta podrán abarcar uno o varios sistemas de IA, teniendo en cuenta la similitud de la finalidad prevista de los sistemas pertinentes.

[436] La Comisión y el Comité tendrán en cuenta los intereses y necesidades específicos de los proveedores a pequeña escala y las empresas emergentes cuando fomenten y faciliten la elaboración de códigos de conducta.

[437] Al decidir la cuantía de la multa administrativa en cada caso concreto se tomarán en consideración todas las circunstancias pertinentes de la situación correspondiente y se tendrá debidamente en cuenta lo siguiente: (a) la naturaleza, la gravedad y la duración de la infracción y de sus consecuencias; (b) si otras autoridades de vigilancia del mercado han impuesto ya multas administrativas al mismo operador por la misma infracción; y (c) el tamaño y la cuota de mercado del operador que comete la infracción.

Adicionalmente, al igual que ocurría en el caso del RGPD, la PRIA deja en manos de los Estados miembros la posibilidad de establecer normas que determinen si es posible, y en qué medida, imponer multas administrativas a autoridades y organismos públicos establecidos en dicho Estado miembro, aspecto que como ya se ha

ja los contornos de un severo régimen de sanciones administrativas, que supera en algunos extremos las elevadas cuantías contempladas en el RGPD:

i. El incumplimiento de la prohibición de las prácticas de IA contempladas en el art. 5 PRIA y el quebranto de los requisitos establecidos en el art. 10 PRIA podrá ser objeto de multas administrativas de hasta 35.000.000 de euros o, si el infractor es una empresa, de hasta el 7% del volumen de negocio total anual mundial del ejercicio financiero inmediatamente anterior.

ii. El incumplimiento de cualquiera de los requisitos u obligaciones establecidos para los Sistemas de Alto Riesgo de Inteligencia Artificial estará sujeto a multas administrativas de hasta 15.000.000 de euros o, si el infractor es una empresa, de hasta el 3% del volumen de negocio total anual mundial del ejercicio financiero anterior.

iii. La presentación de información inexacta, incompleta o engañosa a los organismos notificados y a las autoridades nacionales competentes en respuesta a una solicitud estará sujeta a multas administrativas de hasta 7.500.000 de euros o, si el infractor es una empresa, de hasta el 1% del volumen de negocio total anual mundial del ejercicio financiero anterior[438].

---

comprobado en el supuesto de la protección de datos de carácter personal genera una quiebra del marco normativo encargado de la tutela jurídica de dicho derecho.

438 En virtud del art. 72 PRIA, el SEPD podrá imponer multas administrativas a las instituciones, las agencias y los organismos de la Unión comprendidos en el ámbito de aplicación del Reglamento objeto de estudio. Al decidir la imposición de una multa administrativa y su cuantía en cada caso concreto se tomarán en consideración todas las circunstancias pertinentes de la situación de que se trate y se tendrá debidamente en cuenta lo siguiente: (a) la naturaleza, la gravedad y la duración de la infracción y de sus consecuencias; (b) la cooperación con el Supervisor Europeo de Protección de Datos con el fin de poner remedio a la infracción y mitigar sus posibles efectos adversos, incluido el cumplimiento de cualquiera de las medidas que el propio Supervisor Europeo de Protección de Datos haya ordenado previamente contra la institución, agencia u organismo de la Unión de que se trate en relación con el mismo asunto; y (c) toda infracción anterior similar cometida por la institución, agencia u organismo de la Unión. Si bien es cierto que se en el caso de las instituciones, agencias y organismos de la Unión Europea se establece un régimen sancionador sustancialmente más

En el Título XI se establecen las normas para el ejercicio de las competencias de delegación y de ejecución. La propuesta faculta a la Comisión para adoptar, cuando corresponda, actos de ejecución que garanticen la aplicación uniforme del Reglamento o actos delegados destinados a actualizar o complementar las listas que figuran en los Anexos I a VII.

Por último, en el Título XII se recoge la obligación de la Comisión de evaluar regularmente la necesidad de actualizar el Anexo III y preparar informes periódicos sobre la evaluación y el examen del Reglamento. Asimismo, establece las disposiciones finales, entre ellas un período de veinticuatro meses de «*vacatio legis*».

2. REGÍMENES COMPARADOS: APROXIMACIÓN A OTRAS INICIATIVAS LEGISLATIVAS PARA EMBRIDAR EL DESPLIEGUE DE LA INTELIGENCIA ARTIFICIAL

La Unión Europea no es la única potencia económica que camina con paso firme hacia el establecimiento de un marco normativo capaz de embridar los claroscuros y desafíos que plantea el avance de la inteligencia artificial. Ante esta tesitura, en las próximas páginas se acomete el análisis de los instrumentos jurídicos más relevantes adoptados en la materia por la República Popular China y Estados Unidos, los cuales pese a las enormes distancias socioculturales que separan ambas realidades, guardan algunos extremos de similitud, especialmente en lo que atañe a la necesidad de abogar por el establecimiento de sistemas de gobernanza de la IA, a la urgencia de potenciar la responsabilidad de los diferentes actores implicados en el desarrollo tecnológico, a la conveniencia de supervisar eficazmente los riesgos de seguridad de los algoritmos o los innumerables beneficios y potencialidades derivadas de la adopción de instrumentos jurídicos que estimulen la innovación digital.

---

laxo, ello no ha impedido conformar el siguiente régimen de multas administrativas, las cuales podrán alcanzar los 500.000 euros cuando se trate de incumplimiento de la prohibición de las prácticas de inteligencia artificial a que se refiere el art. 5 PRIA o del incumplimiento de los requisitos establecidos en el art. 10 por parte del sistema de IA. Sin embargo, cuando nos encontremos ante el incumplimiento de cualquiera de los requisitos aplicables a los SARIA, el mismo será objeto de multas administrativas de hasta 250.000 euros.

2.1. *República Popular China: Opiniones orientativas sobre el fortalecimiento de la gobernanza integral de los algoritmos del servicio de información de Internet* (关于 加强 互联网 信息 服务 算法 综合 治理 的 指导 意见)

Con el fin de fortalecer la gobernanza integral de los algoritmos del servicio de información de Internet y promover el desarrollo saludable y ordenado de la industria, con fecha 17 de septiembre de 2021, la Oficina Estatal de Información de Internet, el Departamento Central de Propaganda, el Ministerio de Educación, el Ministerio de Ciencia y Tecnología, el Ministerio de Industria y Tecnologías de la Información, el Ministerio de Seguridad Pública y el Ministerio de Cultura y Turismo de la República Popular China, formularon las *«Opiniones Orientadoras sobre el Fortalecimiento de la Gobernanza Integral de algoritmos de servicios de información de Internet»*[439].

El propósito no es otro que el de promover en su compleción las decisiones adoptadas por el Comité Central del Partido Comunista Chino (PCCh) y el Consejo de Estado tendentes a administrar, usar y desarrollar correctamente las aplicaciones de algoritmos y mejorar de manera integral las capacidades de gobernanza integral de la red, se ofrecen las siguientes opiniones sobre el fortalecimiento de la gobernanza de seguridad de algoritmos de Servicios de Información de Internet.

En primer término, se contemplan una serie de requisitos generales o comunes, entre los que sobresalen la necesidad de adherirse a un código ideológico[440], fortalecer la conciencia ética en el campo

---

439 El documento trae causa del protagonismo que los algoritmos de los servicios de información de Internet (en lo sucesivo denominados «algoritmos») han desempeñado en los últimos años en la aceleración de la difusión de la información de Internet, la prosperidad de la economía digital y la promoción del desarrollo social. Al mismo tiempo, el texto reconoce que la aplicación irrazonable de algoritmos también afecta el orden de comunicación normal, el orden del mercado y el orden social, lo que plantea desafíos para mantener la seguridad ideológica, la equidad y la justicia social, y los derechos e intereses legítimos de los internautas.

440 Así, el art. 1, apartado primero, de las citadas Directrices preconiza la necesidad de que los desarrolladores tecnológicos se adhieran a la guía del pensamiento de Xi Jinping sobre el socialismo con características chinas para una nueva era, especialmente el importante pensamiento del secretario general Xi Jinping

científico y tecnológico, e impulsar una cultura de seguridad con la finalidad de crear un ciberespacio *«limpio y recto»*.

De conformidad con las citadas orientaciones, ello exigirá apostar por el establecimiento de un sistema de gobernanza legal, mediante el impulso de la construcción de leyes y reglamentos, y la búsqueda de nuevos modelos innovadores que permitan garantizar la eficaz supervisión de la tecnología y tomar medidas enérgicas contra las violaciones de leyes y reglamentos[441].

En lo que respecta a la finalidad principal de las orientaciones objeto de estudio, conviene subrayar que las mismas apuestan por establecer gradualmente una estructura de gobierno integral para la seguridad de los algoritmos, la cual se edificará sobre la base de un «mecanismo de gobierno sólido», un «sistema de supervisión vigoroso» y el desarrollo de «normas algorítmicas sostenibles».

En este sentido, de conformidad con el documento publicitado por el Gobierno Chino, alcanzar un mecanismo de gobierno de se-

---

sobre el fortalecimiento del país a través de Internet, implementar completamente el espíritu del XIX Congreso Nacional del Partido Comunista de China y el Segunda, Tercera, Cuarta y Quinta Sesiones Plenarias de la Decimonovena Energía es el requisito general, manejable es la última palabra, y es la verdadera habilidad para usarla bien. Guiado por el desarrollo seguro, creíble, de alta calidad e innovador. de algoritmos, establecer y mejorar el mecanismo de gobierno de seguridad de algoritmos, construir y mejorar el sistema de supervisión de seguridad de algoritmos y promover el algoritmo La innovación independiente promueve el desarrollo saludable, ordenado y próspero de algoritmos, y proporciona un fuerte apoyo para construir una potencia de red.

441 Para conseguir tan ambicioso objetivo se contempla, igualmente, la necesidad de: (a) establecer y mejorar el mecanismo de gobierno de seguridad de los algoritmos mediante la participación de múltiples partes; (b) adherirse a la prevención y control de riesgos; (c) promover la clasificación de algoritmos y la gestión de la seguridad de dicha clasificación, de tal forma que permita identificar de manera efectiva los algoritmos de alto riesgo e implementar una gobernanza precisa; (d) apostar por la protección de derechos como presupuesto para que las soluciones tecnológicas sustentadas en algoritmos sean justas, transparentes y completamente explicables; (e) promover vigorosamente la trabajo de investigación de innovación de algoritmos en el Estado; (f) proteger los derechos de propiedad intelectual de los algoritmos; (g) fortalecer el despliegue y la promoción de algoritmos de desarrollo propio; y (h) mejorar la competitividad central de los algoritmos nacionales.

guridad del algoritmo solido pasa necesariamente por: (i) fortalecer las normas de gobernanza algorítmica[442]; (ii) optimizar la estructura de gobierno algorítmico[443]; (iii) revigorizar la coordinación y la gobernanza generales; (iv) fortalecer la principal responsabilidad de las empresas[444]; (v) fortificar la autodisciplina de las organizaciones industriales[445]; y (vi) abogar por la supervisión y participación de los internautas o usuarios.

En relación a la segunda de las piezas esenciales imprescindibles para articular una verdadera estructura de gobierno integral para la seguridad de los algoritmos, es decir, abogar por el impulso de un sistema de supervisión de seguridad de algoritmo, se contemplan los siguientes principios o ideas-fuerza: (i) supervisar eficazmente los riesgos de seguridad de los algoritmos; (ii) llevar a cabo activamente una evaluación de la seguridad del algoritmo; (iii) promover el archi-

---

442 Esto exige mejorar las políticas y regulaciones de gobierno de seguridad de algoritmos, acelerar la formulación de regulaciones de gestión de algoritmos, aclarar temas de gestión de algoritmos, mejorar las medidas de gobierno de seguridad de algoritmos y formular documentos de respaldo como estándares y directrices.

443 Supone aclarar los derechos, obligaciones y responsabilidades del gobierno, las empresas, las organizaciones de la industria y los internautas en la gobernanza de la seguridad de los algoritmos, organizar científica y racionalmente la estructura de la organización de la gobernanza, estandarizar las operaciones y conectarse entre sí, y crear un sistema de supervisión gubernamental, responsabilidad corporativa. rendimiento, autodisciplina de la industria y supervisión social.

444 En este sentido, en virtud de las orientaciones, las empresas deben establecer un sistema de responsabilidad de seguridad de algoritmos y un sistema de revisión de ética tecnológica, mejorar la organización de gestión de seguridad de algoritmos, fortalecer la prevención y el control de riesgos y la investigación y gobernanza de peligros ocultos, y mejorar la capacidad y el nivel para responder a emergencias de seguridad de algoritmos. Las empresas deben fortalecer su sentido de responsabilidad y asumir la responsabilidad principal por los resultados de las aplicaciones de algoritmos.

445 A este respecto, la industria de servicios de información de Internet debe fortalecer la autodisciplina de la industria, llevar a cabo activamente la popularización de la ciencia y la tecnología de algoritmos, construir gradualmente fuerzas de gobierno de seguridad de algoritmos, atraer equipos de talentos profesionales, reunir aportes de recursos de múltiples partes, asumir la responsabilidad social para el gobierno de seguridad de algoritmos. y brindan un sólido soporte para la gobernanza de la seguridad de los algoritmos.

vo de algoritmos de manera ordenada[446]; (iv) continuar impulsando la innovación en los modelos regulatorios[447]; y (v) reprimir severamente las violaciones de las leyes y reglamentos[448].

Finalmente, el documento contempla algunas previsiones acerca de la conveniencia de promover el desarrollo de normas ecológicas algorítmicas, lo que se traduce en la necesidad de promover algoritmos abiertos y transparentes[449], fomentar la innovación y el desarrollo de algoritmos y prevenir el riesgo de abuso de algoritmos.

2.2. *Estados Unidos: Ley de Responsabilidad Algorítmica*

El pasado 3 de febrero de 2022, se presentó en la Cámara de Representantes de Estados Unidos el proyecto de Ley de Responsabilidad Algorítmica (LRA). El principal objetivo de este proyecto normativo consiste en mejorar la transparencia, la rendición de cuentas y la equidad de las decisiones automatizada.

Además, el proyecto de ley exigiría tanto a la empresa que toma las decisiones como a la entidad que desarrolle la tecnología algorítmica que realicen evaluaciones de impacto en cuanto a sesgo, eficacia y

---

446 Establecer un sistema de archivo de algoritmos requiere mejorar el sistema de calificación y clasificación de algoritmos.

447 Exige continuar estudiando y juzgando la nueva situación del desarrollo tecnológico en el campo de los algoritmos, promover el desarrollo coordinado de modelos regulatorios y tecnologías de algoritmos, y mejorar, actualizar e innovar continuamente los métodos regulatorios y las medidas de gobernanza, y prevenir los riesgos de seguridad de los algoritmos causados por modelos regulatorios obsoletos.

448 A este respecto, se harán esfuerzos para resolver los problemas de seguridad presentes en los algoritmos que los internautas han detectado e informado, al tiempo que se adoptarán medidas severas contra las violaciones de las leyes y regulaciones relacionadas con los algoritmos que se encuentran en el monitoreo, evaluación, archivo de algoritmos, etc.

449 Supone regular el comportamiento de las aplicaciones de algoritmos empresariales, proteger los derechos e intereses razonables de los internautas, defender los principios de equidad e imparcialidad y promover la apertura y transparencia de los algoritmos. Para ello, se instará a las empresas a divulgar los principios básicos de los algoritmos, los objetivos de optimización, los estándares de toma de decisiones y otra información de manera oportuna, razonable y efectiva.

otros factores. Así, el proyecto de ley aborda, en primer término, la definición de los términos más relevantes en la materia, tales como: (i) el procedimiento de decisión crítica aumentada; (ii) los sistemas de decisiones automatizadas[450]; (iii) biometría[451]; (iv) decisión crítica[452]; o (v) evaluación de impacto (art. 2 LRA).

Seguidamente, el texto exige que la «*Federal Trade Commission*» (FTC), la agencia de protección de los consumidores estadounidense proporcione directrices y normas estructuradas destinadas a la evaluación y presentación de informes (art. 3 LRA). A tal fin, en el plazo máximo de dos años desde la fecha de promulgación de la norma objeto de estudio, la Comisión, previa consulta al Director del Instituto Nacional de Estándares y Tecnología, el Director de la Iniciativa Nacional de Inteligencia Artificial, el Director de la Oficina de Política Científica y Tecnológica y otras partes interesadas relevantes, incluidos los organismos de normalización, la industria privada, la academia, expertos en tecnología y defensores de los derechos

---

450 De conformidad con la redacción de la propuesta, debe entenderse por «sistema de decisión automatizado» cualquier sistema, software o proceso (incluido uno derivado del aprendizaje automático, las estadísticas u otras técnicas de procesamiento de datos o inteligencia artificial y excluyendo los procesos pasivos) que utilice la computación, cuyo resultado sirve de base para una decisión o juicio.

451 El término «biometría» hace alusión a cualquier información que represente un atributo o característica biológica, fisiológica o conductual de un consumidor.

452 Hace referencia a cualquier decisión o juicio que comporte algún efecto legal, material o similarmente significativo en la vida de un consumidor relacionado con el acceso o el coste, o en términos de disponibilidad de: (a) la educación y la formación profesional, incluyendo la evaluación, acreditación o certificación; (b) el empleo, la gestión de trabajadores o trabajo por cuenta propia; (c) los servicios básicos, como electricidad, calefacción, agua, acceso a Internet o telecomunicaciones, o transporte; (d) la planificación familiar, incluyendo aquellos servicios de adopción o servicios reproductivos; (e) los servicios financieros, incluido cualquier servicio financiero proporcionado por una compañía hipotecaria, corredor hipotecario o acreedor; (f) la atención médica, incluida la atención médica mental, dental u oftalmológica; (g) la vivienda o el alojamiento, incluyendo cualquier alquiler o vivienda o alojamiento a corto plazo; (h) los servicios legales, incluido el arbitraje o la mediación privados; o (i) cualquier otro servicio, programa u oportunidad sobre decisiones que tengan un efecto similarmente legal, material o significativo en la vida de un consumidor según lo determinado por la Comisión a través de la elaboración de reglas.

civiles, los consumidores y las comunidades afectadas, deberá promulgar reglamentos que exijan: (i) la realización de evaluaciones de impacto; (ii) la conservación de la documentación referente a dichas evaluaciones; (iii) la elaboración y presentación de informes anuales ante la FTC para la evaluación de impacto en curso de cualquier sistema de decisión automatizado implementado; (iv) la supresión o mitigación de cualquier impacto lesivo producido por el impulso de procesos de decisión crítica, etc.

De igual forma, la propuesta establece los requisitos básicos para que las empresas realicen evaluaciones de impacto y estudien las repercusiones que la automatización puede representar en la toma de decisiones críticas, incluidos los procesos de decisión que ya han sido automatizados (art. 4 LRA).

Adicionalmente, el art. 5 LRA exige remitir comunicaciones regulares a la FTC que documenten las evaluaciones de impacto realizadas por los diferentes actores implicados. Entre la información que debe aparecer reflejada en dichas comunicaciones se contemplan cuestiones tales como el nombre, el sitio web, el punto de contacto de la entidad, una descripción detallada de la decisión crítica específica que se pretende adoptar, la finalidad que motiva el proceso de decisión automatizado implementado, etc.

Por su parte, el art. 6 LRA obliga a publicar un informe anual agregado y anonimizado sobre las tendencias, bases de datos, y métricas de alto nivel por parte de la FTC, estableciendo un «registro de algoritmos» que contenga información disponible para que los consumidores y defensores puedan supervisar e impugnar decisiones críticas que hayan sido automatizadas por las empresas[453]. Asimismo,

---

453 La norma contempla, además, la obligatoriedad de que la FTC proceda a la publicación de orientaciones que faciliten el cumplimiento de los requisitos contemplados en las secciones 4 y 5 LRA, incluidos recursos tales como plantillas de documentación y guías para consultas significativas, las cuales deberán ser desarrolladas previa consulta del Director del Instituto Nacional de Estándares y Tecnología, el Director de la Iniciativa Nacional de Inteligencia Artificial, el Director de la Oficina de Política Científica y Tecnológica y otras partes interesadas relevantes, incluidos los organismos de normalización, el sector privado la industria, la academia, los expertos en tecnología y los defensores de los derechos civiles, los consumidores y las comunidades afectadas (art. 7 LRA).

el proyecto de ley dota a la FTC de las competencias necesarias para hacer cumplir las previsiones contempladas en la norma objeto de estudio (art. 9 LRA).

A grandes rasgos, se trata de un proyecto normativo de gran relevancia, ya que a nadie se le escapa que la automatización de decisiones críticas abarca cada vez más instancias de nuestra sociedad, tanto en lo público como en lo privado. Mientras los proyectos normativos cristalizan en normas y obligaciones a cumplir por los actores del mercado, comenzamos a vislumbrar las oportunidades y, también los riesgos (y no solo legales) que plantean estas tecnologías.

Del análisis comparado de los anteriores instrumentos normativos se desprende que, la propuesta de regulación europea por la que se establecen normas armonizadas en materia de inteligencia artificial no solamente resulta la iniciativa regulatoria internacional más ambiciosa puesta en marcha hasta la fecha, sino también la más precisa y completa, en vista tanto de la férrea ordenación de requerimientos que deben cumplir los SARIA, como del modelo de gobernanza que aspira a instaurar con el propósito de salvaguardar los derechos y libertades fundamentales de la ciudadanía europea.

VIII. Bibliografía

AGENCIA ESPAÑOLA DE PROTECCIÓN DE DATOS, *Orientaciones y garantías en los procedimientos de anonimización de datos personales,* Madrid, 2016.

– *Listado de cumplimiento normativo,* Madrid, 2018.

– *Guía de Privacidad desde el Diseño,* Madrid, 2019.

– *Canal prioritario de retirada de contenidos sensibles,* Madrid, 2019.

– *Adecuación al RGPD de tratamientos que incorporan Inteligencia Artificial. Una introducción,* Madrid, 2020.

– *Guía de Tecnologías y Protección de Datos en las AA.PP.*, Madrid, 2020.

– *Guía para la adecuación al RGPD de tratamientos que incorporan Inteligencia Artificial. Una introducción,* Madrid, 2020.

– *Gestión del riesgo y evaluación de impacto en tratamientos de datos personales,* Madrid, 2021.

– *Guía para la notificación de brechas de datos personales,* Madrid, 2021.

– *Memoria AEPD 2020,* Madrid, 2021.

– *Pacto Digital para la protección de las personas,* Madrid, 2021.

– *Lista de verificación para determinar la adecuación formal de una EIPD y la presentación de consulta previa,* Madrid, 2022.

– *Memoria AEPD 2021,* Madrid, 2022.

– *Protección de datos por defecto: listado de medidas,* Madrid, 2022.

AGENCIA ESPAÑOLA DE PROTECCIÓN DE DATOS, AUTORIDAD CATALANA DE PROTECCIÓN DE DATOS Y AGENCIA VASCA DE PROTECCIÓN DE DATOS, *Guía para el cumplimiento del deber de informar,* Madrid, 2019.

AGENCIA PARA LOS DERECHOS FUNDAMENTALES DE LA UNIÓN EUROPEA, *Bringing rights to life: The fundamental rights landscape of the European Union,* Luxemburgo, 2012.

– *Facial recognition technology: fundamental rights considerations in the context of law enforcement,* Luxemburgo, 2020.

– *Construir correctamente el futuro: la inteligencia artificial y los derechos fundamentales,* Luxemburgo, 2021.

ÁLVAREZ GARCÍA, V.J., *La normalización industrial,* Tirant lo Blanch, Valencia, 1999.

– *Industria,* Iustel, Madrid, 2010.

– «La problemática de la publicidad oficial de las normas técnicas de origen privado que despliegan efectos jurídico-públicos», en *Revista de Derecho Comunitario Europeo*, núm. 72, 2022.

AMONI REVERÓN, G.A., «Libertad, presunción de inocencia y defensa ante la irrupción de la inteligencia artificial en el ámbito policial y judicial penal», en COTINO HUESO, L. (Dir.), *Derechos y garantías ante la inteligencia artificial y las decisiones automatizadas,* Thomson Reuters-Aranzadi, Cizur Menor, 2022.

AÑÓN ROIG, M.J., «Principio antidiscriminatorio y determinación de la desventaja», en *Isomía: Revista de Teoría y Filosofía del Derecho*, núm. 39, 2013.

ARELLANO TOLEDO, W., «El derecho a la transparencia algorítmica en big data e inteligencia artificial», en *Revista General de Derecho Administrativo,* núm. 50, 2019.

ARENAS RAMIRO, M., «El derecho a la protección de datos personales como garantía de las libertades de expresión e información», en COTINO HUESO, L. (Coord.), *Libertad en Internet. La red y las libertades de expresión e información,* Tirant lo Blanch, Valencia, 2007.

AUTORITAT CATALANA DE PROTECCIÓ DE DADES, *Inteliligència artificial. Decisions Automatizades a Catalunya,* Barcelona, 2020.

AZNARTE, J.L., MELENDO PARDOS, M. y LACRUZ LÓPEZ, J.M., «Sobre el uso de tecnologías de reconocimiento facial en la universidad: el caso de la UNED», en *RIED. Revista Iberoamericana de Educación a Distancia,* vol. 25, núm. 1, 2022.

BALLBÉ, M., *Nueva Enciclopedia Jurídica,* Tomo I, Seix, Barcelona, 1985.

BANCO INTERAMERICANO DE DESARROLLO, *Uso responsable de IA para política pública: manual de formulación de proyectos,* Washington DC, 2021.

BARCELLS, M., «Luces y sombras del uso de la inteligencia artificial en el sistema de justicia penal», en CERRILLO I MARTÍNEZ, A. y PEGUERA POCH, M. (Coord.), *Retos jurídicos de la inteligencia artificial,* Thomson Reuters-Aranzadi, Cizur Menor, 2020.

BAROCAS, D. y SEIBST, A.D., «Big Data's Disparate Impact», en *California Law Review,* vol. 104, núm. 3, 2016.

BARONA VILAR, S., *Algoritmización del Derecho y de la Justicia. De la inteligencia artificial a la Smart Justice,* Tirant lo Blanch, Valencia, 2021.

BARREDO ARRIETA, A., DÍAZ RODRÍGUEZ, N., DEL SER, J., BENNETOT, A., TABIK, S., BARBADO, A., GARCÍA, S., GIL-LÓPEZ, S., MOLINA, D. y BENJAMINS, R., «Explainable Artificial Intelligence (XAI): Concepts, taxonomies, opportunities and challenges toward responsible AI», en *Information Fusion,* vol. 58, 2020.

BARRIO ANDRÉS, M., Robótica, inteligencia artificial y Derecho», en *ARI: Análisis del Real Instituto Elcano,* núm. 113, 2018.

– *Manual de Derecho Digital,* Tirant lo Blanch, 2ª edición, Valencia, 2022.

BELLOSO MARTÍN, N., «La problemática de los sesgos algorítmicos (con especial referencia a los de género). ¿Hacia un derecho a la protección contra los sesgos?», en LLANO ALONSO, F.H. (Dir.), *Inteligencia artificial y filosofía del derecho,* ediciones Laborum, Murcia, 2020.

BENÍTEZ, R., ESCUDERO, G., KANAAN, S. y MASIP RODÓ, D., *Inteligencia artificial avanzada,* editorial UOC, Barcelona, 2013.

BERLANGA DE JESÚS, A., «El camino desde la Inteligencia Artificial al Big Data», en *Revista de Estadística y Sociedad,* núm. 68, 2016.

BINI, S., «Reflexiones sobre justicia, humanidad y digitalización», en LLANO ALONSO, F.H. (Dir.), *Inteligencia artificial y filosofía del derecho,* ediciones Laborum, Murcia, 2022.

BOIX PALOP. A., «Los algoritmos son reglamentos: la necesidad de extender las garantías propias de las normas reglamentarias a los programas empleados por la administración para la adopción de decisiones», en *Revista de Teoría y Método,* vol. 1, 2020.

BOSTROM, N., *Superinteligencia: Caminos, peligros, estrategias,* Teell editorial, S.L., Zaragoza, 2016.

BRKAN, M., «Do algorithms rule the world? Algorithmic decisión-making and data protection in the framework of the GDPR and beyond», en *International Journal of Law and Information Technology,* vol. 27, núm. 2, 2019.

BUENO DE MATA, F., «E-Justicia: hacia una nueva forma de entender la justicia», en *Revista Internacional de Estudios de Derecho Procesal y Arbitraje,* núm., 1, 2010.

– "Mediación electrónica e inteligencia artificial", en *Actualidad civil,* núm. 1, 2015.

– «Real Decreto 1065/2015, de 27 de noviembre, sobre comunicaciones electrónicas en la Administración de Justicia en el ámbito territorial del Ministerio de Justicia y por el que se regula el sistema Lexnet», en *AIS: Ars Iuris Salmanticensis,* vol. 4, núm. 1, 2016.

– «Macrodatos, inteligencia artificial y proceso: luces y sombras», en *Revista General de Derecho Procesal,* núm. 51, 2020.

BYGRAVE, L., «Article 22. Automated individual decision-making, including profiling», en KUNER, C., BYGRAVE, L. y DOCKSEY, C. (Eds.), *The EU General Data Protection Regulation. A commentary,* Oxford University Press, Oxford, 2020.

BURK, L.D., «Algorithmic Fair Use», en *University of Chicago Law Review,* núm. 283, 2019.

CAPDEFERRO VILLAGRASA, O., «La inteligencia artificial del sector público: desarrollo y regulación de la actuación administrativa inteligente en la cuarta revolución industrial», en *IDP: Revista e Internet, Derecho y Política,* núm. 30, 2020.

CAPTEVILA CAPDEVILA, M., FERRER PUIG, M., BLANCH SERENTILL, M., FRAMIS FERRER, B., GARRIGÓS BOU, A. y COMAS LÓPEZ, N., *La reincidencia en las excarcelaciones de alto riesgo,* Centro de Estudios Jurídicos y Formación Especializada de la Generalitat de Cataluña, Barcelona, 2017.

CASEY, A.J. Y NIBLETT, A., "Focus feature: Artificial Intelligence, Big Data, and the future of law", en *University of Toronto, Law Journal, vol. 66,* núm. 4, 2016.

CASINO RUBIO, M., *Seguridad pública y Constitución,* Instituto García Oviedo-Tecnos, Madrid, 2015.

CASTELLANOS CLARAMUNT, J., «Transhumanismo, algoritmos y nuevas tecnologías: Avanzando en la desigualdad», en *Ius et Scientia,* vol. 4, núm. 2, 2018.

CASTELLANOS CLARAMUNT, J. y MONTERO CARO, M. D., «Perspectiva constitucional de las garantías de aplicación de la inteligencia artificial: la ineludible protección de los derechos fundamentales», en *Ius et Scientia,* vol. 6, núm. 2, 2020.

CATERINA FALIERO, J., «Limitar la dependencia algorítmica: Impactos de la inteligencia artificial y sesgos algorítmicos», en *Nueva Sociedad,* núm. 294, 2021.

CHAPELLE, O., SCHÖLKOPF, B. y ZIEN, A., *Semi-supervised Learning,* The MIT Press, Cambridge, 2006.

CERRILLO I MARTÍNEZ, A., «El impacto de la inteligencia artificial en el derecho administrativo. ¿Nuevos conceptos para nuevas realidades técnicas?», en *Revista General de Derecho Administrativo,* núm. 50, 2019.

– «La inteligencia artificial y el control de sus posibles sesgos», en VILLORIA MENDIETA, M. (Coord.), *Ética pública en el siglo XXI,* Instituto Nacional de Administración Pública, Madrid, 2021.

CERRILLO I MARTÍNEZ, A. y PEGUERA POCH, M. (Coord.), *Retos jurídicos de la inteligencia artificial,* Thomson Reuters-Aranzadi, Cizur Menor, 2020.

CERVERA NAVAS, L., «Prólogo», en TERRÓN SANTOS, D. y DOMÍNGUEZ ÁLVAREZ, J.L., *Nueva regulación de la protección de datos y su perspectiva digital,* Comares, Granada, 2019.

CHRISTENSEN, C.M., *The innovator's dilemma when new technologies cause great firms to fail,* Harvard Business School Press, Cambridge, 1997.

COGLIANESE, C. y LEHR, D., «Regulating by robot: administrative decision making in the machine-learning era», en *The Georgetown Law Journal,* vol. 105, núm. 5, 2017.

COMISIÓN EUROPEA, *Hacia una economía de los datos próspera,* Bruselas, 2014 [COM(2014) 442 final].

- *Revisión intermedia de la aplicación de la Estrategia para el Mercado Único Digital: Un mercado único digital conectado para todos,* Bruselas, 2017 [COM(2017) 228 final].
- *Una inteligencia artificial para Europa,* Bruselas, 2018 [COM(2018) 237 final].
- *Plan coordinado sobre la inteligencia artificial,* Bruselas, 2018 [COM(2018) 795 final].
- *Generar confianza en la inteligencia artificial centrada en el ser humano,* Bruselas, 2019, p. 4. [COM(2019) 168 final].
- *Libro blanco sobre la inteligencia artificial, un enfoque europeo orientado a la excelencia y la confianza,* Bruselas, 2020, p. 30 [COM(2020) 65 final].
- *Plan de Acción de la UE Antirracismo para 2020-2025,* Bruselas, 2020 [COM(2020) 565 final].
- *La digitalización de la justicia en la UE: un abanico de oportunidades* [COM(2020) 710 final].
- *Brújula Digital 2030: el enfoque de Europa para el Decenio Digital,* Bruselas, 2021, p. 15 [COM(2021) 118 final].
- *Cuadro de indicadores de la justicia en la UE de 2021,* Bruselas, 2021 [COM (2021), 389, final].
- *Formulación de una Declaración Europea sobre los Derechos y Principios Digitales para la Década Digital,* Bruselas, 2022 [COM (2022) 27 final].

COMISIÓN EUROPEA PARA LA EFICACIA DE LA JUSTICIA, *European ethical Charter on the use of Artificial Intelligence in judicial systems and their environment,* Estrasburgo, 2018.

COMITÉ ECONÓMICO Y SOCIAL EUROPEO, *Dictamen sobre la Inteligencia artificial: las consecuencias de la inteligencia artificial para el mercado único (digital), la producción, el consumo, el empleo y la sociedad,* Bruselas, 2017 [2017/C288/01].

COMITÉ EUROPEO DE PROTECCIÓN DE DATOS, *Directrices 7/2020 sobre los conceptos de «responsable del tratamiento» y «encargado del tratamiento» en el RGPD,* Bruselas, 2021.

COMMISSION NATIONALE DE L'INFORMATIQUE ET DES LIBERTÉS, *Comment Permettre à L'Homme de Garder la Main? Les enjeux éthiques des algorithmes et de l'intelligence artificielle. Synthèse du Débat Public Animé par la CNIL dans le Cadre de la Mission de Réflexion Éthique Confiée par la Loi Pour Une République Numérique,* Paris, 2017.

CONSEJO EUROPEO, *Conclusiones adoptadas en su reunión de 19 de octubre de 2017,* Bruselas, 2017, p. 7 [EUCO 14/17].

CORTÉS ABAD, O., «Justicia digital, abierta e innovadora. Hechos y retos», en GÓMEZ MANRESA, M.F. y FERNÁNDEZ SALMERÓN, M. (Coords.), *Modernización digital e innovación en la Administración de Justicia,* Thomson Reuters Aranzadi, Cizur Menor, 2019.

COTINO HUESO, L., Big data e inteligencia artificial. Una aproximación a su tratamiento jurídico desde los derechos fundamentales», en *Dilemata,* núm. 24, 2017.

- «Riesgos e impactos del big data, la inteligencia artificial y la robótica. Enfoques, modelos y principios de la respuesta del Derecho», en *Revista General de Derecho Administrativo,* núm. 50, 2019.
- «Derecho y garantías ante el uso público y privado de inteligencia artificial, robótica y big data», en BAUZÁ, M. (Dir.), *El Derecho de las TIC en Iberoamérica,* La Ley-Thompson-Reuters, Montevideo, 2019.
- «Ética en el diseño para el desarrollo de una inteligencia artificial, robótica y big data confiables y su utilidad desde el Derecho», en *Revista Catalana de Derecho Público,* núm. 58, 2019.
- *Guía para el cumplimiento normativo en la investigación y experimentación con inteligencia artificial y tecnologías conexas en espacios de innovación con datos, centrada en privacidad y data governance,* Centro Tecnológico de Investigación, Desarrollo e Innovación en tecnologías de la Información y las Comunicaciones, Valencia, 2022.
- «Nuevo paradigma en la garantía de los derechos fundamentales y una nueva protección de datos frente al impacto social y colectivo de la inteligencia artificial», en COTINO HUESO, L. (Dir.), *Derechos y garantías ante la inteligencia artificial y las decisiones automatizadas,* Thomson Reuters-Aranzadi, Cizur Menor, 2022.

COTINO HUESO, L., CASTILLO, J., SALAZAR, I., BENJAMINIS, R., CUMBRERAS, M. y ESTEBAN, A. M., «Un análisis crítico constructivo de la Propuesta de Reglamento de la Unión Europea por el que se establecen normas armonizadas sobre la Inteligencia Artificial (Artificial Intelligence Act)», en *Diario La Ley,* 2 de julio de 2021.

CRIADO, N. y SUCH, J.M., «Digital discrimination», en YEUNG, K. y LODGE, M. (Eds.), *Algorithmic regulation,* Oxford University Press, Oxford, 2019.

DE ASÍS PULIDO, M., «La justicia predictiva: tres posibles usos en la práctica jurídica», en LLANO ALONSO, F.H. (Dir.), *Inteligencia artificial y filosofía del derecho,* ediciones Laborum, Murcia, 2020.

DE ASIS ROIG, R., «Ética, tecnología y derechos», en LLANO ALONSO, F.H. (Dir.), *Inteligencia artificial y filosofía del derecho,* ediciones Laborum, Murcia, 2022.

DELEGACIÓN DEL GOBIERNO CONTRA LA VIOLENCIA DE GÉNERO, *La situación de la violencia contra las mujeres en la adolescencia en España,* Madrid, 2021.

DELGADO MARTÍN, J., «Reflexiones sobre el estado actual de la transformación digital de la justicia», en *Revista Acta Judicial,* núm. 8, 2021.

DELL TECHNOLOGIES, *Índice de protección de datos global del 2021,* Texas, 2021.

DE MIGUEL ASENSIO, P.A., «Propuesta de Reglamento sobre Inteligencia Artificial», en *La Ley Unión Europea,* núm. 92, 2021.

DE VERGOTTINI, G., «La difícil convivencia entre libertad y seguridad. Respuesta de las democracias al terrorismo», en *Revista de Derecho político,* núm. 61, 2004.

DÍEZ, J., KHALIFA, K., y LEURIDAN, B., «General theories of explanation: buyer beware», en *Synthese,* núm. 190, 2011.

DOMÍNGUEZ ÁLVAREZ, J.L., «Interoperabilidad administrativa y protección de datos personales: claves para garantizar el derecho a una buena Administración», en *Tabula: Revista de Archivos de Castilla y León,* núm. 22, 2019.

- «El papel de las Fuerzas Armadas en la seguridad de la información», en TERRÓN SANTOS, D. y DOMÍNGUEZ ÁLVAREZ, J.L. (Dirs.), *Innovación y Defensa. Diferentes perspectivas de una misma realidad,* Comares, Granda, 2020.
- «La especial protección de los datos personales de las víctimas de violencia de género en las administraciones públicas», en DEL POZO PÉREZ, M. (Dir.), *Estudios interdisciplinares de género,* Tirant lo Blanch. Valencia, 2020.
- «Privacidad, sostenibilidad e igualdad: Algunas reflexiones acerca del nuevo modelo de intervención administrativa de la Agencia Española de Protección de Datos», en GONZÁLEZ BUSTOS, M.A. (Dir.), *Agenda 2030: desarrollo sostenible e igualdad,* Thomson Reuters-Aranzadi, Cizur Menor, 2021.
- «Sistemas algorítmicos, protección de datos y nuevas formas de desigualdad. La necesidad de afrontar los sesgos ante el avance digital», en DEL POZO PÉREZ, M. (Dir.), *Estudios interdisciplinares de género.* Thomson Reuters-Aranzadi, Cizur Menor, 2021.

– «El pacto digital para la protección de las personas y el canal prioritario: Nuevos instrumentos impulsados por la agencia española de protección de datos para la defensa de las víctimas de violencia digital», en FIGUERUELO BURRIEZA, A. y DEL POZO PÉREZ, M. (Dirs.), *Enseñar en igualdad de género: aspectos multidisciplinares*, Thomson Reuters-Aranzadi, Cizur Menor, 2022.

– «La normativa de protección de datos personales como dique de contención frente al avance de la violencia de género digital», en FIGUERUELO BURRIEZA, Á. (Dir.), *Nuevas tendencias en materia de derechos y libertades*, Thomson Reuters-Aranzadi, Cizur Menor, 2022.

– Nuevas garantías institucionales frente al avance de la transformación digital. Comentario a la Ley 22/2021, de 28 de diciembre, de Presupuestos Generales del Estado para el año 2022 (en particular, DA 117.ª y DA 130.ª», en *AIS: Ars Iuris Salmanticensis*, vol. 10, núm. 1, 2022.

DOMÍNGUEZ ÁLVAREZ, J.L. y TERRÓN SANTOS, D. (Dirs.), *Desafíos éticos, jurídicos y tecnológicos del avance digital*, Iustel, Madrid, 2022.

EQUILUZ CASTAÑEIRA, J.A., «Desafíos y retos que plantean las decisiones automatizadas y los perfilados para los derechos fundamentales», en *Estudios de Deusto*, vol. 68, núm. 2, 2020.

ESTEVE PARDO, J., *Técnica, riesgo y Derecho: tratamiento del riesgo tecnológico en el Derecho Ambiental*, Ariel, Barcelona, 1999.

– *Lecciones de Derecho Administrativo*, Marcial Pons, 9ª edición, Barcelona, 2019.

FACEBOOK, *ABP Privacy Infra, Long Range Investments [A/C Priv]*, Menlo Park, 2021.

FÉREZ MANGAS, D., *Eficàcia del RisCanvi Complet en la predicció del trencament de permís de sortida*, Centro de Estudios Jurídicos y Formación Especializada de la Generalitat de Cataluña, Barcelona, 2017.

FEDERAL BUREAU INVESTIGATION, *Deepfakes and Stolen PII Utilized to Apply for Remote Work Positions*, 28 de junio de 2022.

FERNÁNDEZ DE GATTA SÁNCHEZ, D., «El ambicioso Pacto Verde Europeo», en *Actualidad Jurídica Ambiental*, núm. 101, 2020.

FERNÁNDEZ DE GATTA SÁNCHEZ, D., NEVADO-BATALLA MORENO, P.T., FERNANDO PABLO, M.M. y DOMÍNGUEZ-BERRUETA DE JUAN, M.A. (Coords.), *Constitución, policía y fuerzas armadas*, Marcial Pons, Madrid, 1997.

FERNÁNDEZ FERNÁNDEZ, J.L., «Hacia el Humanismo Digital desde un denominador común para la Ciber Ética y la Ética de la Inteligencia Artificial», en *Disputatio. Philosophical Research Bulletin*, vol. 10, núm. 17, 2021.

FERNÁNDEZ HERNÁNDEZ, C., «La nueva estrategia europea sobre el dato y la inteligencia artificial. Foto fija de un diseño en evolución», en *Derecho digital e innovación. Digital Law and Innovation Review,* núm. 5, 2020.

– «El papel de los estándares y la normalización en la regulación de la Inteligencia Artificial», en *Diario La Ley. Ciberderecho,* febrero de 2022.

FERNANDO PABLO, M.M. y TERRÓN SANTOS, D., «Sobre la gobernanza de la inteligencia artificial», en DEL GUAYO CASTIELLA, I. y FERNANDEZ CARBALLAL, A. (Coords.), *Los desafíos del derecho público en el siglo XXI: libro conmemorativo del XXV aniversario del acceso a la Cátedra del Profesor Jaime Rodríguez-Arana Muñoz,* Instituto Nacional de Administración Pública, Madrid, 2019.

FERRY, L., *La révolution transhumaniste,* Plon, París, 2017.

FINN, E., *La búsqueda del algoritmo: imaginación en la era de la informática,* ediciones Alpha Decay, Barcelona, 2018.

FJELD, J., ACHTEN, N., HILLIGOSS, H., NAGY, A.C. y SRIKUMAR, M., *Principled Artificial Intelligence: Mapping Consensus in Ethical and Rights-bases Approaches to Principles for IA,* The Berkman Klein Center for Internet & Society al Harvard University, Cambridge, 2020.

FRIEDMAN, B. y NISSENBAUM, H., «Bias in computer systems», en *ACM Transactions on Information Systems,* vol. 14, núm. 3, 1996.

FUNDACIÓN ETICAS, *Guía de auditoría algorítmica,* Barcelona, 2021.

– *Auditoría Externa del Sistema VioGén,* Barcelona, 2022.

FUTURE OF PRIVACY FORUM, *The Privacy Expert's Guide To Artificial Intelligence and Machine Learning,* Washington DC, 2018.

GAMERO CASADO, E., «El enfoque europeo de inteligencia artificial», en *Revista de Derecho Administrativo,* núm. 20, 2021.

GARCÍA DE ENTERRÍA, E. y FERNÁNDEZ RODRÍGUEZ, T.R., *Curso de Derecho Administrativo,* Thomson Reuters-Civitas, Tomo I, 19ª edición, Cizur Menor, 2020.

GARCÍA GARCÍA, S., «Una aproximación a la futura regulación de la inteligencia artificial en la Unión Europea», en *Revista de Estudios Europeos,* vol. 79, núm. 1, 2022.

GARCÍA MORILLO, J., *El derecho a la libertad personal,* Tirant Lo Blanch, Valencia, 1995.

GARCÍA PÉREZ, R.M., «Bases jurídicas relevantes del tratamiento de datos personales en la contratación de contenidos y servicios digitales», en *Cuadernos de Derecho Transnacional,* vol. 12, núm. 1, 2020.

GARCÍA-RIPOLL MONTIJANO, M., «El consentimiento al tratamiento de datos personales», en GONZÁLEZ PACANOWSKA, I. (Coord.), *Protección de datos personales,* Tirant lo Blanch, Valencia, 2020.

GARDE ROCA, J.A., «Europa: Oportunidades y retos en inteligencia artificial, mercados y servicios digitales», en *Encuentros Multidisciplinares,* núm. 70, 2022.

GENERALITAT DE CATALUÑA, *Resumen sobre RisCanvi: el protocolo de valoración del riesgo,* Barcelona, 2021.

GIL GONZÁLEZ, E., «Aproximación al estudio de las decisiones automatizadas en el seno del Reglamento General de Protección de Datos a la luz de las tecnologías de *big data* y de aprendizaje computacional», en *Revista Española de Transparencia,* núm. 5, 2017.

GOBIERNO DE ESPAÑA, *La Estrategia Nacional de Ciberseguridad,* Catálogo de Publicaciones de la Administración General del Estado, Madrid, 2019.

- *Estrategia Nacional de Inteligencia Artificial,* Madrid, 2020.
- *Plan de Recuperación, Transformación y Resiliencia «España puede»,* Madrid, 2020.

GÓMEZ ABEJA, L., «Inteligencia artificial y derechos fundamentales», en en LLANO ALONSO, F.H. (Dir.), *Inteligencia artificial y filosofía del derecho,* ediciones Laborum, Murcia, 2020.

GÓMEZ DE ÁGREDA, A., *Mundo Orwell. Manual de supervivencia para un mundo hiperconectado,* Ariel, Barcelona, 2019.

GÓMEZ DE ÁGREDA, A. y SALAZAR GARCÍA, I., «Sesgos y perspectiva cultural en los algoritmos de inteligencia artificial», en *Revista de privacidad y derecho digital,* vol. 4, núm. 15, 2019.

GONZÁLEZ PÉREZ, J., «La dignidad de la persona y el Derecho Administrativo», en *A&C, Revista de Direito Administrativo & Constitucional,* vol. 7, núm. 29, 2007.

GOODMAN, B. y FLAXMAN, S., «EU Regulations on Algorithmic Decision-Making and right to Explanation», en *AI magazine,* vol. 38, núm. 3, 2017.

GRUPO DE EXPERTOS DE ALTO NIVEL SOBRE INTELIGENCIA ARTIFICIAL, *Directrices éticas para una IA fiable,* Bruselas, 2019.

- *Draft ethics guidelines for trustworthy AI: Working document for stakeholders' consultation,* Bruselas, 2019.

GUDÍN RODRÍGUEZ-MAGARIÑOS, F., «El Libro blanco de la Comisión Europea o el intento de lograr el humanismo tecnológico», en *Análisis Jurídico-Político,* vol. 2, núm. 3, 2020.

HABERMAS, J., *Ciencia y técnica como «ideología»,* Tecnos, Barcelona, 1986.

HACKER, P., «Teaching fairness to artificial intelligence: existing and novel strategies against algorithmic discrimination under UE law», en *Common Market Law Review,* vol. 55, núm. 4, 2018.

HARARI, Y.N., *Homo deus: breve historia del mañana,* editorial Debate, Barcelona, 2016.

HELFAND, R.D., «Big Data and Insurance: What Lawyers Need to Know and Understand», en *Internet Law,* vol. 21, núm. 3, 2017.

HERNÁNDEZ PEÑA, J.C., «Decisiones algorítmicas de perfilado. Régimen y garantías jurídicas», en *Revista Española de Derecho Administrativo,* núm. 203, 2020.

HERRERA DE LAS HERAS, R., *Aspectos legales de la inteligencia artificial: personalidad jurídica de los robots, protección de datos y responsabilidad civil,* Dykinson, Madrid, 2022.

HUERGO LORA, A. (Dir.), *La regulación de los algoritmos,* Thomson Reuters-Aranzadi, Cizur Menor, 2020.

IL GARANTE PER LA PROTEZIONE DEI DATI PERSONALI, *Ordinanza ingiunzione nei confronti di Foodinho s.r.l. - 10 giugno 2021 [9675440],* Roma, 2021.

INNERARITY, D. y COLOMINA, C., «La verdad en las democracias algorítmicas», en *Revista CIDOB d'Afers Internacionals,* núm. 124, 2020.

INTERNATIONAL CONFERENCE OF DATA PROTECTION AND PRIVACY COMMISSIONERS, *Declaration on ethics and data protection in artificial intelligence,* Bruselas, 2018.

IZQUIERDO CARRASCO, M., «La utilización policial del reconocimiento facial automático en despliegues ocasionales en la vía pública y los derechos fundamentales», en TERRÓN SANTOS, D. y DOMÍNGUEZ ÁLVAREZ, J.L. (Dirs.), *Inteligencia artificial y defensa: nuevos horizontes,* Thomson Reuters-Aranzadi, Cizur Menor, 2021.

KAMINSKI, M.E., «The Right to Explanation, Explained», en *Berkeley Technology Law Journal,* vol. 34, 2019.

KOCHENDERFER, M.J., WHEELE, T.A. Y WRAY, K.H., *Algorithms for Decision Making,* The MIT Press, Cambridge, 2022.

LATORRE, J.I., «Philosophical and ethical challenges of AI. The importance of awereness», en GARCÍA MEXÍA, P. y PÉREZ BES, F. (Eds.*), Artificial Intelligence and the Law,* Wolters Kluwer, Madrid, 2021.

LASCURAÍN SÁNCHEZ, J.A., «Artículo 17.1: El derecho a la libertad», en RODRÍGUEZ-PIÑERO Y BRAVO FERRER, M. Y CASAS BAAMONDE, M.E. (Dirs.), *Comentarios a la Constitución española,* Boletín Oficial del Estado, 2018.

LAVANDA OLIVA, M., «Deepfake: Cuando la inteligencia artificial amenaza el Derecho y la Democracia», en *Revista de Derecho y Tecnología,* núm. 2, 2022.

LECUN, Y., BENGIO, Y., y HINTON, G, «Deep learning», en *Nature*, vol. 521, núm. 7553, 2015.

LIPTON, C. Z., «The Mythos of Model Interpretability: in machine learning, the concept of interpretability is both important and slippery», en *Queue*, vol. 16, núm. 3, 2018.

LÓPEZ ONETO, M., *Fundamentos para un Derecho de la Inteligencia Artificial. ¿Queremos seguir siendo humanos?*, Tirant lo Blanch, Valencia, 2020.

LUCAS MURILLO DE LA CUEVA, E., «Las autoridades autonómicas de protección de datos (Comentario al artículo 57 LOPDGDD», en TRONCOSO REIGADA, A. (Dir.), *Comentario al Reglamento General de Protección de Datos y a la Ley Orgánica de Protección de Datos personales y Garantía de los Derechos Digitales*, Thomson Reuters-Aranzadi, Cizur Menor, 2021.

JANSSEN, H., «An approach for a fundamental right impacts assessment to automated decision-making», en *International Data Privacy Law*, vol. 10, núm. 1, 2020.

JIMÉNEZ CAMPO, J., «Artículo 10.1», en RODRÍGUEZ-PIÑERO Y BRAVO FERRER, M. Y CASAS BAAMONDE, M.E. (Dirs.), *Comentarios a la Constitución española*. Boletín Oficial del Estado, 2018.

JOBIN, A., IENCA, M. y VAYENA, E., «The global landscape of AI ethics guidelines», en *Nature Machine Intelligence*, vol. 1, núm 9, 2019.

JUNTA DE ANDALUCÍA, *Brechas y sesgos de género en la elección de estudios STEM: ¿Por qué ocurren y cómo actuar para eliminarlas?*, Centro de Estudios Andaluces, Sevilla, 2020.

MCFADDEN, M.; JONES, K., TAYLOR, E. y OSBORNHARMONISING, G., *Artificial Intelligence: The Role of Standards in the EU AI Regulation*, Oxford Information Labs, Oxford, 2021.

MÁRQUEZ DÍAZ, J., «Inteligencia artificial y Big Data como soluciones frente a la COVID-19», en *Revista de Bioética y Derecho*, núm. 50, 2020.

MARTÍN DIZ, F., «El derecho fundamental a justicia: Revisión integral e integradora del derecho a la tutela judicial efectiva», en *Revista De Derecho Político*, vol. 1, núm. 106, 2019

- «Inteligencia artificial y ADR: evolución en el arbitraje y la mediación», en La *Ley. Mediación y arbitraje*, núm. 2, 2020.
- «Justicia digital post-covid19: el desafío de las soluciones extrajudiciales electrónicas de litigios y la inteligencia artificial», en *Revista de Estudios Jurídicos y Criminológicos*, núm. 2, 2020.

MARTÍNEZ DEVIA, A., «La Inteligencia Artificial, el Big Data y la Era Digital: ¿Una amenaza para los datos personales?», en *Revista de la Propiedad Inmaterial*, núm. 27, 2019.

MARTÍNEZ GARAY, L., «Peligrosidad, algoritmos y *due process:* el caso State v. Loomis», en *Revista de Derecho Penal y Criminología. 3ª época,* núm. 20, 2018.

MARTÍNEZ MARTÍNEZ, R., «Inteligencia artificial desde el diseño. Retos y estrategias para el cumplimiento normativo», en *Revista Catalana de Dret Públic,* núm. 58, 2019.

MATEO BORGE, I., «La robótica y la inteligencia artificial en la prestación de servicios jurídicos», en AA.VV., *Inteligencia artificial, Tecnología y Derecho,* Tirant lo Blanch, Valencia, 2017.

MCCARTHY, J., MINSKY, M. L., ROCHESTER, N. Y SHANNON, C.E., *A proposal for the Dartmouth Summer Research Project on Artificial Intelligence,* Standford, 31 de agosto de 1955.

MCCARTHY, J., MINSKY, M. L., ROCHESTER, N. y SHANNON, C.E., «A proposal for the Dartmouth Summer Research Project on Artificial Intelligence», en *AI Magazine,* vol. 7, núm. 4, 2006.

MCCULLOCH, W. S. y PITTS, W.H., «A logical calculus of the inmanent in nervous activity», en *Bulletin of Mathematical Biophysics,* vol. 5, núm. 4, 1943.

MEDINA GUERRERO, M., «Categorías especiales de datos», en RALLO LOMBARTE, A., (Dir.), *Tratado de protección de datos: actualizado con la Ley Orgánica 3/2018, de 5 de diciembre, de Protección de Datos Personales y Garantía de los Derechos Digitales.* Tirant lo Blanch, Valencia, 2019.

MENDOZA I. y BYGRAVE, L.A., «The Right not to be Subject to Automated Decisions based on Profiling», en *University of Oslo Faculty of Law Legal Studies Research Paper,* núm. 20, 2017.

MENÉNDEZ SEBASTIÁN, E.M., «Buena administración, algoritmos y perspectiva de género», en BONORINO RAMÍREZ, P.R., FERNÁNDEZ ACEVEDO, R. y VALCÁRCEL FERNÁNDEZ, P. (Coords.), *Nuevas normatividades. Inteligencia artificial, derecho y género,* Thomson Reuters-Aranzadi, Cizur Menor, 2021.

MINISTERIO DE CIENCIA, INNOVACIÓN Y UNIVERSIDADES, *Informe sobre la estrategia española en I+D+i en inteligencia artificial,* Madrid, 2019.

MINISTERIO DE IGUALDAD, *Mujeres y digitalización. De las brechas a los algoritmos,* Madrid, 2020.

MINISTERIO DE LA PRESIDENCIA, RELACIONES CON LAS CORTES E IGUALDAD, *La Estrategia Nacional de Ciberseguridad,* Madrid, 2019.

MIR PUIGPELAT, O., «El concepto de Derecho administrativo desde una perspectiva lingüística y constitucional», en *Revista de Administración Pública,* núm. 162, 2003.

MIRÓ LLINARES, F., «Inteligencia artificial y justicia penal: más allá de los resultados lesivos causados por robots», en *Revista de Derecho Penal y Criminología,* núm. 20, 2018.

MITROU, L., *Data Protection, Artificial Intelligence and Cognitive Services: is the General Data Protection Regulation (GDPR) «Artificial Intelligence-Proof»*, Universidad del Egeo, Mytilene, 2018.

MORA SANGUINETTI, J.S., *La factura de la injusticia,* Tecnos, Madrid, 2021.

MORALES OÑATE, D.A., «Implicaciones jurídicas del algoritmo: derechos intelectuales y privacidad», en *FORO: Revista de Derecho,* núm. 36, 2021.

MORENO MONTES DE OCA, B., «Autoridad de control (Comentario al artículo 4.21 RGPD», en TRONCOSO REIGADA, A. (Dir.), *Comentario al Reglamento General de Protección de Datos y a la Ley Orgánica de Protección de Datos personales y Garantía de los Derechos Digitales,* Thomson Reuters-Aranzadi, Cizur Menor, 2021.

MORENO MUÑIZ, M., «Privacidad y procesado automático de datos personales mediante aplicaciones y bots», en *Dilemata,* núm. 24, 2017.

MUÑOZ MACHADO, S., «Las concepciones del Derecho administrativo y la idea de participación en la Administración», en *Revista de Administración Pública,* núm. 84, 1977.

MURGA FERNÁNDEZ, J.P., «Derechos de los individuos», en MURGA FERNÁNDEZ, J.P.; FERNÁNDEZ SCAGLIUSI, M.A. y ESPEJO LERDO DE TEJADA, M. (Dirs.), *Protección de datos, responsabilidad activa y técnicas de garantía,* Reus, Madrid, 2018.

NAVAS NAVARRO, S., «Derecho e inteligencia artificial desde el diseño. Aproximaciones», en AA.VV., *Inteligencia artificial, Tecnología y Derecho,* Tirant lo Blanch, Valencia, 2017.

NEVADO-BATALLA MORENO, P.T., «Singularidades y perspectivas sobre el régimen disciplinario militar», en *Documentos de Seguridad y Defensa,* núm. 34, 2010.

NORWEGIAN DATA PROTECTION AUTHORITY, *Artificial intelligence and privacy,* Oslo, 2018.

NÚÑEZ SEOANE, J., «El derecho de la información y acceso al funcionamiento de los algoritmos que tratan datos personales», en HUERGO LORA, A.J. (Dir.), *La regulación de los algoritmos,* Thomson Reuters-Aranzadi, Cizur Menor, 2020.

OBSERVATORIO DEL IMPACTO SOCIAL Y ÉTICO DE LA INTELIGENCIA ARTIFICIAL, *GuIA de buenas prácticas en el uso de la inteligencia artificial ética,* Madrid, 2022.

OLIVER LALANA, D. y MUÑOZ SORO, J.F., «El mito del consentimiento, o por qué un sistema individualista de protección de datos (ya) no sirve para (casi) nada», en VALERO TORRIJOS, J. (Coord.), *La protección de los datos personales en Internet ante la innovación tecnológica,* Thomson Reuters-Aranzadi, Cizur Menor, 2014.

O'NEIL, C., *Weapons of Math Destruction: How Big Data Increases Inequality and Threatens Democracy,* Broadway Books, Portland, 2016.

ORGANIZACIÓN DE LAS NACIONES UNIDAS PARA LA EDUCACIÓN, LA CIENCIA Y LA CULTURA, *Inteligencia artificial y educación: guía para las personas a cargo de formular políticas,* París, 2021.

– *Recomendación sobre la ética de la inteligencia artificial,* Paris, 2021.

ORGANIZACIÓN PARA LA COOPERACIÓN Y EL DESARROLLO ECONÓMICOS, *Artificial Intelligence in Society,* París, 2019.

– Principios sobre la Inteligencia Artificial, París [OCDE/LEGAL/0449].

ORTIZ DE ZÁRATE ALCARAZO, L., «Explicabilidad (de la inteligencia artificial)», en *Eunomía. Revista de Cultura de la Legalidad,* núm. 22, 2022.

PALMA ORTIGOSA, A., «El ciclo de vida de los sistemas de Inteligencia Artificial. Aproximación técnica de las fases presentes durante el diseño y despliegue de los sistemas algorítmicos», en COTINO HUESO, L. (Dir.), *Derechos y garantías ante la inteligencia artificial y las decisiones automatizadas,* en Thomson Reuters-Aranzadi, Cizur Menor, 2022.

– *Decisiones automatizadas y protección de datos. Especial atención a los sistemas de inteligencia artificial,* Dykinson, Madrid, 2022.

PALMERINI, E., «Robótica y derecho: sugerencias, confluencias, evoluciones en el marco de una investigación europea», en *Revista de Derecho Privado,* núm. 32, 2017.

PAREJO ALFONSO, L., «Sobre el binomio libertad y seguridad en el derecho», en *IUSTA*, núm. 45, 2016.

PARLAMENTO EUROPEO, *Resolución de 14 de marzo de 2017, sobre las implicaciones de los macrodatos en los derechos fundamentales: privacidad, protección de datos, no discriminación, seguridad y aplicación de la ley,* Estrasburgo, 2017 [2016/2225(INI)].

– *Person identification, human rights and ethical principles. Rethinking biometrics in the era of artificial intelligence,* Estrasburgo, 2021.

– *Informe sobre la inteligencia artificial en la era digital,* Estrasburgo, 2022, p. 12 [A9-0088/2022].

– *Resolución del Parlamento Europeo, de 3 de mayo de 2022, sobre la inteligencia artificial en la era digital,* Estrasburgo, 2022 [2020/2266(INI)].

PEDREÑO MUÑOZ, A. y MORENO IZQUIERDO, L., «El impacto económico de la Inteligencia Artificial», en AA.VV., *Big Data e Inteligencia Artificial. Una visión económica y legal de estas herramientas disruptivas*, editorial Universidad de Valencia, Valencia, 2018.

PEGUERA POCH, M., «En búsqueda de un marco normativo para la Inteligencia Artificial», en CERRILLO I MARTÍNEZ, A. y PEGUERA POCH, M. (Coord.), *Retos jurídicos de la inteligencia artificial*, Thomson Reuters-Aranzadi, Cizur Menor, 2020.

PEÑA MARTÍ, R., *De Euclides a Java: historia de los algoritmos y de los lenguajes de programación*, en Nivola libros y ediciones S.L., Madrid, 2006.

PÉREZ LUÑO, A.E., «Comentario legislativo: La LORTAD y los derechos fundamentales. Derechos y Libertades», en *Revista del Instituto Bartolomé de las Casas*, núm. 1, 1993.

– *Los derechos humanos en la sociedad tecnológica*, Universitas, Madrid, 2012.

PIÑAR MAÑAS, J.L., «Hacia un nuevo modelo europeo de protección de datos», en PIÑAR MAÑAS, J.L. (Dir.), *Reglamento general de protección de datos: hacia un nuevo modelo europeo de privacidad*, Reus, Madrid, 2016.

PLAZA PENADÉS, J., «Aspectos legales de la Inteligencia Artificial y el Big Data», en AA.VV., *Big Data e Inteligencia Artificial. Una visión económica y legal de estas herramientas disruptivas*, editorial Universidad de Valencia, Valencia, 2018.

– «Fundamentos y principios jurídicos básicos de la inteligencia artificial y el "big data"», en *Revista Aranzadi de derecho y nuevas tecnologías*, núm. 59, 2022.

POLO ROCA, A., «Datos, datos, datos: el dato personal, el dato no personal, el dato personal compuesto, la anonimización, la pertenencia del dato y otras cuestiones sobre datos», en *Estudios de Deusto*, vol. 69, núm. 1, 2021.

POMED SÁNCHEZ, L.A., «Fundamento y naturaleza jurídica de las Administraciones independientes», en *Revista de Administración Pública*, núm. 132, 1993.

PONCE SOLÉ, J., «Inteligencia artificial, Derecho administrativo y reserva de humanidad: algoritmos y procedimiento administrativo debido tecnológico», en *Revista General de Derecho Administrativo*, núm. 50, 2019.

PRIVACY INTERNATIONAL & ARTICLE 19, *Privacy and Freedom of Expression in the Age of Artificial Intelligence*, Londres, 2018.

PUYOL MONTERO, J., «Los principios del derecho a la protección de datos», en PIÑAR MAÑAS, J.L. (Dir.), *Reglamento General de Protección de Datos. Hacia un modelo europeo de privacidad*, Reus, Madrid, 2016.

REBOLLO DELGADO, L., «Derechos de la personalidad y datos personales», en *Revista de Derecho Político,* núm. 44, 1998.

RED IBEROAMERICANA DE PROTECCIÓN DE DATOS, *Recomendaciones Generales para el Tratamiento de Datos en la Inteligencia Artificial,* Madrid, 2019.

REVENGA SÁNCHEZ, M., ¿Qué derecho a la libertad y a la seguridad queremos?, en FERNÁNDEZ RODRÍGUEZ, J.J. (Coord.), *Seguridad y libertad en el Estado democrático,* Tirant lo Blanch, Valencia, 2020.

RIVERO ORTEGA, R., *El Estado vigilante: consideraciones jurídicas sobre la función inspectora de la Administración,* Tecnos, Madrid, 1999.

ROBERTO GRANERO, H., «Derechos y garantías concretas frente al uso de inteligencia artificial y decisiones automatizadas, especialmente en el ámbito judicial y de aplicación de la ley», en COTINO HUESO, L. (Dir.), *Derechos y garantías ante la inteligencia artificial y las decisiones automatizadas,* Thomson Reuters-Aranzadi, Cizur Menor, 2022.

ROBLES CARRILLO, M., «La gobernanza de la inteligencia artificial: contexto y parámetros generales», en *Revista Electrónica de Estudios Internacionales,* núm. 39, 2020.

RODRÍGUEZ-ARANA MUÑOZ, J., *Derecho administrativo y derechos sociales fundamentales,* Global Law Press e Instituto Nacional de Administración Pública, Sevilla, 2015.

– «El Derecho administrativo ante la crisis (el Derecho administrativo Social», en *A&C. Revista de Direito Administrativo & Constitucional,* vol. 15, núm. 60, 2015.

ROIG, A., «Safeguards for the right no be subject to a decisión based solely on automated processing (article 22 GDPR)», en *European Journal of Law and Tehcnology,* vol. 8, núm. 3, 2017.

– *Las garantías frente a las decisiones automatizadas: del Reglamento General de Protección de Datos a la gobernanza algorítmica,* Bosch, Madrid, 2020.

ROMOJARO MONTERO, R., *Las humanidades en el mundo digital/El mundo digital en las humanidades,* Tirant lo Blanch, Valencia, 2019.

RUSSEL, S. J. y NORVIG, P., *Artificial Intelligence: A modern Approach,* Prentice Hall, Englewood Cliffs, New Jersey, 1995.

– *Inteligencia artificial. Un enfoque moderno,* Editorial Pearson Educación, 2ª edición, Madrid, 2004.

SALA ORDÓÑEZ, R., «La violencia de género digital: tratamiento jurídico y percepción social». En *La Ley Derecho de Familia: Revista jurídica sobre familia y menores,* núm. 23, 2019.

SALAZAR GARCÍA, I., *La Revolución de los Robots. Cómo la Inteligencia Artificial y la robótica afectan a nuestro futuro,* editorial Trea, Gijón, 2019.

– «Retos actuales de la ética en la inteligencia artificial», en COTINO HUESO, L. (Dir.), *Derechos y garantías ante la inteligencia artificial y las decisiones automatizadas,* Thomson Reuters-Aranzadi, Cizur menor, 2022.

SALAZAR GARCÍA, I. y BENJAMINS, R., *El algoritmo y yo: Guía de convivencia entre seres humanos y artificiales,* Anaya, Madrid, 2021.

SALVADOR MARTÍNEZ, M., *Autoridades independientes,* Ariel, Barcelona, 2002.

SÁNCHEZ SORIANO, G., «Tecnología de reconocimiento facial: perspectivas, casos de uso y retos. Derecho Digital e Innovación», en *Digital Law and Innovation Review,* núm. 7, 2020.

SANCHO LÓPEZ, M., «Estrategias legales para garantizar los derechos fundamentales frente a los desafíos del *big data*», en *Revista General de Derecho Administrativo,* núm. 50, 2019.

SANTAMARÍA PASTOR, J.A., *Principios de Derecho Administrativo,* Centro de Estudios Ramón Areces, vol. I, 4ª edición, Madrid, 2002.

SARRIÓN ESTEVE, J., «El derecho constitucional en la era de la inteligencia artificial, los robots y los drones», en PÉREZ MIRAS, A., TERUEL LOZANO, G.M., C. RAFFIOTTA, E. y PIA AIDICICCO, M. (Dirs.), *Setenta años de la Constitución Italiana y cuarenta años de Constitución: Retos en el siglo XXI* (vol. 5), Boletín Oficial del Estado-Centro de Estudios Políticos y Constitucionales, Madrid, 2020.

SEAVER, N., «Algorithms as culture: some tactics for the ethnography of algorithmic systems», en *Big Data & Society,* vol. 4, núm. 2, 2017.

SELBST, A.D. y POWLWA, J., «Meaningful information and the right to explanation», en *International Data Privacy Law,* vol. 7, núm. 4, 2017.

SERRANO VILLAFAÑE, E., «Funciones del Derecho en la sociedad cambiante de nuestros días», en *Anuario de Filosofía del Derecho,* núm. 17, 1974.

SORIANO ARNANZ, A., *Data Protection for the prevention of algorithmic discrimination: protecting from discrimination and other harms caused by algorithms through privacy in the EU: possibilities, shortcomings and proposals,* Thomson Reuters-Aranzadi, Cizur Menor, 2021.

– «Discriminación algorítmica: garantías y protección jurídica», en COTINO HUESO, L. (Dir.), *Derechos y garantías ante la inteligencia artificial y las decisiones automatizadas,* Thomson Reuters-Aranzadi, Cizur Menor, 2022.

– «La propuesta de Reglamento de Inteligencia Artificial de la Unión Europea y los sistemas de alto riesgo», en *RSR: Revista General de Derecho de los Sectores Regulados,* núm. 8, 2021.

SUPERVISOR EUROPEO DE PROTECCIÓN DE DATOS, *A preliminary Opinion on data protection and scientific research,* adoptada el 6 de enero de 2020, Bruselas, 2020.

TÉLLEZ AGUILERA, A., *Nuevas tecnologías, intimidad y protección de datos,* Edisofer, Madrid, 2001.

TERRÓN SANTOS, D. y DOMÍNGUEZ ÁLVAREZ, J.L. (Dirs.), *Innovación y Defensa. Diferentes perspectivas de una misma realidad,* Comares, Granada, 2019.

- *Inteligencia artificial y defensa: nuevos horizontes,* Thomson Reuters-Aranzadi, Cizur Menor, 2021, 470 pp.; TERRÓN SANTOS, D. y DOMÍNGUEZ ÁLVAREZ, J.L. (Dirs.), *Defensa, seguridad y gestión de crisis,* Thomson Reuters-Aranzadi, Cizur Menor, 2022.
- *i-Administración pública, sistemas algorítmicos y protección de datos,* Iustel, Madrid, 2022.

TERRÓN SANTOS, D., DOMÍNGUEZ ÁLVAREZ, J.L. y FERNANDO PABLO, M.M., «Los derechos fundamentales de la privacidad: derecho y necesidad en tiempo de crisis», en *Revista General de Derecho Administrativo,* núm. 55, 2020.

TERRONES RODRÍGUEZ, A.L., «Humanismo tecnológico: fundamento para una inteligencia artificial responsable», en *Pensamiento Actual,* vol. 19, núm. 33, 2019.

THE INTERNATIONAL COMMITTEE OF THE RED CROSS, *Autonomy, artificial intelligence and robotics: technical aspects of human control,* Genova, 2019.

TODOLI SIGNES, A., «Retos legales del uso del Big Data en la selección de sujetos a investigar por la Inspección de Trabajo y de la Seguridad Social», en *Revista Galega de Administración Pública,* núm. 59, 2020.

TRONCOSO REIGADA, A., *Manual de Protección de Datos para las Administraciones Públicas,* Civitas-APDCM, Madrid, 2003.

- «Autoridades de control independiente», en PIÑAR MAÑAS, J.L. (Dir.), *Reglamento General de Protección de Datos,* Reus, Madrid, 2017.

TURING, A., «On computable Numbers, with an application to the Entscheidungsproblem», en *Proceedings of the London Mathematical Society,* núm. 42, 1937.

- «Computing machinery and Intelligence», en *Mind,* vol. 59, núm. 236, 1950.
- «Intelligent machinery», en EVANS, C.R. y ROBERTSON, A.D. (Ed.): *Cybernetics,* University Park Press, Baltimore, 1968.

VALDIVIA JIMÉNEZ, R.D., «Inteligencias artificiales y libertad religiosa: más allá de la distopía. Una propuesta iusfilosófica», en LLANO ALONSO, F.H. (Dir.), *Inteligencia artificial y filosofía del derecho,* ediciones Laborum, Murcia, 2022.

VARGAS CELIX, M.V., «Entre la confianza ciudadana y el impulso tecnológico. Retos jurídicos de la Inteligencia Artificial a la luz de la propuesta de Reglamento de la UE», en *Ius et Scientia,* vol. 8, núm. 1, 2022.

VILASAU I SOLANA, M., «La realización de perfiles y la salvaguardia de los derechos y libertades del afectado», en CERRILLO I MARTÍNEZ, A. y PEGUERA POCH, M. (Coord.), *Retos jurídicos de la inteligencia artificial,* Thomson Reuters-Aranzadi, Cizur Menor, 2020.

WACHTER, S., MITTELSTADT, B. y FLORIDI, L., «Why a Right to Explanation of Automated Decision-Making Does Not Exist in the General Data Protection Regulation», en *International Data Privacy Law,* vol. 7, núm. 2, 2017.

WAGNER, B., «Liable, but Not in Control? Ensuring Meaningful Human Agency in Automated Decision-Making Systems», en *Policy & Internet,* vol. 11, núm. 1, 2019.

WHITEHOUSE, *Memorandum for the heads of executive departments and agencies. Guidance for Regulation of Artificial Intelligence Applications,* Washington, D.C., 2020.

WISNER GLUSKO, D.C., «Breves reflexiones sobre la importancia del Estado de Derecho en el desarrollo del marco legal sobre los sistemas de inteligencia artificial en la Unión Europea», en LLANO ALONSO, F.H. (Dir.), *Inteligencia artificial y filosofía del derecho,* Laborum, Murcia, 2022.

ZARSKY, T.Z., «Mine Your Own Business!: Making the Case for the Implications of the Data Mining of Personal Information in the Forum of Public Opinion», en *Yale J.L. & Tech,* núm. 5, 2002.